Rüdiger Nehberg
Die Yanomami-Indianer

PIPER

Zu diesem Buch

Zwanzig Jahre lang hat Rüdiger Nehberg, Deutschlands bekanntester Abenteurer und Überlebenskünstler, sich für die Yanomami in Brasilien engagiert. Das Indianervolk, das von der Goldsuchermafia ausgebeutet wurde und vom Aussterben bedroht war, hat inzwischen einen akzeptablen Frieden erhalten – Anlass für eine persönliche Bilanz. In diesem Lesebuch erzählt Nehberg von seinen ersten Begegnungen mit den Yanomami und von den spektakulären Aktionen, mit denen er auf ihr Schicksal aufmerksam machte. Er verdingte sich als Goldsucher, arbeitete als Malariahelfer und überquerte im Tretboot und mit einem Floß den Atlantik. Die erreichten Ziele können sich sehen lassen: eine Krankenstation und eine Schule im brasilianischen Urwald – und die Hoffnung auf eine gesicherte Zukunft für das letzte frei lebende Indianervolk Amerikas.

Rüdiger Nehberg, (1935–2020), Deutschlands bekanntester Abenteurer, Survival-Experte und Menschenrechtsaktivist, machte seit Anfang der 1970er-Jahre immer wieder mit spektakulären Expeditionen und Survival-Aktionen Schlagzeilen. Ab den 1980ern rückte sein Engagement für die Rettung der Yanomami in den Fokus. Mit seiner Frau Annette gründete er die Menschenrechtsorganisation TARGET e.V. und kämpfte zwei Jahrzehnte lang für die Indigenen und den Regenwald in Brasilien und für ein Ende der Weiblichen Genitalverstümmelung. Er wurde vielfach ausgezeichnet, u. a. mit dem Bundesverdienstkreuz 1. Klasse. Von seinen Überlebensstrategien, Abenteuern und humanitärem Engagement berichtete Rüdiger Nehberg in erfolgreichen Vorträgen und Büchern, die bei Malik und Piper vorliegen. Zuletzt erschien »Dem Mut ist keine Gefahr gewachsen – Ein abenteuerliches Leben«.

Rüdiger Nehberg

Die Yanomami-Indianer

Rettung für ein Volk – meine wichtigsten Expeditionen

Mit einem farbigen Bildteil und einer Karte

PIPER

Mehr über unsere Autoren und Bücher:
www.piper.de

Diese Ausgabe wurde aus folgenden Büchern Rüdiger Nehbergs zusammengestellt: »Yanonámi. Überleben im Urwald« (TB 2716), »Im Tretboot über den Atlantik« (TB 2829), »Die letzte Jagd. Die programmierte Ausrottung der Yanomami-Indianer und die Vernichtung des Regenwaldes« (Kabel 1989), »Über den Atlantik und durch den Dschungel. Eine Rettungsaktion für die Yanomami« (TB 1965) sowie »Die Rettung der Yanomami. Den Tätern auf der Spur« (TB 2979).

Von Rüdiger Nehberg liegen bei Piper vor:
Dem Mut ist keine Gefahr gewachsen
Karawane der Hoffnung
Abenteuer Urwald
Die Yanomami-Indianer
Überleben ums Verrecken
Mit dem Baum über den Atlantik
Survival-Lexikon für die Hosentasche
Survival-Abenteuer vor der Haustür
Medizin Survival
Abenteuer am blauen Nil / Drei Mann, ein Boot, zum Rudolfsee
Echt verrückt!
Voll peinlich

Originalausgabe
ISBN 978-3-492-23922-6
1. Auflage April 2003
6. Auflage April 2020

Umschlagkonzept: semper smile, München
Umschlaggestaltung: Birgit Kohlhaas, Egling
Umschlagabbildung: Rüdiger Nehberg
Gesamtherstellung: CPI books GmbH, Leck
Printed in Germany

Inhalt

Einleitung

Begegnung mit den Yanomami

Das Massaker von Haximu

Einleitung

Wie alles begann

Meine Eltern waren solide Banker. Alles wurde genau geplant und geregelt bis zur zehnten Stelle hinterm Komma. So war auch ich kein Zufall, sondern Plan. Anfang August 1934 wurde ich gezeugt und am 4. Mai 1935 in Bielefeld geboren.

Pünktlich um 12.30 Uhr gab es das tägliche Mittagessen. Ich besaß zwei Paar Schuhe. Eins für die Werktage, eins für sonntags. Und ich besaß eine Ausgehjacke. Die war ausschließlich den Sonntagen vorbehalten.

Auch ich sollte Banker werden. Nach kurzer Probezeit in der Kreissparkasse Münster war allen klar, daß mir für das Sitzen auf Stühlen das erforderliche Sitzfleisch fehlte. Ich liebte die Bewegung. Ich bevorzugte Action. Und das war bei Banken nur während eines Bankraubes gewährleistet. Mir zu selten.

Meine Eltern waren tolerant. Deshalb förderten sie auch meine banker*un*üblichen Talente. Das war mein Wandertrieb. Mit vier Jahren machte ich mich zum erstenmal allein auf die Socken. Zu Fuß quer durch Bielefeld. Ich wollte meine Großmutter besuchen. Ich fand sie nicht. Aber nach zwei Tagen fand mich die Polizei. Irgendwo, unter einer Zeitung schlafend.

So kam ich erstmals in Kontakt mit dem Thema Survival, den Überlebenstricks. Ich lernte, daß Zeitungen nicht nur zum Lesen bestimmt waren, sondern auch hervorragend wärmten. Damals wußten wir alle nicht, daß Survival zu meinem endgültigen Beruf werden sollte.

Als die Nazis Polen erobert hatten, wurde mein Vater nach Danzig an eine Bank versetzt. Wir mußten mit. Er war vom Militärdienst freigestellt, weil er infolge eines Geburtsfehlers gehbehindert war. Das bewahrte mich davor, Waise zu werden.

1945 flohen wir vorm Einmarsch der Russen nach Dänemark. Dort wurden wir zwei Jahre lang interniert. Es ging uns gut. Es gab keine übliche Schule, aber es gab die Hohe Schule der Gefangenschaft. Sie bescherte mir viel weiteres Wissen in Sachen Improvisation.

Zurück in Bielefeld, mühte ich mich mit Latein. Lieber hätte ich Spanisch gelernt. Ich war immer eher ein Praktiker. Was nützten mir Sätze wie »Cäsars Legionen überquerten den Rhein mit siebenhundert Speerträgern und Schwertkämpfern«, wenn ich mir dafür kein einziges Brot kaufen konnte? Nichts.

Nach der Mittleren Reife 1951 erlernte ich das Bäcker- und dann das Konditorenhandwerk. In Hamburg machte ich mich 1965 selbständig, zusammen mit meiner Frau Maggy. Wir hatten fünfzig Mitarbeiter. Und ab 1966 eine Tochter: Kirsten, heute Schauspielerin. Daß es bei nur einem Kind blieb, war nicht Ausdruck von Geiz, sondern unser Beitrag zur Reduzierung der Überbevölkerung auf friedlichem Wege.

Die Konditorei florierte. Aber sie erfüllte mich nicht. Erfüllung fand ich beim Reisen auf eigene Faust. Es begann ab dem vierzehnten Lebensjahr mit Muskelkraft und dem Fahrrad durch weite Teile Europas, Asiens und Afrikas. Ohne Gangschaltung, mit einfachstem Gepäck. Antriebsmotive waren Neugier auf die Welt, Abenteuerlust und Freude am Risiko. Aber alle Touren orientierten sich an ausgetretenen Pfaden.

Das änderte sich 1968, nachdem ich begonnen hatte, mich mit dem Thema Survival auseinanderzusetzen. Ich hatte aus den USA davon erfahren und gleich gespürt, daß es dieses vielschichtige Überlebens-Basis-Wissen war, das ich – unbewußt – auf den Reisen immer vermißt hatte, wenn ich davon träumte, mich mutterseelenallein ins Abseits der Erde zu begeben. Fort von den Straßen.

Gierig beschaffte ich mir so viele Informationen wie möglich: Bücher, Kurse, Spezialistenwissen. Ein Lernen ohne Ende. Bis heute. Beim Survival lernt man nie aus. Ich trainierte mir all das wieder an, was mir durch Zivilisation und Degenerierung abhanden gekommen war. Ich machte mich unabhängig von den

Zwängen der Gesellschaft. Survival wurde mein Zweitberuf. Jetzt konnte ich mich an Unternehmungen wagen, die ich mir früher nie zugetraut hatte.

Es begann mit der Erstbefahrung des Blauen Nil (1970, 1972, 1975) und steigerte sich fast jährlich: die Durchquerung der Danakilwüste zu Fuß (1977), der 1000-Kilometer-Marsch durch Deutschland (1981) ohne Nahrung, die dreimalige Überquerung des Atlantiks auf einem Tretboot (1987), auf einem Bambusfloß (1992, mit der Kielerin Christina Haverkamp) und auf einer massiven Tanne (2000).

Das reine Abenteuer entwickelte sich zum »Abenteuer mit Sinn«, als ich Augenzeuge des Schicksals der Yanomami-Indianer in Brasilien wurde. Das letzte große und freilebende Indianervolk wurde durch Horden von Goldsuchern in seiner Existenz bedroht. Mein Engagement war nie geplant. Es hat sich ergeben.

Ich schloß mich der »Gesellschaft für bedrohte Völker« an. Sie wurde zu meinem Berater, war die politische Hintermannschaft, ich ihr »Aktivist für Menschenrechte«. Fünfzehnmal war ich allein und mit wechselnden Partnern monatelang und illegal vor Ort, um Dokumente zu beschaffen, die den drohenden Völkermord belegten. Gemeinsam mit ihnen und Brasilianern, der Kraft der Medien, mit Vorträgen und Büchern und insbesondere Fernsehfilmen (wie beispielsweise Wolfgang Brögs »Goldrausch in Amazonien« von 1989) brachten wir das Verbrechen weltweit ins Gespräch und stärkten die pro-indianische Lobby. Ihr Druck bewirkte zum Ende der 1990er Jahre, nach zwanzig Jahren Engagement, daß Brasilien den Yanomami einen akzeptablen Schutz gewähren mußte. Heute geht es ihnen entschieden besser als den Goldsuchern, die in den Elendsvierteln der Großstädte dahinvegetieren.

Das vorliegende Buch erzählt von vielen dieser Aktionen, den Niederlagen, den Siegen. Es berichtet auch vom Finale meines Engagements vor Ort, dem Bau der ersten Schule und Krankenstation mitten im Yanomami-Land (1997), zusammen mit Christina Haverkamp. Die Indianer hatten uns darum gebeten. Sie hatten erkannt, daß Bildung und Medizin langfristig ihre einzige Überlebenschance gegen die brasilianische Übermacht und die »weißen« Krankheiten bedeuteten. Der durchschlagende Erfolg der Station ermutigte uns, auch anderweitig aktiv zu werden. Christina errichtete in eigener Initiative eine zweite Station für die Yanomami. Meine Lebenspartnerin Annette Weber und ich schenkten den Waiapí-Indianern, die im äußersten Nordosten des Landes leben, 2002 einen Hilfsposten.

Bis auf die üblichen notorischen Jammerlappen konnten sich die inzwischen zahlreichen Nichtregierungsorganisationen über Geldmangel nicht mehr beklagen. Die Yanomami waren weltbekannt. Der Spendenfluß lief gut. Vor allem hatte sich die Weltbank spendabel gezeigt. Was jetzt noch an Betreuung zu leisten war, war bei den Organisationen in guten Händen. Sie werden Alarm schlagen, wenn die Situation wieder kippen sollte.

Um nicht einseitig zum Regenwäldler zu degenerieren, gönnte ich mir auch andere Erlebnisse. Zum Beispiel 1981 den Tausend-Kilometer-Marsch durch Deutschland. Fünfundzwanzig Tage ohne Nahrung, ohne Ausrüstung. Alles auf Kosten des Körpers. Er sponserte fünfundzwanzig Pfund Lebendgewicht. Oder 1986 die Fahrt mit sechs Jugendlichen auf dem Sperrmüllfloß auf der Elbe – von der DDR-Grenze bis zur Nordsee. Oder 1996 der Sechshundert-Kilometer-Wettlauf durchs Outback Australiens. Gegen einen Ultramarathon-Mann aus den USA und einen Aborigine. Sieger wurde der Ureinwohner. Trotz seiner fünfundsiebzig Jahre!

Der Frieden für die Yanomami hatte nur einen Nachteil: ich war als Aktivist an der Front »arbeitslos« geworden. Ich suchte eine neue Herausforderung. Und die habe ich gefunden. Es wurde der Kampf gegen die weibliche Genitalverstümmelung. Ich kannte das Thema bereits seit der Durchquerung der Wüste Danakil. Durch das Buch »Wüstenblume« war es erneut und mit großer Wucht in mein Bewußtsein zurückgekehrt. War die Indianerarbeit eine Art Gesellenprüfung für mich gewesen, so sollte der neue Einsatz meine Meisterprüfung werden.

Um im Kampf gegen diesen Brauch finanziell und ideell unabhängig und reaktionsschnell zu sein, gründete ich mit meiner neuen Lebenspartnerin Annette Weber (Jahrgang 1959) und fünf Freunden im August 2000 die eigene Menschenrechtsorganisation TARGET (englisch: Ziel). Lesen Sie dazu bitte auch mein »Nachwort und Appell« in diesem Buch und schauen Sie doch einmal auf unsere Homepage: www.target.human-rights.com. Diese Selbständigkeit war vor allem nötig geworden, weil ich bei existierenden Organisationen keine Partner fand. Entweder wollten sie sich des Themas nicht annehmen, oder unsere Arbeitsstile waren zu verschieden. Es war vor allem mein Einzelkämpferstil vor Ort, der abgelehnt und nicht selten mit Häme bedacht wurde. Es waren die Differenzen zwischen den Theoretikern und dem Pragmatiker, zwischen Schreibtischbürokraten und dem Frontmann. Ihrer Kritik standen meine Erfolge entgegen.

Nun, mit der eigenen Organisation beschafften Annette und ich zunächst Filmdokumente über das Verbrechen der weiblichen Genitalverstümmelung. Einfach deshalb, weil Bilder stärkere Beweise sind als Worte. Wir versicherten uns der Unterstützung prominenter Berater: vom Auswärtigen Amt, vom Zentralrat der Muslime, vom Deutschen Orient-Institut. Hilfreich für die Arbeit war die Verleihung des Bundesverdienstkreuzes durch Bundespräsident Johannes Rau.

2002 organisierten wir die sogenannte »Wüstenkonferenz«. Dazu hatten die hundertzwanzig politischen und religiösen Repräsentanten des Afar-Volkes eingeladen. Nach zweitägiger Beratung beschlossen sie ohne Gegenstimme, die Verstümmelung sofort zu beenden. Sie nahmen den Beschluß in ihr für jeden Afar verbindliches Stammesgesetz auf. Für uns war dieser Moment der größte im ganzen Leben!

Der nächste Schritt führte nach Kairo ins geistige Zentrum des Islam. Die Gespräche mit dem Religionsminister Hamid Zakzouk und dem höchsten Rechtsgelehrten des sunnitischen Islam, Großmufti Mohamed Tantawi von der Al-Azhar-Universität, bescherten uns Rückendeckung und Stärkung unserer Strategie, die weibliche Genitalverstümmelung gemeinsam mit dem Islam zur »Gottesanmaßung und Diskriminierung des Islam« zu erklären.

Jetzt sind wir bemüht, das andere Zentrum des Islam zu erreichen. Nämlich Mekka, das Herzstück. Wenn es uns gelingen sollte, Saudi-Arabien ebenfalls von der These der Gottesanmaßung zu überzeugen und deren Verkündung in Mekka, dann dürfte der unerträgliche Spuk aus der Pharaonenzeit mit einem Schlag vorbei sein. Ich kann mir keinen Gläubigen vorstellen, der es wagen würde, sich einer solchen Mekka-Erklärung entgegenzustellen.

Neben all diesen Aktivitäten vergesse ich immer wieder, daß mein Leben sich spürbar neigt. Ich habe nur nie die Zeit, darüber nachzudenken. Von vielen Körperteilen habe ich mich längst verabschieden müssen. Befreit von mehreren Metern Krampfadern, Mandeln, Blinddarm, diversen Zähnen, Haaren, Hör- und Sehschärfe, um nur einiges zu nennen, existiert jetzt nur noch die Rüdi-Restsubstanz einschließlich der Seele, die sich gemeinsam um einen möglichst würdigen Abgang aus dieser Welt bemühen. Wenn es denn soweit ist.

Der Zahn der Zeit hat nicht nur an mir genagt. Auch an meiner Ehe mit Maggy. Nach vierzig Jahren sind wir 2002 übereingekommen, uns in Freundschaft wieder zu trennen und einen neuen Lebensabschnitt zu wagen. Die Konditorei hatte ich bereits 1991 verkauft. Das war mir möglich geworden, nachdem ich durch die Bücher und Diavorträge von ihr unabhängig geworden war.

Höchste Zeit also, allmählich die »Nachfolge« zu regeln. Deshalb unter anderem dieses Buch. Möge es vielen Lesern genügend Inspirationen vermitteln, diese Arbeit fortzusetzen oder sich eines anderen Problems anzunehmen und seinem Leben eine neue Dimension und Erfüllung zu verleihen. Für jeden gibt es irgendwo eine Aufgabe, der er gewachsen ist. Packen wir's an, denn heute beginnt der Rest des Lebens.

Ein Tod lohnt sich immer

»Komm, wir gehen Affen grillen!« höre ich die Goldsucher sagen. Sie nehmen ihre Gewehre und verschwinden im Wald.

Brrr, es schüttelt mich. Ich mag Affen nicht. Mehr Sehnen als kaubares Fleisch. Es zieht einem mühelos die letzten Zähne aus dem Kiefer. Auf gekochtem Affenschwanz kann man bequem einen ganzen Tag lang herumkauen. Allenfalls etwas für Regenwaldgourmets oder Hungerleider. Nichts für den Genuß, nichts zum Sattwerden. Vollgummi nimmt sich gegen Affenschwanz wie ein Filet aus, unschluckbar wie Kaugummi. Erst nach zwölf Stunden ständigen Kauens bei 37 Grad Kopftemperatur, nach Kiefermuskelkater und dem Verlust aller Zähne wird der Affenschwanz allmählich mürbe. Was die menschlichen Zähne nicht vermögen, schaffen die emsigen Fäulnisbakterien. Sie lassen das Vollgummi im Mund zerfließen.

Hoffentlich schießen sie einen Mutum, wünsche ich mir. Das sind große schwarze Hühnervögel, ähnlich dem Auerhahn. Sie munden unvergleichlich leckerer.

Ich bekomme weder noch, weder Affe noch Mutum, statt dessen Pizza. Denn überraschend ist eine Goldsuchermaschine an unserer illegalen Piste gelandet. Nichtbrasilianer sind dem Goldsucher (*garimpeiro*) suspekt. Ich »darf« zurück nach Boa Vista. Und dort gibt es eine Pizzeria. Mit viel Genuß lasse ich den Teigfladen auf der Zunge zergehen, kaue ihn wieder und wieder. Eine Wohltat nach dem wochenlangen immer gleichen Reis-Bohnen-Pamps.

Ich ahne nicht, daß ich im Wald vergeblich auf das Fleisch gewartet hätte. »Affen grillen« heißt nicht »Affen schießen«. »Affen grillen« ist *garimpo*-Sprache. Es bedeutet »Runddörfer der Indianer anstecken und die Einwohner braten«. Und »Affen schießen« heißt »Indianer jagen«.

»Wer rauskommt, wird ein Opfer der Machete«, erzählt mir einer der pyromanischen Killer eine Woche später. Da war auch er ausgeflogen worden. »Natürlich habe ich nicht daran teilgenommen«, lügt er. »Ich bin nur zufällig vorbeigekommen.« Ein blitzschnelles Zwinkern zu den anderen am Tisch und sein kaum unterdrücktes Grinsen strafen ihn Lügen. Mit Indianermord kann man prahlen. Kein Staatsanwalt interessiert sich dafür.

Skrupelloser Vernichtungskrieg gegen Indianer, wie schon seit fünfhundert Jahren in Gesamtamerika. Nichts hat sich seit Kolumbus geändert, erst recht nicht im Brasilien der achtziger und neunziger Jahre des 20. Jahrhunderts. Schwaches wird vernichtet, Demokratie steht nur auf dem Papier.

Verbrannte Dörfer habe ich manches Mal gesehen. Fahrlässigkeit der Bewohner, mutmaßte ich, naiv wie so oft. Die Geschichten vom Überfall auf das Dorf Haximu, das Tagebuch des Goldsuchers Adalberto Santos, der das menschenverachtende Vorgehen einiger Goldsucherkollegen gegen die Indianer dokumentierte, die rätselhafte Explosion des Krankenwagens von Christina Haverkamp, meiner Kampfgefährtin auf manchen Reisen, die Überfälle auf uns, die Kerben in den Gewehrkolben der Goldsucher – all das öffnete mir die Augen.

Daß sie selbst mehr Opfer als Täter sind, wird mir klar, nachdem ich mich mit verschiedenen Partnern selbst als Goldsucher verdinge. Oder als Malariahelfer. Nur Journalist darf man nicht sein. Oder Indianerfreund. Oder Umweltträumer. Das ist lebensgefährlich. Im Wald gilt nur ein Gesetz: das des Stärkeren oder Schnelleren. Das Ausbeutungssystem der Goldmafiosi ist perfekt, Diebstahl unmöglich, die Arbeit brutal. Kein Mitleid. Kein Kredit.

»Du hast Malaria, *sócio*? Die Tabletten kosten zehn Gramm.«

Andere Währungen gibt es nicht. Nur Gold. Nicht einmal die brasilianische wird akzeptiert. Man will verdienen und nicht die galoppierende Inflation finanzieren.

»Ich habe nur acht Gramm«, wimmert der Sterbende.

»Dann sieh zu, wer dir die zwei Gramm leiht. Von mir kriegst du sie nicht.«

Mir raunt er zu: »Mitleid und Kredit sind hier fehl am Platze. Sobald der gesund ist, macht er sich auf und davon in den Wald, und ich bin der Angeschissene.«

Und verreckt der Typ an seiner Malaria, dann kriegt der Boß die acht Gramm sowieso. Da hat man seine Tricks. Kurz vorm Ableben läßt man den Christen raushängen.

»Okay. Ich gebe dir die Tabletten und du mir die acht Gramm. Aber wehe, du erzählst jemandem davon! Das ist die absolute Ausnahme. Die geliehenen zwei Gramm zahlst du mir innerhalb einer Woche zurück. Plus zwei Gramm Zinsen. Ist das klar?«

Jeder Sterbende verspricht alles, um durchzukommen. Auch dieser.

Der *dono do garimpo* gibt sich hart und raffgierig. Sonst könnte der Sterbende merken, daß er soeben in eine Falle tappt. Er willigt natürlich ein, verrät sein Goldversteck und erhält die Tabletten. Er ahnt nicht, daß es sich nur um gallenbittere Schmerztabletten handelt.

Ein Tod lohnt sich immer. Zumindest hinterläßt jeder Goldsucher ein T-Shirt. Vielleicht sogar einen Goldzahn. Ein Mangel an Arbeitnehmern entsteht nicht. Das Millionenheer arbeitsloser *favela*-Bewohner steht Schlange, um die Lücke zu füllen. Daß sie Schlange stehen, ist ein Erfolg der Werbung. Korrupte Journalisten machen sich zum Sprachrohr der Goldmafia-Bosse und verbreiten die Mär vom schnellen Reichtum.

In den schlimmsten Zeiten von 1980 bis 1998 stehen den 10000 Indianern 65000 Goldsucher gegenüber. Pfeile gegen Flinten. Steinzeit gegen PC-Zeitalter. Vierhundert Flugzeuge und Helikopter sorgen für geregelten Nachschub. Zeit ist Gold. Wer weiß, ob diese Menschenrechtler nicht morgen siegen und der Spuk vorbei ist. Es gibt hundertzwanzig Landepisten. Alle illegal. Auf Satellitenbildern sind sie unübersehbar. Im Tower des Aeroporto Internacional von Boa Vista sind sie eingezeichnet. In einer Bravouraktion gelingt es Christina Haverkamp, sie heimlich zu fotografieren. Aber niemand schreitet ein. Kein Politiker, kein Soldat und schon gar nicht der Indianerschutzdienst. Politiker, die sich mutig für die Respektierung der Verfassung stark machen, stürzen ungeklärt mit dem Helikopter ab. Wie Senator Severo Gomes.

Die Verfassung Brasiliens ist vorbildlich. Nicht einmal einen Fisch darf man fangen ohne die Zustimmung der Indianer. Aber in Wirklichkeit herrscht dort Bürgerkrieg. In Brasilien und bei uns in Europa bekommt man das nicht mit, weil von der Goldfront bis Boa Vista über eine Flugstunde Regenwald liegt. Boa Vista, das Dorado der Goldsucher. Eine Stadt wie im Wilden Westen, die Zentrale der Indianervernichtung. Verglichen mit damals ist die Stadt heute nicht wiederzuerkennen.

Und der Urwald ist wie ein Schalldämpfer. Er leidet und schweigt. Er wird gerodet, der Boden mit Hochdruck-Wasserpumpen bis in drei Meter Tiefe aufgerissen, Luft und Erde mit Quecksilber vergiftet. Die Tiere sind abgeschossen, die Fische in den verschlammten Flüssen erstickt.

Wir dürfen als Indianerfreunde nicht auffallen. Wir heulen mit den Wölfen und erhalten doch so manchen Biß. Raubüberfälle und Fluchten, Insekten und Malaria reduzieren die Kampfkraft.

Das ist die eine Seite, die der Gefahren. Dann gibt's die andere: die der Einsamkeit, der Besinnlichkeit, das Bestehen allein gegen die geballte Kraft des Biotops Regenwald. Nicht Herr der Schöpfung ist man, sondern mickriges Mosaik in dem gigantischen Gefüge von Pflanzen und Tieren, dem neu entstehenden Leben und dem ständigen Sterben, dem modrigen Geruch des

Humus, dem gedämpften Licht. Jeder kämpft gegen jeden, jeder hat irgendwo Verbündete. Alles strebt zum Licht, ächzt und würgt, stützt und schützt. Regenwald – so grandios wie ein intaktes Korallenriff. Schöpfung perfekt.

Glatze als Kommunikationshilfe

Dann die Begegnungen mit den Indianern. Meine Neugier und Sehnsucht nach der anderen Kultur. Was kann ich von ihr lernen, was würde ich nie zustande bringen, was muß ich tun, um von ihnen als Freund erkannt und nicht als Goldsucher verdächtigt zu werden?

Tagelang zerbreche ich mir darüber den Kopf. Dann steht die Strategie fest. Ich gehe allein. Da wirkt man nicht gefährlich. Ich gehe unbekleidet. Da bin ich besser durchschaubar. Ich spiele auf der Mundharmonika. Da wirke ich friedlich. »Wer laut geht, ist ein Freund«, weiß ich aus einem Buch, »wer schleicht, ist ein Feind«.

Plötzlich stehen die ersten Indianer vor mir. Wie aus dem Nichts. Ihre braunen Körper haben die Farbe der welken Blätter auf dem Boden. Schatten zeichnen dunkle Linien. Perfekte Tarnung. Wandelnde Tarnnetze. Schreck und Freude zugleich.

Ich spule mein Begrüßungsprogramm ab. Mit autogenem Training habe ich es fest ins Unterbewußtsein eingestanzt.

Die Belohnung: Ich bin in ihrem Dorf. Neugier und Zurückhaltung der Bewohner. Jetzt bloß keine Fehler machen. Hinsetzen, abwarten, lächeln, Neugier stillen, Kinder zum Lachen bringen, Alte ehren. (Mein Gott, inzwischen bin ich ja selbst alt. Warum ehrt mich denn keiner?) Ich, die blasse »Überlebensglatze« (Stefan Raab), mit Haaren im Gesicht und auf dem Bauch und Rücken, und sie, die nur Haupt- und Schamhaar kennen, aber keine Körperbehaarung. Nicht mal ein Barthaar. Wer eins besitzt, ist reich und hegt es wie die Seele. Diese Kleinigkeiten bieten Unterhaltung pur für Stunden. Auch die weiße Haut, meine Goldzähne.

Schließlich das wachsende Vertrauen. Ich, der Fremde, werde zum Freund. Die Kinder hängen an meinen Armen.

»Was hast du da im Ohr?«

»Hörgeräte!« Mach ihnen das mal einer klar. »Meine Brille für die Ohren«, radebreche ich mit jemandem, der Portugiesisch kann. Brillen hat man hier und da schon mal gesehen.

Neugier gedeiht zur Gastfreundschaft. Im Verlauf weiterer Reisen wird daraus beiderseitige Freundschaft und Bewunderung. »Wenn du stirbst, essen wir dich auf!« höre ich den Chef in mein hohes Malariafieber hinein sagen. Da erschrickt sogar das Fieber und sinkt auf der Stelle um ein Grad.

Ich kann etwas klarer denken und erinnere mich: Das ist die größte Liebeserklärung, zu der ein Yanomami fähig ist. Meine Seele wird er verzehren, zusammen mit meiner Knochenasche in leckerer Bananensuppe. Und er wird meine Seele verteidigen gegen alle bösen Geister. Ich wußte schon immer, daß ich keines normalen Todes sterben werde. Entweder Recycling im Anatomischen Institut in Hamburg. Oder als Hauptgericht bei den Indianern. Beruhigend, das zu wissen. Es erspart die teure Beerdigung. Auf den Häuptling kann ich mich verlassen. Der Bruch eines Versprechens ist für Indianer eine Unverzeihlichkeit.

Das Dorf ist eine andere Welt. Alle leben unter einem Runddach. Wie im Zirkuszelt. Keine Trennwände. Jeder kann jeden beobachten. Keine Intimsphäre. Meine Hängematte und ich im Mittelpunkt des Interesses, ihres Dorfalltags.

Keine Aufdringlichkeit. Keine Hektik. Keine Arbeitslosigkeit. Kein Streß. Nach vier Stunden pro Tag ist das Tagessoll erfüllt. Dann ist der Magen gefüllt, Dach und Waffen sind gewartet. Siesta. Freizeit ist angesagt. Man geht sich besuchen, stillt Babys, schnupft Drogen und kaut Tabak, schaukelt in der Matte, daß den Mücken schwindlig wird.

Keine Überbevölkerung, keine Rentenprobleme. Kein Altersheim. Hier stirbt man noch im Kreis der Familie und nicht wie bei uns in einem Sterbeheim, von ABM-Kräften im Stundentakt hin- und hergedreht gegen das Wundliegen.

Es gibt keinen Müll, also auch kein Wort dafür. Dafür existieren zwanzig Wörter für die Farbe Grün. Denn alles ist grün, in sämtlichen denkbaren Abstufungen. Da reicht es nicht, zwischen »hellgrün« und »dunkelgrün« zu unterscheiden.

Kein Zahlwort für Mengen über zwei. Man hat keinen Besitz. Warum also das Zählen erfinden? Was mehr ist als »zwei«, ist bereits »viel«. Trotzdem wissen sie genau klar zu machen, wenn sie neun Tage zur Jagd gehen werden. Oder wenn drei Personen zu Besuch kommen. Das haben sie verbal voll im Griff. (Wie die Ostfriesen: »Na, ihr zwei, noch einen mitgebracht?« Und jeder weiß, wie viele gekommen sind.)

Minimalisten. Keine Schule, keine Schrift. Kein Reichtum. Keine Sucht nach Luxus. Kein Fortschrittswahn.

»Wer mehr hat, muß abgeben!« Es herrscht Teilungszwang. Denn »wer geizig ist, kommt nicht in den Himmel«, wissen sie. »Geizhals!« ist deshalb die größte Beleidigung, schlimmer noch als »Feigling!«.

Es fehlen die Trennwände und damit jegliche Privatsphäre. Die Folge: Streit, und zwar gar nicht so selten. Ich lerne, daß die Indianer keine »edlen« Wilden sind, wie Karl May mir das eingeredet hat. Beruhigend, menschlich. Es relativiert meinen Minderwertigkeitskomplex.

Man ist demokratisch. Entscheidungen werden abgestimmt. Jede Familie redet mit. Oft verdammt lange. Wer partout immer anderer Meinung ist, dem steht es frei, das Dorf zu verlassen. Oder er wird dazu gezwungen. Mit Kind und Kegel wird er woanders siedeln und eine neue Keimzelle schaffen für einen ehrgeizigen Ethnologen. Der wird ihn eines Tages »entdecken«, den neuen Stamm, und sich Doktortitel, Amt und Würde sichern.

Dabei fing bei mir einmal alles ganz anders an. Ich betrieb eine Bäckerei, Konditorei, Teegebäckerei und Pralinerie in Hamburg, fünfzig Mitarbeiter – eine solide wirtschaftliche Grundlage. Was fehlte, war die echte Herausforderung, die Befriedigung, die Erfüllung. Die fand ich im Beruf nicht. Auch nicht mit meiner Spezialität, dem Modellieren von Marzipankarikaturen. Ein Riesenmarkt – Karikaturen sind die optimalen Geschenke für Leute, die längst alles besitzen, denen man nur noch mit solch individuellen Präsenten eine Freude bereiten kann.

Mein Seelenglück finde ich im Reisen. Immer schon. Im strammen Alter von vier Jahren soll ich das erste Mal auf die Walz gegangen sein. Meine Großmutter besuchen am anderen Ende von Bielefeld. Keine Landkarte, kein GPS, kein Überlebensgürtel – ich verliere mich. Die Polizei findet mich. Unter einer Zeitung schlafend sammele ich meine ersten Survival-Erfahrungen.

Diese Reiselust ist gewachsen. Vor allem als das Thema Survival, die Überlebenstricks, von mir Besitz ergreifen und ich meinen Unternehmungen einen ganz anderen Thrill beimischen kann. Abseits der Straßen, fern aller Siedlungen. Als Wanderer, Radfahrer, Tramper, per Tretboot und Baumstamm über den Atlantik, tausend Kilometer durch Wüsten, tausend Kilometer und ohne Nahrung durch Deutschland. An Ideen, sich anstrengend, unkonventionell und aufregend durch die Welt zu quälen, mangelt es nicht. Vor allem nicht, wenn es um Wege geht, die noch keiner vorgetrampelt hat. Wo man noch selbst denken und planen muß. Ohne Kontakt zur Zivilisation, ohne Rückendekkung, ohne Risikoversicherung. Dafür aber mit Freude am Risiko, mit Lust auf Verrücktes, mit Durst auf Adrenalin. Mein Leben wendet sich fort von den Torten, hin zu Torturen. Ich tausche Marzipan gegen Moskito. Es entstehen zwanzig Bücher. Ich werde unabhängig von der Konditorei. Schließlich verkaufe ich alles und habe sie nun: die große Freiheit.

Die unerzählbare Blamage

Die Yanomami kommen zufällig in mein Leben. Fast mag ich es gar nicht erzählen, denn es ist blamabel. Aber es mag den Leser trösten zu lesen, daß niemand gegen Betrüger und Phantasten gefeit ist. Ich auch nicht. Schuld ist Kurt Glück. Er lebt in Manaus, Brasilien, Rio Negro. Sein Beruf: Herumtreiber auf dem Amazonas. Seit dreißig Jahren gondelt er mit Touristen auf den Nebenflüssen des Amazonas herum, zeigt ihnen die Schönheiten der Wälder, kennt angeblich alles, gibt sich als fahrendes Lexikon.

Man darf nur nicht zu genau nachhaken. »Was ist das da für ein Schmetterling? Wie heißt der?« will die Touristin wissen. Kurt ist genervt. Um sich nicht mit seinem dünnen Oberflächenwissen zu blamieren, gibt er sich besonders schlau.

»Der ist sehr selten. Den gibt es eigentlich nur weiter nördlich bei den Sowieso-Indianern. Deshalb kenne ich nur den indianischen Namen. Sie nennen ihn ›krrgallliduppsi‹. Das bedeutet der ›tanzende Freund der Sonne‹.« Manchmal schiebt er noch hinterher: »Wenn mich nicht alles täuscht, ist der noch gar nicht erforscht.«

So was macht Eindruck. Er kennt also sogar die unerforschten Kleintiere des rätselhaften Dschungels und beherrscht offenbar verschiedene Indianersprachen! Ein toller Griff, dieser Mann!

Zumal er Deutsch spricht. Irgendwann erzählt er mir diesen Trick und lacht sich fast tot. »Das mache ich jetzt immer so. Schuld ist eine Amerikanerin. Sie fragte mich, wie der und jener und der andere Schmetterling heißen. Ich sagte ihr: ›Das weiß ich nicht. Ich kann doch unmöglich alle Millionen Tiere und Pflanzen des Waldes kennen!‹ Da empört sie sich: ›Ich denke, Sie sind Fremdenführer! Wofür bezahle ich Sie denn? Dann kann ich ja auch einen billigeren Einheimischen chartern.‹«

Wir lachen mit und ahnen nicht, daß auch wir ihm aufsitzen

werden, daß wir bereits die nächsten Opfer sein werden. Auf anderer Ebene. Wir – das sind der schweizerische Zahnarzt Andor Scholtz (Leser kennen ihn aus meinem Buch »Drei Mann, ein Boot, zum Rudolfsee«), der geniale Dokumentarfilmer Wolfgang Brög und ich.

Denn Kurt Glück will uns zu den »Vier-Finger-Indianern« führen. Sie leben weit südöstlich von den Yanomami an den Quellen des Rio Uneiuxi. »Das ist aber gefährlich«, warnt er. »Die lassen Fremde nicht zu sich. Ich kenne das Indianervolk, das deren Nachbar ist. Von denen wagt sich niemand über eine bestimmte Grenze hinaus. Keinen einzigen Meter. Von dort aus führe ich euch nur auf euer eigenes Risiko.« Na gut. Wenn *er* die Grenze nicht fürchtet, kann es so schlimm auch wieder nicht sein.

Klar, daß uns das verlockende Erlebnis jedes Risiko wert ist. Sechzig Dollar pro Tag im voraus. Es ist alles teurer geworden. Benzin und Proviant extra. Gern geben wir es ihm sofort. Materiell ist er ehrlich. Und was er hat, kann man uns nicht mehr klauen. Wir sind doch clever.

Vier-Finger-Indianer – eine verrückte Geschichte. Wir freuen uns.

»Sie leben an den Quellflüssen des Rio Uneiuxi. Sie haben an der linken Hand nur vier Finger. Jeder von ihnen. Das ist ihr Erkennungszeichen. Daran sehen sie unmißverständlich, ob jemand, den sie noch nie oder vor langer Zeit einmal gesehen haben, wirklich zu ihnen gehört. Gleich nach der Geburt wird er den Kindern abgeschnitten.«

Und noch etwas weiß Kurt: »Ihr Land steht zehn Monate unter Wasser. Auch dadurch ist es so schwer, zu ihnen zu gelangen. Sie leben deshalb in Nestern auf Bäumen – in mückenfreier Höhe. Die Frauen springen mit unglaublicher Gewandtheit von Baum zu Baum. Mit ihren Babys auf dem Arm. Wie die Affen.«

Andor, Wolfgang und ich stoßen uns heimlich an. Das wird eine tolle Geschichte. Daß es diese Menschen geben muß, steht für uns bombenfest. Sonst würden die Nachbarindianer die

Grenze nicht meiden. Dazu kommt Kurts Erfahrung. Wer dreißig Jahre im Urwald herumfährt, der kennt bestimmt fast alle seine Geheimnisse und lüftet glatt noch weitere.

Einmal keimt ein leiser Verdacht auf, als wir hören, daß er bereits zweimal mit einem Piloten vergeblich den gleichen Versuch gewagt hat. Einem Piloten trauen wir zu, mit viel Know-how zum Ziel zu gelangen. »Wenn der es nicht geschafft hat, gibt es die womöglich gar nicht«, argwöhnt Andor, der Zürcher Zahnarzt.

Aber Kurt weiß das zu entkräften. »Beim ersten Mal hatte der Pilot plötzlich riesige Würmer im Stuhl und wollte sofort umkehren. Und beim zweiten Mal hat er sich sein Bein gebrochen.«

»Glück für uns«, lachen wir schadenfroh. Ahnen nicht, daß wer zuletzt lacht, am besten lacht. Das wird Kurt sein.

Kurts Boot ist aus Holz, sechs Meter lang, klein, schwer. Der Motor: zehn PS. Ein Passagierschiff bringt uns an die Mündung des Uneiuxi. Dann geht es los. Wir sind bis an den Rand beladen. Mit Benzin, Lebensmitteln und Decken für die Nacht. Wehe, wenn jemand wackelt.

»Die Decken sind im Preis inbegriffen«, erklärt Kurt großzügig. Er will wohl die sechzig Dollar rechtfertigen. Wir verzichten deshalb auf unsere Schlafsäcke.

Schon in der ersten Nacht wissen wir, warum seine Frau diese Decken nicht mehr zu Hause haben will. Sie stinken penetrant nach Urin. »Kann sein, daß die Enkel hineingemacht haben«, erklärt er die beißenden Ammoniakgase. Auch Waschen im Flußwasser hilft nicht. Wie wasserfeste Farbe klebt der Mief an den Textilien. Urin an sich sei steril, weiß Kurt.

»Man sollte ihm die Decken um die Ohren schlagen, seinen Kopf hineinstecken wie in einen Sack und ihn zwingen, eine Stunde tief durchzuatmen«, erzürnt sich Wolfgang Brög, der beste Dokumentarfilmer, mit dem ich je unterwegs war.

»Dann fällt der für den Rest seines Lebens ins Koma«, weiß Andor, unser Mediziner.

Gott sei Dank kann Kurt viele bunte Geschichten erzählen. Sonst wüßte ich gar nichts Positives über ihn zu berichten. Mit seinen selbsterlebten Anekdoten macht er einen kleinen Teil seiner Dummheit wett. Denn die tagelangen Fahrten auf den endlosen Flußwindungen ermüden. Die zehn PS haben die Wirkung, als hätten wir zwei Kinder vor das Boot gespannt, die uns schwimmend bergan ziehen.

»Da vorne, die Hütte! Da hatte ich mal ein interessantes Erlebnis«, unterbricht Kurt die Schweigsamkeit und das Kurvenzählen. »Genau wie mit euch war ich hier mal mit einem Pater unterwegs. Es wurde Abend, wir waren müde und suchten einen Lagerplatz. Da sahen wir die Hütte da drüben. Damals war sie noch bewohnt. Als wir anlegten, war nur der kleine Junge zu Hause. Seine Eltern waren noch zum Paranüsse sammeln im Wald. Sie mußten aber bald heimkehren. Wir setzten uns in den Schatten und hofften auf einen Platz für die Hängematten. Der Pater hatte Durst. Er bat den Jungen um ein kühles Wasser. Das bewahren die Siedler meist in großen Tonkrügen auf. Der Junge sagte, er habe nur kühlen Assaiwein, ob wir den wollten. Klar wollten wir den.« Kurt legte eine Pause ein, um schon mal im Voraus kräftig zu lachen. Dann fuhr er fort:

»Der Bub nahm eine Porzellanschale und schöpfte Wein aus dem Krug. Der Pater ließ sich den Trunk munden. Er war wirklich erfrischend kühl. ›Möchten Sie noch eine Schale, *Senhor Padre*?‹ erkundigte sich der Junge. ›Na, wenn du es mir so lieb anbietest, kann ich schwer nein sagen.‹ Der Junge gab ihm die zweite Schale voll Wein und bot ihm schließlich eine dritte an. Zwar hatte der Mann noch immer Durst, aber er sagte: ›Du, das kannst du nicht machen. Was werden deine Eltern wohl sagen, wenn du den ganzen Wein verschenkt hast?‹ Der Junge schüttelte energisch den Kopf. ›Darüber muß sich der *Senhor Padre* keine Gedanken machen. Meine Eltern trinken keinen einzigen Schluck mehr von dem Wein, seit da zwei Ratten drin ertrunken sind.‹

Der Pater ließ vor Schreck die Schale fallen. Sie zersprang in viele Scherben. Er würgte, konnte gerade noch den Kopf zur Tür hinausstecken und sich nach draußen übergeben. Dann gab er mit zornesrotem Gesicht dem Jungen eine Ohrfeige. Der Kleine schrie wie am Spieß. ›Ja, jetzt heulst du! Das hättest du dir vorher überlegen müssen. Wie kannst du nur einem Gast Wein anbieten, den deine Eltern verschmähen, weil darin zwei Ratten ertrunken sind?!‹ Der Junge hörte nicht auf zu heulen. Dem Pater tat er leid. Er legte ihm die Hand auf die Haare und sagte versöhnlich: ›Nun hör auf. Ich bin dir nicht mehr böse. Aber so was tut man wirklich nicht.‹ Der Bub ließ sich gar nicht beeindrucken und schrie lauthals weiter.

Schließlich wurde der Pater erneut zornig. ›Hör jetzt endlich auf zu schreien! Sag mir nicht, daß es weh getan hat. Ich habe dir nur einen leichten Klaps gegeben. Hör jetzt auf, oder sag mir, warum du weinst.‹ Der Kleine atmete tief durch. Dann sagte er: ›Ich weine ja gar nicht, weil es weh getan hat. Aber guck mal, was du gemacht hast: Du hast die gute Schale zerbrochen. Da wird meine Mami mit mir schimpfen. Denn das ist ihre Schale, in die sie nachts immer Pipi macht.‹«

So weit zu Kurts Witzen.

Jenseits des Todesstreifens

Irgendwann passieren wir das letzte Dorf der »feigen Indianer«, die nicht über die imaginäre Grenze, den Todesstreifen, zu gehen bereit sind. Auch nicht für ein Haumesser, stellt Andor gleich fest. Also fahren wir allein weiter. Wir schaffen das auch ohne sie. Schließlich haben wir Geschenke für die Vier-Finger-Indianer. Und ein paar spezielle Tricks. Sie sollen den Menschen schon von weitem signalisieren, daß wir nicht zufällig durch den Wald gehen, sondern ganz bewußt nach ihnen suchen. Deshalb trägt jeder von uns auf seinem Rucksack eine Fahne. Nicht die

Deutschlandfahne. Auch nicht die brasilianische. Unsere Fahne ist Eigenherstellung und zeigt eine Hand mit vier Fingern! Wenn das keine geniale Idee war, wäre ich nicht Rüdiger Nehberg.

Und noch etwas soll uns die Waldmenschen gewogen machen: alle halbe Stunde verbinde ich, deutlich sichtbar im gesamten Umkreis, Andors Arm. Es soll aussehen wie eine schwere Verletzung. Das Blut zaubere ich mit roter Farbe aus der Konditorei in Hamburg. Sehr beeindruckend, finde ich!

»Wäre ich ein Indianer, fiele ich prompt darauf herein«, lobe ich meine Strategie. »Die sehen, daß ich ein Arzt bin, und werden sich zu erkennen geben.« Ich bin mir da ganz sicher.

Zunehmend unsicherer wird Kurt Glück. Hat er Angst vor einem Hinterhalt? Hat er den falschen Nebenfluß gewählt?

»Nein«, meint er. »Das ist eine elende Schinderei. Allmählich ist der Fluß so versperrt von gestürzten Bäumen, daß das Fahren gar nicht mehr lohnt. Wir sollten ab jetzt zu Fuß weiter gehen.« Und dann fügt er hinzu: »Übrigens: Hier ist noch nie vor euch ein Weißer gewesen!«

Wir schauen uns an. Will er uns verarschen? Hier soll noch nie ein Fremder gewesen sein? Bis auf die gestürzten Bäume ist überhaupt nichts Schwieriges an dem Fluß. Und wir wissen längst, daß die Entdecker und Siedler noch unvergleichlich schwierigere Passagen gemeistert haben. Die haben schon große Schiffe mit Baumstammrollen und Flaschenzügen über riesige Berge transportiert. Sie kennen nicht einmal das Wort »Hindernis«.

Und so, als wolle der Flußgott unsere Erkenntnis bestätigen, weist Wolfgang auf in einen Baum geritzte Namen.

»Und was ist das hier?« will er von Kurt wissen.

»Ach so, das. Das hat gewiß die Landvermessungskommission gemacht, als sie den Fluß vermessen hat.« Er wird nicht einmal verlegen. Er begreift seine Dummheit nicht einmal. Wieder einer der Momente, wo wir ihn in am liebsten an seinen Motor verfüttert hätten.

Wir entscheiden uns, ab jetzt zu marschieren. Ein paar Tage in einer geraden Richtung und schauen, wo sich ein Hinweis auf menschliche Bewohner zeigt. Kurt lassen wir zurück. Er will den mehrtägigen Marsch tatsächlich mit einer Plastiktüte für sein Gepäck durchführen. Nie ist uns ein größerer Dilettant begegnet. Jeder Siedlerjunge hat mehr Erfahrung als Kurt, der Herumtreiber auf dem Amazonas.

Kurz und gut: das Unternehmen ist ein Reinfall. Ein normaler Wald, der keinesfalls zehn Monate lang überschwemmt ist. Kein Hinweis auf Indianer. Keine Feuerstelle. Kein Menschennest im hohen Baum. Gar nichts. Gähnende Leere. Statt dessen plötzlich ein Zaun. Und drum herum Plastikabfälle, ein Siedlerhaus, ein kleines Feld, ein Fluß.

Wäre Kurt nicht so alt gewesen, wir hätten ihn windelweich geprügelt und ihm das Geld wieder abgenommen. »Du bist ein Vollidiot und ein Betrüger!« schreien wir ihn an. Da merken wir, er hat jenen Grad von Blödheit, wo Beschimpfungen nicht mehr verfangen. Das macht uns noch wütender.

Seine Antwort: »Ihr habt nur nicht richtig geguckt. Ich werde nächstes Jahr noch einmal herkommen. Und dann mache ich das allein.« Unbelehrbar. Greisensturheit. Kurt ist siebenundsechzig.

Die Gefangene der Yanomami

Wir kehren zurück. Flußabwärts geht es schneller. Immer noch sauer, erzählen wir allen Anrainern von unserem Flop mit Kurt. Auch auf die Gefahr hin, daß wir uns blamieren. Kurt gibt sich ungerührt. Bis wir kurz vor Manaus auf einen Missionar stoßen. Sein Name José Hawkins. Baptist. »Ja, natürlich gibt es noch originale Indianer. Sie heißen Yanomami. Davon soll es sogar noch 20000 geben. Sie leben da oben bei Venezuela. Ihr Wald ist so groß wie die Schweiz.«

Ob wir denn nicht die Wahnsinnsgeschichte der Brasilianerin

Helena Valero kannten. Nein, nie gehört. Die sei 1935 als zwölfjähriges Siedlermädchen von den Yanomami geraubt worden.

»Fünfundzwanzig Jahre hat sie bei den Yanomami gelebt. Sie war dreimal verheiratet, hat drei Söhne. Was die Frau erlebt hat, ist für uns unvorstellbar. Nach fünfundzwanzig Jahren hatte sie die Nase voll von den Yanomami und floh mit ihren Kindern. 1960 tauchte sie in Manaus auf. Sie hat bei mir als Haushälterin gearbeitet.«

Als er uns einige Fotos zeigt, glauben wir ihm die Geschichte bis ins Detail: »Der italienische Missionar und Ethnologe Ettore Biocca hat die Lebensgeschichte dieser Frau aufgeschrieben. Hier steht es. Sie können gern hineinschauen.«

Fasziniert verschlinge ich Seite um Seite, Kapitel um Kapitel. Der gegrillte Wahnsinn, was die Frau durchgemacht hat! Ein Leben von solcher Spannung, daß es kaum ein Schriftsteller sich aus den Fingern saugen könnte. Außer Stephen King vielleicht. Oder Karl May. Aber wirklich nur diese beiden. Kein Ettore Biocca.

»Gibt es diese Yanomami immer noch?« frage ich mit einer Angespanntheit, als warte man bei der Ziehung der Lottozahlen auf den Hauptgewinn.

»Ja, selbstverständlich.« José Hawkins holt eine Landkarte aus dem Regal. Er pustet den Staub beiseite, faltet sie auseinander. »Hier, das ist ihr Gebiet. Sie wohnen auch in Venezuela.« Sein Finger umkreist ein großes Grenzgebiet östlich des Pico da Neblina. Es ist das letzte große Urvolk unseres Kontinents. Leider bleiben auch sie von der Vernichtung nicht verschont. Man hat Gold bei ihnen entdeckt. Und jetzt machen sich Heerscharen von armen Teufeln auf, um es sich zu holen.«

»Schreitet die FUNAI denn nicht dagegen ein?« will ich wissen. Naiv wie oft.

»Der Indianerschutzdienst? Der sagt, es gebe diese Bedrohung gar nicht. Aber das verkünden sie, damit das Ausland davon nichts erfährt. Sie behaupten, ein Militärgürtel sei um das Gebiet gelegt. Kein Fremder dürfe zu den Indianern.«

»Dann ist das also gelogen? Sind Sie da sicher?«

José Hawkins ist sich sicher. Und damit legt er den Zündfunken für mein Engagement. Wer hatte recht? Die Behörden? Der Gottesmann? Mir ist klar: Beide sind grundsätzlich potentielle Lügner, sobald es ihnen nutzt. Nach dem Fiasko mit Kurt Glück traue ich beiden nicht.

Nie hätte ich mir damals träumen lassen, daß diese Begegnung meinem Leben eine komplette Wende geben würde. Wie oft hatte ich in jungen Jahren Karl Mays Geschichten von Winnetou und Old Shatterhand gelesen! Wie oft hatte ich mich gefragt, wie ich mich wohl verhalten hätte, wenn ich damals gelebt hätte. Natürlich war ich auf seiten der Indianer gewesen. Aber dann war mir auch klar, daß das alles längst Geschichte war und meine Überlegungen ziemlich hypothetisch.

Meine Neugier ist geweckt. Der Abenteuerdrang drückt und prickelt. Sollte es das wirklich heute noch geben? Wieviel Zeit würde ich benötigen, um zu ihnen zu gelangen? Hatte ich überhaupt so viel Zeit? Schließlich war da meine Konditorei in Hamburg. Wenn ich für Monate im Wald verschwände – würde ich da nicht pleite gehen? Was würde meine Frau sagen? Was meine Tochter? Mir brummt der Kopf. Ich bin berauscht. Natürliche Droge.

Zwei Jahre später kommt der Tag, an dem ich losziehe. Ich werde Augenzeuge eines Völkermordes. Da werden skrupellos Menschen und Natur niedergemacht, und niemand bei uns erfährt davon. Allenfalls gerüchteweise.

Niederlagen als Ideenquell

Nach meiner ersten Reise zu den Yanomami habe ich 1982 noch die Illusion, daß Veröffentlichungen in den Printmedien, einschließlich meines ersten Buchs »Yanonámi« (damals gab es noch achtzehn Schreibweisen des Namens, später hat man sich auf die Version »Yanomami« geeinigt), dem Vormarsch der Goldgräber Einhalt gebieten. Ich hoffe, daß Politiker und Menschenrechtsorganisationen automatisch Sturm laufen. Das ist aber nicht der Fall. Ich begebe mich erneut vor Ort. Immer wieder. Fünfzehn Male werden es insgesamt. Immer neue Spektakel denke ich mir aus, um das Unrecht bekannt zu machen.

Ich versuche eine Lobby für die Indianer aufzubauen, höre von einer brasilianischen Menschenrechtsgruppe, verbünde mich mit ihr. In Deutschland lerne ich die »Gesellschaft für bedrohte Völker« kennen. Sie wird zu meinem wichtigsten politischen Berater. Ich werde ihr Aktivist vor Ort. Ich veröffentliche das erste Buch, berichte in Zeitungen und Vorträgen. Das interessiert ein paar Indianerfreunde, aber den Yanomami hilft es nicht die Bohne. Der Kampf scheint von vornherein verloren. Zu groß ist die Macht der Gegenseite. Politiker, Militär, Indianerschutzdienst – sie alle sind sich einig, wenn es um die Eroberung des Yanomami-Landes geht.

»Wie kommen wir dazu, so wenigen Indianern so viel Land zu geben, wo unsere Landsleute beengt wie die Ölsardinen in den Elendsvierteln leben müssen?« Irgendein Gouverneur gibt sich sozial. Wählerstimmen-Prostitution.

Ich lerne, Niederlagen in Motivation zu verwandeln. Sie regen meine Kreativität an. Und die Wut. Ich steigere die Unternehmungen, gehe immer wieder zu den Yanomami, mit wechselnden Partnern. Sie drehen Dokumentarfilme. Ulrich Krafziks und Wolfgang Brögs Filme erhalten im ZDF beste Sendezeiten. Brögs Werk »Goldrausch in Amazonien« wird von Greenpeace in alle Welt verteilt. Noch heute gehört sein Film zum Standard-Equipment jeder Nichtregierungs-Pro-Indianer-Organisation – als abschreckende Warnung. »Das passiert euch, wenn ihr die Goldsucher reinlaßt«, heißt es.

Ich führe Spektakel durch, verdinge mich als Goldsucher, mit Christina Haverkamp als Malariahelfer. Ich fahre dreimal über den Atlantik (einmal zusammen mit Christina), um Appelle weltweit ins Gespräch zu bringen. Ich bekomme eine Privataudienz beim Papst, appelliere an die Würde des Katholizismus. Bei UNO und Weltbank führen wir Wolfgangs Film vor.

Es entstehen fünf Bücher. Es gibt Demonstrationen vor der brasilianischen Botschaft in Bonn. Ich fahre mit Vorträgen durch die Republik, allmählich werden die Yanomami bekannt. Kein Redakteur, der sie heute nicht kennt. Außer, wenn er ungebildet ist. Solche gibt es ja auch.

Fast zwanzig Jahre bleibe ich am Thema. Können wir den Völkermord schon nicht verhindern, so können wir ihn zumindest bremsen und retten, was zu retten ist. Das Ergebnis ist oft deprimierend: keine Reaktion der Brasilianer, Ignoranz der Mächtigen, Schweigen als Gegenwaffe.

Dann die Wende! Christinas Krankenwagen wird am hellichten Tag in Boa Vista in die Luft gejagt. Ein Brandanschlag auf das Büro der »Gesellschaft für bedrohte Völker«. Christina und ich werden zweimal ausgeraubt. »Komplimente«, die uns zeigen, daß sich der Gegner gestört fühlt. Die Arbeit trägt Früchte, das spornt an.

Wir lernen sie alle kennen. Die Politiker, die Mafiabosse, die Goldgräber-Gewerkschafter, die *pistoleiros*, die Pisten-Bosse und die Heuchler. Leute, die sich auf ihre Glaubwürdigkeit als Pfarrer oder Ethnologen stützen und sich bald als Mitläufer krimineller Politiker entlarven. Und die vielen Trittbrettfahrer, die uns nur Verachtung abnötigen – unbedeutende deutsche Naturschutzorganisationen, die sich mit Kritik an unserer Arbeit profilieren möchten, um ihre eigene Erfolglosigkeit zu kaschieren.

Und plötzlich ist der Spuk vorbei. Auf einmal ist die Lobby doch ausreichend groß. Es fließt Geld von der Weltbank, an das Bedingungen geknüpft sind. Bedingungen für den Frieden im Yanomami-Land. Plötzlich ist der politische Wille da. Der Nachschub wird abgeriegelt, die Goldsucher werden ausgehungert. Ohne Lebensmittel, ohne Dieselöl haben sie im Wald keine

Chance. Ende der neunziger Jahre erhalten die Yanomami einen akzeptablen Frieden. Auf jeden Fall geht es ihnen wesentlich besser als den vielen Goldsuchern, die wieder zurückkehren müssen in ihre *favelas*, die Elendsviertel in den Großstädten. Daß sie genauso Opfer sind wie die Indianer, hat mich meine Arbeit als Goldsucher gelehrt.

Von all jenen Entwicklungen und vielem mehr berichtet der vorliegende Band. Es ist das Extrakt aus meinen fünf Büchern zu diesem Thema. Es ist keinesfalls der Bericht eines verbissenen »Weltverbesserers«. Der bin ich nicht. Es sind die heiteren, die spannenden, die scheinbar verrückten und die abenteuerlichen Erlebnisse von zwanzig Jahren Einsatz – zwanzig Jahre, die mein Leben veränderten. Weg von der Konditorei, hin zum Aktivisten für Menschenrechte. Am Ende steht der Bau unserer Schule und Krankenstation mitten im Regenwald, zusammen mit Christina Haverkamp, finanziert mit Spendengeldern vieler treuer Freunde und Unterstützer. Christina ist es auch, die weiterhin die Lage im Auge behalten wird. Sie und viele glaubwürdige Organisationen werden Alarm schlagen, sobald die Situation sich erneut verschlechtert. Für mich ist die Arbeit beendet. Zeit für eine neue Herausforderung. Die Yanomami-Zeit ist meine Lehrzeit, der Friede die Gesellenprüfung. Jetzt kommt die Meisterprüfung. Es ist der Kampf gegen die weibliche Genitalverstümmelung. Ein weitaus gigantischeres Problem. Eine neue Epoche in meinem Leben. Einen Vorgeschmack vermittelt meine Homepage: www.target-human-rights.com, weitere Informationen gibt es im Anhang.

Rüdiger Nehberg *Rausdorf, im Frühjahr 2003*

Hinweis: Im Anhang befindet sich eine Liste der Begriffe in Portugiesisch und Yanomami. Außerdem gibt es eine Landkarte für die bessere Orientierung.

Begegnung mit den Yanomami

Aufbruch

Luiz Autram, ein Siedler aus Barcelos am Rio Negro, kannte den Wald wie seine Hosentasche. Dabei war es egal, ob das Wasser bei Überschwemmung durch die Baumkronen floß oder sich auf die Flußbetten beschränkte. Er lebte saisonweise vom Kautschukzapfen, vom *piassaba* (Palmfaser)-Sammeln und vom Fischen. Warum sollte ich also nicht mit Luiz fahren?

»Luiz, ich möchte spazierenfahren. Vielleicht zehn Tage. Kannst du ein überdachtes Boot beschaffen?«

Nichts erzählte ich von meinem wahren Vorhaben. Aus verschiedenen Quellen hatte ich noch wertvolle Tips bekommen, über welche Flüsse ich fahren müßte, um möglichst nahe an die Yanomami heranzukommen. Aus meinen Radarkarten ersah ich auch, wo die FUNAI ihre Flußkontrollposten errichtet hatte.

Luiz benötigte zwei Stunden, aber dann hatte er die »Sandokan« aufgetrieben und dessen Besitzer Walter.

Achthundert bis tausend Kilometer waren zu fahren. Ich rechnete mit sechs Tagen Reise und hatte vier für Walters und Luiz' Rückfahrt kalkuliert. Der Preis war mehr als günstig. Ein Karton voller Lebensmittel wurde zusammengekauft, und dann ging es los.

Genau sieben Tage tuckerten wir über den Rio Negro und den Rio Demini hinauf. Da dieser Fluß oberhalb gesperrt war, bogen wir in den Rio Aracá ein. Sieben Tage und teilweise mondhelle Nächte klopfte der Sechs-PS-Japanmotor uns stromaufwärts. Erbärmlich langsam, aber es ging immerhin stetig weiter. Ich kam meinem Ziel näher.

Bessere Begleiter als Luiz und Walter hätte ich kaum finden können! Sie erklärten mir, was immer es zu zeigen gab. Sie lehrten mich, den *tucunaré* (Fisch) mit einem Stock, einem roten Tuch und fünfzig Zentimeter Perlonschnur zu fangen, und sie nahmen mich mit, wenn sie nachts *pacas* (Nagetiere) mit der Lampe schossen.

Gegen sie war ich ein unerhörter Laie. Was ich wußte, waren allgemeingültige Jagd- oder Survival-Regeln. Was mir fehlte, war das spezielle Amazonas-Wissen, und davon strömten Walter und Luiz nur so über und geizten nicht damit.

Wenn der Mond unterging oder Regenwolken ihn verdeckten, banden wir das Boot an einen Busch und schliefen in unseren Hängematten an Bord.

Wie jeden Abend hatte Luiz, der Fischer, eine schwere Angel mit einem halben Köderfisch ins Wasser geworfen. Das andere Ende vertäute er an seiner Hängematte. Würde ein Fisch anbeißen, müßte er das Rucken deutlich spüren.

Um halb eins nachts ruckte es. Sogar sehr heftig. Luiz sprang und fiel gleichzeitig zu Boden. Durch den Lärm wurden wir anderen ebenfalls wach. Neugierig beobachteten wir, wie Luiz versuchte, die Leine einzuholen. Ein großer Fisch zu dieser Jahreszeit der Überschwemmung (Juli) war eine Kostbarkeit. Nur selten hatte man Fängerglück.

»Helft schnell!« Luiz kam in Not. Das Tier zog gewaltig. Die einen Millimeter starke Nylonsehne ließ sich nicht gut einholen. Sie war zu glatt, aber zu dritt holten wir sie allmählich Hand um Hand, Meter um Meter ein.

Nur noch zehn Armlängen, schätzten wir! Das hatte wohl auch der Fisch geschätzt und sich gesagt, daß nun er wieder an der Reihe sei mit dem Ziehen. Ohne uns eine Siegeschance zu lassen, holte er sich fast die gesamte Leine zurück. Jagdfieber und Stolz hatten uns gepackt. Nur nicht loslassen! Ich war der letzte Mann am Seil. Walter und Luiz fingen die Hauptzugkraft auf. Um ihn endgültig zu stoppen, wickelte ich mir die Sehne fest um die Hand. Jetzt rutschte sie nicht mehr. Der Bursche war uns sicher, dachte ich noch, korrigierte mich aber in derselben Sekunde – denn es zuckte mir wie ein Peitschenhieb durch die

Hand. Er hatte gewaltig angeruckt. Walter und Luiz konnten ihn nicht mehr halten, und mir schnitt die Sehne tief ins Fleisch. Sie lief vollends aus und riß dann. Der Fisch war weg. Welcher Riese mochte das gewesen sein!?

Ich verband die blutende Hand und legte mich in die Matte. Ich dachte darüber nach, wie schnell einem etwas Unvorhergesehenes die Reisepläne vereiteln konnte. Durch reine Unbedachtsamkeit.

Der entkommene Fisch war geradezu ein kleiner Fisch gegen den nächsten Gast.

Als ich sein Brüllen zum erstenmal hörte, dachte ich »Brüllaffe« und sammelte weiter Holz für mein erstes Abendfeuer allein. Es war schon halb sechs und würde bald dunkel sein.

Beim zweiten Grollen wunderte ich mich, daß der Rest der Herde nicht in den Ruf einfiel. Brüllaffen leben in großen Familien. Wenn sie ihre Töne anstimmen, dann meint man, in der Ferne rase ein Schnellzug vorbei.

Noch nie hatte ich eines der Tiere von nahem gesehen. So furchterregend aber ihr Gebrüll wirkt – sie selbst sind harmlos. Es war klar, daß der Affe sich in meine Richtung bewegte. Vielleicht hatte ich Glück und sah ihn von nahem. Ich empfand es als schönen Auftakt zu meinem Waldmarsch, den ich am nächsten oder übernächsten Tag beginnen wollte.

Zur Zeit befand ich mich an den südlichsten Ausläufern der Serra Gurpira am Rio Aracá. Es war der sechste Tag unserer Bootsfahrt.

Lutz hatte sich einer Witwe erinnert, die hier mit ihren Kindern an einem Nebenfluß wohnen sollte. Und da Luiz ebenfalls Witwer war und auch Walter sich nach Gesellschaft sehnte, hatten sie mich zu einem kleinen Abstecher überreden wollen.

Ich hatte keine rechte Meinung und bat sie, allein zu fahren und mich hier zu lassen. Ich sehnte mich nach dem Wald, nach Natur und nicht nach Zivilisation. Morgen früh sollten sie mich wieder auflesen.

Sie hatten mir ein Stück *paca*-Fleisch zurückgelassen, das ich mir nun braten wollte.

Der Affe schien wirklich in meine Richtung zu laufen. Bald würde er mich riechen und abdrehen. Denn der Wind wehte sanft vom Fluß her in seine Richtung.

Als er sich erneut zu Wort meldete, wurde mir klar, warum die übrigen Affen nicht in den Chor einstimmten. Das war kein Affe, das war ein Jaguar!

Einmal erst hatte ich zusammen mit Kurt Glück einen Jaguar in freier Wildbahn gesehen. Aber noch nie hatte ich sein Grollen vernommen. Doch jetzt war es mir klar, weil mich der Ton nun deutlich an Löwen erinnerte. Und die kannte ich zur Genüge.

Von dieser Erkenntnis bis zu dem Moment, wo ich in zehn Metern Höhe auf einem dicken Ast saß, waren vielleicht zwei, drei Minuten vergangen. Ich trug eine Badehose und meinen Überlebensgürtel und hatte den Fotokanister an mich gerissen und mitgenommen.

Im letzten Dämmerlicht schätzte ich hoffnungsvoll ab, daß die Katze auf keinen Fall in einem Satz zu mir hochspringen könnte. Natürlich würde sie mir mühelos nachklettern können. Ich zitterte und vergewisserte mich, ob ich den Revolver bei mir hatte. Als letzte Rettung blieb mir dann ein Schreckschuß, der den Jaguar vertreiben würde.

Ich hakte den Kanister sicher an einem Aststummel fest und hängte beide Fotoapparate vor mich hin. Mit einer kleinen Dynamolampe leuchtete ich ständig nach unten und kontrollierte das Blitzgerät und die Einstellungen.

Das Knurren war verstummt, mein Zittern auch. Jede Minute leuchtete ich runter zu meinem *paca*-Fleisch, denn jetzt ahnte ich auch, daß ihn der Blutgeruch angelockt haben könnte.

Meine Hände hatte ich zwar in der Eile irgendwo abgeputzt, aber garantiert rochen sie auch jetzt noch so deutlich, daß der Panther mich wittern mußte. Selbst hier, wo ich so hoch über meinem Lagerplatz hockte.

Und als ich dann plötzlich in meinem dürftigen Lichtschein die Riesenkatze erblickte, wäre mir die Lampe beinahe aus der Hand gefallen. Ein gewaltiges, ein wunderschönes Tier!

Zittern nützte nun nichts mehr. Jetzt hieß es fotografieren. Ich schoß Blitz auf Blitz ab, ohne mein Objekt zu sehen. Es stand in der Dunkelheit. Entfernung hatte ich geschätzt und auf der Skala eingestellt. Mit dem Vierhunderter-Film hoffte ich, die Tiefe ausleuchten zu können. Ich wagte gar nicht, mir meine Enttäuschung auszumalen, wenn die Bilder nichts würden.

Ich wurde recht nervös, weil ich fürchtete, der Jaguar könnte durch die Blitze abgeschreckt werden. Aber sie irritierten ihn nicht. Mein Lämpchen ließ mich ihn nach wie vor im Lager erkennen, wo er sich das *paca*-Fleisch gut munden ließ.

Eigentlich mußte er den für ihn winzigen Happen längst verputzt haben. Gewiß leckte er noch die Blätter ab – oder er witterte mich. Ich leuchtete abermals und so gut es ging. Da sah ich die Bescherung! Freund Jaggy streckte sich der Länge nach aus und gedachte nun zu ruhen.

»Das kann ja heiter werden«, schoß es mir durch den Kopf. Denn jetzt, wo ich mich längst sicher fühlte, wo die Aufregung abgeklungen war, merkte ich, wie der Ast, auf dem ich saß, meine Blutzirkulation unterbrach und die Ameisen nachdrücklich beanstandeten, daß ich auf ihrem Wanderweg saß. Sie bissen mich immer dreister. Mit dem Gasfeuerzeug versuchte ich, den Ast links und rechts von mir etwas anzubrennen, um die Tiere durch den Brandgeruch fernzuhalten. Vielleicht hatte es einige tatsächlich zur Umkehr veranlaßt. Aber es gab noch immer genügend, die von Forscherdrang besessen waren und die Demarkationslinie überschritten.

Der Jaguar schlief schon den Schlaf des Gerechten, während ich mich an die Äste klammerte. Ich band mich fest, weil ich Angst hatte, abzustürzen. Jede Viertelstunde mußte ich mich bewegen, um mein Blut am Fließen zu halten. Es fehlte mir ein zweiter Ast unter dem, auf dem ich saß. Ein Trittbrett gewissermaßen, um meine Beine abzustützen, damit die Oberschenkel hohl lagen.

Gegen Morgen war ich eingenickt. Inzwischen saß ich rittlings auf dem Ast und klammerte mich um den Baumstamm wie um eine Geliebte.

Als kurz vor sechs Uhr die erste Dämmerung zu spüren war, leuchtete ich als erstes zu meinem Schlafgast hinunter.

Er war fort. Still und heimlich hatte er sich aus dem Staub gemacht. Von Kälte und Müdigkeit benommen, wartete ich dennoch, bis es deutlich hell war und ich wirklich klar gucken konnte. Der Jaguar war tatsächlich weitergezogen. Vorsichtshalber gab ich noch einen Schreckschuß ab. Aber es blieb totenstill im Dickicht.

Dann erst kletterte ich steif und staksig zu Boden und schrie aus Leibeskräften: »He, wo bist du?« Wohl, um meinen Mut zurückzugewinnen.

Er hatte meine Hängematte und das Regendach, das ich zu Anfang noch besaß und für so unentbehrlich hielt, nicht berührt. Einen meiner vier PVC-Kanister hingegen hatte er mit seinen Zähnen durchlöchert. Möglicherweise hatte ich mir daran die blutigen Hände abgewischt.

Die Rückkehr per Floß auf vier Kanistern war damit schon gleich zu Beginn der Reise in Frage gestellt.

Als ich später in Hamburg die entwickelten Diafilme zurückerhielt, galt mein erster Blick natürlich den Fotos vom Jaguar-Camp. Und da wäre ich fast vom Hocker gefallen! Was der schmale Schein der Lampe mir nicht verraten hatte, sah ich jetzt: Es waren *zwei* Jaguare gewesen! Ein Pärchen vielleicht, das genug mit sich selbst zu tun gehabt haben mochte und das mir deshalb keine Beachtung geschenkt hatte.

»Das sind die letzten Weißen, die du in deinem Leben siehst«, dachte ich, als die »Sandokan« mich verlassen hatte und um die nächste Kurve verschwunden war. Ich hatte Walter und Lutz mehr bezahlt, als wir vereinbart hatten, denn ich war sehr zufrieden gewesen. In Zukunft würde ich Leuten, die am Urwald interessiert sind, immer empfehlen, sich gegen Bezahlung bei Siedlern im Wald einzuquartieren. Besser kann man die Natur nicht kennenlernen als bei ihnen, und besser kann man sich keinen Einblick verschaffen von dem erschreckenden sozialen Gefälle zwischen ihnen und uns. Darüber später mehr.

Die »Sandokan« hatte mich bis zu den *Cachoeiras dos Indios* gebracht, der Endstation für schwere Schiffe. Ein malerischer Katarakt verhindert hier die Weiterfahrt. Bergauf geht es ab hier nur noch mit dem kleinen Boot und Außenbordmotor.

Hoch auf dem felsigen Ufer steht ein Laden, ein Holzhaus, zehn mal zwölf Meter. Von nah und fern können die Anwohner hier das Lebensnotwendigste kaufen: Bohnen, Nudeln, Reis, Zucker, Salz, Konserven, Kaffee, aber auch Patronen und Messer. Das Prunkstück des Ladens: eine Nähmaschine. Viele Siedler tauschen, denn Geld ist knapp. Der Ladeninhaber Eurico führt lange Schuldenlisten, die irgendwann mit den Erlösen aus Palmfasern oder Kautschuk verrechnet werden.

Bevor die Kunden zurückkehren in ihre Hütten an den Flüssen, pflücken sie sich einige Orangen für den Weg. Obst gibt es in Mengen, denn Euricos Vater Pedro hat hier viele Obstbäume gepflanzt, als er 1955 das Land besetzte. »Damals gehörte der Wald noch den Yanomami, und es kam vor, daß plötzlich Pfeile aus dem Gebüsch flogen«, berichtete Eurico voller Stolz.

»Aber Pedro hat dann mit den Indianern verhandelt und sie mit Geschenken zu Freunden gemacht.«

Heute tauschen diese Indianerfreunde in Euricos Laden Pfeile und Bananen gegen Messer, Macheten und Pulver.

Die erste Yanomami-Siedlung lag sechzig Kilometer entfernt. »Den Weg kannst du nicht verfehlen«, hatte Eurico mir gesagt. Er selbst wollte mich nicht begleiten. »Das ist mir zu weit.«

Zur Zeit war kein Indianer zu Besuch, der mich hätte führen können. So ging ich allein. Ich betrachtete den Weg als Übungsstrecke. »Einen solch deutlichen Weg gibt es kein zweites Mal.« Falls ich mich verlief, konnte ich ja jederzeit zurück zu Eurico.

Die Ausrüstung

Ein kleines Stück begleitete mich der Händler. An einem Flüßchen verabschiedete er sich. Ich balancierte über den glitschigen Baumstamm, der als Brücke diente, tauchte drüben in den grünen Blättervorhang.

Auf einem Neunzig-Grad-Winkelgestell aus Aluminium trug ich die verbliebenen drei PVC-Kanister. Jeder Kanister wog (leer) etwa zweieinhalb Kilo, hatte einen Weithals-Schraubverschluß, war sehr stabil und absolut wasserdicht. Das ist relativ schwer, aber einen Rucksack hatte ich absichtlich nicht genommen. Er würde dem Regen nicht standhalten und war wesentlich komplizierter durch die Flüsse zu transportieren. Die Kanister hingegen schwammen von selbst und konnten zur Not auch mich noch tragen. Daß sie keinerlei körperangepaßte Formen aufwiesen, war kein Handicap. Ich hatte nicht ein einziges Mal eine wunde Stelle infolge ihrer starren, geraden Flächen.

In diesem »Rucksack« hatte ich meine klägliche Habe: einen Schlafsack, eine Hängematte, zwei Kameras, vier Optiken, hundert Filme, Tagebuch, Landkarten, Geschenke.

Am Körper hatte ich ebensowenig: eine Badehose, ein Paar Turnschuhe, einen Überlebensgürtel.

Wie bei jeder Reise hatte ich auch diesmal dem Überlebensgürtel besondere Aufmerksamkeit geschenkt. In einer Leinentasche (Militärshop-Ware) hatte ich zwei wasserdichte Schraubdosen à tausend Kubikzentimeter Inhalt. Und darin befanden sich der Kompaß, ein Gasfeuerzeug, Nadeln und vor allem Medikamente von der einfachen Schmerztablette über leichte Psychotonica wie Captagon, über Pervitin (ein Aufputschmittel, das man in Deutschland nur auf Rezept erhält) bis hin zu einer Dosis Zyankali, um mir ggf. ein qualvolles Ende zu ersparen. Außerdem hatte ich eine sofort injizierbare Dosis Prostigmin dabei – das Gegengift zu Curare, dem Pfeilgift der Yanomami. Curare lähmt das Nervensystem, und nur wenige Milligramm genügen, um einen Menschen zu töten. Das Opfer möchte um Hilfe schreien, aber die Zunge kommt dem Befehl dazu nicht mehr nach. Nach einigen Sekunden erhält die Lunge keine Impulse mehr zu atmen. Das Herz schlägt noch eine Weile weiter, aber man erstickt. Man kann den Getroffenen durch künstliche Beatmung retten. Nach etwa fünfzehn Minuten verliert das Gift seine Wirkung.

Natürlich hatte ich auch Mittel gegen Malaria und Würmer, hatte ich Antibiotika, ein Operationsbesteck und – neben einem Messer und dem bereits erwähnten Revolver – ein Ein-Schuß-»Selbstmord«gerät. Dabei handelt es sich um den im deutschen Bergsteiger-Handel erhältlichen Signalraketenstift. Statt der Rakete hatte ich ein Stückchen Sechs-Millimeter-Lauf aufgeschraubt, den mir ein Dreher in Manaus gemacht hatte. In das Läufchen hatte ich eine Kleinkaliberpatrone gesteckt.

Einen Revolver, so hatte ich mir gesagt, würde man mir womöglich irgendwo abnehmen können – den Stift würde man als medizinisches Instrument ansehen und mir lassen.

Und schließlich war da noch die bewährte kleine Mundharmonika. Mit ihr wollte ich einsame Stunden ausfüllen, vor allem aber den Indianern meine friedlichen Absichten kundtun.

Alle halbe Stunde wollte ich eine simple Melodie spielen. Die Indianer mit ihrem bekanntermaßen guten Gehör würden das von weitem wahrnehmen, mich sicherlich beobachten und hoffentlich Vertrauen zu mir gewinnen. Nach der Devise: »Wo man singt, da laß dich nieder, böse Menschen haben keine Lieder.« Auch mein »Nacktgehen« sollte Beobachtern sofort signalisieren: Das Bleichgesicht ist unbewaffnet, schwach, harmlos. Die Badehose war mein persönlicher Kompromiß zwischen den völlig unbekleideten Yanomami und den bis zum Hals verpackten Weißen. Stiefel, lange Hosen, Hemden hatten in meinen Augen hauptsachlich Nachteile als Feuchtigkeitssammler und Gewichtsverursacher.

Die Insekten hatten zum nackten Körper zwar bequemeren Zutritt, aber gepiesackt wurde man auch, wenn man Garderobe trug. Im Bereich meiner Badehose und der Turnschuhe hatte ich die meisten Flöhe.

Mein Gepäck wog insgesamt dreißig, ich selbst fünfundsiebzig Kilo.

Und dann der erste Tag des Marsches. Frohen Mutes zog ich in den Wald. Ich setzte die Füße vorsichtig, um sie nicht zu verstauchen.

Durch die ständigen Regenfälle war der Boden lehmartig glitschig.

Gleichzeitig bemühte ich mich, den schmalen Pfad auszumachen. Im allgemeinen war er tatsächlich deutlich sichtbar, aber dort, wo das Wasser einen halben bis einen Meter hoch zwischen den Bäumen stand, hatte ich Schwierigkeiten.

Das vorsichtige Tapsen und ständige Schauen erlaubte mir ein Höchsttempo von drei Stundenkilometern.

Schon nach einigen Stunden wurde mir klar, daß ich eigentlich mein Gepäck noch stärker reduzieren müßte, wenn ich besser vorankommen wollte. Immer öfter mußte ich Pausen einlegen. Immer schwerer fiel es mir, das Tragegestell aufzuheben.

Für den ersten Tag hatte ich mir fünfhundert Gramm *bolacha*, eine Art Cracker, als Nahrung von Eurico mitgenommen. Sobald die verzehrt waren, wollte ich vom Sammeln leben.

Daß es nicht viel werden würde, ahnte ich bereits am ersten

Tag. Bis auf drei Winzlinge von Fröschen gab es nichts, das ich im Vorübergehen erspäht hatte. Auch größere Tiere, wie Affen, hatte ich nicht zu Gesicht bekommen. Hier befand ich mich noch zu sehr im Jagdgebiet der Siedler.

Als es sechzehn Uhr wurde, war ich dermaßen erschöpft, daß ich beschloß, das Lager zu machen. Mehr als zwanzig Kilometer hatte ich nicht geschafft. Ein verlassenes *tapirí* (Blätterhütte) bot sich gastfreundlich an. Ich reparierte das morsche Dach mit ein paar bananenblattartigen Großblättern und spannte die Matte. Den Überlebensgürtel hängte ich direkt unters Kopfende, die Kanister stellte ich neben mich auf die Erde.

Die Turnschuhe waren ständig naß gewesen, denn meist war ich durch Wasser gestapft. Die Haut an den Füßen war schneeweiß gebleicht. Aufs tröstende Feuer verzichtete ich, weil ich den Schlafsack zum Wärmen hatte. Es war eine Wohltat, hineinzukriechen, sich strecken zu können, sich zu entspannen, warm und insektensicher zu liegen. Ich schlief bald ein und wurde nur einmal wach, als ein tosendes Gewitter niederging. Gott sei Dank lag ich trocken. Ich mußte unbedingt darauf achten, daß mein Schlafsack trocken blieb.

Die erste Begegnung

Würde ich einen Schlag gegen den Körper spüren und vielleicht noch registrieren? Pfeilschuß! Oder würde ich plötzlich Menschen aus dem Dickicht treten sehen, mit freundlichen oder feindlichen Gebärden? Auf alle diese Fälle hatte ich mich immer wieder autogen vorbereitet.

Beim Pfeil würde ich versuchen, ihn rauszuziehen. Wäre er vergiftet, würde ich die Spitze nicht herausbekommen, weil sie lose auf den Pfeil gesteckt ist und einen Widerhaken hat, um im Fleisch zu bleiben.

Dann müßte ich sofort Prostigmin spritzen. Vier Ampullen

hatte ich mit. Sie kosteten daheim nur je eine DM. Für hundert Pfennige konnte ich das Curare-Gift eines Pfeiles neutralisieren. Das müßte nur sehr schnell geschehen. Weil ich allein war, müßte die Spritze im Blut sein, bevor das Curare mein Nervensystem außer Gefecht setzen würde. Denn dann wäre es bereits zu spät. Dann wüßte ich vielleicht noch, daß ich mir die Spritze geben mußte, aber meine Hände würden den Befehl des Gehirns nicht mehr ausführen können. Darüber dachte ich des langen und des breiten immer wieder nach. Zeit hatte ich ja zur Genüge.

Und gerade wollte ich mal wieder den anderen Fall durchspielen: die Konfrontation mit den Menschen – da standen, wie hingezaubert, drei Yanomami mitten vor mir auf dem Weg!

Lächeln wollte ich, mich tief und demütig verneigen, leere Hände vorzeigen …

Es war nicht nötig. Das erkannte ich im selben Moment, als ich die Männer dastehen sah. Sie waren es, die lächelten, sie gestikulierten freudig mit den Armen und ihren Bogen. Kein Zeichen, keine Spur von Feindseligkeit, geschweige denn Angst. Einen besseren Einstieg hätte ich mir nicht wünschen können.

Alle drei Männer waren kleiner als ich. Sie hatten die traditionelle Ponyfrisur. Zweien sproß ein dürrer Kinnbart, wie man ihn von den Chinesen kennt. Die Oberarme waren mit Mutum- (Hühnervogel), Tukan- und Ara-Federn geschmückt. Am auffallendsten aber war ihr hochgebundener Penis. Sie trugen um die Taille eine dünne Schnur, mit der sie ihn an der Vorhaut befestigten. Erst dann, so hatte ich gelesen, fühlte ein Yanomami sich richtig angezogen. Nie würde er ihn unter der Hüftschnur hervorziehen, es sei denn zum Urinieren oder Kopulieren.

An mir hatten die drei Yanomami ebensoviel zu bestaunen. Sie berührten neugierig die Brusthaare und diskutierten ausgiebig auch die an Rücken und Beinen.

Sie selbst waren ganz glatthäutig. Es fiel ihnen auch auf, daß ich auf dem Kopf recht wenig Haarwuchs aufweisen konnte. Vielleicht kannten sie solche Kahlhäuptigkeit, vielleicht hielten sie es für eine Sitte unter uns Weißen, denn sie selbst hatten eine Tonsur, also eine freirasierte Stelle auf dem Hinterkopf.

Nun, diese Musterung ging mehr nebenbei vonstatten. Am meisten beeindruckten sie meine Kanister.

Die Männer kamen von der Jagd. Einen Papagei hatten sie erlegt, der einem von ihnen über der Schulter hing.

Ihren Gesten entnahm ich: »Hier im Süden gibt es nicht mehr viel Wild. Oben im Norden werden wir mehr Glück haben.«

Es beruhigte mich ein wenig, daß auch sie keine größeren Tiere gesehen hatten. Der Wald war überjagt. Welch Wunder auch, wenn man bedachte, daß allein am Nebenflüßchen Demizinho zur *piassaba*-Erntezeit einundvierzig Siedler lebten, die täglich auf die Jagd gingen, um ihr karges Einkommen auf diese Weise aufzubessern. Eurico, der Ladenpächter, hatte mir das berichtet.

Der Wildrückgang erfolgte seit Jahren und allmählich. Daß man nicht immer Jagdglück haben konnte, waren Tatsachen, die alle Völker zu allen Zeiten hatten. Auch die Urgroßväter der Yanomami hatten immer schon mal Glück und mal Pech gehabt – auch, als es noch gar keine Weißen hier gab.

Man gab – wie ich später erfuhr – nicht den Siedlern die Schuld. Man wandte sich eindringlicher an die Geister und bat sie um mehr Fortune für morgen, wenn man nach Norden gehen würde, wo der Wald noch einige Reserven zu bieten hatte. Nach Norden, wohin die Siedler noch nicht kamen.

Ich war durch die Begegnung und die Pause neu belebt. Vergessen war die Schwäche, die sich nach drei Tagen unzureichender Nahrung zusehends durchsetzte.

Ich wollte gern weiter zu *Tushaua* Arakeen, dessen Namen ich von jemandem gehört hatte. Sie nickten, denn ein anderes Ziel konnte man hier gar nicht haben.

Mühelos warf ich das Gepäck auf den Rücken und wollte meinen Pfadfindern folgen. Doch da erntete ich Protest. Ich mußte die Last sofort absetzen und die Kanister aufteilen. Jeder nahm einen, und mir blieb nur das Aluminiumgestell. Frei und leicht wie eine Feder im Wind hüpfte ich vergnügt hinter den Jungs her.

Nach vier Stunden ohne Pause – aber unter ständigem heiteren Palaver – wurde der Weg allmählich breiter, und am Nachmittag – es war mein dritter Tag im Urwald – stand ich vor der ersten *maloca*, dem ersten Dorf.

»Wie ein Zirkuszelt«, war mein erster Gedanke. Auf einer großen freien Fläche stand ein Rundbau: Pfahl an Pfahl, die Außenwand nur hundertfünfzig Zentimeter hoch. Das Rund achtzig Meter im Durchmesser. Von der Außenwand stieg das Dach schräg nach innen zur Mitte empor. Mindestens zehn Meter hoch. Mit Ästen, Lianen, Palmblättern und Gras war alles verflochten und abgedichtet.

Gebückt trat ich durch einen der insgesamt fünf Eingänge in das Innere der *maloca*.

Im Dorf

»Leg dich sofort in deine Hängematte!«

Häuptling Arakeen – so gastfreundlich und herzlich er einerseits war – packte mich energisch am Arm und drängte mich zu meiner Schlafstelle.

Ich hatte, mit seiner Billigung, das Rauschmittel *epená* geschnupft. Im »Glückszustand« hoffte ich an die anderen Tänzer ranzukommen, ihre bunten Körperbemalungen fotografieren zu können. Vorher hatte man mich strikt abgewiesen. Es war schier zum Verzweifeln.

Ohnehin hatte ich immer schon vorgehabt, das Pulver zu versuchen, weil es von vielen Ethnologen erprobt und als sehr stimulierend, aber vor allem als unschädlich beschrieben wurde.

»Wer *epená* inhaliert hat, fühlt sich als Riese unter Riesen«, hieß es überall. Das wollte ich selbst erleben. Einmal über meine bescheidenen hundertfünfundsiebzig Zentimeter hinauswachsen, ohne auf einen Stuhl steigen zu müssen.

Die Yanomami stellen das Pulver aus bis zu sieben Zutaten her. Sie können von Dorf zu Dorf verschieden sein und hängen ab von dem, was der Wald bietet. In Frage kommen Blätter, Baumrinden, Harze, Rindenbast, Samen und/oder die Asche verschiedenster Pflanzen.

Es sind alles Pflanzenteile, die über dem Feuer oder in der Sonne getrocknet und dann in einer Paranußschale (wie die der Kokosnuß) staubfein gemörsert werden. Mit feinsten Palmfasersieben wird das Grobe so lange herausgeseiht und erneut zerstoßen – bis wirklich alles durchs Sieb hindurchfällt, bis alles zu Staub geworden ist.

Bei ihren Festen, vor Krankenheilungen, aber auch ohne jeden Anlaß – einfach aus Spaß daran – lassen sich die Männer das Pulver mittels eines meterlangen Rohres durch ein Nasenloch in den Kopf blasen. Sie sitzen dabei in der Hocke.

Im ersten Moment meint man, der Kopf flöge auseinander. Die ätherisch wirkenden, feinen Staubpartikelchen erreichen den letzten Hohlraum. Sofort setzt ein starker Speichel- und Tränenfluß ein. Die Nase läuft löffelweise, und mit dem Schleim wird auch ein Teil des dunklen Pulvers wieder herausgespült. Kein appetitlicher Anblick.

Es wird mehrfach hintereinander geblasen, bis der Berauschte meint, daß er genug genommen hat. Nun hockt er ein Weilchen in abwartender Stellung, stößt Urlaute aus, verdreht unbewußt die Augen und fängt an, sich schaukelnd zu bewegen. Schließlich steht er auf, stimmt einen Gesang an und beginnt, mit einem oder mehreren Pfeilen in der Hand, zu tanzen. Wenn die euphorische Wirkung nachläßt, schnupft der Tänzer erneut, oder er geht zurück zu seiner Schlafstelle, um sich auszuruhen.

Frauen nehmen dieses Schnupfpulver eigenartigerweise nicht. Nur das Tabakkauen ist beiden Geschlechtern gemein. Diesem Genuß frönt jung und alt, vom Baby bis zu den Großeltern.

Forscher behaupten, daß diese Droge nicht abhängig macht. An diese Unabhängigkeit glaube ich auch, weil ich immer wieder erlebte, daß Indianer, die den Wald verließen und ein brasilianisches Dorf besuchten, dort auf das Inhalieren verzichteten. Sobald sie jedoch wieder zurückgingen in ihre Heimat, dröhnten sie sich voll und genossen den Rausch.

Hin und wieder erlebte ich Gruppentänze. Dann hatten sich die Männer phantasievoll rot und schwarz bemalt, mit Punkten, Ringen und Wellenlinien. Es war ein schöner Anblick, den ich gern fotografiert hätte.

Aber bei den Gemeinschaftstänzen wurde mir das verwehrt. Ich war noch zu kurze Zeit bei den Yanomami. Das Vertrauensverhältnis war zu schwach. Was mir blieb, waren Einzeltänzer, weniger dekorativ geschminkt.

Deshalb und aus Neugier hatte ich nun geschnupft. Das Pusterohr hatte Arakeen mir verweigert. »Du kannst das Pulver vom Handrücken einziehen.«

Die Sekretion erfolgte auch bei mir augenblicklich. Die Umstehenden lachten und nickten beifällig. Sicher bekamen meine Augen gerade den verklärten Blick – Zeichen für die beginnende Wirkung.

Nun lag ich, statt zu tanzen, in der Hängematte und meine Fotomotive stampften ohne mich hin und her.

Auf scheinbar dürren Beinen, wie auf Schuhen mit hohen Absätzen, war ich in mein Lager zurückgeführt worden. Etwas »erhöht« hatte ich mich gefühlt, als Riese jedoch keinesfalls. »Du hast wohl zu wenig genommen«, folgerte ich daraus. Aber meine Schweißausbrüche, das etwas fiebrige Gefühl reichten mir, denn es war das allererste Mal im Leben, daß ich ein Stimulativ genommen hatte. Noch nie hatte ich Haschisch probiert, geschweige denn stärkere Drogen.

Um etwas Nützliches zu tun, schrieb ich meine Gefühle ins Tagebuch.

Als ich nach einer halben Stunde allmählich ernüchtert war,

schaute ich mir die Handschrift wieder an. Sie hatte sich mit zunehmender Giftwirkung nicht verändert. Derselbe Versuch unter Alkoholeinwirkung hätte ein sich verschlechterndes Schriftbild gezeigt.

Ich wußte während des Rausches immer genau, was ich tat, und auch die Tänzer selbst waren bei vollem Verstand. So sehr sie in Trance schienen, so reaktionsschnell verboten sie mir das Fotografieren, wenn ich es bei anderen Gelegenheiten später erneut versuchte, weil ich hoffte, wir wären uns schon näher gekommen.

Deutlich erinnere ich mich an ein besonders großes Fest. Die berauschten Männer tobten und tanzten von »Haus« zu »Haus«, um mit viel Gestik die guten Geister zu beschwören und die bösen zu verjagen. Die Männer wirkten auf mich, wie daheim Betrunkene. Als sie allmählich auf mein Lager zukamen, war ich in Alarmbereitschaft – auf dem Sprung, ihnen auszuweichen. Aber weder die Frauen noch die Kinder noch gar die Tiere zeigten die geringste Furcht – das beste Zeichen, daß mit diesem Rausch keine Gefahr verbunden war. Und so war es auch tatsächlich. Ich war be»geistert«.

Es war der vierte Tag in Arakeens *maloca*. Ich trug mich schon mit dem Gedanken weiterzulaufen, weiter nach Norden, zu weniger von der Zivilisation beeinflußten Menschen. Denn Arakeens Stamm war bereits deutlich von uns Weißen »gezeichnet«. Jede Familie besaß einen Metalltopf, viele ein Messer, Angelhaken und – irgendwo im Gebälk – eine Hose, ein Kleid, einen Büstenhalter. Denn Arakeens Leute hielten losen Kontakt zu Euricos Laden, und dort sollten sie sich anpassen, also bekleiden. Das hieß nun aber nicht logischerweise, daß die Weißen sich den Indianern anpaßten und ihre Kleidung ablegten, sobald sie deren Siedlungen betraten.

»Schließlich sind wir die ›Zivilisierten‹. Was wir machen, ist richtig, und diese ›Wildlinge‹ haben sich anzupassen.« So die allgemeine Meinung. Und so heißen sie ja auch bis heute in vielen Medien und Berichten »Wilde«.

Daß Indianer überhaupt Menschen sind und nicht Tiere, auf die man Jagd machen kann, wissen wir – Gott sei's gedankt! – seit Papst Paul II. in einer Bulle des Jahres 1537 verkündet hatte, Indianer seien wirkliche Menschen, die frei über sich und ihr Eigentum verfügen könnten.

Diese Feststellung änderte leider nichts daran, daß es nachgewiesenerweise bis in die 1960er Jahre hinein regelrechte Jagden auf Indianer gegeben hat nach der Devise: »Was machen wir am Wochenende? Sollen wir mal ein paar Indios schießen gehen?«

Die Yanomami Arakeens haben diese bitteren Erfahrungen noch nicht gemacht. Sonst wäre meine Aufnahme durch den Häuptling nicht so betont herzlich gewesen. Mit viel Hallo und noch mehr Neugier in den Augen standen die Leute um mich herum, nachdem die hilfsbereiten Jäger mich im Dorf abgeliefert hatten.

Man reichte mir sogleich eine *cuia* (Kürbisschale) *mingau* (Bananenbrei), der überraschend delikat schmeckte. Man hatte Bananen mit der Hand zerquetscht und mit etwas Wasser gekocht. Erst dabei entfaltete sich der süßsaure Geschmack, und die Suppe wurde sämig infolge der Stärke, die Bananen enthalten. Unter regem Pusten löffelte ich sicherlich zwei Liter der köstlichen Fruchtspeise und hatte dabei reichlich Gelegenheit, mir die *maloca* anzuschauen.

Eine *maloca* ist kein Dorf nach unserem Verständnis. Es ist vielmehr ein imposanter Rundbau, wie schon angedeutet, etwa achtzig Meter im Durchmesser. Wie ein überdachtes Stadion, das in der Mitte offen ist, war mein erster Eindruck. In diesem großen Rund hat jede Familie einen Abschnitt von fünf bis zehn Metern. Dort hängen ihre Hängematten, dort brennen ihre Feuer.

Besonders gegen Abend wird sich kein fremdländischer Besucher dem Eindruck entziehen können, den die dreißig bis fünfzig Feuer hervorrufen. Sie glimmen oder lodern, eins neben dem andern, und versorgen die Schlafenden mit Wärme, dokumentieren Zusammengehörigkeit.

Da »meine« Yanomami keine Decken, auch keine Felle, besitzen, ist das Feuer für sie lebensnotwendig. Es wird unter allen Umständen entzündet und während der ganzen Nacht immer wieder neu geschürt. Je mehr die Flammen in sich zusammenfallen, desto weiter recken die Schlafenden einen Arm oder ein Bein in Richtung Glut, um die Wärme über diese »Leitung« auf den Körper zu übertragen. Bis die Kälte sie zwingt, Holz nachzulegen.

Abends war die Zeit des Hauptessens. Ich wurde von Arakeen verpflegt, aber auch ständig an andere Töpfe gerufen.

Als die Dorfgemeinschaft eines Tages sechs männliche Wildschweine (*pekaris*) erbeutet hatte, schien es mir, als hätte Arakeen sämtliche Genitalien in seinem Topf. »*Alemão*, dann wirst du so potent wie ich!« Er reichte mir einen Penis nebst Gehänge. Den Rest aß er fast allein und wies stolz auf seine drei Frauen.

»Sie haben ein und denselben starken Mann: mich, Häuptling Arakeen!«

Übrigens nannten mich alle Alemão, Deutscher, denn Rüdiger oder auch nur Rudi zu sagen, fiel ihnen schwer. Und Alemão kannten sie schon aus dem Portugiesischen, das einige von ihnen gut sprachen.

Ich meinerseits nannte sie nur Yanomami, denn ihre echten Namen verraten sie nicht. Sie nennen sich, angepaßt, Antonio, Mario, João, Gabriel, usw. Nicht einmal die eigenen Eltern sprechen die Namen laut aus, denn dann könnte »die Seele Schaden nehmen«. So rufen sie einander etwa so: du Mutter des Kindes, du großer Jäger, du Frau meines Sohnes oder ähnlich. Und ich rief sie allesamt Yanomami.

Sobald es dunkel wurde, war jedermann »zu Hause«. Nachts lief niemand durch den Wald. Zu viele Gifttiere sind nachtaktiv. Man würde irgendwann Schaden nehmen. Also ist man rechtzeitig daheim oder im nächtlichen Waldlager am Feuer. Die Dorfeingänge wurden bei Dunkelwerden verrammelt gegen mögliche Überfälle. Wer nun noch »austreten« mußte, machte dies innerhalb der *maloca.* Im Innenkreis des großen Rundes gab es faustgroße und armtiefe Löcher, in die man hockend urinierte. Anschließend wurden die »Toiletten« mit einem Stück Holz zugedeckt.

Mehrmals gesellte sich Maurício, Arakeens ältester Sohn, zu mir. Er sprach gut portugiesisch.

»Das habe ich in Manaus gelernt«, offenbarte er mir.

»Wie bist du denn da hingekommen?«

»Die FUNAI hat mich mitgenommen. Sie hofften, daß es mir gefiele und ich dortbliebe.«

»Und hat es dir nicht gefallen?«

»Nein, die Menschen in der Stadt hatten fast alle Bäume abgeschlagen. Es war unerträglich heiß. Und anstatt nackt herumzulaufen wie wir, behielten sie die Garderobe an. Weil sie dann aber schwitzten, erzeugten sie mit Maschinen kalte Luft in den Zimmern. Ich bin damals sehr krank geworden.«

Es hatte Maurício auch aus anderen Gründen nicht gefallen. »Hier im Wald bin ich gut. Ich kenne und kann alles, was ein Indianer zum Leben braucht. Aber dort in der Stadt konnte ich gar nichts. Ich fand nicht einmal die Wege. Ich war dumm. Die Menschen waren nett zu mir. Aber sie sind mir fremd geblieben. Es gibt so viele, viele von ihnen. Sie laufen aneinander vorbei, und niemand kennt den anderen. Hier im Wald ist das anders. Und deshalb gehe ich auch nie wieder fort von hier.«

Während Mauricio langsam wieder an sein Feuer zurückschlenderte, zu seiner hübschen jungen Frau, beobachtete ich die drei Ehefrauen des Häuptlings. Sie schliefen um ein eigenes Feuer, wirkten sehr apathisch und hatten häufig miteinander Streit. Ein Liebesleben nach unseren Vorstellungen dürfte nachts kaum stattfinden, weil jeder unter Beobachtung durch Nachbarn steht. Auch bei den Yanomami gilt die Sitte, »Liebe« nicht vor Zuschauern zu praktizieren. Das besorgt man tagsüber im Wald.

Um sich den Wonnen ungestört hingeben zu können, legt man das Liebeslager mit großen Blättern aus. Wer da glaubt, darauf verzichten zu können, wird es bald bereuen. Dafür sorgen Ameisen, Dornen oder die ätzende Mikroflora. Liebe im Urwald – gar nicht so einfach.

Dabei muß der Yanomami-Mann vielerorts noch höllisch aufpassen, daß seine Frau nicht geraubt wird. Bei Überfällen auf fremde Dörfer ist es gang und gäbe, daß die jungen Frauen geraubt werden. Geraubte Frauen werden im neuen Dorf zunächst unter Aufsicht gestellt. Dann kann es ihnen geschehen, daß sie eine Massenvergewaltigung über sich ergehen lassen müssen, eine ›liebe Tradition‹ im Verständnis der Yanomami.

Und schließlich kommt der Tag, wo die Frauen »geheiratet« werden, das heißt, wo jeweils ein Mann sich für eine oder mehrere entscheidet. Aber ganz sicher kann er ihrer erst sein, sobald sie ein gemeinsames Kind haben. Männer, die keine Frau besitzen, haben sexuelle Rechte bei den Frauen ihrer Brüder. »Ein Brauch, der auch der Homosexualität vorbeugen könnte. Dennoch nimmt diese Unsitte unter beiden Geschlechtern bedenklich zu.« (Keith Wardlaw, Missionar)

An all diese Gepflogenheiten mußte ich denken, wenn ich das Tun und Treiben um mich herum beobachtete. Ich mußte auch an Missionar Koops Worte denken: »Die Haumesser wird man Ihnen schon im ersten Dorf abnehmen.« In diesem Punkt hatte er nämlich recht behalten. Mit unendlicher Geduld hatten Arakeen und seine Männer mich bearbeitet. Vom Lächeln übers Betteln bis hin zum Fordern und Bösewerden reichte ihre Trickskala. Und sie hatten damit Erfolg gehabt. Ich besaß gerade noch mein eigenes Messer. Und ich mußte es höllisch verteidigen. »Dies ist mein letztes, mein eigenes!« Fast klang es schon wie ein Notschrei. »Das brauche ich selbst.« Und das respektierten sie dann auch. Eins darf jeder haben. »Aber was darüber hinausgeht, gehört allen.« Ich mußte mich fügen, wollte ich mir die Gastfreundschaft nicht verscherzen.

Als meine Messer »ausverkauft« waren, kamen die Angelhaken dran, die Nylonsehne, die Spiegel. Nur die Medikamente wollte niemand. Sie wurden zum Ladenhüter.

Einige wenige Dinge konnte ich aus dem Dorf schmuggeln und als Reserve vergraben.

Ein einziges Mal wurde ich bestohlen: Mein Repellex (eine insektenverscheuchende Flüssigkeit zum Einreiben) hatte einer unbekannten Frau die Sinne verwirrt.

Hielt ich selbst das Mittel für geruchsneutral, die Indianerinnen fanden es hinreißend, betörend, umwerfend. Das entnahm ich ihren Ausrufen, den Mimiken. Und als ich es wieder mal benötigte, war es futsch. Wie bei allen Naturvölkern der Erde hätte ich nur zu Arakeen zu gehen brauchen. »Hast du zufällig mein ›Parfum‹ gefunden? Ich habe es verloren.« Jeder ehrenwerte *tushaua* hätte es innerhalb kürzester Zeit wieder beschafft. Aber ich verzichtete darauf. Wollte ich schließlich den Urwald (fast) wie ein Indianer erleben, durfte ich auch nicht herumlamentieren, nur weil mein Insektenschreck verschwunden war. Ich ertappte mich aber dabei, wie ich wiederholt von Weib zu Weib schlich und heimtückisch an ihnen herumschnupperte. Das Repellex blieb verschwunden.

So stand ich dann wie die anderen Indios Tag für Tag, je nach Dringlichkeit, über dem Rauch und der Hitze des Holzfeuers, um zumindest Flöhen und Läusen die Flausen aus dem Kopf zu treiben, mich als Wirtsherrn zu benutzen. Natürlich wurde ich ihrer nicht Herr. Zu leicht war es für sie, mich von überallher erneut anzuspringen oder anzukrabbeln, wenn ich auf irgendwelchen Hängematten zu Gast war.

Eine weitere Lösung war das gegenseitige »Flöhen«. Der geringste bittende Blick genügte, bei den gleichermaßen heimgesuchten Indianern Solidaritätsgefühle auszulösen. Mit regelrechtem Enthusiasmus umringten sie mich dann, und wir suchten einander die Plagegeister aus dem Pelz.

Jeder Fund wurde begeistert aufgenommen und in den Mund

gesteckt. Nur im Magen konnte man sicher sein, daß er nicht noch weiteres Unheil anrichtete.

Yanomami-Land ist auch berüchtigt für seine Sandflöhe. Mit ihren Präzisionsgeräten bohren sich die Hopper unbemerkt ins Fleisch, gern unter die Fußnägel, und legen dort in Seelenruhe ihre Eier ab. Erst wenn die Gelege für eine Vereiterung sorgen, bemerkt man die Fremdlinge. Doch dann setzte schon wieder die Fürsorge meiner Gastgeber ein. Mit einer Nadel oder einem Dorn und viel Geschick piekssten sie mir die Eier-Eiter-Stränge heraus. Zurück blieb ein Krater pro Flohnest. Pro Tag etwa 5 im Durchschnitt.

Es gab Indianer, die durch Sandflöhe bereits ihre Fußnägel eingebüßt hatten. Es gab Hunde, die so voller Ungeziefer waren, daß sie vor Kratzerei kein einziges Haar mehr hatten und nur noch vor sich hinwinselten. Am liebsten hätte ich sie von ihren Qualen erlöst. Aber ich wagte es nicht, aus Angst, ein Tabu verletzen zu können.

Die Yanomami halten sich ihre Haustiere nicht, um Fleisch zu gewinnen. Zum einen bietet der Wald ihnen das nötige Fleisch. Zum anderen könnten sie die vielen Tiere auf ihren Wanderungen nicht mitnehmen.

Was sie haben, sind Hunde für die Jagd und Tiere zum Spielen. Tiere, die die Jäger als Jungtiere von den Ausflügen in den Wald mitgebracht haben. Ich habe schon Fischotter, mehrere Sorten Vögel, *pekaris*, Affen und Tapire gesehen. Solche Tier-Babys werden zu regelrechten Familienmitgliedern. Sie erhalten, genau wie die Kinder, Milch von der Mutterbrust und werden sehr anhänglich.

Die Behandlung der Tiere ist unterschiedlich. Man erlebt große Zärtlichkeit im Umgang mit ihnen, aber auch brutale Rücksichtslosigkeit. Genau also wie in unserer Welt.

»Dieses Schwein werden wir nie essen«, beteuerte eine junge Frau, die ein Ferkel säugte. Liebevoll schaute sie es an. Es war ihr

Kindersatz. Die Kindersterblichkeit ist hoch. Und während sie ihr Schweinchen noch zärtlich tätschelte, blinzelte mir ihr Mann heimlich und vielsagend zu und bedeutete gestenreich: »Wenn es groß ist, schneiden wir ihm die Kehle durch.«

Im allgemeinen aber ging es den Tieren nach unserem (europäischen) Tierliebeverständnis schlecht. Sehr schlecht sogar, und ich war heilfroh, keinen Hund als Geschenk mitgebracht zu haben. Wenn ein Tier störte, dann setzte es nicht etwa nur einen warnenden Klaps – dann flogen Pfeile, gezielt geschossen, oder es krachten schwere Holzstücke mit voller Wucht auf die Rükken der Tiere. Zweimal verendete eins infolge dieser Radikalbehandlung vor meinen Augen.

Diese Einstellung zu Haustieren erschwert Versuche, die Yanomami mit der Viehzucht vertraut zu machen, damit sie auch in von Goldsuchern und Siedlern leergeschossenen Waldregionen ihren Proteinbedarf decken könnten.

Tod und Geburt

Wer nach dem Tode nicht verbrannt wird, wessen Asche nicht verzehrt wird, dessen Seele kann nicht zum Himmel aufsteigen, der findet keine Ruhe, dem ist die Wiedergeburt verwehrt. Feinde straft man, indem man sie nicht aufißt.

Verständlich also die Angst eines jeden Yanomami, irgendwo allein im Wald zu sterben, in Feindesland umzukommen, wo man den Tieren zum Fraße liegenbleibt. Die Seele wird als böser Geist herumirren und viel Unglück bringen.

Die Art der Verbrennung ist verschieden. Einige Stämme der Yanomami bringen ihre Toten in Hockstellung und setzen sie in einen »Kasten« aus dicken Ästen, der hoch in den Bäumen, außer Geruchsweite des Dorfes, aufgehängt wird. Durch die Äste gesichert gegen Jaguar und Aasgeier haben Bakterien und Hitze jedoch freien Zutritt. Der Leichnam verfault schnell. Er bläht sich auf, er platzt schließlich. Das Wasser tropft zur Erde, das sich verflüssigende Fleisch fällt vom Knochen. Nach drei Wochen befinden sich so gut wie nur noch die Knochen im Gestell. Und die wirft man in ein großes Feuer. Andere Sippen verbrennen den Leichnam sofort nach dem Tode inmitten eines gewaltigen Holzstoßes.

Sobald die Glut erloschen ist, sammeln die Verwandten die (sterilen) Knochen ein. Sie werden mehlfein zermörsert und dann mit Bananenbrei vermischt gegessen (wissenschaftlich: Endokannibalismus). Zu diesem Fest lädt man alle seine Freunde ein, und wohl keiner würde der wichtigen Einladung zum großen *reaho* nicht Folge leisten. Manche Ethnologen haben im Verlaufe ihrer Feldarbeit unter Yanomami Aschenbrei gegessen. Nüchtern betrachtet, »weiter nichts als Obstbrei, stark mit Mineralien angereichert« – so wollte ich die Sache sehen, wenn ich am Fest teilnehmen durfte, wenn man mir vom Bananenbrei anbot.

Die alte Frau, ihr Mann und der Junge hatten mich zwei Tage geführt. In südwestliche Richtung. Ohne Pfad. Querwaldein. Ich bewunderte diese Frau. Nur noch Haut und Knochen, auf einen Stock gestützt, legte sie dennoch einen flotten Trab vor. Ich hatte Mühe, dieser wieselflinken Alten zu folgen. Dennoch kamen wir zu spät. Das Fest hatte schon früher stattgefunden und nicht »heute oder morgen«, wie Keith vermutet hatte.

Im Wald verstreut einige der noch frischen *tapirís*, der Laubdach-Unterschlüpfe, die kalte Asche der Feuer, ein kahlgeschlagener kleiner Versammlungsplatz. Aus. Das war's. Niemand mehr da.

Ich hatte ein Wimmern gehört und angenommen, jemand braucht Hilfe. Ich hatte mich gut hundert Meter vom Lager entfernt, um neue zähe Rinden für eine zünftige indianische Hängematte zu suchen. Reine Bastlerleidenschaft, Survival-Training im Wald. Und dabei vernahm ich diese Laute. Vorsichtig schlich

ich näher, denn es konnte sich auch um ein Liebespaar handeln, und dann stand ich womöglich als Voyeur ganz schön blöd da. So sehr mich die Beobachtung interessiert hätte – aber wer will sich dabei schon ertappen lassen?

Und dann sah ich, daß da ein Indianer zur Welt kam! Ich vergaß vor Faszination meine ganze Umgebung, sogar, die Kamera zu holen. Und das will was heißen. Aber bestimmt hätte ich mir damit Komplikationen eingehandelt.

Assistiert von einer älteren Frau, hockte die Gebärende mit gespreizten Beinen vor einem dünnen Baum, den sie umklammerte. Sie saß auf einem Teppich aus großen Blättern. Die Alte schob ihr gerade noch ein paar dazu. Und dann ging alles sehr schnell: Der Kopf kam zum Vorschein, die Alte stützte ihn vorsichtig mit ihren Händen und wartete ab, bis der Körper nachkam. Dann legte sie das Baby auf die sauberen Blätter. Kurz darauf folgte die Nachgeburt, die zur Seite in den Humus gelegt wurde. Die Mutter löste die Umklammerung und band die Nabelschnur mit einer Palmfaser etwa 12 cm vom Bauch des Kindes entfernt ab. Dann biß sie sie einfach hinter der Abbindung durch. Sie nahm ihr quäkendes Baby auf, trug es ans nahe Wasser und spülte es sauber.

Ich habe nicht auf die Uhr geschaut. Aber mir schien es, als habe der Vorgang kaum länger als zehn Minuten gedauert. Bestimmt war es viel mehr.

Ohne weiteren Aufenthalt kehrten beide Frauen ins Dorf zurück, wo sie stolz den Nachwuchs präsentierten. Sie wurden freudig umringt. Auch ich stand im Kreis der Gratulanten und genoß diesen Anblick: die bildschöne, schlanke (was selten ist) und strahlende, braunhäutige Mutter, mit Schmuckstäbchen um den Mund, und in ihren Armen das beinahe kitschig rosafarbene Baby mit seiner quittengelben Nabelschnur.

Die Geburt war ein freudiges Ereignis wie überall auf der Welt. Die Mutter hatte ein Kind, der Stamm zählte ein Mitglied mehr. Hoffentlich kam es durch. Die Säuglingssterblichkeit ist hoch. Drei lange Jahre wird die Mutter es an der Brust ernähren. Drei Jahre lang wird sie, sollte ihr ein weiteres Kind wachsen, dieses gleich nach der Geburt töten und in den Fluß werfen – hartes, notwendiges Gesetz der Wildnis. Zöge sie es nämlich auf, müßte das ältere Kind von der Brust fort, oder beide Kinder müßten sich die Milch teilen. Und dann reicht sie nicht.

Sollte eine Mutter sich entschließen, doch mal vorzeitig das nächste Kind durchschlüpfen zu lassen, dann kann es vorkommen, daß die Angehörigen es töten. Lieber ein einziges Kind, das einem »sicher« ist, weil es die ersten drei Jahre überlebt hat, als ein fragliches zweites, das ja sterben könnte und dessen größeres Geschwisterchen ebenfalls sterben könnte, weil es zu früh entwöhnt werden mußte. Zwillingen ergeht es ähnlich. Der Schwächere wird von den meisten Yanomami sofort getötet, wie auch mit Mißgestalteten nicht lange gefackelt wird.

Die Säuglingssterblichkeit ist aus einem Grunde besonders hoch: Die Zusammenhänge zwischen Hygiene und Krankheit sind unbekannt. Die Kleinkinder spielen im Schmutz, spielen »Kneten« mit dem Kot der Tiere und essen ihr »Spielzeug« mitunter auch auf. Wenn man den Schmutz mit europäischen Augen betrachtet, wundert man sich häufig, wie überhaupt ein Kind überleben kann. Die Folge: Die indianischen Familien haben relativ wenig Kinder. Und die werden mit viel Liebe und Umsicht gehegt und gepflegt. Nie sah ich einen Indianer seine Kinder schlagen. »Man schlägt nur seine Feinde. Die Kinder sind unsere Freunde.« Das Resultat: Nirgends sah und erlebte ich solch freundliche und taktvolle Kinder.

»Schläfst du schon, *Alemão*?« Ganz behutsam zupften sie abends an meiner Hängematte. Wenn sie merkten, daß ich nur döste, beugten sie sich über mein Ohr und flüsterten:

»Malst du mir einen Yanomami auf Papier?« Natürlich tat ich das: ein einfaches Strichmännchen mit Ponyfrisur, Pfeil und Bogen und hochgebundenem Penis. Die Kinder hüteten diese Zeichnungen wie einen Schatz.

Oder ich revanchierte mich für ihre Gastlichkeit mit Mundharmonikaspielen, mit Akrobatik, Zaubertricks und Grimassenschneiden.

Sie ihrerseits zeigten mir, wie geschickt sie an Lianen hochkletterten, wie toll man damit schaukeln konnte, oder sie flochten mir eine Scheide für mein letztes, mickriges Messer.

Die Jagdzüge

Einmal nahmen mich zwei Sechsjährige mit auf die Jagd. Ihre Bogen waren so groß wie sie selbst und die Pfeile noch ohne Widerhaken, einfach mit Spitze.

Ich mußte in einigem Abstand hinterherschleichen. »Du bist so laut, so tolpatschig«, hatten sie mir zu verstehen gegeben. Und so hielt ich mich auf Sichtweite hinter ihnen. Sie benahmen sich genau wie die Alten. Ein Kitz hätte sich kaum lautloser bewegt, kaum eleganter, kaum angepaßter. Ihre rotbraunen Körper, von den Schatten der Blätter dunkel getupft, sozusagen getarnt, verschmolzen mit dem ebenfalls durch welkes Laub rotbraunen Boden.

Zuerst verfehlte ihr Schuß eine Eidechse, ein anderes Mal verfehlten sie nur knapp einen Vogel.

Aber plötzlich hatten sie doch einen amselartigen Flattermann getroffen. Ein Flügel war angeknackst. Er konnte nicht mehr entkommen. Sie banden ihm eine feine Liane von zwei Metern Länge um ein Bein und ließen ihn flattern wie einen Drachen, ein Spielzeug, das immer im Kreis um den Kopf flog.

Der Vogel tat mir leid, aber ich mischte mich nicht in diese Angelegenheiten. Dies war ihre Welt. Eines Tages hätte irgendein Tier, irgendein Gegner auch mit ihnen kein Mitleid. Jede Welt hat ihre eigenen Gesetze.

Aber ich fühlte mich erleichtert, als der Vogel vor Erschöpfung resignierte, denn da töteten sie ihn.

Einer hatte mittlerweile schon ein kleines Feuer entzündet und darüber einen Minirost aus frischen Ästchen gebaut. Vielleicht zwanzig mal zwanzig Zentimeter groß.

Der andere rupfte den Vogel, nahm ihn aus, zerstückelte ihn und legte ihn schließlich über die Glut.

Ich lag schon längst wieder in der Hängematte, als der Jungjäger mich weckte. »*Alemão*, hier, du mußt essen. Dies ist dein Teil.«

Die Jagden mit den Alten verliefen genauso. Sie schlichen vorweg – ich hinterher.

Nur manchmal, wenn die Affen eingekreist und die Jäger noch unbemerkt geblieben waren, winkten sie mich ran. »He, schieß mal mit deinem Revolver!« Als mich alle Augen so erwartungsvoll anblickten, wurde ich unschlüssig. Gegen ihre artistische Bogenschießkunst war ich ein Stümper. Ich bekam einen regelrechten Minderwertigkeitskomplex. »Wenn du den Affen nicht triffst, bist du ganz schön blamiert«, dachte ich nur, »und die kostbare Beute ist futsch.«

»Hier, schieß du, du bist besser als ich.« Ich reichte dem Indianer meinen schußbereiten Revolver und er nahm ihn strahlend, fast, als hätte er das erwartet. Ohne lange zu zögern, legte er an und schoß. Der Affe fiel vom Baum und war tot. »Das war mein erster Schuß mit einer Feuerwaffe der Weißen«, beteuerte er mir Staunendem glaubhaft. Die Treffsicherheit der Indios mit Gewehren ist bekannt. Dabei schauen sie häufig gar nicht über Kimme und Korn, sie »fühlen« den Schuß ins Ziel, so wie sie es mit ihren Pfeilen tun.

Mitunter hörte und las ich die Klage, die Feuerwaffe stelle einen »Kulturschock« dar, die Tiere des Waldes seien nun unabwendbar verloren. Daran ist Wahres und Unwahres. Unwahr ist bestimmt, daß nun mehr Tiere geschossen würden. Nach dem ersten Knall flüchtet der Rest, und ein zweiter Schuß ist kaum noch möglich. Beim lautlosen Pfeil hingegen kippt plötzlich ein Affe getroffen aus der Herde heraus, und die anderen sind nicht beunruhigt. Der Jäger kann auch auf sie anlegen.

»Den habe ich mit *Alemãos* Revolver, pang, pang, pang, geschossen«, rief der Jäger schon von weitem, als wir zum Dorf zurückkehrten. »Der *Alemão* kann selbst gar nicht schießen«, schien er des weiteren zu demonstrieren. Verstohlen lächelnde Gesichter schienen mir das zu bestätigen. Schließlich kam der Held zu mir rüber, erbat sich die (von mir entleerte) Waffe und spielte das ganze Theater noch einmal durch. Nichts wurde vergessen: mein unbeholfenes Anschleichen, daß ich prompt, knacks, auf einen Ast trat, daß ich schneller als sie außer Atem kam, hech, hech, und daß ich, flop, flop, nicht schießen konnte. Er war der Held. Ich war der Clown, grins, grins. Aber ich mußte über seine Vorführung selber schmunzeln. Wenn die Indianer ihre Stories erzählten, war Comic-time. Man brauchte die Sprache nicht zu verstehen. Man erriet den Inhalt durch die Geräusche, die sie nachahmten: prrr, fffft, psssit, knock, bong, bäng. Hier konnte man Phantasie entfalten.

Ich fand, jetzt war ich an der Reihe. Radschlagend und Rollevorwärts-machend purzelte ich auf sie zu, nahm dem Erzähler höflich den Colt fort, lud ihn durch und legte sechs Holzscheite auf einen umgefallenen Baumstamm. Dann ging ich lässig cool auf sieben Meter Distanz und ... zong, zong, zong, zong, zong, zong – kein Stück Holz konnte sich rühmen, oben geblieben zu sein. Ha ha ha.

Combatschießen gehört zu meinem Überlebenstraining. Schade um die sechs Kugeln – aber die blitzschnelle und knalllaute Vorführung hatte mein Ansehen einigermaßen aufgefrischt. Fortan, wann immer Gäste auftauchten, wurde jedem die Geschichte erzählt, vom *Alemão*, der sechs Hölzer weggeputzt hatte »ohne« zu zielen, einfach so: tschong, tschong, tschong ...

Die Jagdwanderungen führten uns bis ins Gebirge, das die Grenze zu Venezuela bildet.

Ich konnte in dieser Zeit viel dazulernen, den Bau der *tapirís*, das Feuermachen bei Regen, den Fang der Fische im überschwemmten Wald, ich konnte lernen, welche Lianen die besten Bindfäden ergaben ... und ich lernte Kameradschaft.

Was ich nicht lernte, war die meisterhafte Imitation der Tierstimmen. Meine Indianer beherrschten diese Kunst so großartig, so meisterhaft, daß ich heute noch bereue, kein Tonband mitgenommen zu haben, um Interessenten und mir Imitation und Wirklichkeit für alle Zeit zu erhalten, um Vorträge zu bereichern, um meinen Freunden Rätsel aufzugeben. Imitation, die Kunst, die für sie überlebensnotwendig ist. Ein Indianer, der den Ruf des Brüllaffen nicht beherrscht, um ihn in der Flucht zu stoppen, ist kein guter Jäger, wird nur schwer Häuptling werden.

Die unvergeßlichen Abende in den *tapirís*, ums Feuer, waren auch die Zeiten der Sagen. Der alte Augustino schien ein Meister in der Überlieferung der Mythen zu sein.

Jung und alt scharte sich um ihn, drängte sich dicht ums Feuer, und war mucksmäuschenstill, wenn der Alte erzählte.

Da die Yanomami keine Schrift beherrschen, ist die Erzählung ihre volkstypische Art der Geschichtsüberlieferung. Natürlich berichtete der Alte auf Yanomami, und ich verstand nichts. Um Mythen zu verstehen, bedarf es mehr als eines Vokabulars von dreihundert Wörtern. Um sie genau wiederzugeben, müßte man sogar Simultanübersetzer sein. Nicht einmal Padre Casimiro Beksta, der an einem Yanomami-Lexikon arbeitet, würde sich eine wirklich treffende Übersetzung zutrauen. Ich hatte den Salesianer-Padre später in Manaus auf dieses Thema hin angesprochen und beiläufig erwähnt, daß ein namhafter deutscher Ethnologe in seinem Opus »Poré« eine gewaltige Sammlung interessanter Mythen zusammengetragen habe, von denen ich gern einen zitieren wollte.

»Sind Sie total verrückt?«, fragte er entgeistert. Und dann sehr bestimmt: »Nehmen Sie bitte nichts aus ›Poré‹!« Mit sicherem Griff holte er das Werk aus einer seiner beiden Bücherwände.

»Ich kenne Renato, den Informanten des Ethnologen, sehr gut. Renato war mein Schüler. Als ›Poré‹ in der Wissenschaft auftauchte, fraß ich das Buch förmlich durch. Aber nicht, weil es so spannend war, sondern weil ich zutiefst erschrocken war. Stellen Sie sich mal vor: da kommt ein Gelehrter aus Deutschland, macht ein paar Monate Feldarbeit, kann die Sprache überhaupt nicht und meint, die Sagen-, Seelen- und Geisterwelt der Yanomami erforschen zu können, einen Traum, den wir Salesianer seit vielen Jahrzehnten erfolglos träumen.«

Einige der Salesianer »an der Front« sprechen Yanomami. »Aber bis heute haben sie nur die Sprache, nicht aber die Seele der Yanomami entgültig erforschen können.« Casimiros Ehrlichkeit überraschte mich.

»Aber dieses gewaltige Schreibwerk – mir schien es eine ungeheure Fleißarbeit zu sein!« warf ich laienhaft ein.

»Fleißarbeit bestreite ich ja auch nicht. Aber vergessen Sie den Wert des Inhalts! Als es damals erschien, war ich schockiert. Ich rief Renato, den Informanten, und sagte: ›Renato, um Himmels willen, hast du das wirklich erzählt, was hier steht? Hast du dem Doktor dieses wirklich erzählt?‹ Renato bekam eine Gänsehaut und sagte: ›Hör mir damit auf, Padre! Ich erinnere mich mit Schrecken an diese Zeit. Der Doktor aus *Alemanha* hat mich wochenlang befragt. Was der in wenigen Wochen alles wissen wollte – das hat mein gesamter Stamm mich in meinem ganzen Leben nicht gefragt. Zuletzt habe ich nur noch gesagt, was er hören wollte. Wenn er fragte ›Und ihr tragt euren Penis also hoch, damit die Regentropfen, an denen die Seelen eurer Vorfahren kleben, dorthinein fallen und so wiedergeboren werden können?‹, dann habe ich nur noch ja gesagt. Er machte es mir leicht – ich brauchte immer nur ja oder nein zu sagen.‹«

Ich war ein wenig verdattert. Ich hatte das Buch Seite für Seite gelesen und mir vorgestellt, welche Arbeit darin stecken mochte.

Casimiro ahnte das. »Vergessen Sie Ihre generelle Ehrfurcht

vor Wissenschaftlern. Sehen Sie mal hier: Polykrates schreibt am Schluß seines Buches ›Die Wawanaueteri und Pukimapueteri‹ ein Kapitel über Linguistik: ›Obwohl mir jegliche Vorbildung in diesem Fach fehlt, versuchte ich mit der unentbehrlichen Hilfe des Salesianer-Missionars Padre Schneider … eine flüchtige Grundaufnahme der Grammatik der Yanomami-Gruppen.‹ Und dann folgt ein Kapitel, das sogar einem Fachmann Ehre bereiten würde, so qualifiziert gibt es sich. Und wissen Sie, von wem er die Vokabeln, das Wissen hat?«

Ich schüttelte den Kopf. »Nicht von Padre Schneider?«

»Indirekt. Ich hatte Padre Schneider meine Aufzeichnungen geliehen. Nur für ihn selbst. Und Polykrates lieh sie sich bei Schneider aus und hat sie teilweise einfach wörtlich wiedergegeben. Nur ist dabei etwas passiert: Er schrieb ab mit all meinen Fehlern, die ich damals noch selbst darin hatte.«

Casimiro empfahl mir, lieber Lizot zu zitieren. »Der Mann kennt sich aus.« *

Und so sei hier, stellvertretend für die Mythen, die Augustino fast allabendlich erzählte, die Geschichte vom Ursprung des Feuers sinngemäß wiedergegeben:

Vom Ursprung des Feuers

Unsere Vorfahren kannten den Gebrauch des Feuers noch nicht. Sie aßen ihre Nahrung immer nur roh. Das Feuer besaß der Kaiman, aber er hielt es in seinem Maul versteckt. In der Nacht verschwand er mit seiner Frau im Wald, um heimlich seine Raupen zu kochen.

* Quelle: »El origen del fuego«, in: Lizot, Jacques: El hombre de la pantorrilla prenada y otros mitos. Yanomami Fundación la Salle de Ciencias Naturales, Monografia No. 21, Caracas 1974 (freie Übersetzung)

Eines Tages fand die Tochter des Waldhühnchens eine gekochte Raupe und kleine Stückchen verkohlter Blätter im Wald. »Aha, mir scheint, die beiden essen ihre Nahrung gekocht!«

In der Nacht gingen Kaiman und seine Frau wie üblich davon. Die Sonne stand schon hoch am Himmel, als sie am nächsten Tag zurückkamen. Die anderen versammelten sich um die beiden und richteten es so ein, daß Kaiman in der Mitte saß. Kaiman bekam ganz schlechte Laune. Er hatte ein Körbchen bei sich, auf dessen Grund er die gekochten Raupen versteckt hatte, von denen er immer aß, und obendrauf lagen die rohen Raupen, von denen er den anderen anbot. Die aber wollten das Feuer und versuchten, ihn zum Lachen zu bringen.

Der Kolibri fing an, Musik zu machen, indem er an seiner Bogensehne zupfte, und Vogel Bobo machte es ihm nach. Alle Yanomami, die damals sehr zahlreich waren, waren zugegen. Sie mühten sich sehr um Kaiman und machten viel Lärm. Aber Kaiman nahm davon keine Notiz. Er drehte seine Augen gen Himmel, um das Spektakel um sich herum nicht sehen zu müssen. Vogel Bobo spielte den Clown, und alle machten drollige Sachen. Kaiman war aber einfach nicht zum Lachen zu bewegen.

Schließlich kam Tucusito, der rote Kolibri, tanzend und singend herbei, und als Kaiman gerade sein Gesicht abwandte, nutzte Tucusito den Moment, um die Gesichter der Umstehenden mit seinen Exkrementen zu beschmutzen. Als Kaiman das Ergebnis sah, konnte er ein schallendes Gelächter nicht unterdrücken, und im gleichen Augenblick schoß das Feuer aus seinem Maul. Vogel Bobo flog sofort auf, um es an sich zu nehmen, und die Frau von Kaiman, die eine Fröschin war, stürzte hinzu und ließ einen Harnstrahl los, um das Feuer zu löschen. Vogel Bobo kam nicht recht hoch, er flog tief, sehr tief. Die Fröschin hätte ihn beinahe erwischt. Da kam Vogel Conoto zu Hilfe, nahm Bobo das Feuer ab, erhob sich in die Luft und brachte das Feuer auf einen hohen Baum.

Der bestohlene Kaiman war sehr erbost und verwünschte die

anderen: »Ihr, die ihr euch des Feuers bemächtigt habt, das Feuer wird euch fressen, wenn ihr sterbt. Ihr werdet nicht länger ewig sein, sondern verbrennen. Ich aber bleibe unsterblich, dort, wo die Wasser ihren Ursprung haben.« Dann verschwand er.

Die Scheidung

Nachts vernahm ich nur den Schrei, die erregte Diskussion, den dumpfen Schlag, das Röcheln. Und dann wieder die erregten Stimmen. Ich blinzelte durch die Dunkelheit hin zum lodernden Feuer einer der Hütten in unserem Dreiviertel-Kreis-Dorf.

Aber was ich sah, schien mir alltäglich: Da hatten sich einige gestritten und nun versuchten sie, sich zu einigen. Ein anderer lag neben dem Feuer. Ihn schien der Lärm überhaupt nicht zu interessieren. Wie mich. Ich drehte mich auf die andere Seite und schlief bald wieder ein.

Ein Alptraum ließ mich bald erneut hochschrecken: Ich war Missionar bei der New Tribes Mission geworden und dann gestorben. Nun stand ich vorm Jüngsten Gericht und ein gestrenger Richter fauchte mich an: »Wie konntest du dir anmaßen, die Indianer zu deinem Glauben zu zwingen?«

»Weil er der einzig richtige ist!«

»Wer hat dir das gesagt?«

»Keith Wardlaw.«

»Und das hast du geglaubt?«

»Keith hat gesagt, es gebe keine Zweifel. Die Bibel sei der Beweis.«

»Du bist dumm und arrogant. Hast du keine eigene Meinung?«

Der Richter blätterte im Buch.

»Du gehörst in die Hölle«, entschied er. Ich bettelte und flehte und bat, Keith zur Verantwortung zu ziehen, er habe mich überredet. Aber Keith war nicht da.

»Diese Verantwortung trägst du ganz allein.«

Er schnippte mit den Fingern und – ich plumpste in die Hölle. Als ich mich erhob, schmerzte mein rechter Hüftknochen. Ich war aus der Matte gefallen. Des Richters Schuldspruch, der Plumpser in die Hölle und ein erneuter Schrei vom anderen Ende der *maloca* hatten mich wohl zusammenfahren lassen.

Es dämmerte, und mir dämmerte jetzt, daß es sich nicht nur um einen einfachen Zwist gehandelt hatte.

Ein etwa 25jähriger Mann lag blutend in seiner Baumrinden-Matte. Er erbrach sich und stöhnte. Die Augen waren geschlossen. Eine junge Frau kniete neben ihm und versuchte, mit beschwörenden Handbewegungen die Schmerzen zu vertreiben.

Als ich sah, daß niemand der Umherhockenden ihm besondere Hilfe angedeihen ließ, wagte ich, mich einzumischen, und sprach die Frau an: »Willst du ihm zwei Schmerztabletten geben?« Die Frau nahm die Medizin wie selbstverständlich. Wir lösten sie in Wasser auf und flößten dem Verletzten den Trunk ein. Dabei blinzelte er uns mit trübem Blick zu. Aber er schluckte ihn hinunter. Dann lag er wieder still und schien zu schlafen.

Von den anderen Indianern erfuhr ich nun, was passiert war. Demnach war gestern abend Piyomaï*, die Frau, die den Mann jetzt betreute, aus dem Wald aufgetaucht. Sie hatte nur ihre Hängematte auf dem Rücken. Sonst nichts. Wortlos hatte sie das Lager betreten und ihre Matte neben die des Mannes gebunden.

Wenn eine Indianerin ihre Hängematte neben einen Mann hängt, dann heißt das, daß sie mit ihm zusammenleben will – Eheschließung auf Yanomami.

* Obwohl auf Yanomami, so ist auch dies bestimmt nicht ihr wahrer Name.

In diesem Falle aber hatte sich die schöne Piyomaï von einem anderen Mann getrennt. Sie hatte ihr gemeinsames Dorf verlassen, war allein durch den Wald gekommen und hatte sich für Hiputu, den fünfundzwanzigjährigen jungen Mann entschieden.

Das hatte dem zwangsgeschiedenen Erstmann offensichtlich nicht gefallen. Gegen Morgen war er hier aufgetaucht. Nach heftiger Diskussion hatte er seinen Nebenbuhler zu einem Stockkampf herausgefordert.

Bei den Yanomami ist der Stockkampf Tradition. Wenn man einander böse ist, reagiert man sich im Duell ab.

Die meisten Yanomami haben am Hinterkopf eine kahlgeschorene Stelle – die Tonsur. Denn dorthin schlägt man sich, Schlag um Schlag abwechselnd, mit einem besenstieldicken Stock und vor allem mit voller Wucht. Unsereins läge nach einem einzigen Streich mit gespaltenem Schädel am Boden. Aber bei den Yanomami scheint diese Kopfstelle besonders hart zu sein.

Sie halten die Stelle still hin wie eine Krähe dem Gegner das Auge und erwarten den Schlag. Die Haut platzt auf, das Blut fließt, der Getroffene schüttelt benommen den Kopf. Doch schnell ist er wieder bei klarem Verstand. Und nun hält der andere still und bekommt seinen Anteil. Meistens gibt es mehr als je einen Schlag. Mitunter endet das Duell tödlich. Aber in jedem Falle ist der Streit dann beigelegt.

Man hat sich abreagiert und umarmt sich: »Ich habe keine Wut mehr gegen dich. Wir können wieder Freunde sein.«

So auch hier bei der Scheidung. Der betrogene Ehemann hatte seinen Kontrahenten einmal (und gründlich) geschlagen. Damit war die Scheidung von ihm akzeptiert und »vergessen«. Er schaukelte jetzt ein paar Matten weiter, als sei gar nichts geschehen. Über einem Feuer trocknete er drei Blätter Tabak, die ihm jemand geschenkt hatte, und »baute« sich dann davon seine Tabakrolle. Mit einigen Bananen und etwas Schweinebraten als Wegzehr zog er schließlich wieder von dannen.

Es ist ja immer wieder verrückt, dieses hochgebundene Ding zu sehen. So manches Mal hatten andere Häuptlinge mich aufgefordert, es ihnen gleichzutun. Meist im Scherz. Manchmal auch mit dem Hinweis auf die verletzte Etikette. »Wie läufst du denn rum, du Ferkel?« mochten sie geschimpft haben. »Zieh dich mal anständig an!« Folgsam hatte ich es getan, obwohl ich aus Erfahrung wußte, daß das sehr bald zu schmerzen beginnt. Das Blut zirkuliert nicht mehr, und ich mußte den Schniepel jedes Mal schnell wieder aus der Klemme befreien. Bis die Indianer eingesehen hatten: »Mit den weißen Dingern ist das wohl nicht zu machen.« Darüber diskutierten sie dann noch lange, die Frauen kicherten – aber ich hatte meine Ruhe.

Immer wieder stellte sich mir auch die Frage: Warum machen die Yanomami das überhaupt?

Natürlich hatte ich da gewichtige Abhandlungen über die Bedeutung des hochgebundenen Penis gelesen. In ethnologischen Werken.

Da hieß es, er sei als Trichter gedacht, um die Seelen derer aufzufangen, die nicht das Glück hatten, daß man ihre Leichname gefunden, eingeäschert und verzehrt hatte. Die Seelen, die deshalb in der Atmosphäre herumirrten, von *porés*, den bösen Geistern, geplagt, sollten so die Möglichkeit erhalten, an Regentropfen klebend in den Penis zu fallen und dann doch noch in den Nachkommen weiterzuleben. Wie die Seelen all derer, die man mit der Asche aufnahm.

Als ich einen Yanomami einmal um eine Erklärung bat, lachte er lauthals auf.

»Was erzählen sich eure Leute da? Das ist ja alles Quatsch. Eigentlich kannst du dir die Frage selbst beantworten. Lauf doch mal nackt durch den Wald. Dann wirst du merken, daß es praktisch ist, ihn zu fixieren. Wir tun es zum Schutz des Penis. Schließlich hatten wir ja früher nie Hosen.«

Um mit dem Floß zurückzufahren, hatte ich nicht mehr genügend Kanister. Einen hatte der Jaguar erwischt, einen zweiten hatte ich vergraben, und aus den verbleibenden zweien konnte ich allenfalls einen Schwimmgürtel basteln, wie ich ihn schon bei der Überquerung des Demini erprobt hatte. Und das erschien mir weitaus besser, als wieder tagelang durch die unübersichtlichen Wälder zu laufen.

Meine einzige Sorge waren die Piranhas. Wenn ich tagelang im Wasser hing, erhöhte sich die Chance, doch einmal von einem geistesgestörten angeknabbert zu werden.

»Paß auf, Piranhas reagieren aggressiv auf Rot!« hatte ein Siedler mir irgendwann erzählt. »Und sei vorsichtig, daß du dich beim Schwimmen nicht verletzt, wenn du blutest, geht es sehr schnell.«

Ich mußte darauf achten, mich nicht an den unsichtbaren Ästen aufzuritzen. Dazu kam, daß meine Badehose rot war. Ich hatte diese Farbe gewählt, weil ich für die Fotos im eintönigen Grün des Waldes einen Farbtupfen haben wollte. Aber damals war mein Plan noch der, per Plastikfloß zurückzufahren. Nun hing ich im Wasser und provozierte Piranhas. »Nur nicht leblos dahintreiben lassen, aber auch nie wie ein Idiot planschen!« Beide Verhaltensweisen sind unnatürlich und wecken Interesse bei den Piranhas. Also schwamm ich ruhig und regelmäßig, über dem Schwimmgürtel hängend. Weniger, um die etwa drei Stundenkilometer zu erhöhen, als den »gesunden Fisch« zu mimen. Blieb also nur das Signal, das von meiner Hose ausging. »Zieh sie doch aus, du Langsamdenker!« führte ich wieder meine traditionellen Selbstgespräche. Natürlich! Warum denn nicht gleich? Ich streifte sie ab und klemmte sie unter die Halteseile. War die Gefahr damit gebannt? Hatte ich nun alle Vorkehrungen getroffen, möglichst heil durchzukommen? Statt der Hose hingen nun meine »Accessoires« freipendelnd im Wasser. Für jeden Kampffisch so richtig mundgerecht!

Dann war die Hose wohl das kleinere Übel. Ich zog sie besorgt und blitzschnell wieder an und vermehrte so die Chancen, meine Anhängsel zu behalten. Schließlich hängen die nicht nur an mir, sondern ich auch an ihnen. Symbiose.

Ich hatte auch die Hoffnung gehegt, auf dem Wasser flotter als im Wald voranzukommen. Aber der Zeitgewinn fiel buchstäblich ins Wasser. Hier oben, im Quelland des Demini, ist der Fluß kühl. Vielleicht waren es einundzwanzig Grad. Warm für deutsche Verhältnisse, kalt für Brasilien, zumal, wenn man schwimmt. Nach drei bis vier Stunden zitterte ich vor Kälte und lief blau an (vielleicht hatte ich damit die richtige Tarnfarbe gegen Piranhas!). Ich mußte raus und mich am Feuer oder im Schlafsack wärmen.

Zu essen gab es natürlich Fisch. Zehn Meter hinter mir zog ich ständig eine Angel nach. Den Abstand hatte ich extra so weit gewählt. Falls ein Fisch anbiß, würde er zappeln, und das könnte meine Piranhas auf den Plan locken. Im Eifer des Gefechts würden sie mich dann mit dem Zappler womöglich in einen Topf werfen, über einen Kamm scheren.

Viermal spürte ich den ganz großen Biß am Haken. Ein Ruck ging durch mein »Boot«. Ich kam zum Stillstand. »Fleisch zum Sattessen!« Ich schwamm flugs ins Flache, um die Leine einzuholen. Da merkte ich dann, daß sich nur der Haken an einem Unterwasserast verfangen hatte. Ein Ast – nicht Fisch, nicht Fleisch.

Da – schon wieder! Ich legte nicht mehr erst an, sondern zog mich gleich an der Leine stromaufwärts, um den Haken zu lösen.

Doch diesmal bemerkte ich recht bald, daß mein Schwimmapparat nebst mir kräftig und gleichmäßig bergauf gezogen wurden. Himmel, welch ein Abendbrot! »Und wenn der mich nun wieder bis ans Gebirge zurückzieht?« war einer der zahllosen Gedanken, die mir durch den Kopf gingen. Ich kam mir ein wenig ratlos vor. Außer dem »Alten Mann und das Meer« ist das ja nur wenigen widerfahren.

Aber die Entscheidung, was ich tun sollte, wurde mir abgenommen. Mein unsichtbarer Fisch hatte im Unterholz des Ufers Zuflucht gesucht und sich endgültig verheddert. Ich brauchte ihn nur noch herauszuholen und zu essen: einen etwa achtzig Zentimeter langen und fünfzehn Pfund schweren *tambaqui.*

Trotz der geringen Tagesleistung errechnete ich, daß ich auf dem Wasserweg doch wenigstens genausogut vorwärts kam wie durch mühsames Marschieren im Dickicht. Ich erlebte auf dem Fluß eine ganz neue Perspektive des Waldes. Da ich lautlos kam, bemerkten mich die vielen Tiere nicht. Immer wieder kam ich bis auf wenige Meter vor allem an Vögel heran. Aber auch Affen genossen den Blick auf den freien Fluß, Schweine grunzten im Wald, Papageien kreischten in den Wipfeln. Längst liebte ich die Flußfahrt und ließ die herrliche Kulisse an mir vorüberziehen: ein Stück heile Welt, wie sie sehr knapp auf diesem Erdball geworden ist. Ich durfte sie erleben.

Jäh wurde ich aus meinen Gedanken gerissen, als ein riesiger Fischotter meinen Weg kreuzte. Vorwitzig steckte er seinen Kopf aus dem Wasser. Sein Gesicht erinnerte an einen Seehund. Dann blaffte er mich empört an, als wolle er sagen: »Mach, daß du weiterkommst, dies ist mein Revier!«

Das schönste aller Erlebnisse aber war die Begegnung mit Delphinen. Man trifft sie überall in den seeartigen Verbreiterungen der Ströme.

Paarweise umtanzten sie mich und vollführten ihre harmonischen, eleganten Luftsprünge. Welcher Jammer, daß man als Einzelreisender solche Situationen nicht fotografieren kann!

So hatte ich nie Langeweile. Nach zwölf Tagen war das alles zur lieben Gewohnheit geworden, und fast hätte ich die Einmündung des Toototobi verpaßt.

Das Geräusch des Katarakts oberhalb des Zusammenflusses hatte mich aus meinen Träumen geweckt. Die Flußreise war zu Ende. Ich stand an jenem Pfad, auf dem Mário mich von Arakeens Dorf aus an den Demini begleitet hatte. Ich stand an dem

Punkt, an dem wir uns getrennt hatten, weil er Angst hatte, den Strom zu durchschwimmen. Mario war drei Tage lang mein erster indianischer Begleiter gewesen.

Auf einmal war ich von drei Hunden umstellt, die mich umtobten und ankläfften. Ich sprang vor einen Baum, um Rückendekkung zu gewinnen und zog die Waffe.

Schon im Ziehen ertönte ein scharfer, kurzer Ruf – wie unser Pfui! oder Aus! –, und die Tiere verharrten still und sprungbereit, wo sie standen.

Ein Mann trat aus dem Wald, unterm Arm eine Flinte!

Ich war gerade dabei gewesen, mein Lager für die Nacht einzurichten. Gestern hatte ich das Schweine-Camp und den Waldweg verlassen, um wieder zu schwimmen. Der kleine Fluß schien sich nämlich, zwar in vielen Windungen, aber doch wohl nach Süden zu bewegen. Also in meine Richtung, denn Arakeens Dorf zu finden, hatte ich aufgegeben. Nichts erinnerte mich an den Hinweg, zu viele Tage war ich bereits in Trab. Ich mußte daran vorbeigelaufen sein.

Das Gelände wurde wieder bergig. Der Fluß war flach. Ich konnte häufig darin stehen. Und er war schön warm.

»Boa tarde, amigo!« Es entfuhr mir ganz spontan, obwohl ich sofort Unbehagen oder gar Furcht verspürte. Immer wieder hatte ich mir diese erste Begegnung mit Weißen im Geiste durchgespielt. »Hüte dich vor den letzten und den ersten Weißen, denen du begegnest!« Wer alles hatte mir nicht immer wieder gerade diesen Rat gegeben. Und er war einleuchtend. Da taucht jemand aus dem Wald auf, ohne Zeugen, mutterseelenallein und schwach. Das mußte einfach für jeden dieser bettelarmen Außenseiter eine unwiderstehliche Herausforderung darstellen.

»So freundlich und gastfreundlich sie einerseits sind, so heimtückisch können sie andererseits sein«, hatte man mich gewarnt. »Einem Indianer kannst du trauen. Er hat irgendwo eine Zugehörigkeit, seinen Stamm mit allen Gesetzen und Verpflichtungen. Ein Indio tötet in Notwehr, in Zorn, aus Rache. Aber die Weißen am äußersten Rande der Zivilisation sind haltlos, niemandem verantwortlich. Nicht alle sind solide Farmer. Wer zum Beispiel in den Städten von der Polizei gesucht wird, der zieht in den Wald und wartet auf die Chance, Gold zu finden oder – auf dich.«

Viele Gerüchte und Geschichten kursierten in diesem Zusammenhang. Deshalb hatte ich mir immer vorgenommen, nie die erste Hütte anzulaufen. Sie wollte ich auf alle Fälle umgehen, und dann frühestens die zweite aufsuchen. Dann mußte der Siedler damit rechnen, daß ich schon gesehen worden war, und dann hätte die Polizei im Falle eines Falles meine Spur bereits verfolgen können.

Der Mann, der nun abschätzend auf mich zukam, versetzte mich in höchste Alarmbereitschaft. Er erwiderte zwar den Gruß – aber ich vermißte das wichtige Lächeln.

Deshalb war ich regelrecht erleichtert, als ich mich sehr spontan, lässig und überzeugend sagen hörte: »Hallo, ich dachte, meine Freunde wären schon zurück!«

Jetzt wußte er, ich war nicht allein. Es konnte jederzeit Hilfe für mich eintreffen.

Nun, da ich die gefährlichste Spitze etwas abgestumpft hatte, konnte ich ausführlicher werden. Mit einer weitausholenden Bewegung erklärte ich, »wir« kämen von Arakeen und seien auf dem Weg zum Aracá. Ich hätte soeben begonnen, das Lager einzurichten, während die Freunde noch Ausschau nach etwas Fleisch hielten. Sie würden gleich wiederkommen.

Die Augen des Mannes schweiften durchs Lager. Nichts wies auf mehrere Leute hin. »Wir haben nicht viel Gepäck. Jeder trägt sein Bündel selbst, wie eine Schnecke ihr Haus mit sich schleppt.«

Ich gab mich unbefangen und tat, als sei der Wald mir vertraut wie meine Wohnung. Zu gern hätte ich gewußt, wo ich überhaupt war. Aber dann hätte er den Unerfahrenen in mir zu schnell erkannt.

Der Mann war hier des Goldes wegen. »Ohne jeden Erfolg«, wie er sagte. Er war völlig mager und zerlumpt. Nur die Flinte war neuwertig. Vor ihr hatte ich Respekt, weil man sie nur hochzureißen und abzudrücken brauchte. Der Treffer war garantiert. Mein Revolver war das reinste Pusterohr dagegen. Allerdings hatte er nur einen Schuß, ich dagegen sechs. Aber was nutzen sechs Patronen, wenn der erste Schuß des Gegners ein Treffer war?

Ganz in der Nähe hatte der Mann ein Lager. »Komm mit rüber. Deine Freunde können nachkommen.« Was blieb mir anderes, als ihm zu folgen? »Für meine Freunde« markierte ich den Weg mit geknickten Zweigen. An einer Furt stromaufwärts überquerten wir den Fluß, auf dem ich gekommen war. Wir arbeiteten uns durchs dichte Ufergestrüpp und standen schon wieder vor einem Fluß! Ein kleiner nur, ein Nebenfluß, aber flott und munter, überwuchert und getarnt von Grünzeug, mündete er in »meinen« Fluß.

Nur hundert Meter bachaufwärts war das armselige Lager: Eine Lichtung, zehn mal zehn Meter, eine Hütte, zwei Schlafplätze, ein Boot. Nichts weiter.

»Gewaschen haben wir weiter oben«, beantwortete er meine unausgesprochene Frage. »Dort liegt auch mein Freund. Er ist schwer krank. Malariaanfall. Es wird Zeit, daß wir hier abhauen.«

Morgen wollten sie sowieso fort. Die letzten Ersparnisse waren draufgegangen, das Wild war knapp. Zwei Männer am Ende: enttäuscht, verarmt, krank, hungrig. Zwei Menschen, die absolut nichts mehr zu verlieren hatten.

»Ich will jetzt mal meinen Freund holen. Du kannst hier auf uns und deine Freunde warten.«

Der Hagere verschwand mit seinen ebenso dürren Hunden im Wald.

Ich geriet in Panik. Nichts wie weg, stand es für mich fest. Hatte ich es jetzt nur mit einem zu tun, gleich würden es zwei sein. Gleich würden sie auch feststellen, daß ich gar keine zwei Begleiter hatte, daß ich allein war, daß sie mir ... Ich dachte nicht länger nach. Als der Mann außer Rufweite war, steckte ich meinen Schwimmgürtel zusammen und lief im Bachbett die hundert Meter zurück zu »meinem« größeren Fluß. Dann stürzte ich mich hinein und schwamm ohne Pause. Immer wieder schaute ich mich um. Selbst in der Dunkelheit waren meine Augen mehr hinten als vorn. Der Fluß schlängelte sich stark.

Ich bildete mir ein, im Kreis zu paddeln. Natürlich war das Quatsch. Das war Panik. Ich zitterte wie Götterspeise mit Espenlaub und kämpfte um jeden Meter.

Gegen Mitternacht hielt ich es schließlich vor Kälte nicht mehr aus. Ich kroch ans Ufer in die wärmere Luft, und suchte Schutz in einer Mulde. Ganz flach spannte ich die Hängematte, um nicht gesehen zu werden und damit meine Ausdünstungen im Muldenkessel gefangen blieben.

Trotz der Erschöpfung lag ich noch lange wach. Der Wald war totenstill. Einmal stürzte entfernt unter Donnern und Prasseln ein gewaltiger Baum zu Boden. Waren dort Menschen, die sich Feuerholz suchten? Blödsinn! Es ist mitten in der Nacht!

Um fünf Uhr hielt mich nichts mehr. Ich schwamm weiter. Hinter jeder Kurve erhoffte ich den Aracá und damit die ersten Siedler.

Gegen neun Uhr hörte ich das Tuckern des Außenbordmotors. Raus aus dem Wasser, in Deckung, Revolver schuß- und Patronen griffbereit – Reaktionen, die mich nur Sekunden kosteten.

Vielleicht war meine Furcht ja unbegründet, alles Vorurteil. Aber mein Gefühl warnte mich. Zu oft hatte ich ähnliche Begegnungen erlebt, und nicht immer waren sie glimpflich abgelaufen. Wenn ich wartete, bis der andere schoß, war es endgültig zu spät. Ich wollte nicht etwa als erster schießen; ich wollte blitzschnell vorbeugen können, ihn in Schach halten, ihn entwaffnen, fesseln oder sonstwas. Auf gar keinen Fall wollte ich einfach abwarten, denn spätestens nachdem der Mann in sein Lager zurückgekommen war und mich vermißt hatte, wußte er, daß ich gelogen hatte, daß ich allein war, daß ich etwas zu verbergen hatte. Was er nicht wußte, daß ich nur meine Angst verborgen hatte.

Das kleine Boot mit dem Zwei-PS-Motor kam um die Kurve. Vorn, aufmerksam in die Fahrtrichtung blickend, die Hunde, dann etwas Gepäck und hinten der Mann, den ich kannte. Ach ja – und da auf dem Boden, zusammengerollt, krank, der andere, wirklich ein jammervoller Anblick.

Aber sollte ich deshalb auftauchen und mich entschuldigen? Na also.

Das Boot zog vorüber. Weder hatten die Hunde noch der Mann mich wahrgenommen. Alle blickten nach vorn. Auch sie wollten nichts wie weg von hier.

Und wie würde ich nun fortkommen? Ich konnte doch unmöglich einfach weiterschwimmen! Sie würden irgendwo rasten, und ich würde ihnen dann in die Arme schwimmen …

Ich schnappte mein Gepäck und arbeitete mich über den niedrigen Bergkamm ins Paralleltal: Kein Tal ohne Fluß. – Ich schwamm den Parallelfluß weiter.

Und gar nicht mal lange. Ein halber Tag war vergangen – da ergoß sich mein Wasser in einen großen Fluß: Der Aracá war erreicht.

Die Männer, so taxierte ich, waren längst über alle Berge, denn mit dem Motor waren sie ungleich schneller als ich. Und sie mußten nicht über den Berg wie ich, sie hatten freie Fahrt.

Es wurde Abend. Zeit zum Fischen. Zeit fürs Camp. Ein schmaler Einschnitt links im Ufergestrüpp zog mich an. Dort konnte ich ohne Mühe ans Land klettern.

»Habe ich mich erschreckt! Ich dachte, es ist Carlos, mein Freund und Helfer!«

Vor Schreck verlor ich den Halt und stürzte ins Wasser zurück. Die Stimme unmittelbar neben mir im Busch hatte mir den letzten Nerv geraubt.

Aber noch im Fall merkte ich, wem die Stimme gehörte. Es waren nicht die Goldsucher. Ich konnte beruhigt sein, mich entspannen. Ich war geborgen. Vor mir stand eine alte Frau.

So erreichte ich die Zivilisation.

Die Alte mochte zwischen sechzig und achtzig Jahren alt sein. Wer kann das in den Tropen schon genau schätzen. Das Klima schlaucht. Man altert eher. Ihr Gesicht war von Lepra gezeichnet, von den zehn Fingern waren nur noch die jeweils ersten Knochenglieder, nur noch die Stummel, vorhanden.

Ich zog mich an den Ästen aus dem Wasser und stellte mich vor. Ich bat sie, hier übernachten zu dürfen.

Die Frau war froh, Gesellschaft zu haben. Sie besaß ein bescheidenes Haus aus Palmblättern, einen Hund, drei Hühner, einen Hahn und ... eine Singer-Nähmaschine. Allerdings total verrostet.

Hinter der Nähmaschine stand eine kleine Bank. Darauf nahmen wir Platz. Mit ihren Fingerstummeln holte sie eine ebenfalls rostige Dose hervor, in der sich etwas Maniok befand. Sie rührte in den gelben Krümeln herum und versuchte, mir einige davon in die Hand zu geben. »Iß, Fremder!«

Ich war von der Armut, der Abgeschiedenheit und der Freigebigkeit der Alten so beeindruckt, daß ich sprachlos war. Ich nahm die Nahrung dankend an und dachte: »Das werde ich dir vielfach wiedergutmachen.«

Carlos war ein Siedler »weiter flußaufwärts«. Hin und wieder kam er und brachte etwas Nahrung. Hauptsächlich Maniok-Mehl, aber auch schon mal Bohnen, Reis und eine Handvoll Kaffee.

»Zucker hatte ich schon ein halbes Jahr nicht mehr.« Dazu fing sie sich Fische, und hin und wieder hatte sie ein Hühnerei im Nest.

Die verstümmelte Alte und die rostige Singer-Maschine: zwei Dinge auf dieser Erde, am Ende ihres Daseins. Momente, die nachdenklich stimmen, die unauslöschlich bleiben.

»Gestern ist hier auch ein Fremder vorbeigekommen. Mit einem Boot. Aber ehe ich am Wasser war, war er schon vorbei.«

Meine Goldsucher waren demnach schon in weiter, in sicherer Ferne.

Carlos' Boot brachte mich den Deminizinho hinauf. »Du bist den Javari runtergekommen. Du bist westlich abgeirrt, wenn du zu Arakeens Dorf willst.«

Er war am anderen Tag bei der Alten aufgetaucht und hatte ihr Bohnen gebracht.

Ein Hund, eine Flinte, ein Beutel, ein paar Angeln – das war alles, was er im Boot hatte. Seine Hütte hatte er oberhalb von Euricos Laden, oberhalb der Cachoeira dos Indios.

Unerwartet, etwa fünfzehn Kilometer den Deminizinho aufwärts, spannte sich eine Brücke über den Weißwasserfluß. Ein dünner Baumstamm lag auf scherenartig aufgespreizten Böcken. Eine Liane diente als Halteseil.

An einem Ufer lagen unter einer Überdachung große Ballen Palmfasern. »Hier wohnt mein Freund Wilson.« Carlos wies auf eine Hütte am anderen Ende der mageren Brücke. Wilson, dessen Frau und sechs Kinder in allen Größen schauten neugierig vom hohen Ufer zu uns herab. Sie hatten den Motor schon von weitem gehört und erwarteten uns neugierig.

Wir kletterten die Astleiter zur Hütte hinauf und schüttelten einander die Hände. »Kommt rein und nehmt Platz.« Wilson schien sehr erfreut über die kleine Abwechslung, obwohl wir zwei Esser mehr in der großen Runde bedeuteten und die bescheidenen Lebensverhältnisse überall deutlich erkennbar waren. Ein winziges Transistorradio fetzte uns Werbespots um die Ohren. Ob Portugiesisch oder Deutsch: man braucht eine Sprache überhaupt nicht zu verstehen, um die penetranten, unnatürlich begeisterten und wenig inspirierten Lobgesänge als Werbung zu identifizieren.

Im Regal eine Uhr, eine Taschenlampe. An der Wand eine Flinte und diverse Wahlplakate. Auch hier der Kampf um jede einzelne Stimme, für die die Werber für die vielen politischen Parteien mit ihren Booten bis ins letzte Flußrinnsal hinauffahren. Ein Schlüsselanhänger hier, eine typische Waldarbeitermütze mit den Initialen der Partei dort helfen den Plakaten tatkräftig nach.

Alles Mögliche und Unmögliche wird versprochen. Die Yanomami jedoch hat niemand auf der Rechnung, wohl aber den grundsätzlichen Indianerschutz. »Sie sind ja auch keine Brasilianer. Dennoch leben die Siedler und die Indios hier völlig friedlich miteinander.« So erzählte es uns Wilson.

Man konnte es glauben, denn es wäre den Indianern ein leichtes, die äußersten Colones, die Siedler, einfach wegzublasen.

»Bleibt ihr über Nacht? Wir haben ein Krokodil geschossen«, wollte Wilson wissen. Kohlrabenschwarz gebraten lag es noch auf dem Grill. Wir blieben. Ein Kaffee wurde bereitet, ein Huhn mußte dran glauben, und ein Gläschen Cachaça wurde gekippt.

»Nehmt noch eins!« Mit ihrem Zuckerschnaps sind die Siedler großzügig. Obwohl hier oben – am Ende der brasilianischen Zivilisation – alles fünfzig bis hundert Prozent teurer ist als in der Metropole.

»Dazu kommt, daß wir für unsere Ernten dreißig Prozent weniger Geld kriegen, weil unsere *patrones* zu uns hier oben noch zweitausend Kilometer extra fahren müssen. Je weiter von Manaus, desto teurer die Ware und desto niedriger die Preise für das, was wir erzeugen.«

Also wirklich die Ärmsten der Armen. Ihnen kann man den Vorwurf der Indianerverdrängung allenfalls indirekt machen. Sie kämpfen vergeblich darum, wenigstens auf die unterste Sprosse der Wohlstandsleiter zu gelangen. Sie werden es nie schaffen. Teuerste Ware, niedrigste Erzeugerpreise und hohe Kreditzinsen bei den oft kriminellen Händlern. »Ich kann nicht lesen, und der Commerciante J. M. nutzte das aus und addierte sogar das Datum zu meinen Schulden. Bis mir ein Padre das sagte.« Um dem vorzubeugen, kommen die Manauspreise für Kautschuk und *piassaba* durchs Radio wie die Nachrichten. »Dadurch haben wir immer Vergleichsmöglichkeiten.«

Der Traum eines jeden Siedlers ist es, näher in Richtung Manaus zu kommen. Dort ist die Ware billiger und das Selbsterzeugte teurer! Aber wann wird da schon mal ein Waldstück frei?! Zu viele Söhne übernehmen die Wälder, sobald der Vater abgibt. Hinzu kommt die Bedrängung durch den Großgrundbesitz, der immer mehr Flächen vereinnahmt und die Siedler verdrängt.

Auch hier, wie überall, die Frage: »Was verdienst du in Deutschland?« Sie führte mir das soziale Gefälle zwischen mir und den Siedlern immer wieder gnadenlos ins Bewußtsein. Und so suchte ich Zuflucht zur Lüge. Längst schon sprach ich nicht mehr von sechshundert DM pro Monat wie noch in Manaus, sondern hatte mein Einkommen auf vierhundert DM reduziert. Und selbst das war noch viel. War es schon schlimm genug, daß ich mit dem Flugzeug gekommen war, so genügte allein der Umstand, daß ich mir das Reisen erlauben konnte, daß ich unter ihnen weilte, sie die Ohnmacht ihrer Lage erkennen zu lassen. Das muß doch langfristig zu Unzufriedenheit, Neid und Haß führen. Hatte der Tourismus, auch mein individueller, den ich gern für völkerverbindend halte, nicht auch eine ebenso schädigende Wirkung? Um diese große Traurigkeit so gering wie möglich zu halten, betonte ich bei jeder Gelegenheit die einfache Art meines Reisens. Meine fehlende Garderobe und die Magerkeit sprachen ohnehin für sich. Aber der beste Beweis für meine Worte war immer der, wenn ich die Gastgeber ungestört in meiner Ausrüstung wühlen ließ. Jede Nadel wurde begutachtet und diskutiert. Aber nie ist mir, bis auf jenes Repellex bei Arakeens Leuten, je eine Stecknadel abhanden gekommen. Mir schien diese Lösung die für mich akzeptabelste. So erschloß ich mir die

Herzen vieler Gastgeber eher als der reiche Traveller, der mit viel Geld und Gehabe alle brüskiert.

Wir aßen das Krokodil. So schwarz es von außen war, von innen hatte es schneeweißes Fleisch, das an Huhn und Fisch erinnerte.

Ich hatte immer noch Angelhaken und Tabletten und konnte mich erkenntlich zeigen. Zaubertricks schlossen das Programm ab.

Nach einem eindrucksvollen Gottesdienst in der hauseigenen Kapelle gingen wir schlafen, aber nicht, bevor zwei kleine Öllampen entzündet worden waren, die gegen die vielen blutsaugenden Fledermäuse helfen sollten.

»Wir sind allein am Deminizinho einundvierzig Siedler. Ich bin der letzte«, erklärte mir Wilson am anderen Morgen stolz und bestätigte mir, was auch Eurico mir damals schon gesagt hatte. »Oder der erste, wenn du von oben kommst.«

Einundvierzig Leute, arm wie die Kirchenmäuse und auffallend fromm, die täglich Hunger hatten, die täglich ihr Fleisch forderten, weil die Pflanzenerträge keine Großfamilie ernähren können. So wurde der reiche Wald täglich ärmer, täglich mehr ausgebeutet. »Vorgestern hatten wir nur einen Arara«, gestand sein verheirateter Sohn. »Die Dinger kochen zwei Stunden und sind dann immer noch zäh.« Dann ernährt man sich von Maniok. Maniok ist billig, und jeder hat davon einen großen Vorrat, wie man bei uns früher Kartoffeln im Keller lagerte.

»Vor vier Monaten habe ich einen Jaguar gefangen. Ein reicher Amerikaner hatte ihn bestellt. Er wollte ihn unbedingt lebend haben.«

Der Sohn baute einen stabilen Käfig, packte einen Affen als Köder hinein und wartete einige Tage.

Und irgendwann war die Großkatze gefangen.

»Das war ein großes Glück, denn die *onça* ist hier inzwischen selten geworden. Oben in den Bergen soll es noch viele geben.«

Der Sohn hatte die Katze dann, zusammen mit seinem Vater, per Boot nach Barcelos gebracht. Der Amerikaner war hocherfreut und erstattete den beiden »das Benzingeld und fünfzig amerikanische Dollar! Eine sehr gute Bezahlung.«

»War der Jaguar für einen Zoo gedacht?«

»Für einen Zoo? Nein, er wollte ihn selbst haben. Aus einem Meter Entfernung tötete er die Katze mit einem sauberen Kopfschuß. Er wollte seinen Freunden später erzählen, er habe ihn von weitem und im Wald getötet.«

Jagdgeschichten sind der Inhalt vieler Siedlererzählungen. Wo sie ein Tier erwischen können, ist es geliefert. Sie sind durchweg gute Schützen, zumal mit Schrot. Ein Schuß ist teuer, aber zum Schießen, selbst auf kleine Papageien, ist ihnen nichts zu teuer. Wie sollte ihnen der Niedergang der Fauna auch klar werden, wenn selbst Touristen sich nicht scheuen, einer schnöden Trophäe wegen einen Jaguar zu ermorden? Scheinbar zivilisierte Menschen also, die auch heute noch glauben, Helden zu sein, wenn sie mit dem Gewehr, mit Explosionsgeschossen und aus sicherer, großer Distanz die letzten Tiere erlegen. Heldentum war die Jagd mit dem überlegenen Gewehr sicher noch nie, aber heute grenzt diese Rücksichtslosigkeit schon an Kriminalität. Es ist eine Versündigung an unseren Kindern, wenn wir ihnen Felle und ausgestopfte statt lebende Tiere hinterlassen.

Diese Menschen haben noch nicht begriffen, daß wahres Heldentum heute darin besteht, den letzten Spezies aller Tiergattungen beim Überleben zu helfen und sie laufen zu lassen.

Dieses soll kein polemischer Vorwurf sein, denn der Notstand der Welt ist eigentlich schlagartig über uns hereingebrochen.

Seit Adam und Eva stand uns die Natur uneingeschränkt zur Verfügung. Wir konnten uns frei bedienen. Wir schlugen die Hölzer ab, wir holten die Schätze aus der Erde, wir vermehrten uns auf Teufel komm raus. Die Vielfalt des Paradieses Erde schwindet rapide. Die Erde wird überwuchert mit der Monokultur Mensch. Und Monokulturen haben sich nie bewährt. Jeder Farmer kann ein Lied davon singen.

Wichtig ist die Vielfalt bis ins kleinste Detail. Es ist also nicht Polemik. Es ist maßlose Traurigkeit. Ich werfe damit keine Steine, denn ich sitze ja selbst in dem Glashaus. Aber ich fange langsam an zu begreifen, daß man schon lange nicht mehr alles tun darf, was nicht verboten ist. Es ist hohe Zeit, daß wir alle einsehen, daß wir Menschen – soviel wir auch entdecken und erfinden – immer zugleich auch Teil der Natur sind. Und wenn wir ihr Schaden zufügen, dann fügen wir im gleichen Moment auch uns Schaden zu.

Die Natur ist kein Supermarkt, dessen Regale immer wieder aufgefüllt werden. Irgendwann einmal bleiben ihre Regale leer, und wenn wir erst dann begreifen, wird es zu spät sein. Es wird uns gehen, wie jenem Menschen, der so lange Raubbau an seinem Körper trieb, bis die Schäden nicht mehr behoben werden konnten. Es war zu spät. Ein für allemal. Für allemal ...

Werden wir es rechtzeitig begreifen?

In nur einem guten Marschtag erreichte ich von Wilsons Haus die *maloca* des Arakeen. Der Weg war wirklich deutlich. Inzwischen hatte ich einen Blick dafür entwickelt. Mein Gepäck durfte ich bei den freundlichen Siedlern stehen lassen. Dadurch kam ich flott voran. Das Wasser war aus den Wäldern abgelaufen.

Die Trockenzeit hatte begonnen. Es war September. Die Wege waren gut passierbar. Ich setzte mich unter das Dach des Häuptlings Arakeen. »Bald kommen hier Missionare an. Sie schlagen uns eine größere Landebahn in den Wald für die Flugzeuge der Luftwaffe. Direkt neben unser Dorf.«

Er erzählte das mit Stolz. Erst später wurde mir die Tragik des Ganzen klar. Er ahnte nicht, was ihnen blühte. Mitarbeiter von der New Tribes Mission waren mit einem Boot angekommen. Mit gewaltigen Motorsägen und einem Top-Equipment griffen sie den Wald an, um sich auch hier eine Christenfabrik bzw. eine

Indio-Seelen-Vergewaltigungsmaschinerie aufzubauen. Nebst allem »unentbehrlichen« Beiwerk, den Geschenken.

Schon wieder war den Yanomami unsere Zivilisation einen derben Schritt nähergerückt.

»Iß erst mal etwas. Garcia hat einen Topf voll Bohnen mit Schweinefleisch!«

Eurico, der Händler, tischte auf. Zum Eintopf gab es starken Kaffee mit Zucker und *bolo*, selbstgebackene Kuchenfladen aus durchgedrehten Nudeln mit Zucker, Wasser, Eiern – mit Öl in der Pfanne gebacken. Ich dachte, mich tritt ein Pferd. Die ganze Familie stand um mich herum und gönnte mir den Appetit. »Du mußt lange nichts gegessen haben.« Das war nicht schwer zu erraten. Der erste Blick in eine Spiegelscherbe (»Einen richtigen Spiegel haben wir leider nicht«) ließ mich erschrecken: ein altes, faltiges Gesicht starrte mich an, blaß, hohlwangig, die Augen tief in den Höhlen. Ich, wie ich eigentlich erst mit fünfundsiebzig Jahren aussehen wollte, dürfte.

»Hast du eine Waage, Eurico?« Natürlich hatte er. Resultat: Zweiundzwanzig verlorene Pfunde. Aufs Gramm soviel wie nach dem dreiwöchigen Deutschlandmarsch. Damals, 1981, war ich von Hamburg nach Oberstdorf gewandert. Tausend Kilometer ohne Nahrung und Ausrüstung. Mein Training für den ersten Marsch zu den Yanomami. Ich wollte wissen, wie lange ich notfalls ohne den zivilisatorischen Luxus bestehen könnte. Ich lebte von meiner Körpersubstanz. Pro Tag verlor ich ein Pfund, insgesamt fünfundzwanzig. Einen Viertelzentner und viel Kraft! Ich sah aus wie eine Mumie. Und genauso kaputt fühlte ich mich auch jetzt. Ich rollte mich in die Hängematte, schützte mich mit einem Laken gegen die Invasion der zahllosen Piumfliegen und schlief den Schlaf des Erschöpften, des Glücklichen. »Du darfst dir in meinem Laden aussuchen, was du willst, *Alemão*. Bezahlen kannst du bei meinem Patron Machado da Selva in Manaus. Ich vertraue dir.«

Welch ein großherziges Angebot! So kaufte ich ein: Milchpulver, Cracker, Zucker, Kaffee … und schwelgte. Ich kaufte nicht nur für mich, auch für die leprakranke Frau stellte ich einen Karton voller Leckereien zusammen, einschließlich Tabak.

Begegnung mit einer Anakonda

»Ein Schiff geht erst in dreißig Tagen. Dann kommt mein Patron, um die letzte *piassaba* abzuholen, bevor der Fluß gänzlich trockenliegt (Nov.–Jan.) und man nur noch mit dem Außenborder durchkommt.«

Dreißig Tage sollte ich bei Eurico warten! Um Himmels willen!

Ich überlegte hin und her. Das beste wäre ein Kanu mit Außenbordmotor. Aber niemand hatte ein Boot abzugeben oder die Zeit, mich nach Barcelos zu bringen. Eurico mußte den Laden führen, zu dem täglich Siedler angereist kamen, und die Siedler selbst wollten keinen Tag verlieren und die letzte *piassaba* schneiden, bevor die Saison zu Ende ging, bevor der letzte Dampfer abgefahren war.

Und um ein Boot zu kaufen, fehlte es mir am nötigen Geld. Ich hatte es zu treuen Händen bei den Eheleuten Katz in Barcelos gelassen.

So beschloß ich, ein Floß zu bauen. Carlos, von Beruf Bootsbauer, fällte mir den erforderlichen *marupá*-Baum. Das bessere *molongó*- oder gar *balsa*-Holz gab es hier nicht. Auch keinen Bambus.

Aus dem Wald beschaffte er im Handumdrehen dreihundert Meter Liane als Bindematerial.

In nur vier Stunden war das robuste Fahrzeug fertig.

Vergeblich hatte ich versucht, den ledigen Carlos zu bewegen, mich gegen gute Entlohnung (in Barcelos) in seinem Kanu den Fluß hinunterzupaddeln. (Sein Motor hatte den Geist aufgegeben.) »Zehn Tage brauchen wir mindestens. Aber ich kann nicht. Ich habe starke Schmerzen hier rechts unten im Leib.«

»Kann das etwa dein Blinddarm sein?«

»Daran habe ich auch schon gedacht. Aber es tut mir die gesamte rechte Körperseite weh. Nicht nur diese Stelle.«

Vergeblich versuchte ich im letzten Moment, ihm den Vorteil einer solchen Begleitung klarzumachen: Er konnte seinen Blinddarm reparieren lassen, den Motor dazu, und bekam auch noch Geld für die Reise, einschließlich der Rückfahrt mit dem Motorboot des Machado da Selva in dreißig Tagen. Aber Carlos wollte nicht.

So vertäute ich meine Kanister auf dem Floß und stieß ab. Der schwimmende Klotz tauchte tief ein. Er war bestimmt zweieinhalb mal zweieinhalb Meter groß und fünfzehn Zentner schwer. Höchstens fünf Zentimeter lugten noch aus dem Wasser, wenn ich draufstand. Aber das reichte vollkommen.

Eine lange Stange diente zum Steuern und zum Abstoßen von Hindernissen, auf die ich ständig aufprallte.

Entsetzlich langsam ging die Fahrt voran. Allein für das Stück von der oberen Cachoeira, an der Carlos wohnte, bis zur unteren, an der Eurico seinen Laden betrieb, schlappe fünfzehnhundert Meter, benötigte ich über eine Stunde! Dabei hatte ich gehofft, stündlich, auch nachts, mindestens drei Kilometer mit der Strömung zu treiben, bis ich nach einer Woche hoffentlich auf einen Siedler gestoßen war, der mich mit dem Außenborder weiterbrachte.

Die einzig schöne Partie waren die Wasserschnellen vor Euricos Residenz. Mit echter Turbulenz und Schnelligkeit toste das Floß durch das schäumende Wasser. Mein Herz hüpfte vor Freude mit. Das war ganz nach meinem Sinn! Eurico und Carlos standen mit den vorbereiteten Kameras am Ufer, um den »verrückten Gringo« zu knipsen.

Doch dann wurde es mühsam. Von wegen drei Kilometer pro Stunde! Einen einzigen Kilometer und keinen Meter mehr. In jeder Kurve wurde das Floß ans Ufer gedrückt und verhedderte sich in den Pflanzen. Dann hieß es aussteigen und den Koloß schwimmend freiziehen, freistoßen, freizerren.

»Aber immerhin besser als tatenlos dreißig Tage auf den Dampfer zu warten«, tröstete ich mich erfolgreich.

Aber dann hatte das Schicksal doch wieder ein Herz für mich: Carlos' Blinddarmschmerzen hatten zugenommen! Ehe ich ihm ganz entschwunden war, hatte er kurzerhand sein kleines Kanu gepackt, seinen Hund mitgenommen, das Haus vernagelt und war hinterhergeeilt.

Ich war gerade einen Tag unterwegs, als er lautlos um die Ecke gepaddelt kam. »Komm, *Alemão*, wir fahren zusammen.«

Ich war happy. Nichts, was ich lieber getan hätte!

Angenehm flott ging es nun weiter.

Carlos war leidenschaftlicher Angler. Überall witterte er Piranhas und warf die Angel aus. Was er fing, reichte kaum für ihn, geschweige für uns beide. Wir mußten uns meine gekauften Lebensmittel teilen.

Der Leprakranken brachten wir das Lebensmittelpaket, und schon ging es weiter. Wir passierten die Stelle, wo ich die Begegnung mit den Jaguaren gehabt hatte, die Raststellen, die ich auf der Herfahrt kennengelernt hatte, die ersten Siedler.

Carlos nutzte die Mittagspausen, um mit seinem Boot in irgendeiner Lagune zu verschwinden und sein Anglerglück zu versuchen. Ich hingegen stromerte vorzugsweise ins Dickicht. Irgend etwas gab es da immer zu sehen. Waren es das eine Mal die fleißigen Blattschneiderameisen, die mit Verbissenheit einen Baum entlaubten, so war es bei nächster Gelegenheit vielleicht ein Gürteltier mit seinen Jungen, eine Orchidee, Pilze, epiphytenübersäte Bäume oder Hunderte von Schmetterlingen, die wie bunte Teppiche die Erde bedeckten. Und hin und wieder war solch ein Ausflug sogar aufregend. Wie die Begegnung mit einer Anakonda.

Die Belohnung ist angeblich immer noch zu verdienen. Fünftausend US-Dollar für eine lebende Anakonda von über zehn Metern Länge. Ausgesetzt von der New Yorker Zoologischen Gesellschaft, um dadurch womöglich eine wissenschaftliche Bestätigung all der Gerüchte, der Sagen zu erfahren, die seit ewigen Zeiten in den Köpfen vieler Leute umherspuken. Von weit größeren Anakondas ist da sogar die Rede. Häute von dreizehn Metern Länge sollen gemessen worden sein, und in Venezuela will jemand sogar das Skelett einer fünfunddreißig Meter langen Schlange am Ufer des Orinoco liegen gesehen haben. Da das Skelett aber kein seriöser Mensch je zu sehen bekommen hat und Häute beim Gerben auch mühelos in die Länge gezogen werden können, gilt nur das lebende Exemplar als Beweis, und der wurde bis dato nicht erbracht. Ganze neun Meter und zehn Zentimeter maß das größte bisher gefangene Kriechtier, und damit ist die Anakonda die längste Schlange der Welt, dicht gefolgt von Netzpython und Tigerpython in Asien.

Es bleibt auf Amazonasreisen nicht aus, daß man allerorts »Augenzeugen« trifft, die da beschwören: »In diesem See hat eine gewaltige Anakonda eine ganze Siedlerfamilie ausgerottet.« Sogar der deutschstämmige Padre Schneider in Tapuruquara am Rio Negro erzählt: »Auch dort zwischen den Inseln an der Mündung des Uneiuxi hat es früher eine gewaltige Anakonda gegeben. Die Siedler kamen weinend und hilfesuchend zu uns in die Mission und flehten: »Padre, Padre, töte die Schlange. Sie hat schon wieder ein Kind geholt.« Und eines Tages sah ich das Tier selbst. Es war größer als ich in meiner Vorstellung je geglaubt hätte. Zwanzig Meter und mit einem Kopf wie ein Benzinkanister. Wir haben es nie schießen können. Es war immer zu schnell in den Fluten verschwunden, und irgendwann ist es aus diesem Gebiet verschwunden.«

Die beste Geschichte in diesem Zusammenhang war aber immer noch die, wo sich zwei arme Caboclos aufgemacht haben sollten, die fünftausend Dollar zu verdienen.

Für sie, die Ärmsten der Armen, die in Manaus ein Leben von der Hand in den Mund führen, wäre es der Hauptgewinn gewesen. Der Treffer des Lebens. Die große Wende. Nach langer Suche entdeckten die beiden Freunde dann tatsächlich in einem großen Sumpfgebiet die gewaltige Kriechspur einer Anakonda. Um das Tier lebend zu bekommen, bauten sie eine Falle aus Baumstämmen, die sie mit schenkeldicken Abständen im Kreis in die Erde rammten.

Was noch fehlte, war ein Ködertier. Aber auch dafür waren bereits Fallen gebaut worden. Denn kaufen konnte man hier nichts. Das Gebiet war unbesiedelt. Man hoffte auf ein Reh, auf ein Schwein, auf einen Affen. Es mußte aber schon ein größeres Tier sein, das man in der Schlangenfalle einsperren wollte. Würde die Anakonda den Köder wittern, würde sie sich durch die Baumstämme hindurchzwängen und das Tier erwürgen und verschlingen. Doch dann wäre sie gefangen gewesen, denn mit dem prall gefüllten Magen, so hofften die beiden Tierfangexperten, würde sie nicht mehr durch die Zwischenräume passen. Sie würde sich dann in der Falle zur Ruhe begeben, und schon hätte man die fünf Mille verdient. So weit, so gut. Allein, es fehlte das Ködertier. Die Fallen blieben leer, die Verzweiflung der Tierfänger wuchs. War die Schlange überhaupt noch in dieser Gegend, würde ihnen die Belohnung womöglich durch die Lappen gehen? Not macht bekanntlich erfinderisch. Und ehe sich einer der beiden versah, hatte der andere ihn mit dem Gewehr gezwungen, sich selbst in die Falle einzubinden. Das würde nicht nur sein Ende bedeuten, das würde ihn sogar um die ersehnten Dollars, um seinen Anteil bringen, was sicherlich noch schlimmer war. Sterben, wenn man so arm war – okay. Das mußte und konnte man hinnehmen – aber um seinen Anteil betrogen zu werden, das war schier zum Verzweifeln. Doch der Gefangene hatte Glück. Während er noch damit beschäftigt war, sich selbst mit Lianen ausbruchsicher einzuschließen, schob sich die Anakonda aus dem Wasser. Achtzehn

Meter war sie lang und mit viel Sinn für Gerechtigkeit begnadet, sonst wäre sie nicht gerade in diesem Moment erschienen.

Sie schlich sich von hinten an den bösen Partner, der eifrig gestikulierend dem Gefangenen Anweisungen gegeben und durch eben diese Bewegung das bevorzugte Interesse der Anakonda erregt hatte. Sie schnappte zu, erwürgte und verschlang ihn. Der Gefangene konnte sich indessen befreien, aber er beging einen schwerwiegenden Fehler. In seiner verständlichen Aufregung immer noch zitternd, weil haarscharf dem Tode entronnen, erschoß er den Fünftausend-Dollarschein. Er häutete das Reptil sorgfältig und mühsam, aber er ahnte nicht, daß die Haut als Beweis nicht zählte. Das Geld war futsch.

Und plötzlich, irgendwann gegen Ende der Reise, stand ich selbst vor einer großen Anakonda. Sie lag fünf Meter von einer stillen Lagune entfernt und genoß die morgendlichen Sonnenstrahlen, die sich durch die Blätterkronen der Bäume tasteten. Ich war nur mit der Badehose bekleidet und hatte ein Messer dabei, und vor mir kringelten sich einige Meter Anakonda. Daß es der Zehn-Meter-Rekord nicht war, sah ich auf Anhieb.

Ich habe insofern einen Blick dafür, als ich zu Hause in einem tropenartig eingerichteten Raum Riesenschlangen halte und züchte.

Aber ich schätzte das Reptil auf runde sechs Meter. Sechs Meter reinen Muskels, so dick wie meine Oberschenkel, jedenfalls wie meine Oberschenkel vor der Reise, als sie noch nicht so abgemagert waren wie jetzt.

Sechs Meter, die jetzt unruhig durcheinander ringelten, weil sie mich wahrgenommen hatten. Ich war fasziniert und aufgeregt zugleich. Fasziniert, weil solche Begegnungen so ausgesprochen selten geworden sind, denn große Schlangen sind rar. Kleine können sich eher schon mal verstecken, größere haben es da erheblich schwerer. Und erschrocken war ich gleichzeitig, weil mir meine Schwäche und meine unzureichende Ausrüstung bewußt wurden. Denn fangen wollte ich sie. Das stand fest, als ich ihrer ansichtig wurde. Für ein einziges Foto.

War sie auch bei weitem nicht die größte der zoologischen Geschichte, so war sie doch die größte in meiner. Und sie begegnete mir in einem Moment, wo ich überhaupt nicht darauf eingestellt war, einen Sechs-Meter-Muskel zu bändigen, wie das eben immer so im Leben ist.

Auf jeden Fall sprang ich schon mal zwischen die Schlange und das Wasser. Der Fluchtweg war ihr somit erschwert. Sobald sie mich als Gefahr eingestuft haben würde, würde sie diesen Fluchtweg zum Wasser suchen, und da stand oder hampelte ich nun herum.

Schlangen sehen nicht besonders gut, aber sie haben feinfühlige Bauchnerven, mit denen sie die Bodenerschütterungen wahrnehmen. Infolge meiner Bewegungen hatte sie mich ausgemacht. Dazu kommt, daß Schlangen gut riechen. Die meine züngelte, und damit »fächerte« sie sich die Luft in ihr Geruchsorgan im Oberkiefer und wußte genau: »Verflucht, irgend so 'n Tourist.«

Dem Tier mit einer Astgabel den Kopf zu Boden zu drücken und es einfach aufzuheben erschien mir in diesem Fall mehr als ein Witz. Es würde um sich peitschen und mich mit seinen sechs Metern Leib irgendwie erwischen und umschlingen können. Und wenn die Anakonda dabei meine Arme fesselte, hätte ich ganz schön alt ausgesehen. Die Arme mußten unter allen Umständen frei bleiben, denn mit ihnen nur könnte ich das Tier notfalls vom Schwanz her abwickeln. Und überhaupt: Wer läßt sich schon gern »erpressen«?

Die Anakonda lag immer noch in mehrfachen übereinandergestapelten Kreisen, deren Windungen vor Aufregung gegeneinander rotierten. Das war mir ein schwacher Trost. Sie war genauso aufgeregt wie ich. Ihr ging es nicht besser als mir.

Da hatte ich die Idee, wie ich ihr ein Schnippchen schlagen konnte. Ich brach mir, beinahe ohne hinzuschauen, ein zwei Meter langes Bäumchen ab. Damit hatte ich einen simplen, geraden Stock. Eine Astgabel wäre besser gewesen, aber Astgabeln waren in jenem Urwald Mangelware. Dann riß ich mir die Badehose vom Leib, stülpte sie über meinen Stock und schob sie mit dessen Hilfe dicht über den Erdboden langsam auf die Schlange zu. Ihr Kopf lag ganz oben auf ihrem Turm aus Leibesringen und nahm das nicht wahr. Und während sie für einen Moment den Kopf abwandte, um nach einem Fluchtweg in die andere Richtung Ausschau zu halten, hatte ich ihr den Stoff über das Haupt gezogen, und im selben Moment verbiß sie sich darin. Auch den Stock hielt sie fest zwischen den Kiefern. Dann wirbelten die Schlingen. In derselben Sekunde! Eine nach der anderen wand sich um den Baumstab, den ich dann aus zwei Metern Entfernung so bewegte, daß die Schlange glauben mußte, er wäre ein Lebewesen. Als hätte sie mich, den Störenfried, erwischt.

Sie sollte möglichst mit dem Kopf in der Hose bleiben, damit sie blind blieb. Aber im Augenblick hatte ich weder Gelegenheit zu kontrollieren, ob er noch in der Hose steckte, noch hätte ich die Hose zurechtzupfen können. Sie befand sich mitten in diesem Knäuel aus Schlangenwindungen. Nach einer Weile hätte ich den Stock loslassen können. Im Augenblick war das Tier mit sich selbst beschäftigt. Es hatte sich selbst gefangen. Sobald es aber keinen Widerstand meinerseits mehr spüren würde, würde es sich als Sieger fühlen, wie die Anakonda es im Leben immer gewohnt war. Allmählich würde sie die Umschlingung lockern und in diesem Falle den Betrug merken. Um das zu verhindern, zog ich von Zeit zu Zeit dezent am Stock, was bei ihr ein erneutes Engerziehen der Schlingen zur Folge hatte. Wie kam ich aber jetzt zu meinem Fotoapparat? Mein Lager war nur hundert Meter entfernt. Aber ehe ich hin- und hergelaufen war, so fürchtete ich, konnte sie dem Schwindel auf die Spur gekommen und entkommen sein. Die fünf Meter zum Wasser waren weniger als eine Körperlänge für sie. Ihr kugelig um meinen Baum gewundener Körper bot die Lösung von selbst an. Ich rollte sie vorsichtig vor mir her. Sie hielt es wohl für ein letztes Zucken des umwundenen Opfers, was mir, unumwunden zugegeben, nur recht war.

So kam ich auf zwanzig Meter an den Fotokanister heran, als sie den Schwindel doch bemerkte. Aber da war es zu spät. Ich kappte mir in Ruhe einen zweiten Ast und konnte sie damit relativ mühelos so ablenken und vorsichtig zu Boden drücken, daß ich sie schließlich am Kopf zu fassen bekam. Ohne nennenswerten Widerstand ließ sie das über sich ergehen. Sie war sichtlich ermüdet, denn eine halbe Stunde lang hatte sie ja immerhin ihren magischen Knoten gehalten.

So kam ich schließlich zu meinem Foto und sie danach zurück in die ersehnte Freiheit.

Als Carlos mit einem winzigen Fisch und seinem ständig knurrenden Magen zurückkehrte, war ich heilfroh, daß die Anakonda längst in Sicherheit war. »Gibt's was Neues?« fragte er. »Ja«, gab ich mich ganz begeistert, »ich habe eine Stelle gesehen, auf der fünfhundert knallgelbe Schmetterlinge wie eine riesige Blüte saßen.«

Nach sieben Tagen in Carlos' hartem Boot konnte ich weder sitzen noch stehen. Infolge der Abmagerung saß ich direkt auf den Knochen. Das war unangenehm. Auch meine Hängematte als Kissen brachte keine Linderung.

So kam uns beiden der kleine Dampfer wie gerufen, der aus einem Nebenfluß auftauchte und uns auflud.

Zwei Tage später waren wir in Barcelos. Es war nachts um 22 Uhr und ein Samstag, als das kleine Boot unterhalb des Oasis-Hotels anlegte. Von hier war ich gestartet.

Im Hotel war noch Hochbetrieb. Wie an jedem Wochenende.

»Gott sei Dank, Sie sind wieder da!«

Friedel und Werner Katz, die Hoteleigner, schienen erleichtert. Sie hatten mir viel weniger Chancen eingeräumt, als sie zugegeben hatten, als ich sie zwei Monate zuvor verlassen hatte. »Aber nun ist alles wieder gut.«

Während Friedel Reibekuchen und Mokka in Angriff nahm, kam Werner bereits mit der Flit-Spritze, um mich zu entlausen. Das Bett wurde neu bezogen, der Ventilator angeschmissen, meine bei der Hinfahrt hinterlassene Garderobe rausgeholt.

Ich war zu Hause. Die »Zivilisation« hatte mich wieder – mit Insektenmitteln und Aircondition.

Und trotzdem fand ich keinen Schlaf. Die Enge des Zimmers und der Wind des Ventilators bewirkten Beklemmungen.

Ich schnappte meine treue Hängematte und tapste heimlich runter zum Fluß. Zwischen zwei Bäumen hängend spürte ich Erleichterung. Ein letztes Mal atmete ich den Hauch von Freiheit ein. Dann schlief ich ein.

Das Massaker von Haximu

Die Nachricht

Juli 1993. Die Nachricht schlug ein wie eine Bombe. Innerhalb von Sekunden hatte sie sich um die ganze Welt verbreitet. Kaum ein Sender, der sie nicht zur Kenntnis genommen und sofort innerhalb seines Zuständigkeitsbereichs weitergegeben hätte.

»Massaker an Indianern in Brasilien
Goldsucher köpften Frauen und Kinder
Wahrscheinlich 73 ermordete Yanomami.«

Ich hörte die Nachricht irgendwo im Auto. Meine erste Reaktion: Gänsehaut wie ein Reibeisen. Ich mußte augenblicklich rechts ranfahren, um diese Nachricht sacken zu lassen.

Obwohl solche Übergriffe für Insider gar nichts Neues darstellten, so war eines doch neu: Die Meldung war den verantwortlichen und gewieften Verschleierungskünstlern unter Politikern und Polizei durchs Loch in der Hosentasche gerutscht und hatte die Medien erreicht. Und nun war der Bär los.

Die führenden deutschen TV-Sender widmeten dem Vorfall Sonderberichte und analysierten die Hintergründe. Die ganze Scheinheiligkeit brasilianischer Gesetzgebung und -handhabung wurde ebenso ins Visier genommen wie der aktuelle Alltag und das Leben der Yanomami.

Ich eilte nicht nur von Interview zu Interview. Ich griff die Anregung Hamburger Gymnasiasten auf und veranstaltete mit ihnen und der Gesellschaft für bedrohte Völker (GfbV) – mit der ich seit siebzehn Jahren gemeinsame Einsätze für die Yanomami durchführe – eine Protestdemonstration vor dem Generalkonsulat Brasiliens in Hamburg, in der Großen Theaterstraße 42.

Wir wuschen Gold in einer Kulisse aus Urwaldpflanzen, gefällten Bäumen, Sand und großen Fototafeln, die zeigen sollten, daß der Überfall auf das Dorf Haximu (sprich Haschimuu) zwar einen traurigen Höhepunkt darstellte, aber keinesfalls eine Ausnahme. Indianermorde haben in Brasilien eine lange Tradition, und erst etwa zweimal in der fünfhundertjährigen Geschichte des Landes hat es eine Verurteilung von Weißen für Indianermord gegeben. Ausgerottet aber wurden vier Millionen. Die übrigen Täter wurden gedeckt, gefeiert oder gar zu Volkshelden hochgejubelt, wenn sie clever genug waren oder in der Politik tätig und über die erforderlichen Beziehungen verfügten.

Die Demonstration war besonders »dekorativ«. Denn Wut macht mich kreativ. Die Schüler, beinahe professionell durchgestylt mit verschlissenen T-Shirts, Strohhüten, Motorsägen, Schnaps und Flinten, wuschen so realitätsnah, daß man jederzeit glauben konnte, sie wuschen nicht aus Protest, sondern weil sie ständig fündig wurden und dem Goldrausch verfallen waren.

Natürlich zog diese Kulisse die Medien an. Der Generalkonsul Joaquim Whitaker Salles, gerade neu im Amt, war zunächst völlig überfordert. »Der Herr Generalkonsul wird auf keinen Fall Ihre Protestnote entgegennehmen«, ließ mich der Repräsentant des Bundeskriminalamtes wissen. Er war zur demokratischen Abwicklung der Veranstaltung hierher bestellt worden. Die Demonstration war, wie es sich unter Demokraten gehört, angemeldet worden.

»Hat es Zweck, mit ihm zu reden?« fragte ich. »Da haben sich allein fünf TV-Sender angekündigt. Wenn er nicht anwesend sein wird, verpaßt Brasilien eine wichtige Gelegenheit, sich zu dem Verbrechen zu äußern.«

»Ich kann's versuchen«, erwiderte der BKA-ler und entschwand mit dem Fahrstuhl zur fünften Etage.

Schon kurz darauf kam er zurück. Ja, ich könne dem Generalkonsul meine Argumente vortragen.

Das tat ich dann. Ich wurde sofort vorgelassen, denn hier oben war man nicht minder aufgeregt als wir da unten und verfolgte mit Ferngläsern und Fotoapparaten, was vor der Haustür ablief.

Als ich Joaquim Whitaker Salles sah, spürte ich sofort: Der hier war von einem anderen Kaliber als sein Vorgänger Francisco

Lima e Silva. Dieser Mann wirkte auf mich wie ein eiskalter Politiker. Doch immerhin hörte er mich an, und natürlich wollte er vermeiden, sein Land Brasilien zu blamieren.

»Ich bin erst seit wenigen Tagen im Amt«, bekundete er schließlich. »Ich werde mich mit der Botschaft Brasiliens in Bonn absprechen. In zehn Minuten gebe ich Ihnen Bescheid.«

Das tat er auch. Ja, er käme, hieß es, aber er würde sich keinesfalls in die Goldwäscher-Szenerie stellen. Er werde im Hauseingang des Konsulatsgebäudes stehenbleiben.

»Schade«, dachte ich. »Aber auch das ist eine indirekte Aussage. Die Medien werden das zu werten wissen.«

Und da stand er schließlich, die Kameras auf sich gerichtet, und verkündete sinngemäß, daß er, wie jeder Brasilianer, das Verbrechen bedaure und verabscheue.

»Was die brasilianische Regierung tun kann, wird sie tun, um den Fall aufzuklären. Denn auch Brasilien hat die Menschenrechtsakte von Wien unterzeichnet und wird sich strikt an die Abmachungen halten.«

Der Generalkonsul hatte das Pech, daß keiner der Sender auch nur eine Sekunde seiner Routinerede übernahm. Ich hatte es ihm nicht gegönnt, denn auch Floskeln können aussagestark und bezeichnend sein, wenn sie nichtssagend sind. Etwa nach dem Motto: »Wer wenig zu sagen hat, sagt's langatmig.« Aber ich bin nicht Entscheidungsträger der TV-Anstalten.

Generalkonsul Salles war jedenfalls verstimmt. Anders können wir uns nicht erklären, wie wenige Wochen später, am 15. Oktober 1993, das Telex No 138 / CGEP durch alle FUNAI- und einige Polizeistationen seine Runde machte.

Auszug: »... auf Anweisung des Präsidenten dieser Behörde (FUNAI, Innenministerium) informieren wir Sie, daß Frau Christina Haverkamp und Herr Rüdiger Nehberg Filmmaterial im Indianergebiet produziert haben, welches Brasilien diffamiert ...«

Unterzeichnet war das Telex mit:

SD Otília MA. C.E.
NOGUEIRA, DGEP
FUNAI, BSB SDS

Was mit dem »diffamierenden« Filmmaterial gemeint war, blieb unseren Vermutungen überlassen. Konkret angegriffen haben wir nie »Brasilien« und auch nicht die sklavisch ausgebeuteten Goldsucher, sondern ausschließlich solche Brasilianer, die die (vorbildlichen) Gesetze nach Herzenslust zu ihren Gunsten vergewaltigten.

Christina Haverkamp, meine Survival-erprobte Mitkämpferin auf manchen Reisen, hielt sich zur Zeit des Überfalls auf Haximu zufällig in Brasilien auf. Tilman Zülch, Präsident der GfbV, kriegte sie in Recife telefonisch zu fassen und machte ihr klar, welchen Stellenwert das Massaker in Deutschland infolge des Medienwirbels erhalten hatte und wie wichtig die Beschaffung weiterer Dokumente sei. Immerhin das hatten wir erreicht: die Yanomami waren längst international zu einem festen Begriff geworden.

»Sieh zu, daß du an den Tatort gelangst und Zeugen findest«, spornte er sie an. »Interviewe den Justizminister, und versuch, etwas über die Täter und die Ursachen herauszufinden.«

Christina ließ sich das nicht zweimal sagen. Im Handumdrehen hatte sie einen Piloten gefunden, der sie ins Yanomami-Land flog.

Inzwischen hatte das Massaker auch in Brasilien alle namhaften Kräfte auf- und durcheinandergewirbelt. Kein Funktionär, der nicht lautstark seine Meinung kundtat, auch wenn sie noch so abstrus war.

General Euclydes Figueiredo zum Beispiel: »Das Massaker ist eine Erfindung des Auslands. Man will erreichen, daß sich die Yanomami Venezuelas und Brasiliens zu einem selbständigen Yanomami-Staat zusammenschließen.« Den Grund für einen solchen Steinzeitstaat wußte der Militär natürlich auch. »Dann kann das Ausland sich dort leichter der Bodenschätze bemächtigen.«

Und Gilberto Mestrinho, Gouverneur des Riesenbundesstaates Amazonas, tönte: »Die vom Ausland vorgeschobene Notwendigkeit des Naturschutzes soll in Wirklichkeit unsere wirtschaftliche Entfaltung verhindern, um dem Ausland dann einen Wettbewerbsvorteil zu verschaffen.«

Für gigantische Sprüche ist Mestrinho bekannt. Im Wahlkampf tönte er in den Medien: »Wenn ich gewählt werde, dürft ihr weiter Bäume fällen und Holz verkaufen, weil sie auf der Erde überflüssig sind. Auf anderen Planeten gibt es ja auch keine Bäume.«

Gouverneur Ottomar Pinto und seine Frau Marlene aus Boa Vista, Bundesstaat Roraima, verbreiteten Optimismus: »Das Massaker ist eine reine Erfindung. Denn wo es keine Leichen gibt, gab es auch kein Massaker.«

Dieser Zustand kam vielen Indianergegnern sehr entgegen: Es war tatsächlich keine Leiche gefunden worden. »Solange ich die Leichen nicht selbst gesehen und gezählt habe, glaube ich nicht daran.« Pinto & Pinto hofften auf das Wunder, daß die Leichen verschwunden blieben. Denn natürlich wußten sie, wie schnell Kadaver im Wald verwesen, wie schnell sie von großen Tieren, Geiern, Ameisen und Bakterien restlos verarbeitet würden. Sie wußten auch, daß überlebende Indianer traditionsgemäß ihre Leichen verbrennen und deren Knochenasche verzehren. Die Chance, daß also kein Leichnam als Beweis auftauchen würde, war realistisch. Dazu kam, daß die Yanomami nach dem Verzehr der Asche nie mehr über die Verstorbenen sprechen. Gute Chancen also, anderen Umständen die Schuld zuzuweisen.

Noch einmal General Euclydes: »Das sind Kannibalen, bar jeglicher Intelligenz, sie gehen nackt und kopulieren wie die Tiere.«

Und Senator César Dias: »Es darf ohnehin keine Indianerreservate entlang von Staatsgrenzen geben. Sie müssen umfunktioniert werden zu militärischen Sperrzonen. Ganz besonders zu Venezuela hin.«

Venezuela ein »Feind« Brasiliens? Der Herr wollte wohl partout ins Geschichtsbuch eingehen. Oder Kabarettist werden. Für ihn und die Pintos aller Couleur war der Rummel um Haximu eine ideale Gelegenheit, aller Welt klarzumachen, daß der Bundesstaat Roraima ohnehin vor dem wirtschaftlichen Ruin stünde, wenn er weiter daran gehindert würde, die Bodenschätze des Yanomami-Landes zu nutzen.

»Da haben 10000 Indianer ein Gebiet von der Größe Portugals. Jeder Indianer besitzt zehn Quadratkilometer. Das ist entschieden zuviel Land für so wenige Menschen.«

Wenn man bedenkt, daß allein in der größten *favela* Rio de Janeiros, in Roçinha, 220000 Brasilianer leben, so viele wie es in ganz Brasilien noch freie Indianer gibt, dann ist das natürlich ein Argument.

»0,3 Prozent der indianischen Brasilianer sollen zehn Prozent des Landes besitzen?« tobt Pinto. »Das ist ungerecht und blanker Hohn.«

Daß weitere sechzig Prozent des Landes allerdings von den fünf Prozent der reichsten Brasilianer beherrscht werden, daß all die Armut letztlich zurückzuführen ist auf die chaotischen sozialen Ungerechtigkeiten des Landes, erwähnt er nicht. Dieses Recht billigte er der Elite zu. Es hat ja auch historische Tradition.

Das große Aufatmen erfolgte, als sich unerwartet herausstellte, daß das Verbrechen gar nicht in Brasilien, sondern in Venezuela stattgefunden hatte. Neueste Meldungen mit Satellitengeräten am Tatort hatten klar bewiesen: Haximu lag unmittelbar jenseits der Grenze. Demnach hatte sich Justizminister Maurício Corrêa sogar unbewußt auf fremdem Territorium befunden, als er den Tatort in Augenschein nahm. Er wurde dabei von Davi Kopenawa Yanomami, dem Vorzeigehäuptling aller Yanomami, begleitet.

Für Corrêa machte eines aber keinen Unterschied: »Ob Brasilien oder Venezuela, es waren einwandfrei brasilianische Goldsucher. Die Verantwortung liegt bei uns.«

Längst war die Stadt Boa Vista von internationalen Journalisten überschwemmt. Das Hotel Aipana war völlig ausgebucht. Um den Swimmingpool tummelten sich die Reporter, und alles drehte sich um die Frage: »Hat man inzwischen Knochen gefunden?«

An den Tatort ließ die FUNAI so gut wie keinen heran. Das blieb wenigen Vertrauten vorbehalten. Und hier im Hotel reduzierte sich alles auf Gerüchte, auf Erklärungen und ihre Dementis. Und auf die Knochen.

Der Geschäftsführer zu Christina: »Endlich wieder ein volles Haus. So war das während des Goldbooms (1987–1992) ständig.« Seine Augen wurden richtig glänzend vor Glück. Man konnte glauben, er sei am Umsatz beteiligt.

Dann, unerwartet, schlugen die Wogen des hauseigenen Planschbeckens hoch. Als hätte ein Zitteraal seine volle Ladung Energie ins Wasser abgeschossen, sprangen alle wie auf Kommando aus dem erfrischenden Naß und stürzten in die Empfangshalle.

»Man hat Knochen gefunden!« hatte jemand verbreitet. »Sie sollen vorm Hotel zu sehen sein.«

Die Enttäuschung war groß. Ein Witzbold hatte dort Hundeknochen deponiert.

Christina drehte, was sie kriegen konnte. Es war nicht viel mehr, als andere auch ergattern konnten, denn Haximu blieb gesperrt. Die FUNAI begründete das Einreiseverbot mit dem Argument, man wolle die Untersuchungen nicht stören. Doch immerhin gelang es Christina, zwei Überlebende zu treffen. Sie waren schwarz angemalt als Ausdruck der Trauer und des Krieges. Sie zeigten ihr Büschel von Haaren und Holzstücke mit Kugeleinschüssen.

Auch Maurício Corrêa, der Justizminister, ließ sich von ihr

befragen. Ihre Visitenkarte unserer zum Schein gegründeten Firma »TV-Europa« hatte wohl die von uns erhoffte Wirkung erzielt. Der Minister selbst öffnete die Tür zu seinem Amtszimmer. Daß Christina dort fast allein vor der Tür stand, begleitet nur von einem deutschkundigen Taxifahrer als Assistenten, überraschte ihn sichtbar. Aber er bewahrte Haltung. Erstaunt hielt er nach links und rechts Ausschau.

»*Sozinha?* Allein?«

Im Gespräch war er dann nicht so einsilbig, sondern offen und auch couragiert, als er sagte: »Ich glaube den indianischen Zeugen, egal, ob die Toten gefunden werden oder nicht. Tatsache bleibt, daß ich das verbrannte Dorf mit eigenen Augen gesehen habe, und es steht fest, daß es brasilianische Goldsucher waren. Deshalb finde ich es müßig, nach Leichen zu suchen statt nach den Tätern. Aber das wird schwierig sein. Denn die sind längst über alle Berge. Dazu kommt, daß kein *garimpeiro* unter seinem wirklichen Namen arbeitet. Jeder trägt einen Spitznamen, den er morgen ablegen kann.«

Auch die als mutig bekannte Rechtsanwaltskammer und der Generalbundesanwalt Aristides Junqueira beschönigten nichts und nannten das Geschehen beim Namen: »Es ist Völkermord und eine nationale Schande.«

Das Deutsche Allgemeine Sonntagsblatt sprach gar von Brasilien als dem Land der »Kinder- und Indianermörder«, denn zur gleichen Zeit hatten Killerkommandos der Polizei in Rio de Janeiro acht Straßenkinder willkürlich ermordet. Ihre Tat wurde vom Gouverneur der Stadt verteidigt.

Die beiden Überlebenden, die Christina interviewte, schätzten die Anzahl der Opfer auf vierzehn. »Wir haben zwei Männer gesehen, fünf Frauen und sieben Kinder.«

Mit dem Ruf »Wir haben hier Reis und Zucker für euch« seien sie, so einige Zeitungen, aus ihrem Runddorf, der *maloca*, gelockt und dann ermordet worden. »Man hat ihnen die Gliedmaßen und Köpfe abgehackt.«

Vierzehn Tote – wo waren dann die anderen, denn die Gesamtzahl der Einwohner soll bei hundert gelegen haben. Hundert Personen in zwei nebeneinandergelegenen Dörfern. Drei Wochen waren bereits verstrichen, und nirgends hatten sich weitere Überlebende blicken lassen. Waren es letztlich hundert Tote?

Die UNO, namentlich Boutros B. Ghali, verbal immer stark, erklärte seine »große Besorgnis«. Was immer das heißen mochte.

Rigoberta Menchu, Goodwill-Botschafterin des UNO-Jahres der Eingeborenenvölker, forderte eine UN-Untersuchungskommission, während Mitarbeiter der Menschenrechtsabteilung der kanadischen und amerikanischen Botschaften, die ebenfalls vor Ort gehen wollten, zunächst ein- und dann wieder ausgeladen wurden. Staatspräsident Itamar Franco: »Sie hatten keinen ordnungsgemäßen Antrag gestellt.« Diese Dummerchen aber auch.

Der zunehmende internationale Druck veranlaßte Franco aber auch zu »positiven« Handlungen. Er gründete, selbst zur Überraschung vieler Politiker, ein »Amazonas-Ministerium«. Die typische brasilianische Beruhigungsmethode. Zum »Jahr des Kindes« hatte man werbewirksam ein »Kinderministerium« gegründet.

Der Finanzminister (und spätere Staatspräsident) Fernando Henrique Cardoso höhnte denn auch gleich: »Das ist kein Ministerium, sondern allenfalls ein Minister.« Und der FUNAI-Chef (FUNAI = staatliche brasilianische Indianerbehörde) Cláudio Romero ließ alle wissen, daß er von einem solchen Ministerium keine Weisungen entgegennähme. Fast hätte ihn das Kopf und Amts-Kragen gekostet.

In aller Konfusion feierte man erste Erfolge. Man mußte der Welt etwas bieten. »Drei verdächtige Goldsucher verhaftet!« war zu lesen. Als Christina das Gefängnis von Boa Vista besuchte, hatte man die guten Männer längst wieder entlassen müssen. Sie litten dermaßen unter Malaria Tropica, daß sie zu der Tat gar nicht fähig gewesen sein konnten.

José Altino Machado, Chef der Goldgräber-Gewerkschaft und Mitbegründer des Goldbooms von 1987, Erbauer der großen Landepiste XIDEA und Mann mit Drang nach höchsten politischen Ämtern, rechtfertigte die Attacke zunächst mit den Worten: »Das war die Rache einiger Goldsucher dafür, daß die venezolanischen Yanomami dem Militär als Spürhunde geholfen haben, unsere Männer und ihre Landepisten aufzuspüren.«

Nachdem Altino seinen Standpunkt nicht mehr aufrechterhalten konnte, tat er jedoch etwas sehr Überraschendes: Er legte sein Amt als Gewerkschaftsführer demonstrativ nieder: »Ich vertrete Goldsucher und keine Mörder.«

Ein kluger Schritt auf seiner Karriereleiter. Er wagte einen zweiten und erhob seinen langjährigen Kampfgefährten und Vertrauensmann Johil João in das Amt, einen Mann, der Altinos Linie treu weiterführen würde. Es blieb also alles beim alten.

Zum Abschluß ihrer Recherche interviewte Christina die Kommunalpolitikerin Vera Regina aus Boa Vista. Sie hatte die Frau im Radio vehement gegen die goldsucherfeindliche Auslandslobby wettern gehört. Das Interview endete mit dem Satz: »Alle bangen um die ›armen‹ Indianer. Und wer sorgt sich um die viel ärmeren Goldsucher?« Genau dieser Satz sollte später unser Schlüssel zu Vera Reginas Haus und dem Versuch einer neuen TV-Reportage sein.

Aber so endete zunächst, was vier Wochen zuvor begonnen hatte, als zwei entsetzte Überlebende und andere Indianer aus Nachbardörfern in der katholischen Mission Xidea angstschlotternd Zuflucht gesucht und von den Vorfällen berichtet hatten. Schwester Alísa notierte alles gewissenhaft auf einem Blatt liniertem Papier. Eine geschlagene Woche benötigte das Dokument auf seinem Weg über die FUNAI an die Öffentlichkeit, ehe es dann traurige Weltgeschichte machte, als Brasiliens Beitrag zum »Jahrzehnt der Indigenen Völker« 1993. Und es dauerte noch einige Wochen, ehe der tatsächliche Tathergang vollends geklärt werden konnte. Denn dann tauchten Zeugen auf.

»Verdammte Scheiße«, wird es da manchem Hardliner entfahren sein. »Da haben die Goldsucher wohl nur halbe Arbeit geleistet.«

Erste Feindseligkeiten

Vier Wochen nach dem Überfall auf Haximu, am 25. August 1993, tauchten Überlebende auf. Während so mancher die verschollenen restlichen Einwohner längst abgeschrieben hatte, für ermordet hielt, trauerte und Gegenmaßnahmen diskutierte und während andere frohlockten, daß die Goldsucher den widerborstigen »Wilden« endlich mal gezeigt hatten, wohin es führt, sich gegen Goldsucher zu stellen, und wer hier im Wald der wirkliche Herrscher ist, erschienen 73 Yanomami im Dorf des Häuptlings Marcos am oberen Rio Toototobi in Brasilien, Bundesstaat Amazonas. Männer, Frauen und Kinder, jeder nur mit dem Notwendigsten bepackt, mit dem, was er auf der Flucht unbedingt benötigt hatte, was sein Tempo nicht unnötig drosselte. Vieles der Ausrüstung war auch erst während der Flucht neu gefertigt worden, als die Distanz zu den Verfolgern gewachsen war, als die Sicherheit wuchs und die Panik der Ruhe wich. Das waren Dinge wie Hängematten, Pfeile und Bogen, ohne die auf Dauer niemand im Wald existieren kann.

Der Anthropologe Bruce Albert, einer der renommiertesten Mitarbeiter der CCPY (siehe Wörterverzeichnis auf S. 410) und mit der Yanomami-Sprache bestens vertraut, machte sich sofort zu Marcos' Dorf auf, um die Flüchtlinge zu befragen und den genauen Tathergang zu rekonstruieren.

Bruce Albert befragte auch mehrere Goldsucher, die mitteilungsbereit waren. Männer, die sich nicht von den Mördern hatten einschüchtern lassen und die sich von ihnen distanzierten. Männer, die bewiesen, daß es auch genügend Goldsucher mit anderen moralischen Grundeinstellungen gab.

Bruce Alberts Report, den ich später auf unserer Flucht in Venezuela über salesianische Missionare erstmals sah, bildet die Grundlage der folgenden Geschichte. Der Ablauf ist authentisch, die wörtlichen Reden sind jedoch meine Interpretation, um den Hergang einprägsamer schildern und besser in meinen Buchstil integrieren zu können.

Bruce Albert ging es mit seiner Recherche nicht nur um die Klärung der Morde. Er wollte gleichermaßen die Ursachen des Massakers verdeutlichen und damit zeigen, wie schnell sich ein ähnlicher Vorfall wiederholen könne, solange man illegale Goldsucher unter den Indianern dulde.

Die Vorgeschichte des Krieges im Regenwald begann bereits Wochen vor dem Massaker, im Mai 1993.

Deutlich spürten die Indianer von Haximu (Venezuela), daß die Beziehung zwischen ihnen und den brasilianischen Goldsuchern sich merklich abgekühlt hatte. Die Fremden waren barscher und abweisender geworden. Und das im gleichen Tempo, wie es immer mehr von ihnen geworden waren. Die Illusionen der Indianer, mit zunehmender Anzahl von Goldsuchern auch eine entsprechend zunehmende Anzahl von Geschenken zu erhalten, hatten sie längst aufgeben müssen. Anfangs, als es nur die wenigen ersten Weißen waren, hatten sie diese freundlich erlebt, zurückhaltend und immer aufgelegt zu einem kleinen Schnack und einem Imbiß. Zwar sprach niemand des anderen Sprache, jeder also in der seinen, aber das tat den Zusammenkünften keinen Abbruch. Man hatte Hände und Füße, Gesten und Lächeln – und das reichte, weil eine gewisse Gastfreundschaft Sprachdefizite kompensierte. Man zeigte auf sich und sagte: *»Garimpeiro totihiwe.«* Das letztere Wort war Yanomami und bedeutet »Freund sein«. Diese Vokabel war der Grundbegriff, den jeder *garimpeiro* mit auf den Weg bekam.

Der zweite Satz, von der Gegenseite, lautete: *»Yanomami totihiwe.«* Dazu ein Lächeln, eine Handvoll Reis, und der Tag war gelaufen. Man war einer des anderen Freund. Die Indianer lächelten zurück, hockten sich an den Grubenrand und rätselten, was zum Teufel die Weißen da bloß suchten. Irgendwann in allergrauester Vorzeit mußte ein besonders großer *tushaua* (Häuptling) dort etwas verloren haben. Und nun kamen seine Leute und mußten das wiederfinden. Dieser ihr *tushaua* war auf jeden Fall ein besonders mächtiger. Denn seine Leute verfügten über Metall, aus dem Angelhaken und Messer gemacht werden konnten. Sie hatten Schußwaffen, deren Pfeile massenweise (*pruka-pruka*, Yanomami: viele) in die Hosentaschen paßten. Ihre eigenen Pfeile hingegen waren bis zu zwei Meter lang, dadurch entsprechend unhandlicher und viel anfälliger gegen Nässe und Beschädigung. Die »Pfeile« der Weißen (Schrot) schienen unverwüstlich und trafen immer, wenn sie aus ihren *espingardas* verschossen wurden.

Diese für Indianer unerreichbar wertvollen Dinge zu besitzen, wurde zum Traum eines jeden indianischen Mannes. Und die Frauen hatten unruhige Nächte, wenn sie an rote *miçangas* (Perlen) dachten, an glänzende *agulhas* (Stopfnadeln), die so praktisch waren beim Rauspulen von Splittern in der Haut und den Sandflohgelegen unter den Zehennägeln.

Männer und Frauen gleichermaßen kamen ins Schwelgen, wenn es Tabak gab, Salz oder – Nonplusultra – eine rote Stoffhängematte. Wenn das eintrat, war, übertrieben gesagt, beinahe das höchste Lebensziel erreicht.

Und tatsächlich hatten die Goldsucher anfangs, als sie den Indianern voll unterlegen und ausgeliefert waren, nicht nur Hängematten geschenkt. Sogar Flinten hatte man sich die ersten Schürfrechte kosten lassen.

Es darf als sicher angesehen werden, daß solche Superpräsente nicht von den armen Goldsuchern bezahlt wurden, sondern von deren Hinterleuten, den Bossen, die hier Langzeit-Spekulationsobjekte anpeilten. Fünf solcher Bosse und Mafiosi sind in Boa Vista stadtbekannt und berüchtigt. Sie waren die Vorreiter des Grenzübertritts auf venezolanisches Territorium. Ihnen gehörten die fünf Landepisten im Orinoco-Quellgebiet. Ihnen gehörten Gruben und Goldflöße. Das Wort Skrupel kannten sie weder als ethischen Begriff noch als Vokabel. Ihre Namen: João Neto, *fazendeiro* (Farmer); sein Schwager Chico Ceará; Eliezer, *commerciante* (Händler); Pedro Prancheta und Cururupú, ein krimineller Briefschreiber, von dem noch die Rede sein wird.

Nachdem diese Männer ihre fünf illegalen Landepisten fertig hatten (Bauzeit je vier Wochen) und die Goldsucher dann wie Heuschrecken über das Orinoco-Quelland herfielen, war es für die Yanomami zu spät. Ab jetzt bedeutete Widerstand Selbstmord.

Daß die Geschenke immer kläglicher flossen, hatten sie längst bemerkt. Daß sie auch immer ärmlicher ausfielen, ebenfalls. Und das jetzt, wo man immer mehr darauf angewiesen war, weil mit den Eindringlingen auch die Tiere des Waldes ausgerottet oder vertrieben worden waren. Auch erste, völlig neue Krankheiten machten sich unter den Yanomami breit. Daß man es nun aber sogar wagte, sie an den Gruben nicht mehr zu dulden und – im eigenen Land – fortzujagen, war nicht nur ein weiterer Höhepunkt, sondern eine unverzeihliche Unverschämtheit. Und daß man sich in letzter Zeit nun außerdem erdreistete, ein gegebenes Versprechen einfach nicht mehr einzuhalten – das kam einer Kriegserklärung gleich.

Und das war tatsächlich geschehen. Einem jungen Häuptling war hoch und heilig eine Hängematte versprochen worden. Aber seit Wochen wurde er verlacht und vertröstet, wenn er danach fragte. Nach indianischem Verständnis gehörte die versprochene *rede* (Hängematte) bereits dem zu Beschenkenden. Sie sollte längst mit einem der Flugzeuge eingetroffen sein.

Versprochen war versprochen. Der junge Häuptling und einige Begleiter ließen sich von der gegenseitigen Antipathie nicht davon abhalten, auch zum x-ten Male im *garimpo* die Matte anzumahnen, zumal an jenem Morgen eine Maschine Nachschub gebracht hatte. Sie war unüberhörbar laut über ihre *maloca* hinweggedonnert.

»Was wollt ihr hier schon wieder, ihr Erdfresser?« schnauzte der Goldsucher die Yanomami an. »Verpißt euch, aber dalli.«

Um seinen Worten gehörigen Nachdruck zu verleihen, wies er mit ausgestrecktem Arm in Richtung ihrer Dörfer. Nicht genug damit, er trat sogar nach ihnen. Den Indianern war klar, was gemeint war, auch wenn sie die Worte nicht verstanden.

Der Goldsucher fühlte sich offenbar stark, weil seine Kumpels in der Nähe arbeiteten. Auch wenn man sie nicht sehen konnte, zu hören waren sie überdeutlich. Vielleicht fühlte er sich auch deshalb stark, weil die Indianer bisher keinen Widerstand geleistet hatten.

Doch nun war das Maß voll. Der junge Häuptling riß seine Flinte hoch und drückte ab. Eine Sekunde hatte er noch gezögert. Das reichte dem Goldsucher, um zur Seite zu springen. So wurde er nur verletzt, aber nicht getötet. Er floh in den Wald.

Die Indianer feierten ihren Sieg. So unverwundbar war der weiße Mann also doch nicht. Er war verletzbar wie sie selbst. Sie schnitten sich »ihre« Hängematte ab, zerfetzten die Zeltplane und warfen die Stücke und Decken kreuz und quer in den Wald. Radios und ein paar nützliche Sachen nahmen sie mit. Dann flohen auch sie.

Als der verwundete Goldsucher Hilfe alarmiert hatte und zurückgekehrt war, war der Spuk vorüber. Wutschnaubend schworen die *garimpeiros* Rache.

»Wieso hatte der denn noch ein Gewehr?« rätselten sie. Denn nachdem es vorher schon zu Streitereien gekommen war, hatte man den Indianern bei jeder sich bietenden Gelegenheit die Gewehre wieder abgenommen. Obwohl sie, Wochen vorher, eindeutig als Geschenke überreicht worden waren.

»Wenn wir uns das gefallen lassen, können wir hier einsakken«, fluchte der Verletzte zornbebend, während seine Kameraden ihn verbanden.

»Das ist klar«, entgegnete ein anderer. »Das werden sie büßen. Auge um Auge.«

Fast vier Wochen vergingen zunächst ohne Zwischenfälle. Die Schießerei hatte sich unter den Yanomami rumgesprochen. Und weil man die Rache fürchtete, blieb man unter sich und mied die Goldsucher.

Die Goldsucher ihrerseits beschränkten sich darauf, an ihren *barrancos* (Gruben) zu bleiben und nicht durch den Wald zu streunen, um Rache zu nehmen. Das konnte schnell schiefgehen, denn dort hatten die Indianer auf jeden Fall die bessere Geländekenntnis und erhebliche strategische Vorteile.

Das war Mitte Juni 1993. Dann tauchte erstmals wieder seit dem Vorfall eine Gruppe von sechs jungen Indianern aus Haximu auf. Nicht dort, wo die Schießerei stattgefunden hatte, sondern woanders. Es war das *garimpo,* bei dem man ihnen vor einiger Zeit die Gewehre abgenommen hatte. Da sie damals von der Blitzaktion völlig überrascht worden waren, hätte Widerstand keinen Zweck gehabt. Ehe sie reagieren konnten, waren sie entwaffnet. Es blieb ihnen nichts als gute Miene zum bösen Spiel zu machen und die Hoffnung auf Vergeltung.

»Habt ihr was für uns zu essen?« bettelten sie und deuteten mit Fingern auf Mund und Magen. »*Ya obi* – Ich habe Hunger«, machten die Gesten klar.

»Haut ab, wir haben selbst nichts«, fuhren die Goldsucher sie an.

Die Indianer hatten nichts anderes erwartet. Zuerst sagte man ihnen immer, es gebe nichts. Aber wenn sie nur beharrlich genug waren, gab es vielleicht doch etwas Reis. Sie mochten ihn besonders gern, weil er mit Salz gekocht war.

Im stillen hofften sie aber vor allem, ihre Gewehre zurückerobern zu können. Sie gaben sich bescheiden, bummelten hier herum und dort – aber die Goldsucher hatten ihre Waffen unmittelbar »am Mann« und boten den Yanomami keine Gelegenheit, sie an sich zu reißen.

Um die Indianer abzuwimmeln, gaben sie ihnen letztlich aber doch ein paar Löffel Reis. Und sie überreichten ihnen einen Zettel. Einer der Männer hatte etwas darauf geschrieben und ihnen bedeutet: »Geht damit zum anderen *garimpo*, weiter am Rio Taboca aufwärts. Die haben genug zu essen.«

Die Indianer zogen von dannen. Am Taboca angekommen, empfing sie der Kantinenwirt. Die Indianer reichten ihm voller Erwartung ihren Zettel.

»Macht sie fertig, die Schweine«, stand sinngemäß auf dem Papier. Der Wirt las den Text laut vor, ohne ein Risiko einzugehen, von den Indianern verstanden zu werden. Dann klopfte er einem auf die Schulter und meinte: »Das könnt ihr haben.« Dabei lächelte er, und jeder konnte glauben, es habe eine durchaus positive Meldung darauf gestanden.

Besonders aggressiv verhielt sich die Köchin der Gruppe. Sie peitschte die Männer auf: »Worauf wartet ihr denn? Knallt sie ab. Hier auf der Stelle.«

Tatsächlich langten die Männer zu ihren Waffen und wollten kurzen Prozeß machen. Da rief der Wirt dazwischen: »Wartet, Leute! Die sind womöglich nicht allein. Ich schlage vor, wir geben ihnen etwas zu essen. Das stärkt ihr Vertrauen in uns. Und dann knallen wir sie auf dem Heimweg ab.«

Die sechs Indianer nahmen das Essen und gingen. Sieben Goldsucher folgten ihnen mit einigem Abstand.

Als die Indianer nach kurzer Zeit rasteten, um den Reis zu essen, erschienen die Goldsucher. Erschrocken sprangen die Indianer auf und wollten fliehen. Sie hatten die Goldsucher nicht kommen hören. Gegen diese Männer hatten sie keine Chance. Sie waren alle bewaffnet, während sie selbst nur über eine einzige Flinte verfügten. Die übrigen besaßen Pfeile, und zwar solche mit Widerhaken für kleinere Tiere und andere mit scharfen Holzklingen für größere. Mit Curare waren sie nicht bestrichen.

Die Goldsucher waren von der Begegnung selbst überrascht worden. Die Indianer hatten stillschweigend gegessen, und sie selbst waren geschlichen, um die Indianer einzuholen, ohne sie durch den Lärm zu warnen und zur Flucht zu veranlassen.

Einer der Goldsucher reagierte schnell, als er die sprungbereiten Indianer gewahrte. Um sie beisammenzuhalten, sagte er geistesgegenwärtig: »Hallo, wir sind auf der Jagd. Wollt ihr mitmachen?«

Die Indianer waren völlig überrascht. Das hatte noch nie jemand angeboten. Denn jeder jagte auf seine Weise. Zusammen verjagte man sich das Wild höchstens gegenseitig. Die besten Jäger jagen lieber allein. Und so sagten sie »*ma*«, nein.

Als die Goldsucher ihnen dann aber auch noch klarmachten, daß man hinterher gemeinsam in einem dritten *barranco* essen würde, war das Mißtrauen dem leidigen Hunger gewichen. Die Indianer waren einverstanden. Man ging im Gänsemarsch. Vorweg ein Indianer als »Spürhund«, dann, immer abwechselnd, ein Goldsucher und ein Indianer. Den Schluß bildeten zwei Goldsucher. Die Indianer waren in der Falle.

»Ich muß mal pinkeln«, sagte der Yanomami, der als letzter von sechs Indianern in der Gänsemarsch-Reihe mit den sieben Goldsuchern unterwegs war. Er überreichte das einzige Gewehr, das sie besaßen, dem Indianer vor ihm.

»Geht weiter«, sagte er zu ihm. »Ich hole euch schon wieder ein.«

Aber die Goldsucher blieben stehen, als wollten sie auf den »Notdürftigen« warten. Sie hatten ohnehin nicht verstanden, was der Indianer gesagt hatte.

Der war gerade ein paar Schritte ins Gebüsch gegangen, als der Goldsucher, der hinter dem Indianer mit dem Gewehr stand, dessen Arm ergriff und ihn festhielt. Bevor der Indianer Zeit zum Nachdenken fand, schoß ihm der Goldsucher mit seiner Flinte aus nächster Nähe eine volle Ladung Schrot in den Bauch.

Der Schuß war das Signal. Während die Indianer versuchten, seitwärts ins Gebüsch zu springen, drückten auch die anderen Goldsucher ab.

Einer von ihnen hatte in der Aufregung vergessen, die Flinte zu entsichern. Der Schuß löste sich nicht. Der Indianer vor ihm stürzte auf die Knie, riß die Hände vors Gesicht, als ob er sich so schützen könnte, und rief »Goldsucher amigo«.

Aber es nützte ihm nichts. Der Goldsucher kannte kein Pardon. Der Schrotschuß aus allernächster Nähe zerfetzte die Hände und den Schädel des Indianers. Später protzte der Goldsucher selbstgefällig gegenüber seinen Kameraden: »Ich habe ihn hingerichtet.«

Der Yanomami, der gerade seine Notdurft verrichtete, sprang, wie von einer Schlange gebissen, auf und tat das einzig Richtige in dieser aussichtslosen Situation: Er jagte im Zickzack und in langen Sätzen davon. In Sekunden war er aus dem Dreißig-Meter-Gefahrenbereich der Schrotkugeln entkommen. Der Urwald verschluckte ihn. Er sprang in den Orinoco.

Der achtzehnjährige Indianer, der den Gänsemarsch angeführt hatte, konnte ebenfalls noch rechtzeitig zur Seite springen. Der Schuß, der ihm gegolten hatte, ging daneben. Bevor er sich richtig berappelt hatte und wieder auf den Füßen stand, sah er sich von drei Goldsuchern umzingelt. Wie eine Harpyie, der Greifvogel, der wie eine Schwalbe durchs Geäst zu fliegen vermag, hüpfte der Indianer hin und her und versuchte, Bäume zwischen sich und die Angreifer zu bringen.

Nur seiner Schnelligkeit war es zu verdanken, daß die ersten zwei Schüsse danebengingen. Die Goldsucher johlten und riefen sich Kommandos zu, um ihn endgültig in die Enge zu treiben und dann abzuschießen.

»Es war wie beim Scheibenschießen«, sollen sie später berichtet haben. »Wir schossen abwechselnd.«

Einer der Schüsse traf den jungen Mann dann doch. Die rechte Taille war aufgerissen. Dieser Schock steigerte seine Kräfte um ein weiteres. Er jagte seinen Schützen davon und sprang ebenfalls in den Orinoco.

Einem weiteren Mann war es gelungen, sich verletzt ins Wasser zu stürzen. Er tauchte jedoch nie wieder auf.

Beim Aufprall ins Wasser verspürte der Achtzehnjährige einen heftigen Schmerz. An Schwimmen war nicht zu denken. Das war ihm klar, nachdem er das gegenüberliegende Ufer erreicht hatte. Er fürchtete zu verbluten und preßte deshalb seine Hände kräftig auf die Wunde. Zu seinem Glück konnte er sich unmittelbar gegenüber der Einsprungstelle unter herabhängenden Wurzeln im Wasser verstecken. Nur die Nase und die Augen schauten aus dem Wasser. Fieberhaft überlegte er, wie er aus dem Gefahrenbereich entrinnen konnte.

Da gewahrte er gegenüber die Goldsucher. Sie durchkämmten das Dickicht und suchten weitere Opfer: Sechs Indianer waren es gewesen, aber nur drei Leichen waren am Kampfplatz liegengeblieben. Wo waren die anderen?

Der verwundete Yanomami hielt den Atem an, als einer der Feinde sein Gewehr an einen Baum lehnte, um das Steilufer herabzukommen und sich zu waschen. Mißtrauisch schaute er auch nach links und rechts. Vielleicht war ja einer der Verschwundenen hier. Angst vor den Geflohenen brauchten sie nicht zu haben. Keiner von denen war bewaffnet. Die übrigen Goldsucher hatten damit begonnen, die Toten zu verscharren. Bestimmt nicht aus Humanität, sondern um Spuren zu verwischen.

Als der Goldsucher am Ufer sein Gesicht gewaschen und getrunken hatte und sich aufrichtete, gewahrte er den Indianer. Vielleicht hatte er die Blutspur im Sand vor sich gesehen und hatte dann den Fluß abgesucht. Vielleicht hatte er die angstgeweiteten Augen des Mannes erblickt. Auch wenn der Goldsucher völlig gleichgültig tat und noch einen zweiten Schluck Wasser trank, um den Verwundeten zu täuschen, war dem Indianer klar, daß er erkannt worden war. Ihre Blicke hatten sich für Bruchteile von Sekunden gekreuzt. Ein Achtzehnjähriger ist nicht unerfahren. Er kannte diese Situationen zur Genüge von der Jagd. Man konnte oft sehr nahe an Tieren vorbeigehen. Sie verharrten in der Deckung und rührten sich nicht. Waren sich aber die Augen von Jäger und Gejagtem begegnet, dann gab es nur noch eines, nämlich die sofortige Flucht.

Genauso reagierte der Indianer. Als der Goldsucher sich betont gleichgültig umdrehte und den steilen Hang hochkletterte, um dann schnell sein Gewehr zu ergreifen und zu schießen, hatte der Indianer sich mit einer Riesenlunge voll Luft vom Ufer abgestoßen und war von der Oberfläche weggetaucht. Ungeachtet seiner Verletzung schwamm er mit gewaltigen Stößen seiner Arme und Beine, um unterstützt von einer rasanten Strömung zu entkommen. Er hörte den Schuß, aber nicht eine einzige der vielen Schrotkugeln erreichte ihr Ziel.

Erst nach viele Windungen des Flusses, als er davon überzeugt war, die Verfolger abgeschüttelt zu haben, verließ er den Orinoco. Er folgte einem kleinen Seitenbach in Richtung seines Dorfes Haximu. Es war ein kleiner und schneller Bach, der seine Spuren im Flußsand sofort auflöste. Nur ein einziger Gedanke beseelte ihn: Er mußte seine Leute warnen. Bestimmt waren sie aufs äußerste gefährdet. Die Brutalität, mit der die Goldsucher sie zusammengeschossen hatten, zeugte von zu großem Haß, als daß man sich der Illusion hingeben durfte, das sei alles gewesen, ab jetzt könne man friedlich zusammenleben. Ganz im Gegenteil, jetzt war es höchste Zeit, die verhaßten Fremden endgültig aus dem Indianerland zu verjagen. Ein solcher Mord verlangte Blutrache.

Doch bevor der Junge Haximu erreichte, verließen ihn die Kräfte. Der hohe Blutverlust und die extreme Anstrengung der Flucht ließen ihn zusammenbrechen. Er spürte die aufkommende Schwäche, er spürte die Kälte in seinem Körper, die weichen Knie, die ihn nicht mehr tragen wollten, und er spürte die nachlassende Geisteskraft, die plötzlich einer Ergebenheit und Müdigkeit wich. Er konnte sich gerade noch neben dem Bach in einem Dickicht verkriechen. Dann verlor er das Bewußtsein.

Der Krieg eskaliert

Noch am Tage des Überfalls der Goldsucher auf die Indianer erreichte der einzig unverletzte Yanomami sein Heimatdorf Haximu. Er berichtete von dem Vorfall, und der Dorfrat beschloß, unter allen Umständen sofort die Leichen zu bergen und sie traditionsgemäß zu verbrennen.

Eile war geboten. Man mußte dort sein, bevor die Tiere die Reste vernichtet hatten. Wenn nur das Fleisch von den Insekten davongetragen wäre, so wäre das ohne Bedeutung. Die Hauptsache war, der Jaguar, das Ozelot und besonders die *pekaris* hatten nicht zwischenzeitlich mit allem aufgeräumt. Vor allem mußten die Knochen gerettet werden. In den Knochen befinden sich nach Auffassung der Yanomami die Seele eines Menschen und seine Kraft. Sie mußten im Feuer von jeglichem Fleisch befreit, dann pulverisiert und mit Bananenbrei verzehrt werden.

Nur so war man sicher, daß die Stärken des Verstorbenen in den Nachfahren weiterlebten.

Zwei Tage später erreichte der indianische Suchtrupp, bestehend aus mehreren Frauen und Männern, den Ort des Geschehens. Der Entkommene diente ihnen als Führer. Kurz vor dem Ziel fanden sie glücklicherweise auch den Verletzten, der immer noch kraftlos in seinem Versteck lag.

»Stellt euch vor – sie haben unsere Leute begraben!« war das erste, das er berichtete, nachdem man ihn mit Wasser und Bananen versorgt hatte. »Sie schreckten nicht einmal vor so einer Entweihung zurück.«

Barbaren wie diesen Goldsuchern war alles zuzutrauen. Auch,

daß deren Blutdurst noch immer nicht gestillt war und sie einen weiteren Angriff planten.

»Laßt uns auf jeden Fall vorsichtig sein«, mahnten die Erfahrenen.

Der Verletzte hatte ihnen die genaue Lage der Gräber beschrieben. Vorsichtig erkundeten sie die Umgebung. Als die Luft rein war, bargen sie ihre Verwandten. Sie konnten sie mühelos aus der Erde freibekommen. Sie lagen in nur geringer Tiefe, und das Erdloch über ihnen war lockerer Humus. Aber so sehr sie auch suchten – mehr als drei Tote fanden sie nicht. Der vierte blieb verschwunden. Es war der, dem es noch gelungen war, in den Orinoco zu springen. Er war, soweit sie das Ufer auch absuchten, nirgends angetrieben worden und blieb für immer verschwunden.

»Laßt sie uns einpacken und sehen, daß wir hier fortkommen«, riefen die Alten. »Wir sind sicherer, wenn wir sie weit weg von hier verbrennen.«

Sie wickelten die sterblichen Reste in die großen Blätter der Ketipa-Pflanze, mit denen man für gewöhnlich die Kurzzeitunterkünfte während der Wanderungen, sogenannte *tapirís*, gegen den Regen abdeckte. Mit Lianen wurden die Pakete verschnürt.

Nach anderthalb Stunden Marsch fühlten sie sich in Sicherheit. Sie luden ihre Lasten ab, trugen die nötigen Mengen großen Klafterholzes herbei und stapelten es zu einem ein Meter hohen Turm. Die Leichen wurden oben auf den Stapel gelegt und dieser dann in Brand gesetzt.

Unter der Einwirkung der gewaltigen Hitze und durch den in sich zusammensackenden Holzstoß schienen die Körper sich noch einmal aufzubäumen. Einige der Angehörigen hockten laut weinend im Kreis ums Feuer. Zwei Männer schoben die Holzscheite mit langen Stangen immer wieder ins Feuer zurück, wenn sie auseinandergefallen waren.

Schließlich waren die Flammen erloschen. Zurück blieb ein

Haufen weißer Holzasche und, darin verstreut, die Knochen. Sie wurden in mitgeführte Tragekörbe gelegt und die Asche so lange mit den Fingern abgetastet, bis man überzeugt war, daß kein einziger Knochen übersehen war. Auch nicht der kleinste Endknochen eines Zehs oder Fingers.

Zu Hause wurden die Knochen mittels Mörser zerstampft, bis sie pulverfein waren. Nachdem auch im engmaschigsten Lianenfaden-Sieb nichts mehr hängenblieb, war die Arbeit abgeschlossen. Das grauschwarze Knochenpulver wurde in kleine Flaschenkürbisse gefüllt und dann verkorkt, versiegelt, verpackt.

Währenddessen gingen die besten Jäger auf die rituelle Jagd. Man erwartete Gäste aus den Nachbardörfern Homoxi-teri, Makayu-teri und Touma-teri. Also brauchte man auch reichlich Nahrung. Kein Häuptling will sich nachsagen lassen, er sei ein schlechter Gastgeber. Das ist bei den Yanomami nicht anders als bei uns in Deutschland.

Im Gegensatz zu normalen Totenfesten schlugen die Wogen der Emotionen hier besonders hoch. Die Toten waren nicht eines normalen Todes gestorben, etwa infolge von Krankheiten, sondern sie waren ermordet worden. Und das schreckliche Geschehen hatte sich erst vor wenigen Stunden ereignet. So war die Wut groß und frisch, und man beschloß, sich zu rächen. Man wollte nicht nur die Täter umbringen, sondern möglichst auch andere Goldsucher.

Von ganz besonderen Rachegefühlen waren die männlichen Angehörigen jenes Verschwundenen besessen, dessen Leichnam man nicht hatte finden können. Seine Seele würde nun auf der Welt herumirren und den Torturen böser Geister ausgeliefert sein. Eine Horrorvision für jeden Yanomami. Noch unter dem Eindruck des Festes zogen die Krieger, zu allem entschlossen, los. Sie waren mit Flinten ausgerüstet und mit Pfeilen.

Nach zwei Tagen erreichten sie gegen Abend ein *garimpo.* Sie versteckten sich, um am nächsten Morgen bei Tageslicht den günstigsten Moment für einen Angriff abzuwarten. »Da vorne im Zelt habe ich zwei Männer gesehen«, berichtete der eine Späher. »Mit denen werden wir fertig.«

Vorsichtig pirschten sie näher. Sie wurden nicht bemerkt, weil einer der *garimpeiros* mit Kochen beschäftigt war, während der andere sich mit ihm unterhielt.

Bevor die Goldsucher gewahrten, was los war, krachten mehrere Schüsse. Sie hatten keine Chance zur Gegenwehr. Einer der Männer war auf der Stelle tot. Der andere konnte jedoch fliehen, obwohl er gleich zweimal getroffen war: einmal im Rücken, einmal im Gesäß. Schreiend stürzte er zu Tal zu seinen Kameraden im *barranco.*

Die Wut der Indianer explodierte. Sie schlugen dem Toten den Kopf ab, schossen Pfeile in seinen Körper und nahmen seine Waffe und Patronen an sich.

Der Überfall der Indianer ließ auch den Zorn der Goldsucher zum Schäumen bringen.

Der Tote wurde in seiner Küche begraben. Der Verletzte wurde in einem Zwei-Tages-Marsch zur nächsten Piste gebracht und ausgeflogen.

»Wir müssen ein Exempel statuieren. Damit wir hier für alle Zeiten in Ruhe arbeiten können, müssen wir alle Bewohner der zwei Dörfer von Haximu töten.« Das war der einstimmige Beschluß nach zwei größeren Besprechungen.

Man organisierte Freiwillige und erhielt vor allem Rückendeckung der *empresários*, der Big Bosse in Boa Vista. Die fürchteten um ihre Investitionen in Venezuela und lieferten sogar völlig kostenlos Waffen und Munition. Die Namen dieser Mafiosi seien noch einmal genannt. Es waren João Neto, der *fazendeiro,* und sein Schwager Chico Ceará. Es war Eliezer, der an einer Piste neben einem Goldfloß auch eine Kantine betrieb, es war Pedro Prancheta, und es war Cururupú, der kriminelle Briefschreiber. Schließlich kamen siebzehn Goldsucher zusammen, die alle über 38er-Revolver und über Flinten der Kaliber 12 und 20 verfügten. Sie besaßen Dolche und Haumesser. Ihre Taschen waren prallvoll mit Munition. Die nächste Schlacht sollte die Entscheidung bringen.

Unter den siebzehn waren auch einige derer, die die sechs Indianer vor einigen Tagen angegriffen hatten, und vier weitere, die regelrechte Berufskiller waren, *pistoleiros*.

Die Bewohner von Haximu waren nicht ganz unvorbereitet. Sie fürchteten ihrerseits die Rache der *garimpeiros* und versteckten sich weit entfernt von ihren Häusern im tiefen Wald.

Fünf Tage ließen sie sich nicht mehr in ihren Dörfern blicken. Da sie in wenigen Tagen ohnehin zum Fest bei ihren Freunden, den Makayu-teri, wollten, machten sie sich gleich vom Versteck aus auf den Weg dorthin. Zwar wußten sie, wann das *reaho* stattfinden würde, aber es fehlte noch die formelle Einladung zu dem Treffen. Sie warteten auf den Kurier der Makayu-teri. Deshalb schlugen sie auf halbem Weg dorthin in einer Plantage ihr Lager auf.

Diese Wartezeit nutzten drei der Krieger zu einem erneuten Rachefeldzug. Irgendwie hatte sie der letzte Überfall auf die zwei Goldsucher in der Küche nicht ganz befriedigt. Vor allem der Bruder des nicht gefundenen Toten war hier der maßgebliche Initiator. Sie schlichen sich an eine der Goldgruben an. Es war nicht sonderlich schwer, weil die Maschine einen Höllenlärm machte.

Um den Schuß abzugeben, trat der Anführer der Indianer hinterm Baum hervor und drückte seine Flinte ab. Dem nächststehenden Goldsucher blieb nichts, als seine Arme schützend vors Gesicht zu reißen. So entging er zwar dem Tod, wurde aber an den Armen schwer verletzt.

Die Indianer nahmen Reißaus, bevor die anderen Goldsucher begriffen hatten, was geschehen war, und kehrten zurück zu ihren Leuten in der Plantage.

Genau zum Zeitpunkt dieses mißglückten Angriffs waren auch die siebzehn Goldsucher unterwegs, um ihrerseits Rache auszuüben. Obwohl man beinahe gleiche Wege ging, begegneten sich die Gruppen nicht, weil die Indianer in solchen Fällen Wege meiden und den *mato cerrado*, den geschlossenen, pfadlosen Wald, wählen.

Die Goldsucher erreichten Haximu und entdeckten zu ihrer Enttäuschung, daß die Bewohner verschwunden waren. In ihrem Zorn warfen sie alles, was sie an Gebrauchsgütern fanden, auf einen Haufen und schossen es kurz und klein.

Dann steckten sie beide *malocas* in Brand. Sie suchten die Umgebung nach Spuren der Flüchtlinge ab und entdeckten den deutlich frisch ausgetretenen Pfad zur Plantage.

Inzwischen hatte sich dort die Lage geändert. Der Bote war gekommen und hatte die offizielle Einladung überbracht. Wegen des Kriegszustandes beschlossen die Yanomami jedoch, diesmal nicht alle und der gesamten Feier beizuwohnen. Sie wollten jederzeit bereit sein, sich einem Angriff der Goldsucher zu stellen. Deshalb gingen ausnahmsweise nur die kräftigsten Leute zur *maloca* der Makuya-teri. Sie, die am schnellsten waren und die nach der Feier eilends zurückkehren konnten. Der *tushaua*, der Häuptling Simão, würde dafür volles Verständnis aufbringen.

Die weniger flexiblen Leute, vor allem Alte und Kinder, blieben in der Plantage. Durch sie würde man beim Marsch zum und vom Fest nur wertvolle Zeit verlieren. Im übrigen sahen die Yanomami keine Gefahr für die Zurückgelassenen, weil nach ihren Gesetzen ein Angriff auf Frauen und Kinder undenkbar war. Für sie befanden sich die Angehörigen in absoluter Sicherheit.

Die einzig Rüstigen bei den Alten und Frauen waren die drei Krieger, die soeben den Goldsucher angeschossen hatten. Sie waren hierher zurückgekehrt, als die Festteilnehmer bereits auf dem Weg zum *reaho* waren. Sie wollten sich von ihrer Flucht ausruhen und dann ebenfalls an der Feier teilnehmen.

Am nächsten Morgen gingen die rüstigsten Frauen in den Wald, um *ingá* zu sammeln, jene erbsenschotenartigen Früchte, die auf Bäumen wachsen. Die schwarzen Bohnen werden nicht gegessen, die weißpelzige Schote hingegen sehr gern.

Einschließlich der drei Krieger befanden sich zwanzig Personen in der Plantage.

Gegen Mittag erreichten die siebzehn Goldsucher die Plantage und umstellten sie. Vorsichtig zogen sie den Kreis immer enger, bis sie sich nah genug fühlten. Dann eröffneten sie das Feuer und schossen blind auf alles, was sich bewegte.

Trotz des Kugelhagels gelang mehreren Personen die Flucht, nämlich den drei Kriegern und einem alten Mann.

Auch eine Frau und drei junge Mädchen zwischen sechs und zehn Jahren konnten zunächst entkommen. Daß das überhaupt möglich war, verdankten sie den dichtstehenden Pflanzen der Plantage und dem Umstand, daß ihre provisorischen Hütten zwischen diesen Pflanzen an verschiedenen Stellen errichtet waren und nicht direkt nebeneinander lagen.

Zwei der jungen Mädchen und ein Krieger wurden am ganzen Körper von Schrotkugeln getroffen. Das andere Mädchen erhielt eine schwere Kopfverletzung. Die Goldsucher kümmerten sich nicht weiter um die Verwundeten. Sie hasteten kreuz und quer durch die Plantage, um aller Indianer habhaft zu werden, die hier anwesend waren. Und dadurch gelang es einigen Angeschossenen, sich zu verkriechen. Auch als die Schießerei beendet war, blieben sie mucksmäuschenstill liegen.

Nachdem die Goldsucher keinen Indianer mehr aufspüren konnten, durchstöberten sie die Hütten nach Verwundeten. Sie wurden erbarmungslos mit Buschmessern niedergemacht. Allen, auch den bereits Toten, wurden die Köpfe abgeschlagen, die Arme und Beine abgetrennt, dann wurden die Körper zerstükkelt. Ein Säugling, der in einer Hängematte lag, wurde in die Matte eingerollt und von allen Seiten unter Gejohle durchstochen.

Dann erst zogen sich die Goldsucher in ihre *barrancos* zurück. Sie waren überzeugt, daß das, was hier in der Abgeschiedenheit des Waldes unter Ausschluß der Öffentlichkeit abgelaufen war, niemals ans Tageslicht käme.

Nachdem sie sicher waren, daß die Goldsucher sich zurückgezogen hatten, lief einer der drei jungen indianischen Krieger, die das Massaker unverletzt überlebt hatten, zu den Frauen, die im Wald waren, um *ingá* zu ernten.

Er berichtete von dem Überfall und befahl ihnen, sich zunächst noch versteckt zu halten.

»Die drei kräftigsten von euch müssen sofort zu den Makayuteri und unseren Leuten Bescheid geben. Ich schleiche mich nochmal zurück. Ich habe in der Panik mein Gewehr liegengelassen. Vielleicht habe ich Glück und finde es.«

Während die Frauen im Eilmarsch Hilfe herbeiholten, pirschte der junge Mann zurück an den Tatort. Natürlich war sein Gewehr nicht mehr da. Die Goldsucher hatten es mitgenommen. Statt dessen entdeckte er die Verletzten. Er stürmte zurück zu den *ingá*-Frauen, und gemeinsam trugen sie sie aus dem Gefahrenbereich in den Wald.

Als die Nachricht zu den Männern auf dem Fest gelangte, war die Panik groß. Sie verließen es augenblicklich und begaben sich im Dauerlauf zum Tatort.

Was sie dort sahen, übertraf alle ihre Befürchtungen. Überall lagen Leichenteile verstreut, so daß sie im ersten Moment gar nicht erfassen konnten, wer alles tot war und ob es womöglich noch Überlebende gab. Entsprechend baute sich eine Stimmung aus Trauer, Wut und Ohnmacht auf. Die Männer waren zu allem entschlossen.

Da es dunkel wurde, mußte erst ans Nachtlager gedacht werden. Der Blutgeruch veranlaßte sie, es ein Stück abseits im Wald aufzuschlagen. Noch in der Morgendämmerung kehrten sie zurück und begannen direkt an Ort und Stelle mit der Verbrennung. Sie waren dermaßen in Rage, daß sie sogar das Risiko in Kauf nahmen, infolge des Rauchs von den Goldsuchern aufgespürt und erneut angegriffen zu werden.

In diesem Moment hörten sie einen markerschütternden

Schrei. Aus dem Gebüsch torkelte das Mädchen mit dem Kopfschuß. Sein Schädel war eine einzige Blutmasse. Es preßte ihn mit beiden Händen zusammen, als wolle es verhindern, daß er vollends auseinanderklaffte.

Als die Mutter ihre Tochter erblickte, stürzte sie sich ihr schreiend entgegen und versuchte alles, um zu helfen. Sie wusch den Kopf mit Wasser und hielt ihn mit beiden Händen in ihrem Schoß. Jedem war klar, daß die Kleine kaum eine Überlebenschance hatte.

Während man sonst wartet, bis die Knochen in der Glut etwas abgekühlt sind, wurden sie in diesem Falle noch quasi glühend mit Holzstäben herausgefischt und in Körbe gelegt, die vorher dick mit frischen Blättern ausgepolstert worden waren. Einige der Knochen und Gebisse wiesen deutlich die Einwirkungen der Geschosse auf.

Zuletzt wurden die persönlichen Besitztümer der Toten eingesammelt und mitgenommen. Sie sollten später während der eigentlichen Totenfeier vernichtet werden.

Nach wie vor verlief alles hektisch. Jeden Moment rechnete man mit dem Auftauchen der Goldsucher. So geschah etwas, das sonst undenkbar gewesen wäre: In der Eile des Aufbruchs übersahen sie eine der zerstückelten Leichen. Sie blieb am Ort zurück und wurde nicht mehr geborgen.

Dann begann die wochenlange Flucht. Um nicht doch noch von den Goldsuchern entdeckt zu werden, mieden die Yanomami alle Wege und gingen durchs Dickicht. Ihr Weg wurde erschwert durch die Verletzten und fehlendes Essen. Nach kurzer Zeit starb das Mädchen mit dem Kopfschuß.

Am 25. August 1993, etwa vier Wochen nach dem Überfall, trafen die Überlebenden in Brasilien ein.

Sie hatten das Grenzgebirge überquert und bei alten Freunden am Rio Toototobi Zuflucht gesucht, in der *maloca* des Häuptlings Marcos.

Mit der Wahl dieses Ortes hatten die Flüchtlinge zu guter

Letzt wenigstens das bescheidene Glück, daß das Gebiet um Marcos' *maloca* von Goldsuchern frei war und daß es hier eine Erste-Hilfe-Station der CCPY gab. Von Marcos' *maloca* aus erreichte die Nachricht, daß es doch dreiundsiebzig Überlebende gab, den Rest der Welt.

Die CCPY flog sofort einen ihrer besten Männer, den Anthropologen Bruce Albert ein, der in wochenlangen Gesprächen den hier geschilderten Tathergang rekonstruierte.

Die Täter selbst waren längst über alle Berge. Ihre Panik begann, als sie völlig unerwartet in ihren Transistoren über Funk und Handy vernehmen mußten, daß die Nachrichten vom Massaker doch durchgesickert waren. Und das nicht nur in Brasilien, sondern in der ganzen Welt.

Während die Behörden noch mit Dementis und Schuldzuweisungen Zeit verplemperten, waren die Mörder augenblicklich nach Boa Vista zurückgekehrt und hatten sich übers ganze Land verteilt. Sie ließen sich vor der überstürzten Flucht gerade noch so viel Zeit, jedem Goldsucherkollegen mit dem Tod zu drohen, der auch nur ein Wort vom Tathergang verraten würde.

Aber auch ohne die Drohung würden sie ruhig in Brasilien weiterleben können. Ihre wahre Identität war kaum jemandem bekannt. Sie arbeiteten, wie alle Kollegen, unter Spitznamen. Nur die Hintermänner, jene fünf Bürger von Boa Vista, kamen plötzlich ins Schleudern. Nachdem Brasilien weltweit der Mitverantwortung an diesem Verbrechen beschuldigt wurde, gingen die meisten Prominenten auf Distanz. Nach der Devise: »Eine gute Tat hat viele Väter, eine schlechte immer nur einen.« Zwar konnte man die fünf Drahtzieher nicht persönlich belangen, weil sie nicht selbst gemordet hatten, aber sie hatten dem Image ihres Landes einen irreparablen Schaden zugefügt und saßen zumindest arg in der Klemme.

Als sich einer von ihnen, der Mafioso João Neto, mit der Bitte um moralische, politische und juristische Unterstützung an den Großsprecher Altino Machado wandte, bekam er eine Abfuhr.

»Ich bin nicht Gewerkschaftsführer von Mördern, sondern von Goldsuchern.« So war es auch in Zeitungen zu lesen.

João Neto: »Du weißt doch selbst, daß es für unsere Männer Notwehr war.«

Altino sah ihn nur mitleidig an.

»Siebzehn Schwerbewaffnete töten wehrlose Alte, Frauen, Kinder und Babys? Da sprichst du von Notwehr? Von mir kannst du keine Hilfe erwarten.«

Die indianischen Flüchtlinge sind inzwischen fast alle in ihre Heimat zurückgekehrt.

Auf die Frage, ob sie weiterhin Vergeltung üben würden, sagten sie: »Wir rächen uns nur an Menschen. Goldsucher, die Kinder und Alte morden, sind nicht mal würdig, als Feinde betrachtet zu werden. Wir können nur hoffen, daß die Weißen selbst sie dafür zur Rechenschaft ziehen.«

Die Goldsucher

Den Leserinnen und Lesern, die noch keines meiner Bücher gelesen haben, möchte ich hier kurz erklären, wie das Goldwaschen überhaupt funktioniert.

Da werden zunächst entlang der Flußläufe die Bäume gefällt. Nach drei Wochen sind sie so weit getrocknet, daß man das dünne Geäst verbrennen kann. Die Stämme werden mit Kettensägen in transportable Scheiben geschnitten und beiseite geschafft.

Dann wird von einem Mann mit Hochdruckwasserstrahlern das Erdreich auf einer Fläche von ungefähr 20 mal 20 Metern aufgerissen. Ein zweiter Mann saugt das Schlammwasser mittels einer zweiten Maschine wie mit einem gigantischen Staubsauger ab. Ein dritter Mann sorgt dafür, daß der Staubsauger nicht verstopft. Er hält den Einlauf frei von Ästen und Steinen. Manchmal gibt es einen vierten Mann, der sich mit den übrigen Männern abwechselt. Er fungiert als *gerente*, als Geschäftsführer, und ist ein Vertrauter des Bosses. Der Boß arbeitet nicht mit. Er regiert sein Territorium von der Stadt aus und kommt regelmäßig, um seinen Goldanteil abzuholen. Das eigentliche Arbeitsteam besteht also aus drei bis vier Männern und – mitunter – einer Frau als Köchin und Wäscherin.

Die Baumwurzeln werden von dem Wasserdruck mühelos unterspült und sacken mit der tiefer werdenden Grube nach unten.

Je nach Bodenbeschaffenheit dauert die Arbeit in einem *barranco* zwei bis vier Wochen. Ist das Erdreich steinhaltig, werden die Steine von Hand vorzerkleinert und dann von anderen schweren Maschinen pulverfein gemahlen.

Die gesamte abgesaugte Schlammsuppe wird über Holztreppen geleitet, die etwa 45 Grad Neigung haben. Da Gold vierzehnmal so schwer ist wie Wasser, verhält es sich anders als der Schlamm. Es bleibt in den toten Winkeln der Treppenstufen liegen. Teppiche aus Sackstoff und Drahtgeflechte erleichtern das Festhalten des Goldstaubs.

Ist die Grube drei Meter tief, wird die Arbeit beendet und eine neue in Angriff genommen.

Vorher jedoch ist Erntezeit. Die Teppiche werden täglich sorgsam in einem Faß voller Wasser ausgespült. Man kann, hier bei den Yanomami, das Gold nur ahnen, denn Nuggets gibt es nicht. Hier gibt es nur Goldstaub. Die Masse aus Schlamm und Gold in der Tonne wird nun, Hand für Hand, mittels der Goldpfannen weitergewaschen:

Eine Handvoll Schlamm und ein Schuß Wasser werden in die v-förmigen Eisenpfannen gegeben. Dann schwenkt man sie so, daß das Wasser zu rotieren beginnt. Das leichte Wasser und der Sand schleudern über die Kante hinaus. Das Gold bleibt am tiefsten Punkt der Pfanne liegen.

Man gibt dem restlichen Goldschmutz im Verhältnis 1:1

Quecksilber hinzu. Das Gold bindet sich sofort an das sich stets zusammenballende Quecksilber. Der Schmutz bleibt liegen.

Das Quecksilber-Gold wird zu guter Letzt mit einem Bunsenbrenner erhitzt. Schon ab fünfzig Grad Celsius verdampft das hochgiftige Quecksilber in die Atmosphäre. Das Gold verbleibt als Goldschlacke in der Pfanne. Bei dieser Arbeit sind alle Partner beisammen. Da es keine Nuggets gibt, sondern nur Staub, ist Diebstahl mit 99prozentiger Sicherheit ausgeschlossen. Dann wird geteilt.

Das Quecksilber bleibt natürlich nicht am Himmel. Weil es fast ebenso schwer ist wie das Gold, kommt es zurück auf die Erde und zerstört mit seiner Giftigkeit langsam aber nachhaltig die Natur.

Nach der Aufteilung des Goldes ist jeder frei und kann weiterziehen oder bei der nächsten Grube wieder dabeisein. Wer vor Beendigung einer Grube aufhört, verliert seinen Goldanspruch. Wer jedoch durch Krankheit ausfällt, erhält den gleichen Anteil wie die *sócios*, die Kollegen. Auch wenn er nur einen Tag geholfen hat. Wer stiehlt und ertappt wird, wird erschossen.

Bei den Gold-Mafiosi

»Reporter?«

Das war das erste Wort, das wir auf der Pista Baiano Formiga zu hören bekamen. Der dicke Leonel donnerte es uns mißtrauisch entgegen, als die einmotorige Maschine vor der Verwaltungsbaracke zum Stehen gekommen war und wir die Tür geöffnet hatten. Im ersten Moment wußten wir nicht, ob das eine Frage, eine Feststellung oder der Aufschrei eines weiteren Reporterallergikers war.

»Bist du Leonel?« fragten wir ihn, und als er bejahte, händigten wir ihm unser Empfehlungsschreiben aus. Wir hatten es in Boa Vista von einem Goldmafioso erhalten, der unsere wahren

Absichten nicht kannte. Der Dicke legte es auf seinen Bauch wie auf ein Pult. Wir beneideten den Mann. Praktischer ging's kaum. Schleppte sein wichtigstes Mobiliar, den Tisch, ständig und arbeitsbereit mit sich herum. Wie eine Schildkröte ihr Haus. Mensch und Möbel in einem Guß. Bifunktional. Phänomenal. Leonel las das Schreiben gewissenhaft durch. Dann war er beruhigt. Und wir auch. Kein Funkspruch also. Ribas hatte dichtgehalten.

»Hier – der Junge da zeigt euch eure Unterkunft. Sie ist noch im Rohbau, aber dort sind eure Sachen sicher. Paßt trotzdem gut auf. Es treibt sich viel Gesocks herum.«

Wen er damit meinte, konnten wir nicht wissen. Vielleicht zählte er sich selbst dazu. Egal. Für Leonel waren wir erst mal abgehakt. Er wandte sich dem Frachtgeschäft zu. Jedes ausgeladene Teil wurde sorgfältig kontrolliert und auf einer langen Liste abgehakt. Dann verlud man ein paar defekte Pumpen, und fünfzehn Minuten später startete die Maschine schon wieder. Zeit war Gold. Wir rutschten über lehmigen Boden in unseren Barakkenraum. Er roch nach ganz frischem Holz. Wir waren die ersten Gäste. Eigentlich wollten wir uns mit unseren Matten zwischen all die anderen Goldsucher in den Wald hängen, aber nun war uns der Raum doch lieber. Man konnte schnell ein paar Notizen machen und sie verstecken, ohne ständig beobachtet zu werden.

Während der ersten zwei Tage ließen wir unsere Kameras im Gepäck. Wir bummelten über die Piste und durch die Umgebung und machten Bestandsaufnahme. Wir ließen der allgemeinen Neugier Zeit, sich zu legen, erkundeten Preise und mimten die Investoren, die hier groß einsteigen wollten.

Die Landepiste Baiano Formiga war erst vier Monate alt und zweihundert Meter lang. Sie war zwar in gutem Zustand, aber an beiden Seiten werkelten Männer und mühten sich, die Randzone der Landebahn von Baumwurzeln zu reinigen. Dazu nahm man die Hände und manchmal eine Hacke. Besseres Gerät gab es nicht. Es war mühsam, sie kamen nur langsam voran.

Leonel berichtete uns stolz: »Diese Piste habe ich gebaut. Mit zweihundert Männern habe ich dafür zwei Monate benötigt.«

Und João Ferreiro, der soeben einen Ausrüstungsladen eröffnet hatte, erklärte: »Für die Fläche von meinem Laden bis zur Piste kriegen sie zwanzig Gramm.«

Sein Grundstück war acht Meter breit, und bis zur Piste mochten es fünfzehn Meter sein. Für diese Fläche also erhielten die Arbeiter zwanzig Gramm. Das Gramm zu zwanzig Mark.

Was auch sonst sich immer hier an der Piste abspielte, wurde in Gramm bewertet. Das Essen, die Waffen, der Rückflug, die Spritze gegen Tripper, der Eintritt ins Pornokino und die Frauen.

Da hier alles noch erheblich teurer war als in Cachorro ladrando, erkannten wir Halb-Insider, daß die Funde hier größer sein mußten. Wir erkundigten uns bei vielen *garimpeiros* und erfuhren, daß ein *barranco* vierhundert bis eintausenddreihundert Gramm erbrachte.

Weil die Piste noch neu war, lagen auch die aktiv bearbeiteten Goldlöcher noch in Sichtweite. Der Maschinenlärm war gewaltig. Es knatterte und dröhnte und stank nach Diesel. Das Getöse wurde nur von den beiden Helikoptern überboten, die ständig Material an die vorderste Front flogen: Pipelines, Motoren, Lebensmittel, Ersatzteile. Jeder Flug brachte den Piloten vierzig Gramm. Egal ob nah oder weit geflogen werden mußte. Sie hatten es nicht nötig, zu feilschen und Sondertarife für Kurzstrekken anzubieten. Wer da meinte, sein Zielort sei ganz in der Nähe, der sollte seine Siebensachen selbst schleppen.

Dennoch blieb für die fliegenden Libellen genug zu tun. Von früh bis spät, sobald sich die Wolken in dieser Fünfhundert-Meter-Lage aufgelöst hatten, packten die Piloten Martin und Enrique ihre Schrotflinten ins Cockpit – und ab ging's.

»Wofür braucht ihr die Knarren?« wollten wir erfahren.

»Man kann nie wissen«, so Martin. »Vielleicht gibt's ein paar tollwütige Affen zu schießen.« Dabei lachten sie, als sei das der Witz der Woche gewesen. Wir verstanden ihn erst, als einer der

Goldsucher auf drei Indianer zeigte, die soeben aus dem Wald auf die Piste getreten waren.

»Da kommen ja welche.«

Alle schauten hin und bogen sich erneut vor Lachen.

»Hier ist Schonzeit. Hier auf der Piste.«

Während Martins Helikopter hochstieg, hatte Enrique an seinem einen Defekt zu beklagen. Er mußte repariert werden. Das konnte Tage dauern. Mein Gott, was ging ihm da alles an Gold verloren? Wir bummelten weiter. Wir kamen uns vor wie Berichterstatter an einem Kriegsschauplatz. Alle dreißig Minuten landete und startete eine Maschine. Dazu die Helikopter, die mitunter im Zehn-Minuten-Rhythmus kamen und gingen, und das Gedonnere der Dieselmotoren.

Was müssen nur die Indianer denken, wenn dieser Wahnsinn über sie hereinbricht? ging es uns durch den Kopf. Wenn wir es schon als ungeheuerlich empfanden, was wir hier sahen, um wieviel mehr mußte ein Indianer entsetzt und fassungslos sein.

Vor gut vier Monaten waren hier noch Wald und Friede gewesen. Jetzt herrschten Lärm, Chaos, Zerstörung und Gewalt.

»Die müssen sich fühlen wie Grashalme, die plötzlich von Heuschreckenschwärmen überfallen werden«, fühlte sich Wolfgang Brög, Filmemacher aus München, in die Seelen der Indios ein. Und ich meinte: »Das müssen sie um so mehr, als es für sie unfaßbar ist, warum wir das tun. Sie können den Goldstaub ja nicht sehen, und noch viel weniger wissen sie, daß er irgendeinen Wert haben könnte.«

Müde kehrten wir zurück in unsere Baracke. Wolfgang mixte sich Müsli-Pampe mit Flußwasser.

»Wenn man die *garimpeiros* so kennenlernt, sind sie eigentlich alle Menschen wie du und ich«, resümierte er.

»Trotzdem dürfen wir uns nicht täuschen lassen. Wir sind letztlich ihre Gegner. Wenn aus irgendeinem Grunde herauskommt, was wir wirklich wollen – Ribas braucht nur undicht zu werden –, wird es mit ihrer Kumpelhaftigkeit vorbei sein.«

»Das ist mir klar«, meinte er und verdünnte seinen Hafer-Pamps, um ihn schluckfähiger zu machen.

»Wenn wir auch manchmal einiges in der Baracke zurücklassen – zum Beispiel beim Bummel an der Piste –, sollten wir auf jeden Fall die Waffen und das Fluchtgerät immer am Körper haben. Tag und Nacht. Selbst jetzt beim Schlafen. Wir müssen in jeder Sekunde quasi aus dem Stand fliehen können.«

Eigentlich war uns das klar, denn die ständige Unsicherheit veranlaßte uns, unsere Rettungschancen immer wieder anzusprechen. So kam keine Fahrlässigkeit auf, wir fühlten uns autark und behielten unseren Optimismus.

Die Fluchttaktik und das sogenannte Fluchtgerät sollte ich vielleicht kurz erklären. Beides war denkbar simpel.

Zunächst einmal hatten wir festgelegt, im Falle einer plötzlichen Lebensgefahr in Richtung Südwest zu türmen. Das Schlagwort »Südwest« war inzwischen ein fester Bestandteil unseres Denkens. In dieser Richtung würden wir bereits nach wenigen Kilometern über ein Gebirge müssen, dessen Kamm die Grenze zu Venezuela bildete. Das wußten wir von unseren Karten. Selbst ohne Kompaß und wenn der Himmel bedeckt wäre, würden wir Venezuela finden, weil die Grenze sich im Halbkreis um die Baiano Formiga zog. Wir konnten also auch nach Süden laufen oder gar Westen, nach Westen wären es lediglich ein paar Kilometer weiter. Selbst die Nordrichtung brächte uns nach Venezuela. Dann aber erst in vielen Tagen. Das Land um Baiano Formiga ragte als Landzunge in das Nachbarland Venezuela. Aber immer wäre der Gebirgskamm die deutliche Grenze. Ein unübersehbares Zeichen.

Normalerweise wären wir dann in Sicherheit. Für die Goldsucher existierte die Grenze jedoch nicht. Von unseren Kameraden wußten wir längst, daß sie diese Linie nicht respektieren.

»Da wohnen nur Yanomami. Also gehört das Land niemandem«, war ihr bezeichnender Kommentar.

Brasilianische Goldsucher arbeiteten hüben wie drüben. Die vielen kleinen Maschinen und die DC-3, die täglich zweimal über uns in ebendiese Richtung hinwegflogen, waren ausreichende Beweise.

Wir wären in Venezuela also keinesfalls in Sicherheit. Wir kämen vom Regen in die Traufe. Und waren die Pistenchefs sonst auch harte Konkurrenten – im Falle des Auftauchens solcher Feinde, wie wir sie waren, würden sie zusammenhalten wie Gold und Quecksilber. Mit Hilfe ihrer Funkgeräte würden sie eine Alarmkette spannen und unsere Überlebenschancen stark vermindern.

Aber allein der Umstand, daß wir uns über diese Tatsachen im klaren waren, bedeutete schon ein grundsätzliches Plus für uns. So mußte man das sehen. Wir würden alle Pisten meiden, wie die Malariamücke den Genuß von Lariam.

Auch daß die Goldbosse uns niemals die Fähigkeit zutrauten, ohne ihre Flugzeuge, ohne Nahrung und Gepäck nach Hause zu kommen, war ein Vorteil. Sie würden meinen, so wenigstens unsere Illusion, irgendwann müßten wir zwangsläufig an einer Piste in ihre Fallen tapsen. Sie würden uns dort auflauern und nicht ihre Sklaven hinter uns her durch die Wälder hetzen. Würde das nämlich geschehen, dann sähen wir alt aus. Denn die einfachen *garimpeiros* waren fast alle relativ gut mit dem Wald vertraut. Dazu kam, daß sie Strapazen aushalten konnten. Jemand, der zeitlebens gehungert hat, der mehr wie ein Tier als wie ein Mensch gelebt hat, der mit ständiger Improvisation groß geworden ist, daß der ganz anders durchhält als ein feister Goldboß oder verhätschelte Europäer, wie wir es waren, war einfach logisch.

Sobald wir den Gebirgskamm und damit die Grenze überschritten hätten, würde uns – gelobt seien goldene Faustregeln – jeder noch so kleine Bach den rechten Weg in die Freiheit weisen. Denn jenseits des Kammes flossen alle Wasser in den Orinoco. Und der gehört zu Venezuela, scheinbarem Freundesland. Man mußte den Bächen nur folgen, dann kam man spätestens nach zwei Monaten in die Obhut einer Zivilisation. Ob man nun wollte oder nicht. Man hatte lediglich die zwei Monate durchzuhalten. Und das war für uns beide überhaupt kein Thema.

Wolf und ich hatten wiederholt auf diese Situation hin trainiert. Wir wußten, Faustregel eins, daß wir wochenlang in diesem warmen Klima notfalls ohne Nahrung auskommen würden. Wir wußten, Faustregel zwei, daß wir auch dann, wenn wir splitternackt und unbewaffnet waren, immer noch ein Minimum an Nahrung finden würden: Wasserflöhe, Mückenlarven, Termiten, Ameisen, Fliegen, Wespen, und – ja, ihr habt's erraten: Rüdigers Markenzeichen, die Würmer. Schieres Eiweiß also und Fett. Genug zum Überleben, genug zum Durchkommen.

Was sollte dann das Fluchtgerät?

Uns war klar, daß wir am besten tagsüber vorankommen würden. Nachts im Wald sah man keine Sterne. Nachts verirrte man sich leichter. Nachts stolpert man eher in ein Goldcamp. Und nachts findet man keine Nahrung. Außer Glühwürmchen.

Also blieb die Flucht bei Tage und möglichst über die Flüsse als optimale Lösung. Selbst wenn sie endlos mäandern, sind sie immer noch der schnellste und der sicherste Weg. Die Autobahnen des Waldes.

Aber eben diese Flüsse waren durch Goldsucher blockiert. Deshalb hatten wir uns ein Fluchtgerät erdacht.

Es bestand aus drei Teilen. Einem Schnorchel, einem Schwimmer und einem Stein. Der wichtigste Teil war der Schnorchel. In unserem Falle ein Stück Schlauch. Fünfundzwanzig Zentimeter lang, fünfundzwanzig Millimeter Durchmesser. Einen echten Schnorchel wagten wir nicht zu nehmen, weil der unsere Absichten verraten hätte. Bei einem Schlauch hingegen würden uns viel eher Ausreden einfallen.

Wenn man nur mit einem Schnorchel schwimmt, oder besser gesagt: sich treiben läßt, besteht die Gefahr, daß der Hintern aus dem Wasser auftaucht und zum Verräter am eigenen Herrchen oder Frauchen wird. Egal ob er fett ist oder ob man gar keinen besitzt. Immer wird es so viel sein, daß er als Zielscheibe für lauernde Schrotladungen ausreicht.

Um den Flinten die Schau zu stehlen, mußte der Stein her. Den schleppten wir natürlich nicht mit uns herum, sondern suchten ihn erst bei Bedarf. Mittels eines Bindfadens oder einer Liane wurde er mit einem Griff versehen und in die Hand genommen. Er hatte dafür zu sorgen, daß wir senkrecht im Wasser standen und der Allerwerteste sich nicht hervortat ...

Der dritte Teil war ein kleiner Schwimmer. In unserem Fall zwei faltbare Ein-Liter-Gummiflaschen, die wir mit Luft füllen konnten. Im anderen Fall vielleicht ein Stück Styropor oder Holz. Der Schwimmer wurde um das herausragende Schlauchende drapiert und mit Wasserpflanzen zu einem bildschönen Gesteck arrangiert, und ab ging's. Als kleine schwimmende Insel, als Fleurop-Gruß oder als losgerissener Ast, den Bach hinunter in Richtung Heimat.

Bei den Vorbereitungen hatte sich das Modell gut bewährt. Je nach Landschaft konnten wir uns auch größere Fluchthilfen bauen. Bis hin zu regelrechten Inseln. Dann brauchte man nicht einmal den Schnorchel. Dann konnte der Kopf getarnt und dennoch Landschaft genießend mitten aus der Insel herausgucken.

Das alles rekapitulierten wir zum wiederholten Male. Es mußte eins werden mit uns, eine Vollautomatik wie der Herzschlag und das Atmen.

Vorm Einschlafen beschlossen wir, morgen zu den Indianern zu gehen.

Die Nacht wurde kalt. Das gesamte *garimpo* war in Wolken gehüllt. Kleine Feuer versuchten, die Kälte nicht übermütig werden zu lassen. Hier und da hockten durchgefrorene Männer um die Glut und streckten Hände, Arme und Beine darüber, um ihr Blut wieder auf siebenunddreißig Grad zu temperieren.

Erst um zehn Uhr morgens hob sich der Wolkenschleier allmählich, zerriß kurz darauf in große Stücke und ließ die ersten Sonnenstrahlen hindurch, die die Feuer unterstützten. Sofort begann der Alltag. Ein Körperdehnen und letztes Gähnen ersetzten die Morgenwäsche, ein heißer Kaffee das Zähneputzen. Dann wurden die Dieselmotoren angeworfen, der Hubschrauber griff sich die Netze mit der Fracht, die Funkgeräte übermittelten Befehle und Nachrichten, und das erste Flugzeug landete mit der nächsten halben Tonne Menschen und Material. Der Kriegsschauplatz vibrierte. Die Mordmaschinerie lief.

Wir hatten unser *remanchim* gepackt und marschierten los. Bachaufwärts, Richtung Indianerdörfer. Vier dieser Rundbauten hatten wir bereits vom Flugzeug aus gesehen. Sie lagen alle westlich der Piste, aber in deren unmittelbarer Nähe. Die am weitesten entfernte *maloca* war zwei Kilometer entfernt. Aber das bescherte ihr keinesfalls Ruhe und mehr Sicherheit. Denn der am weitesten vorgeschobene *barranco* war bereits auf zweihundert Meter herangerückt.

In unmittelbarer Nähe der Piste war der Boden infolge starker Regenfälle stark aufgeweicht. Wir mußten durch knöcheltiefen Schlamm. Schuhe und Beine waren sofort mit Matsch verziert. Es wäre sinnvoller gewesen, die Schuhe auszuziehen. Aber das wagten wir nicht, weil überall Müll herumlag: scharfkantige Dosen, Holzsplitter und zerschlagene Flaschen. Eine Verletzung konnten wir gerade jetzt nicht brauchen.

Die *garimpeiros* störte das nicht. Sie gingen barfuß oder in Autoreifensandalen. Mit der Sicherheit derer, die jede Glasscherbe genau kannten, als hätten sie sie minengleich und persönlich dort hingelegt, hasteten sie an uns vorbei. Sie eilten zur Piste hin und kehrten vollbepackt zu ihren *barrancos* zurück. Sie schleppten Lasten, die uns die Beinknochen zusammengefaltet hätten. Die Männer aber balancierten mit ihren Lasten so sicher durch den Schmierseifenschlamm, als hätten sie Spikes unter den Fußsohlen. Selbst die Kolonnen, die mit sechs bis zehn Personen die zentnerschweren Dieselmotoren trugen, hatten einen beachtlich schnellen Schritt am Leib. Man merkte, daß hier nicht nach Stunden, sondern nach Leistung bezahlt wurde. Wer das Tempo nicht mitmachte, wer lieber die anderen im Team arbeiten lassen wollte, wurde sofort rausgeschmissen. Dafür war kein Boß nötig und kein Betriebsrat. Das beschlossen die fleißigeren drei eines Viererteams aus dem Stegreif. Einspruch war zwar erlaubt, aber zwecklos. Wenn das Team jemanden nicht mehr haben wollte, mußte er gehen.

Ein solcher Jemand fand dann auch in den Nachbar-*barrancos* keinen Job mehr. Faulheit und Schmarotzertum sprachen sich schnell rum. Ihm blieb allenfalls die Möglichkeit, an der nächsten Piste sein Glück zu versuchen. Das taten sicher auch die meisten. Aber nicht alle. Einige glichen ihren Lohnausfall auf andere Weise aus.

Was sollen wir drei Wochen lang schuften und uns anmachen lassen, wenn es auch einfacher geht? werden sie sich gesagt haben, und so verlegten sich nicht wenige aufs Rauben. Nicht umsonst war jeder Goldsucher bewaffnet. Nicht von ungefähr ging man selten allein, sondern lieber in Gruppen. Dennoch passierten Morde. Nicht jeder Mann konnte immer vorsichtig sein. Ein guter Hinterhalt, ein Schalldämpfer, ein laut knatternder Hubschrauber – das waren ideale Komponenten und Voraussetzungen, um auch in unmittelbarer Pistennähe unerkannt Beute machen zu können.

Wir hatten den Schlammweg verlassen und wählten einen Umweg über den Hügel am Westende der Piste.

»Von da oben kriegen wir die nötige Totale für den Film«, meinte Wolfgang, »und vielleicht sogar einen Schwenk, der die Nähe der Dörfer zur Piste zeigt.«

Ein solches Motiv brauchte ich auch für die Fotos. Also schwitzten wir uns den Berg hinauf. Es war sehr mühsam, denn wir mußten ständig kriechen oder klettern. Die Bäume des Hügels waren sämtlich gefällt. Sie lagen wild verschachtelt durcheinander, wie Gräten nach der Fischmahlzeit. Der Berg war seines Schmuckes beraubt worden (wie mein Kopf seiner Haare), um den Anflug leichter und die Einflugschneise sicherer zu machen.

Niemand störte sich daran, daß wir dort herumkraxelten. Wir hatten uns ausdrücklich beim dicken Leonel die Erlaubnis geholt.

»Kann man es wagen, auch die Indianer zu besuchen?« hatten wir ihn naiv gefragt.

»Aber klar doch«, hatte er gelächelt, »die sind kein Problem mehr.«

»Und könnte man da auch ein paar Fotos machen? Ich weiß nicht, ob du das weißt – aber in Deutschland gibt es schon seit Tausenden von Jahren keinen einzigen Indianer mehr. Meine Freunde dort können sich so was gar nicht vorstellen: Indianer!«

Leonel konnte sich das vorstellen. Er erlaubte es uns. So hatten wir unsere ramponierten, auf Laiengerät getrimmten Kameras erstmals hervorgeholt und auch mit ihm ein typisches Familienfoto arrangiert. Einmal Wolfgang mit Leonel. Einmal Rüdiger mit Leonel. Bei dieser Gelegenheit hatten die Kameras einen ganz natürlichen Einzug ins *garimpo* gehalten. Die *garimpeiros* hatten das gesehen und geduldet und als normal akzeptiert. Und nun sollten die Kameras erstmals ihre wahre Aufgabe erfüllen. Sie sollten dokumentieren: Immer wieder machten wir auch Makroaufnahmen vom Sand oder fotografierten Gebirgsformationen.

»Unsere Geologenfreunde in Deutschland wissen dann mit Sicherheit, wie rentabel ein solches Gebiet ist«, sagten wir und spielten wieder die Großinvestoren.

Der Berg war wirklich ideal. Er bot Wolfgang die Möglichkeit des Schwenks.

Aber er bot uns noch etwas. Er zeigte uns den ersten Toten.

Hier oben auf dem Berg wehte der Wind nicht konstant aus einer Richtung. Es entstanden Wirbel, und ein paarmal schickte der Wind einen Hauch von Leichengeruch an uns vorbei.

»Hier liegt irgendwo ein totes Tier«, meinte ich sofort. Aber dann war die Luft wieder rein. Vielleicht hatte ich mich auch geirrt. Ich sprach auf Wolfgangs Wunsch ein Statement, das die Piste betraf, in die Kamera.

Dann roch auch er es. Sogar stark und deutlich. Wir gingen gegen den Wind, und plötzlich standen wir am Waldrand vor einem toten Mann. Er war völlig nackt. Sein Hinterkopf wies ein Loch auf. Sein Mund stand offen und war blutig. Es fehlten ihm einige Zähne.

»Vielleicht hat er auch einen Schlag auf die Zähne gekriegt«, überlegte ich laut. Wolfgang bückte sich näher heran. Fliegen stoben aus dem Mund des Toten.

»Das war kein Schlag auf die Zähne. Dem hat man die Goldzähne rausgerissen. Denn es fehlen ihm nur die Backenzähne.«

Jetzt guckte auch ich näher hin.

»Genau. Die hat jemand frisch rausgebrochen. An den Wangen sind keine Zeichen eines Schlages zu erkennen.«

Als wir später an der Piste davon berichteten, versetzte das niemanden in Erstaunen. Man hatte den Toten längst gesehen, noch bevor er stank.

»Das muß ein Fremder gewesen sein«, war die Antwort. »Hier hat den Toten niemand gekannt.«

Damit war für sie die Sache vom Tisch.

»Beerdigt ihr eure Toten denn nicht?«

»Das habe ich doch gerade gesagt. Den haben wir nicht gekannt. Und außerdem stört uns sein Geruch nicht. Wenn er hier in der Nähe läge, würden wir ihn selbstverständlich beerdigen. Ist doch klar. Sonst kann man ja nicht in Ruhe arbeiten.«

Wir erfuhren bei dieser Gelegenheit auch, warum der Tote nackt war.

»Weil die Räuber nie wissen, wo die Goldsucher ihr Metall verborgen haben, und weil der Täter oft nicht die Ruhe hat, es in den Nähten oder sonstigen Verstecken zu suchen, nimmt er kurzerhand alles mit und überprüft das später in Ruhe.« Und nach kurzem Nachdenken: »Und im übrigen ist ja auch die Garderobe von großem Wert. Besonders hier im *garimpo.*«

Ich hatte den Toten von mehreren Seiten fotografiert.

Wegen des Verwesungsgeruchs hatten wir uns zwischen Leichnam und ankommenden Wind gestellt. So war der Aufenthalt erträglicher.

»Ich denke gerade darüber nach, daß dieser Mann wie wir an genau dieser Stelle vorbeigekommen ist, als ihn die Kugel aus dem Hinterhalt traf. Im Blickfeld der *barracas* hatte er sich in Sicherheit gewähnt, und trotzdem ist es passiert.«

Automatisch schauten wir noch einmal genauer in die Runde. Aber wir waren allein, wie vorher. Von unten aus dem Tal drang der monotone Lärm einer Unzahl von Dieselpumpen zu uns herauf, und alle zehn Minuten donnerten der Hubschrauber oder Flugzeuge in greifbarer Nähe am Hügel vorbei. Fast spürte man ihren Windsog.

Von hier oben konnten wir am besten sehen, wie die Zerstörung um sich griff. Zur Linken noch der oberflächlich intakte Wald, die vereinzelten *malocas* und deren Plantagen und dann, bei langsamem Rechtsschwenk, die ersten, die am weitesten vorgeschobenen *garimpos*, deren Anzahl sich alle einhundert Meter in Richtung zur Piste verdoppelte. An der Piste selbst lagen sie dicht bei dicht, ohne den Schatten der Bäume und auf völlig entblößter Erde. Sie wirkte dort wie der Kadaver eines gehäuteten Tieres, das erst nach langer Folter den Tod gefunden hatte. Ein Kadaver mit tiefen Wunden.

»Wenn man das sieht«, sagte Wolfgang, »empfindet man mit den Goldsuchern kein Mitleid mehr. Auch nicht mit den toten.«

Mit dem Teleobjektiv sah man, wie sich unter uns die Teams mehrerer *barracas* zusammengetan hatten und Dämme bauten, um den Fluß umzuleiten. Wenn man aus einer Welt kommt, wo solche Arbeiten nur noch maschinell ausgeführt werden, ist man beeindruckt, wenn man beobachtet, daß so was auch von Hand machbar ist.

An anderer Stelle, als wir gerade durch das Tele schauten, stürzte ein ganzes Walddreieck von einhundertfünfzig Meter Seitenlänge in sich zusammen. Den Lärm hörte man bis zu uns herauf. Man hatte die Bäume dieses Rodungsteils alle an der gleichen Seite angesägt. Aber nur so weit, daß sie noch standen und nicht stürzten. Erst den letzten Urwaldriesen im spitzen Winkel des Dreiecks hatte man dann zum Fallen gebracht. Er riß alles, was seine Äste erreichten, mit sich. Das heißt: der eine Baum drückte die zwei nächststehenden in seiner Fallrichtung zu Boden, die rissen vier um, und so stürzte der Wald in einem einzigen kurzen Augenblick wie ein Kartenhaus in sich zusammen, und keine noch so starke Liane konnte den Sturz stoppen. Geübte Holzfäller wissen solchen Kahlschlag genau zu berechnen. Er erspart ihnen viel Arbeit. Würden sie nämlich jeden Baum einzeln fällen wollen, würde ihnen das fast nie gelingen, weil armstarke Lianen und das Geäst der Baumkronen den Sturz verhindern würden.

Bei diesem Anblick fiel mir unwillkürlich ein, daß nach Angaben der Umweltorganisationen allein in Brasilien *in jeder einzelnen Sekunde (!)* ein solches fußballfeldgroßes Stück Wald der Rodung zum Opfer fällt. Hier hatten wir es selbst gesehen: kaum, daß wir den Gedanken realisiert hatten, würde in dieser Blitzesschnelle irgendwo anders im Land bereits der nächste Sportplatz vorhanden sein und der nächste, der nächste, der nächste ... Jede Sekunde einer. Eine sportliche Welt.

Und drei Wochen später würde man das Holz anstecken und verbrennen. So wie auch in unserem Blickfeld eine gewaltige Rauchfahne im Norden signalisierte, daß man fleißig und gründlich bei der Arbeit war.

Später in Hamburg erfuhr ich aus einer Mitteilung der Umweltschutzorganisation Robin Wood, daß unser Feuer nicht das einzige in Brasilien gewesen war:

»Welches Ausmaß die Zerstörung des Regenwaldes in Brasilien angenommen hat, wurde im März 1989 deutlich, als Wissenschaftler bei der Auswertung von Satellitenfotos eine 2,6 Millionen Quadratmeter große Rauchwolke über dem westlichen Amazonas-Gebiet orteten. 1987 wurden an nur einem Tage 6800 Waldbrände in dieser Region gezählt.«

Sinngemäß heißt es in dem Text weiter:

»Und das nicht etwa für solides Ackerland. Was durch die Brandrodungen gewonnen wird, ist letztlich versteptes Land, auf dem Rinder gehalten werden, die pro Tier zwei bis drei Hektar benötigen, um satt zu werden.«

Hier, aus der Vogelperspektive erahnte man auch, wo überall ein Nebenflüßchen aus den Seitentälern kommen mußte. Man brauchte nur der Spur der gefällten Bäume zu folgen. Wo sie umgelegt waren, existierte ein Bach.

Jedes Bachtal war verpachtet, und überall fraß sich die Spur der Gier bergan. Jeder *dono* eines solchen *garimpo* hoffte im stillen, daß gerade sein Wasserlauf es wäre, der einer Goldader entgegenführte. Bevor man den Pachtvertrag abgeschlossen hatte, hatte man mit der *bateia* Probewaschungen gemacht. Denn nicht jeder Bach führt automatisch Gold. Aber die meisten. Jedenfalls hier im Grenzgebiet zu Venezuela.

»Je weiter du von der Goldader entfernt bist, desto feiner ist der Goldstaub. Und je näher du an den Ursprung des Goldes kommst, desto gröber wird er. Schließlich findest du die ersten Nuggets oder endlich gar eine richtige Ader.«

So hatte uns Mineiro das erklärt. Warum sie nicht gleich an der Quelle begannen, wußte er uns nicht zu erklären. Oder er wollte es nicht. Unsere Freunde in Boa Vista meinten, dafür gäbe es zwei Gründe. Weil ihre Aktionen bei den Yanomami illegal seien, fingen sie erst einmal an der Peripherie des Gebietes an. Also dort, wo die Flüsse das Indianergebiet verließen, weil da mit den geringsten Widerständen zu rechnen sei. Allmählich würden sie sich ein Gewohnheitsrecht erarbeiten und das erste

Gold zum Korrumpieren verdienen. Außerdem, und das sei sicher der bedeutendere Grund, führten die Ströme auch unterhalb viel Gold, weil sie die Summe der Auswaschungen aller Nebenflüsse zu Tal schwemmten.

Im Land der Yanomami

Bei dem Anblick des zerstörten Tals drängten sich uns weitere Gedanken auf. Wie lange würde es wohl dauern, bis auch der Restwald zerstört wäre? Der Teil des Dschungels also, der auf den Bergkuppen wuchs. Wo es kein Gold gab, und den man deshalb verschonte. Wann würde er eingehen infolge des Quecksilberniederschlags? Denn es war ja klar: wenn hier Gold geborgen wurde, verdampfte man auch das gleiche Quantum an Quecksilber. Ein gewaltiges Risiko und ein völlig unkalkulierbares zugleich.

Wir stapften den Berg hinunter und bahnten uns den Weg in Richtung *maloca*. Zunächst ging es noch vorbei an einigen *barracas*. Wohin man schaute – überall wurde fleißig gekocht. Gleich war Mittag. Und was gab es wohl zu essen? Dreimal darf geraten werden. Na klar. Ganz einfach. Es gab Bohnen. Was auch sonst? In deutschen Tier-Batteriehaltungen ist die Nahrungsabwechslung nicht größer. Immer wieder Bohnen. Man konnte meinen, irrtümlich in einen Wettbewerb geraten zu sein, wo die besten Köchinnen um das Goldene Lorbeerblatt für die bestgegarte Bohne stritten.

Alle grüßten freundlich zu uns verschwitzt-verschlammten Typen herüber. Zwei winkten sogar und verpaßten uns eine der süßen Kompaktbomben namens *cafezinho*.

Der Weg hörte nun auf. Jetzt mußten wir uns von den Köchinnen sagen und zeigen lassen, wo man am besten durch das Gestrüpp gelangte. Die gefällten Bäume waren noch nicht zerkleinert. Deswegen war es wie das Durchkriechen eines Müllberges, wo eigentlich nur noch Ratten einen Durchschlupf finden oder Affen, die darüber hinwegturnen konnten.

Wir passierten die Arbeiter, die sich zusammengetan hatten und den Fluß umleiteten, fort aus seinem Bett und am Ufer entlang. Zwei Meter lange, geviertelte Baumstammklafter wurden Stück für Stück in die Erde gerammt. Es entstanden zwei parallele Reihen mit einem Meter Abstand. Nachdem die Pfähle zuletzt mit Lianen zusammengebunden worden waren, sowohl längs als auch quer, pumpte man maschinell Schlamm zwischen die Wände. Das Wasser lief gleich wieder heraus. Der Schlamm lagerte sich ab und bildete einen Deich. Damit hatte der Fluß verspielt. Nun mußte er selbst sehen, wie er zum Rio Branco kam.

Während er sich seinen Weg suchte, bahnten wir uns den unseren. Manches Stück gingen wir mit dem Fluß gemeinsam. Nach einhundert Metern hieß es dann für uns raus aus dem Fluß und bergan. Hin zu den *malocas*. Obwohl die letzten *barrancos* längst hinter uns lagen, vernahmen wir vor uns schon wieder Maschinenlärm. Diesmal von Kettensägen. Wir trafen auf vier Männer. Sie rissen eine Schneise in den Wald und hatten die Pflanzung der Indianer erreicht. Mitten auf den Resten der Zuckerrohrstauden zerlegten sie Baumstämme in handliche Bretter. Ihre hungrigen Sägeketten fraßen sich in vielen Parallelschnitten durch rote und gelbe Hölzer, und duftendes, buntes Sägemehl türmte sich zu weichen Polstern. Die Männer grüßten freundlich herüber und ließen sich in ihrer Arbeit nicht stören. Sicherlich hatten sie uns schon an der Piste gesehen. Ja ja – die *maloca* liege da vorne hinter der Bananenplantage. Wir könnten sie nicht verfehlen.

Der Bananenhain gewährte uns die Gnade seines Schattens. Das tat gut, denn im soeben kahlgeschlagenen Gelände hatte die Sonne uns arg eingeheizt. An den Pflanzen hingen büschelweise junge Bananen. Noch lange nicht reif. Diese Plantage war unzerstört, und die taifunartige Spur der Verwüstung schien ihre Richtung am Feld vorbeizunehmen – dafür allerdings über das Zuckerrohrfeld hinweg. Vielleicht hatten die Früchte auch nur noch eine Gnadenfrist bis zu ihrer Reife. Denn dann würden sie den Goldsuchern noch von Nutzen sein. Danach würde man weitersehen. Die Zerstörung von Plantagen war keine Seltenheit, sie galt als beliebtes Rache- oder Druckmittel.

Gleich hinter der Plantage trafen wir auf die erste *maloca*. Sie war alt, verfallen und unbewohnt. Auf jeden Fall schien sie nicht willkürlich zerstört worden zu sein. Ein solcher Verfallsprozeß war normal. Wenn Reparaturen nicht mehr lohnten, baute man ein neues Dorf. Das alte wird vom Urwald gefressen. Rankenpflanzen krochen bereits aus dem Schatten der Umgebung auf diese Ruine zu, ihre Polypenarme griffen sich das morsche Gebälk und turnten daran hoch. Dazwischen verfingen sich Samen von Büschen und Bäumen, schlugen im Schutz der Bodendecker Wurzeln und kletterten ebenfalls in die Höhe. Jeder wollte schneller sein als sein Nachbar, um sich ausreichend Licht zum Überleben zu sichern. Bald würde die Lücke geschlossen sein. Aber immer würde deutlich zu sehen bleiben, daß es sich hier um eitle Sekundärvegetation handelte. Sie war kleiner im Wuchs und anders und würde nicht einmal nach fünf Jahrhunderten wieder so sein, wie sie ursprünglich war.

Der schmale Pfad führte um diese Ruine herum und in Schlangenlinie weiter über den Kamm des kleinen Hügels, auf dem sie stand. Und da befanden wir uns unvermittelt vor einer *barraca*. Der Wald zwischen dieser Behausung und dem Tal in der Tiefe war eliminiert, und unten im Bachtal gähnte der erste fast fertige Claim.

Aber es wurde nicht gearbeitet. Die vier Männer und ihre Köchin hatten einen Feiertag eingelegt. Ihre Pumpe war zerbrochen, und sie warteten auf das Ersatzteil. Unser Auftauchen bedeutete für sie eine angenehme Unterbrechung.

»Ja, wir sind der am weitesten vorgeschobene Posten in dieser Richtung. Da drüben der Hügel ist noch Indianerland«, verkündete uns der *gerente* stolz und deutete mit ausgestrecktem Arm wie ein Feldherr hinüber.

Aber richtiges Indianerland war auch das nicht mehr. Längst hatte man die Bäume gefällt. »Sie müssen noch drei Wochen liegen. Dann können wir die Äste anstecken«, erklärten sie, ohne daß wir gefragt hätten.

Ein fünfter Mann tauchte auf.

»Hallo – wie geht's?« rief er laut, bevor wir ihn richtig wahrgenommen hatten. Er war ziemlich aus der Puste. Uns wunderte das ein wenig, weil er ein Mann in den besten Jahren war, kräftig wirkte und kein Gepäck bei sich hatte. Wahrscheinlich war er sehr schnell gegangen.

»Der gehört hier nicht zum Claim«, argwöhnte Wolfgang gleich. Denn wir kannten keinen *barranco* mit fünf Arbeitern. Der Neue und der *gerente* sprachen abseits miteinander.

»Kennt ihr den?« fragte Wolfgang die drei Goldsucher, die bei uns geblieben waren.

»Nein. Jedenfalls nicht näher. Er arbeitet im Büro bei Leonel.«

Da läuteten bei uns die Alarmglocken. Nach einer Weile gesellten sich die beiden zu uns. Der Neue begrüßte jeden mit Handschlag. Unseren Blicken wich er aus: »Ich wollte mal schauen, ob eure Pumpe schon repariert ist«, quälte er sich eine Erklärung raus.

Uns war aber gleich klar, daß das nicht der wahre Besuchsgrund war. Diese Leute warteten eindeutig auf ein Ersatzteil und hatten nicht vor, irgendein Kabel zu flicken.

»Und ob das Teil schon da ist oder nicht, das wissen die an der Piste besser als die Leute hier vor Ort. Dafür mußte er nicht extra rauskommen«, folgerte Wolfgang.

»Und Spaziergänge in Gottes schöner Natur nach dem Motto ›Ei, was singt denn da im Wald?‹ sind ebenfalls sehr unüblich«, ergänzte ich.

Wir hielten es für denkbar, daß der dicke Leonel ihn als Spion geschickt hatte. Jedenfalls konnte es nicht schaden, ihn als solchen einzustufen und vorsichtig zu sein.

Im nachhinein muß ich sagen, daß dieses Mißtrauen womöglich unsere Rettung war. Ohne das gesunde Mißtrauen hätten wir Fehler gemacht, und die Reportage wäre uns verdorben worden.

»Was habt ihr denn hier vor?« wandten sich die Leute nun wieder an uns.

»Wir würden gern zu den *malocas* gehen. Sind sie noch weit?«

»Nein. Fast könnt ihr sie da durch die Bäume hindurch sehen. Sollen wir mitkommen?«

Noch bevor wir antworten konnten, nahmen sie uns in ihre Mitte. Allen voran der Nachzügler. Er wollte uns keinesfalls allein lassen. Wir kamen uns ein wenig vor wie Gefangene.

»Was macht ihr denn, wenn euer Loch fertig ist?« fragten wir sie. Der schon ältere *gerente* rückte seine Brille zurecht und wies mit seinem Arm zum nächsten Hügel.

»Darauf.«

»Sagen die Indianer nichts dazu?«

»Weiß ich nicht. Dort verläuft ihr Pfad, und sie haben uns bedeutet ›bis hierher und nicht weiter‹, aber da haben wir ja noch ein Wörtchen mitzureden.«

Währenddessen waren wir weitergegangen.

Die Männer hatten recht. Es ging nur noch siebzig Meter einen Abhang hinunter und einhundert Meter wieder bergan. Immer in Schlangenlinie. Aber es war ein deutlicher, nicht zu verfehlender Pfad. Zuletzt mußten wir über einen gewaltigen Baumstamm klettern, der quer über den Weg gestürzt war. Er war aber nicht gefällt worden. Ihn hatte das Alter sterben lassen.

»Da ist sie«, sagte unser Leithammel und deutete vor uns in den Wald. Wolfgang und ich schauten uns verständnislos an. Weder er noch ich sahen ein Dorf.

Normalerweise stehen die *malocas* auf einer Lichtung. Das Terrain um sie herum ist völlig gerodet und der Erdboden barfußgerecht und besenrein. Normalerweise hätte man auch schon Stimmen hören müssen und Hundegebell. Wir hörten gar nichts.

Dennoch mußte das Dorf nah sein. Unser Vorläufer blieb

stehen und klatschte mehrfach in die Hände. Dann formte er sie vor dem Mund zu einem Trichter und rief: *»Amigo! Amigo! Amigo!«* Die Worte verkrochen sich in den Ästen und Blättern des Waldes, und dann war es still. Selbst die Vögel unterbrachen ihren Gesang. Nur einige Fliegen nervten uns weiterhin. Man spähte nach links, guckte nach rechts, aber es war kein Indianer zu sehen und schon gar keine *maloca.* Wohl aber knackte es hier und da. Doch das konnte auch von unseren Begleitern verursacht worden sein, die unruhig von einem Bein aufs andere traten.

Wir setzten uns wieder in den Zeitlupentrab. Inzwischen riefen alle fünf *garimpeiros* ihren Dauersong vom *»Amigo, amigo«*. Und plötzlich standen wir mitten in ihrer *maloca.*

»Das ist eine *maloca*?« fragten wir enttäuscht und wußten doch genau, daß das *tapirís* waren, Blätterdächer, die die Yanomami auf ihren Wanderungen bauen.

»Ja, das ist eine *maloca.*«

Es waren sechs *tapirís*, und sie waren trostlos. Sie waren eine Mischung aus Naturbaumaterialien und Plastikresten von der Piste. Es waren die Anfänge einer *favela*, eines Elendsviertels. Eine Miniaturausgabe der Slums, wie sie sich weltweit um alle Großstädte der Dritten Welt ansiedeln.

Der Boden war matschig und übersät mit Abfällen. Vor allem mit unverwesbaren Plastikflaschen und Turnschuhresten.

Im Schlamm unübersehbar ganz frische Spuren.

»Vor einer Minute waren sie noch hier«, meinte Leonels Schnüffler. Als Spürhund war er jedenfalls recht brauchbar. Er bückte sich und wies auf einen frischen tiefen Fußabdruck, der sich im Schlamm deutlich abgezeichnet hatte. Er lief gerade ganz langsam voll mit Wasser, und feine Luftblasen stiegen an die Oberfläche und zerplatzen.

»Da – hinter den Bäumen!«

Einer unserer Leute hatte sie gesehen. Es waren aber nur Frauen mit Babys. Ihre Kinder hatten sie mit einem Bastgurt auf den Rücken geschnallt. Ängstlich lugten sie zu uns herüber. Eine trug einen Hund, dem sie das Maul zuhielt, damit er sie nicht verraten konnte.

Als wir zueinander Blickkontakt aufgenommen hatten, wetteiferten unsere Leute damit, sich als *amigos* zu bezeichnen, die in guter Absicht kämen. Die Frauen ließen sich davon nicht beeindrucken. Sie blieben versteckt. Wir hockten uns auf einen Baumstamm und ließen ihnen Zeit, uns zu akzeptieren. Wenn einer der Goldsucher ein paar Schritte auf sie zuging, flohen sie zum nächsten Baum. Dabei stießen sie Signallaute aus, die wir nicht als Wörter empfanden. Diese Rufe drangen hinter mehreren Bäumen hervor. So schätzten wir die Anzahl der Frauen auf sechs.

Dann aber knackte es im Gehölz, und vier junge Männer tauchten auf. Zwei waren noch Kinder, vielleicht dreizehn Jahre alt. Aber auch die beiden etwa Zwanzigjährigen wirkten jünger, weil sie kleinwüchsig waren. Die Yanomami werden nur wenig größer als anderthalb Meter. Gegen sie wirkten die Goldsucher wie Hünen.

Auch die Indios beteuerten im Ein-Wort-Dialog mit den Goldsuchern, *amigos* zu sein. Das durfte man ihnen glauben, denn sie hatten keinerlei Waffen dabei. Keine Pfeile. Nicht mal eine Keule, geschweige denn ein Haumesser. Unsere Leute hingegen hatten alle einen Revolver. Bevor wir die Wohngemeinschaft erreicht hatten, hatten sie die Waffen unterm Hemd versteckt. Daraufhin hatten Wolfgang und ich uns sofort verständigt und zur Verteidigung der Indianer bereitgemacht, falls irgendein *garimpeiro* auf krumme Gedanken kommen sollte. Wir hatten die Reißverschlüsse der Westenseitentaschen geöffnet, die Hände an den Revolvern und die Finger am Abzug. Außerdem hielten wir uns ziemlich am Ende der Gruppe auf. Einer mehr links, der andere betont rechts. So hatten wir die fünf *garimpeiros* sicher im Blickfeld. Darüber hinaus versuchten wir, Lockerung in die Anspannung zu bringen. Wolfgang machte kleine Witzchen.

Die Lage entspannte sich. Die Indianer redeten weiter auf uns ein. Das beschränkte sich aber darauf, daß sie dem Wort *amigo* andere Nuancen entlockten. Die Goldsucher nutzten die Gunst des Moments, den lernfreudigen Indianern drei neue Vokabeln zu vermitteln.

»Garimpeiro.«

Die Indianer ahmten das Wort nach: *»Garimpeiro.«*

Und wieder die Goldsucher: *»Garimpeiro.«*

»Garimpeiro.«

So ging das bestimmt zwanzigmal hin und her.

Dann kam das nächste Wort.

»Leonel.«

Der Name des Pistenbosses – Dono Leonel.

Da die Indianer keine andere Wahl hatten, sprachen sie auch dieses Wort aus, als gäbe es hinterher eine Belohnung. Zum Abschluß des Schnellehrgangs »Portugiesisch für Anfänger I« kam etwas Leichteres: *bom*, gut.

Kaum hatten sie aber das alles gelernt, ging's an die Wiederholung. Und diesmal im Satz.

»Garimpeiro Leonel bom« – Goldsucher Leonel (ist) gut.

Zynischer ging's wirklich nicht. Wir kriegten das große Zittern vor Wut über diese Unverschämtheit. Die Goldsucher dagegen waren begeistert von diesem Gag und brüllten ihn mit den Yanomami im Chor. Leonels Mann würde das an der Piste erzählen, und man bekäme bestimmt einen Sonderpunkt. *»Garimpeiro Leonel bom, garimpeiro Leonel bom ...!«*

Irgendwann hatte es sich »ausgebomt«. Die jungen Indios hatten Mut gefaßt, uns zum Weitergehen aufzufordern.

»*Pista, pista, embora*, vorwärts zur Piste.«

Damit wir auch verstünden, was sie meinten, unterstrichen sie ihre Aufforderung mit einer Handbewegung. Ständig hielten sie sich sprungbereit zwischen uns und ihren Frauen auf, die weiterhin hinter den Bäumen in Deckung blieben. Und ständig lächelten sie. Aber ihre Worte ›haut ab zur Piste‹ waren klar und deutlich. Wolfgang und ich bewunderten ihren Mut. Einen Mut, der nur aus ohnmächtiger Wut oder schierer Verzweiflung möglich war.

Schließlich zogen wir weiter.

»Wo sind die richtigen *malocas*? Wir haben sie doch vom Flugzeug aus gesehen?« fragten wir unsere Leute.

»Da müssen wir nur einen kleinen Schlenker machen. Sie sind dreihundert Meter entfernt.«

Wir gingen dorthin. Wieder die Ankündigung durch lautes Händeklatschen und Rufen.

»Amigo, amigo.«

Aber nicht aus Höflichkeit meldeten die *garimpeiros* ihren Besuch an, sondern aus Furcht. Aus Furcht vor einem Angriff. Als die vier jungen Indianer merkten, daß wir nicht zur Piste zurückkehrten, sondern im Bogen zum nächsten Dorf wollten, schnitten sie uns den Weg ab und erreichten es noch vor uns.

Dieses war tatsächlich eine richtige *maloca*. Sie hatte etwa dreißig Meter Durchmesser und war in der Mitte offen, wie ein winziges Stadion. Die zwei Eingänge waren verrammelt mit Holzbalken. Bevor wir uns genähert hatten, hatten die vier Indios ihre Stammesleute bereits durch Zurufe gewarnt. Der hintere Ausgang war geöffnet worden, und etwa sechs Frauen stürzten mit ihren Kindern auf dem Rücken hinaus in die angrenzende Plantage. Dort blieben sie stehen und sahen nur hie und da vorsichtig durch die dichten Blätter.

Inzwischen waren noch zwei Indianermänner hinzugekommen. Wir baten mit Gesten, eintreten zu dürfen. In der Erwartung von Geschenken oder Nahrung gestatteten sie es.

Es war ein trostloses Dorf. Genau wie das *tapirí*-Camp war es unsauber und voller Unrat. Es wirkte wie ein sterbendes und zur Aufgabe bestimmtes Dorf. Nur noch drei alte gebrechliche Frauen konnten wir hinter Vorhängen aus getrockneten Bananenblättern mehr ahnen als sehen. Sie kamen nicht hervor.

Als Gastgeschenk deponierten wir etwa drei Kilo Müsli in einer Kürbisschale. Auch den Leuten der *tapirís* gaben wir davon ab, damit die Unruhe sich legen und vielleicht doch noch eine Prise Vertrauen aufkommen konnte. Aber die Indios blieben unsicher und aufgeregt. Als sie merkten, daß wir nicht noch mehr von der Nahrung abgeben wollten, wiesen auch sie uns energisch zum Eingang.

»Ich erkenne die Yanomami nicht mehr wieder. Gastfreundschaft war immer eine ihrer großen Tugenden«, sagte ich zu Wolfgang.

Er blieb eine Weile schweigsam. Dann sagte er: »Sie müßten ja total verrückt sein, wenn sie uns gegenüber auch nur irgendeine freundliche Geste äußern würden. Wir sind ihre Todfeinde. Auch wir beide. Guck uns doch an. Wie sollen sie wissen, daß wir auf ihrer Seite stehen? Nur weil wir ihnen Rüdis Müsli geben? Auf solche Geschenke sind sie ja bei den ersten Goldsuchern reihenweise reingefallen. Und nun haben sie erkannt, zu welchem Zweck sie die Präsente erhalten haben. Daß es Köder sind, wie Würmer am Angelhaken.«

Ich blickte durch das kleine sterbende Rund des Dorfes auf die *garimpeiros* und dann wieder auf Wolfgang.

»Dazu kommt ja auch, daß wir uns äußerlich überhaupt nicht von den übrigen Weißen unterscheiden: die Schirmmütze, die kurze Hose, die Kiepe, eigentlich müßten wir uns freuen, daß sie uns ebenfalls ablehnen. Das beweist, daß unsere Aufmachung überzeugend wirkt: Ohne sie hätte uns der *bom garimpeiro Leonel* längst zum Teufel gejagt.«

Daß wir hier einen Tanz auf der angehackten Liane vollführten, wurde uns sofort wieder bewußt, als wir die scheelen Seitenblicke des Leonel-Schnüfflers bemerkten.

Sie und die Angst der Indios vor den Kameras zwangen uns zu äußerster Vorsicht. Es wimmelte von Motiven, aber wir konnten sie kaum auf Zelluloid bannen. Immer nur heimlich und aus der Hüfte.

Im Tretboot über den Atlantik

Allein auf hoher See (Foto: Ulli Krafzik)

Christina Haverkamp - Mitstreiterin bei einigen Reisen (Foto: Christina Haverkamp)

Daniel Grolle und Rüdiger Nehberg beim Entlausen

Wolfgang Brög, dem die beste TV-Dokumentation über den Goldsucherkrieg gelang

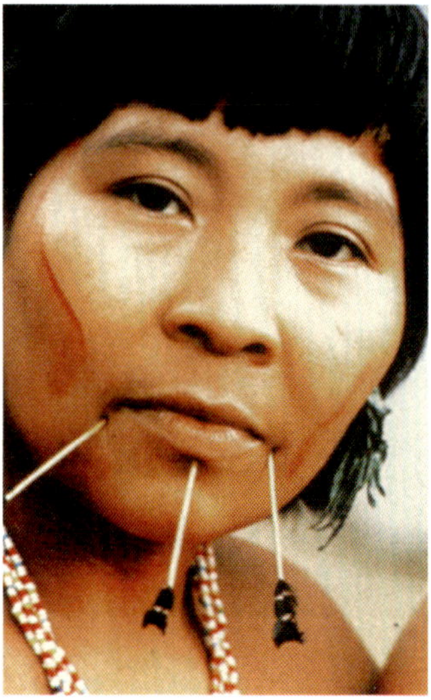

Porträt einer Yanomami-Frau

Archaische Bewaffnung - keine Chance gegen die Flinten der Goldsucher

Yanomami-Kinder

Mädchen mit einer Banane als Marschverpflegung

Zwei Jungen mit Äffchen, der linke hat eine Rolle Tabak hinter der Unterlippe

Yanomami-Kinder freuen sich über den Regen

Die Yanomami bereiten sich für das Totenfest vor

Das Fest ist in vollem Gange

Die heile Welt der Yanomami, bevor die Goldsucher kamen - Vater und Sohn

Yanomami beim Fischen

Eine der über hundert illegalen Pisten im Indianergebiet

Mord und Totschlag unter Goldsuchern sind alltäglich

Ängstlich geht eine Indianerin mit ihren Kindern in Deckung - noch vor wenigen Wochen war hier nur Wald

Der Gipfel der Dreistigkeit: Goldsucherunterkunft auf Tuchfühlung mit einem Yanomami-Dorf (Foto: Christina Haverkamp)

Regenwald vor der Goldsucherinvasion (Foto: Christina Haverkamp)

Zurück bleibt eine verwüstete Landschaft - der Lebensraum der Indianer ist zerstört

Das Wasser wurde mit Pflanzengift durchsetzt, das die Fische betäubt: man braucht sie nur noch einzusammeln - nach einiger Zeit verliert das Gift seine Wirkung

Maniok wird gerieben und später zu Brotfladen verbacken

»Ist sie bald fertig?« (Foto: Christina Haverkamp)

Die fertige Hilfsstation (Foto: Christina Haverkamp)

Palm-Boot-Regatta

Glatze (für die Yanomami unvorstellbar) – eine gute Möglichkeit, Kontakte zu knüpfen und Heiterkeit auszulösen (Foto: Christina Haverkamp)

Mein bisher größter Fang: eine Anakonda

Nasenbär Paolo - er folgte uns ohne Leine und beschaffte uns mit Hilfe seines ausgeprägten Geruchssinns Nahrung

24 Quadratmeter Segel bewegten 4 1/2 Tonnen Floß mit beruhigendem Tempo - es bildete sich sogar Fahrtschaum (Foto: Christina Haverkamp)

Mit dem Bambusfloß nach Brasilien - eine Rettungsaktion für die Yanomami (Foto: Christina Haverkamp)

Wolfgang war da ein wenig begünstigter. Seine Kamera lief lautlos, und kein Schnüffler konnte etwas erkennen, weil die Funktionslampen mit Lassoband überklebt waren.

Ich hingegen konnte nicht so geräuschlos arbeiten. Mein Motor quiekte, der Verschluß knackte. Das war unüberhörbar. Notgedrungen stellte ich die Taktik um. Ich hängte den Apparat seitlich über die Schulter und schaute jeweils ganz woanders hin.

Mehrere Male donnerten Flugzeuge und Hubschrauber über das Dorf. Dann konnte ich abdrücken, und niemand hörte es.

Natürlich würden die Fotos keine Prachtstücke werden. Alles per Weitwinkel und schief. Und mit miesen Bildern konnte ich die Situation später keiner Illustrierten zum Hinausschreien offerieren. Aber für mich blieben es Dokumente.

»Mich wundert noch eins«, sagte ich zu Wolfgang.

»Mich wundert hier gar nichts mehr«, gab er lakonisch zurück.

Aber ich ließ mich nicht abwürgen.

»Wenn Indianer einander besuchen, ist es doch Tradition, die Gäste auf jeden Fall ins Haus, in ihre *maloca* zu bitten. Warum also lassen diese Leute hier die anderen Familien draußen in den Plastik-*tapirís* hausen, statt sie hereinzubitten? Sie haben doch Platz genug.«

Nun dämmerte auch Wolfgang, worauf ich hinaus wollte.

»Auf jeden Fall sind die Leute da draußen nicht ihre Feinde. Sonst hätten sie sie verjagt. Aber es sind auch nicht ihre Gäste. Ich habe das vage Gefühl, daß es sich bei ihnen möglicherweise um Flüchtlinge handelt.«

Wolfgang fragte sofort einen der Goldsucher, als Schnüffelnase außer Hörweite war.

»Sag mal, die Leute da vorhin, haben die kein großes Dorf mehr?«

Der wußte nichts. Er rief seinen älteren Kumpel herbei.

»Du, sind das die, denen die *maloca* abgebrannt ist?«

Der Ältere blickte auf den Fragenden und dann zu uns, bevor er antwortete.

»Ich glaube, ja.«

»Ist die von selbst abgebrannt, oder haben die Goldsucher nachgeholfen?« hakte Wolfgang gleich nach. Und um der Frage die Schärfe zu nehmen, fuhr er fort: »Sind die Indios vielleicht aufmüpfig gewesen oder so?«

Das Gespräch hatte unseren Schnüffi alarmiert. Er gesellte sich sofort zu uns und mischte sich ein.

»So was würden die Goldsucher nie tun!«

Er hätte alles sagen können, nur nicht solchen Schwachsinn. Denn das wußten wir längst, und später sollten wir es noch mehrfach bestätigt erhalten, es wurde und wird sehr wohl gebrandschatzt.

Um noch Zeit für weitere Beobachtungen zu haben, rührten wir in einem Gefäß für alle Müsli an und baten die Indianer zum Essen. Die mittlerweile acht Männer und sechs Kinder ließen sich das nicht zweimal sagen. Vor allem, als sie sahen, daß wir selbst davon aßen, womit wir zeigten, daß es gut schmeckte und nicht vergiftet war. Aber auch die Goldsucher langten kräftig zu.

Damit der Vorrat nicht im Handumdrehen aufgezehrt wäre, schüttete ich Wasser nach, um die Menge zu vergrößern. Nach dem Motto: ›Da kommt noch mehr Besuch. Hol schnell 'nen Eimer voll Wasser.‹ Aber diesmal hatte ich mich getäuscht. Statt die Mahlzeit in die Länge zu ziehen, war sie im Handumdrehen beendet. Weil sie den Brei nun nicht mehr mit den Fingern greifen konnten, setzten sie den Topf an die Lippen und tranken in großen, gierigen Schlucken.

Durch den Schnellimbiß hatten wir Zeit gewonnen. Zeit zum Beobachten und zum Nachdenken. Wie trostlos war dieses Dorf. Und wie vorbildlich hatten sich dagegen die von den Menschenrechtlern und Kirchen erarbeiteten Konzepte für den Yanomami-Park angehört. Würden sie noch je eine Chance bekommen, realisiert zu werden?

Da war zunächst mal die Rede vom großen zusammenhängenden Yanomami-Park. In ihm sollten alle Yanomami Brasiliens und Venezuelas eine gesicherte, unantastbare Heimat finden. Nur solche Personen sollten zu ihnen hinein dürfen, die einen Gesundheitscheck und eine Einladung der Indianer vorweisen konnten. Es sollte also niemand unerwünscht dort eindringen können. Im Gegensatz dazu aber sollte es den Indianern unbenommen sein, jederzeit herauszukommen, wenn ihnen danach zumute war. Auf diese Weise würden sie die Welt der Weißen kennen- und einschätzen lernen. Vielleicht würde es helfen, im Falle eines überraschenden Überfalls durch uns Weiße den Kulturschock ein klein wenig zu verringen.

Dann war die Rede davon, sie behutsam und auf freiwilliger Basis Hygiene zu lehren, damit sich ihre Krankheitsrate reduzierte.

Mit Portugiesischunterricht wollte man sie in die Lage versetzen, sich selbst ausdrücken und verteidigen zu können, ohne auf die Hilfe eines Dolmetschers angewiesen zu sein.

Gleichzeitig würden ihnen die Sprachkenntnisse helfen, die Denk- und Handelsweise der weißen Welt kennenzulernen und daraus nötige Konsequenzen zu ziehen.

Das Erlernen einer Sprache scheint den Yanomami keine so großen Schwierigkeiten zu bereiten. Denn Laute nachzuahmen sind sie aus ihrer Welt gewöhnt. Diese Fähigkeit brauchen sie, um Tierstimmen zu imitieren und auf der Jagd erfolgreich zu sein.

Wie wichtig für sie das Portugiesische als Zweitsprache ist, wurde mir klar, als Davi Yanomami, der UNO-Umweltpreisträger anläßlich seiner Ehrung in São Paulo drei Minuten auf Yanomami auf sein Publikum einredete. Dann erst sprach er Portugiesisch.

»Das war Yanomami. Habt ihr verstanden, was ich gesagt habe? Nein. Wer spricht schon Yanomami? Genauso geht es uns, wenn ihr zu meinen Leuten kommt und auf uns einredet.«

Neben dem Portugiesischen sollte aber auch ihre eigene Sprache anerkannt, erforscht und in Buchstaben gefaßt werden. So selbstverständlich sich das anhört, ist es leider nicht. Indianersprachen ordnet man eher Tierlauten zu, die einer Erforschung nicht wert seien. Nicht ein einziger leitender FUNAI-Bediensteter spricht folglich Yanomami. Sollen die Indianer doch Portugiesisch lernen.

In der eigenen Sprache, so die Menschenrechtler, müßten vor allem Fächer wie Religion, Heimatkunde, Geschichte und Politik u. v. a. unterrichtet werden. Das ist deshalb wichtig, weil es in keiner fremden Sprache der Welt für die Denk- und Handlungsweisen der Yanomami die richtigen Ausdrücke gibt. Auch nicht für die vielfältigen Nuancen im Bereich ihrer Flora und Fauna, ihrer Verwandtschaftsstruktur und ihrer Götter- und Ahnenwelt, die Nuancen, die nur sie sehen und die uns verborgen bleiben.

Ein weiteres wichtiges und besonders schwieriges Unterrichtsfach wäre das Rechnen. Diese Art Logik hat der Yanomami nie entwickelt. Er kennt nur die Zahlworte eins und zwei. Was darüber hinausgeht, heißt »viel«. Und wenn es noch mehr als viel ist (zum Beispiel die Blätter an den Bäumen oder die Regentropfen eines Gewitters), dann heißt das »viel-viel«. In ihrer Welt hatte das bisher gereicht. Im Kontakt mit uns würde das nicht genügen, denn sie würden gnadenlos betrogen werden.

Deutlich erinnerte ich mich des Tages im Jahre 1985, als ich mit einer Gruppe Yanomami zu einem entfernten Dorf aufbrechen wollte. In typisch deutscher Manier wollte ich vom Häuptling wissen – er sprach ein wenig Portugiesisch – wie viele Tage es bis zum Ziel seien. Seine Antwort: »Viele.«

Da wußte ich's nun. Jedenfalls würden es mehr als zwei sein. Das war zumindest klar.

Und als wir unterwegs waren, beobachtete ich, daß sich jeder Mann am ersten Abend ein kleines, zehn Zentimeter langes Stöckchen von irgendeinem Busch abschnitt. Er schälte die Rinde ab und verwandelte es durch Schnitzen von der runden in eine flache Form. Jeden Abend nun, wenn das Camp fertig war und wir in der Hängematte schaukelten, kramten sie dieses Stöckchen hervor und brachten seitlich eine Kerbe an. Eine über der anderen, pro Tag eine. Als wir sechs Tage später das Dorf erreichten, schnitzten sie statt der Kerbe einen Ring rund ums Hölzchen.

Nach einigen Tagen Aufenthalt ging es zurück zum Heimatdorf. Und wieder holten sie abends ihr kleines Rechenholz hervor, um ihre Buchführung auf dem laufenden zu halten. Diesmal setzten sie die Schnitte auf die andere Seite, genau gegenüber einer Hinweg-Kerbe. So konnten sie optisch genau erfassen, wie weit der Weg noch sein würde.

Außer Rechnen müßten sie Ackerbau und Viehzucht lernen. Denn in einem von Weißen leergeschossenen und immer wieder beschnittenen Wald- und Wandergebiet würden sie nicht mehr satt werden. Für diesen Fall sollten sie rechtzeitig wissen, wie man Fleisch züchtet, wenn es nichts mehr zu jagen gab. Und wie man eine Pflanzung mit Naturhumus und Wechselanbau ergiebiger gestalten kann.

Ein weiteres Ziel müßte sein, die vielen und sehr verschiedenen Yanomami um ein Feuer zu versammeln, um ihnen ihre gefährliche Situation klarzumachen, sie zu einigen, ihr Selbstbewußtsein zu stärken und sie politisch zu aktivieren.

Wolfgang und ich waren inzwischen vom Ältesten der Indianer energisch aus dem Dorf gewiesen worden. Aber er hatte uns, auf gestenreiches Fragen hin, gestattet, auf einem Baumstamm außerhalb der Umzäunung Platz zu nehmen. Da hockten wir nun, hingen unseren Gedanken nach und wollten die Welt verbessern, obwohl wir mitten in einer ihrer ausweglosen Höllen waren.

»Wenn ich das alles hier erlebe, diese totale Zerstörung, Verachtung und Entwürdigung ...« Ich stockte.

»Dabei könnten wir so viel von ihnen lernen«, sagte Wolfgang. »Zum Beispiel ihre Art zu leben. Mir imponiert ihre Anspruchslosigkeit, ihre Genügsamkeit, dieses Von-der-Hand-in-den-Mund-Leben, von heute auf morgen. Mich beeindruckt diese Lebensform, mit der sie garantiert noch in tausend Jahren klarkämen.«

»Davon bin ich ebenfalls überzeugt. Deshalb hat ja auch einer ihrer Häuptlinge, dieser Davi Yanomami, den UNO-Umweltpreis erhalten. Genau dafür, daß die Yanomami so harmonisch mit ihrem Wald umgegangen sind. Und dann guck dir uns an. Uns zu Hause, mich eingeschlossen, und die Goldsucher da unten im Tal: Reichtum anhäufen auf Teufel-komm-raus, Fortschritt, Vermehrung – und das, obwohl uns klar ist, daß wir mit dieser Lebensstrategie am Ende angelangt sind. Der Sauerstoff auf der Welt geht zur Neige, die Erde heizt sich auf, die Wüsten wachsen mit der Abholzung, die Bodenschätze sind verbraucht – und trotzdem leben wir weiter und propagieren den Fortschritt, als hätten wir noch ein paar Erden in Reserve.«

»Und ein weiteres Problem ist, daß wir, die Hauptverursacher der Umweltzerstörung, Ländern wie Brasilien nun etwas vorschreiben wollen. Ich meine, daß wir akzeptable Lösungen nur *gemeinsam* mit den positiven Kräften in Brasilien erarbeiten können.«

Die Goldsucher, die uns begleitet hatten, rutschten schon unruhig hin und her.

»Kommt. Laßt uns zurückgehen. Es wird bald Abend.« Tatsächlich! Die Fülle der Eindrücke und Gedanken hatte uns die Zeit völlig vergessen lassen. Die Sonne stand bereits sehr tief, und der Rückweg würde über eine Stunde dauern.

»Ja. Okay. Wir kommen gleich, ihr könnt ja schon vorgehen.«

Die vier waren einverstanden, aber unser vermeintlicher Aufpasser fand das nicht witzig.

»Auf keinen Fall. Nachher passiert euch was, und dann krieg ich Ärger mit Leonel.«

Wolfgang guckte mich an. Ich blickte Wolfgang an.

»Hat er gesagt, er kriegt Ärger mit dem dicken Pistenchef?«

»Ja. Das hat er gesagt.«

»Dann ist ja wohl so ziemlich klar, daß wir richtig vermutet haben, als wir ihn für einen hinterhergeschickten Schnüffler hielten.«

»Unter den Umständen würde ich sagen: Laß uns zurückgehen. Und morgen ziehen wir erneut los, aber ohne ihn und ohne uns zu verabschieden.«

»Aber um das Thema von eben noch zu Ende zu bringen: Es nützt unsere bestgemeinte Anstrengung nichts, wenn Brasilien nicht endlich seine Landreform durchführt, damit die Goldsucher und andere Verarmte anderweitig eine solide Lebensgrundlage finden.«

Die Landreform. Immer wieder wurde sie diskutiert, immer wieder wurde sie dem Volk versprochen, aber nie wurde sie durchgeführt. Ganz im Gegenteil. Immer mehr Land gelangte in den Besitz der wenigen Reichen. Und würde man nicht gleichzeitig auch die Projekte der Weltbank und der EG unter Kontrolle bringen, wäre auch die Landreform nur ein vorübergehendes und nicht ausreichendes Wogenglätten.

Wir verließen das Dorf. Fünfzehn Meter vom Ausgang entfernt, am ersten Baum des Waldes, ein frisches Holzschild. Groß und unübersehbar. Darauf ein dickes T.

»Guck dir das an«, stieß ich Wolfgang an, »das heißt doch bestimmt nicht Toilette oder Teestube. Das kann nur eine Markierung sein, die für die Holzfäller bestimmt ist. Sie werden ihre Schneise genau auf dieses Dorf zu schlagen.«

»Dann stellt das T vielleicht für Terror oder Tornado.«

Wolfgang wandte sich sofort an die *garimpeiros*.

»Was bedeutet das Schild dort?«

Sie zögerten mit der Antwort und berieten sich mit den Augen, ehe sie antworteten.

»Weiß ich auch nicht.«

Es war Schnüffi, der das sagte. Na, wenigstens wußte er, daß er *nichts* wußte. Wolf ließ nicht locker. Eine seiner Stärken ist seine Sturheit.

»Ist das ein Wegzeichen?«

Da strahlte unser Bluthund.

»Ja. Genau. Das könnte es sein. Es zeigt den Weg zur Piste, oder es sagt, daß dies hier die *maloca* T ist.«

Dabei lachte er und freute sich seiner Geistesgegenwart. Uns war klar, daß es sich auf gar keinen Fall um einen Wegweiser handelte, weil Wegweiser hier völlig unüblich sind, der Weg hier ohnehin deutlich war und Wegfindung eine der leichtesten Übungen der Waldläufer ist. Das Unheil, der Tornado der *garimpeiros*, wird seine Bahn auch durch dieses Dorf ziehen.

Am anderen Morgen um neun Uhr stapften wir erneut los. Im *remanchim* nur Müsli, Kamera und den Überlebensgürtel. In der Hand den *terçado*, das Haumesser. Das sah nicht nach weiter Wanderung aus. Außerdem war es neblig an diesem frühen Morgen. So fielen wir nicht auf. Die Piste schlief. Start und Landung waren erst bei Sicht möglich. Nur in den *barrancos* arbeitete man bereits auf Hochtouren. Wir gingen den direkten Weg zur gestrigen *maloca*. Als wir ankamen, war es bereits nach zehn Uhr. Mit Klatschen und Rufen hatten wir uns angemeldet. Sie schien so leer und verlassen wie gestern. Der Eingang war verbarrikadiert. Wir blieben davor stehen und riefen ›Hallo‹.

Da traten zwei Jungen hinter uns aus dem Gebüsch. Weder waren sie abweisend noch einladend. Sie hielten sich scheu auf zehn Meter Abstand, beobachteten uns still und warteten ab, was wir vorhatten.

Wie gestern begannen wir die Unterhaltung mit *amigo*. Dabei deuteten wir auf uns. Sie erwiderten sowohl das Wort als auch die Geste. Aber sie blieben, wo sie waren.

»Was machen wir jetzt?« fragte ich Wolfgang.

»Wir setzen uns wieder auf den Baumstamm von gestern nachmittag und essen ein Müsli.«

Während wir unseren Beutel öffneten, baten wir die Jungen näher und machten die Geste für »essen«.

Sie aber setzten sich lediglich hin. Näher kamen sie nicht.

Daraufhin pflückte Wolfgang ein kleines Bananenblatt, schüttete etwas von dem Hafermix darauf und brachte es ihnen.

Sie sagten nur *amigo* und ließen es stehen. Erst als wir es uns schmecken ließen, griffen sie auch zu.

Nach einigen Löffeln dieses trockenen Kraftfrühstücks verspürten wir Durst.

»Habt ihr Wasser?« fragten wir auf portugiesisch und machten die Trinkbewegung. Daraufhin standen sie auf und tippelten vor uns her zu einem Bach.

Es ging den Hügel hinab und war kaum fünfzig Meter weit. Es war das erste klare Wasser, das wir in dieser Gegend sahen. Bergan in diesem Seitental war also noch kein Goldsuchertrupp, während die ersten in Richtung bergab nur vierhundert Meter entfernt sein mochten. Dennoch waren auch über das Dorf hinaus irgendwo *barrancos*, denn mehrfach flog der Hubschrauber mit Netzen voll Gepäck über uns hinweg.

Wir nahmen einen großen Schluck und nutzten die Gelegenheit zu einem Bad. Dabei sahen wir, daß der Weg am anderen Ufer noch ausgetretener war.

»Maloca?« fragten wir und wiesen bergan.

»Maloca«, antworteten sie. Ob sie uns das Wort nur nachge-

sprochen hatten oder ob es da oben wirklich die nächste Siedlung gab, konnten wir der Antwort nicht entnehmen.

Wir zogen uns an und folgten dem Weg auf gut Glück.

Die Jungen hefteten sich an unsere Fersen. Auf einmal sagten sie von selbst *maloca* und machten eine Handbewegung nach vorn. Als sie dann anfingen zu klatschen, war uns klar, daß wir das nächste Haus erreicht hatten. So nah beieinander hatte ich noch nie Yanomami-Dörfer gesehen. Das gab es nur hier im Gebiet des Grenzgebirges Surucucú, dem Ursprungs- und Herzland der Yanomami, das auch Hauptsitz ihrer Götter ist.

Kurz vor der *maloca* überholten sie uns, schritten voran und geleiteten uns bis vor das Rund. Sie riefen den Leuten drinnen etwas zu, aber niemand antwortete oder kam heraus.

Sie entfernten die Eingangshölzer und bedeuteten uns einzutreten. Diese Jungen erinnerten mich lebhaft an andere Yanomami-Kinder, die mich bei meinem ersten Besuch eines Yanomami-Dorfes (1982) mit ihrer selbstverständlichen Gastfreundschaft überrascht und überwältigt hatten. Damals hatten mich die Alten von der Jagd ausgeschlossen, weil ich zu tolpatschig war. Ich konnte nicht gut genug schleichen und vertrieb ihnen das Wild. Eine Gruppe von Kindern hatte bemerkt, daß ich darüber traurig war. Sie holten ihre Kinderbogen und Pfeile hervor und bedeuteten mir, ihnen zu folgen. Genau wie die Alten schlichen sie lautlos durch den Wald. Plötzlich entdeckten sie einen Vogel. Ich mußte stehenbleiben und mich ruhig verhalten. Drei von ihnen umstellten den Baum, auf dem der Vogel saß. Er war nicht größer als ein Spatz. Aber dennoch trafen sie ihn.

Während der eine ihn rupfte und ausnahm – alles mit den Fingern und Zähnen – hatte ein anderer einen Minigrill errichtet, und ein weiterer hatte Feuerholz geholt.

Darin grillten wir den kleinen Piepmatz. Die Hauptüberraschung aber kam, als der gar war. Sie hockten sich ganz würdevoll vor mich in eine Reihe und reichten mir die kleine Brust und die winzigen Schenkel. Sie selbst teilten sich den Kopf.

Diese kleine Zeremonie und diese würdevollen Gesten hatten mich sehr beeindruckt und waren eins der typischen Beispiele, weshalb ich die Yanomami schätzen und lieben gelernt hatte.

An diese Kinder erinnerten mich die Jugendlichen, die nun vor uns ins Haus traten. Es war ein geschlossenes Haus, hatte also keinen offenen Innenbereich.

Infolgedessen war es innen sehr dunkel. Nur wenige Sonnenstrahlen fielen durch das schadhafte Dach. An einer Stelle war es mit gelber Plastikfolie abgedeckt. Sie wirkte wie eine gelbe Lampe und gab dieser Behausung einen trügerischen Hauch von Gemütlichkeit. Denn in Wirklichkeit war hier nichts gemütlich. Auf dem festgestampften, ebenen Boden hatten sich große Pfützen gebildet. Mücken schwirrten herum, und Flöhe hüpften uns an. Sie kamen in solchen Scharen, daß man am liebsten sofort geflohen wäre. Aber das ging nicht. Die *maloca* war ein Sterbeheim. Zwei völlig abgemagerte Frauen vegetierten in einer Hängematte apathisch dahin. Sie reagierten nicht mehr.

Daß es sich bei den beiden um Frauen handelte, mußte man mehr erraten. Sehen konnte man es nicht. Ihre Körper waren nur noch Skelette und ihre Brüste abgebaut. Zwei Hautlappen zeigten an, wo sie einmal gewesen waren.

Als die beiden Jungen uns von den Frauen fernhielten, respektierten wir das. Aber dann waren da noch zwei Männer. Ihr Alter war schwer zu schätzen, weil sie vom Tod gezeichnet waren. Der eine hustete. Dabei vibrierte sein schwacher Körper, und er mußte sich festhalten, um nicht umzufallen. Er streckte seine Hand aus und flehte sprachlos um Medizin.

»Der hat Grippe«, flüsterte Wolfgang. »Da werden wir nicht wirksam helfen können. Grippe ist für Indianer tödlich.«

Daß das den Tatsachen entsprach, wußten wir aus der Indianer-Literatur. Schnupfen, Husten, Grippe, Tuberkulose, Masern, Malaria und Geschlechtskrankheiten sind Krankheiten unserer Welt, der Welt der Weißen, die den Indianern bisher unbekannt waren und denen sie keine Abwehrstoffe entgegenzusetzen haben. Sie sterben daran. Das ist bekannt, und die FUNAI hat sich das zunutze gemacht. In ihrer schmählichen Vergangenheit, vor allem, als sie noch SPI (Servício de Proteção aos Indios) hieß und sich wegen bekanntgewordener Verbrechen 1968 umbenennen mußte, hat sie solche Krankheiten absichtlich unter die Indianer gebracht, mit dem Ziel, sie auszurotten, die Wälder indianerfrei und Spekulanten zugänglich zu machen. Heute handelt die FUNAI genauso, weil sie Scharen kranker Goldsucher absichtlich zu den Yanomami strömen läßt. Es gibt nicht die geringste Aufsichtskontrolle, und genauso wenig besteht eine medizinische Versorgung. Obwohl die FUNAI gerade dafür Geld zur Verfügung hat.

Seit Jahren führte deshalb die CCPY (eine brasilianische Nichtregierungsorganisation zum Schutz der Yanomami) eine medizinische Versorgung der Yanomami durch. Sie hatte zwei Boote mit Ärzten und Labors im Einsatz, die versuchten, über die großen Flüsse an die Indianer heranzukommen und ihnen gegen die Krankheiten der Weißen zu helfen. Es hatte viel Geduld erfordert, das Vertrauen der Indianer zu gewinnen, aber man hatte es geschafft. Und gerade, weil man es geschafft und die FUNAI völlig disqualifiziert hatte, war der CCPY Ende 1988 die weitere Tätigkeit untersagt worden. Offizieller Grund: ›... mit Rücksicht auf ihre Sicherheit.‹ Wahrer Grund: Man hatte Angst, daß die Greueltaten bekannt wurden.

Wir rührten dem grippekranken Mann ein flüssiges Müsli an. Vielleicht würde es ihm eine winzige Prise Widerstandskraft geben. Und wenn der Effekt auch nur ein psychologischer wäre.

In einer anderen Hängematte lag ein weiterer Sterbender. Auch er bestand nur noch aus Haut und Knochen. Dennoch hatte er einen Rest Lebenswillen. Wir hockten uns neben ihn und streichelten seine Wangen. Da glomm ein Fünkchen Hoffnung in seinen Augen auf. Nicht genug damit, er stand sogar auf und klammerte sich an einem Stützpfeiler fest. Woher er die Kraft nahm, war unbegreiflich. Zu allem Übel hatte er am Gesäß eine gewaltige Entzündung. Ein Arzt, der das Foto später sah, diagnostizierte ein Hungerödem. Wir säuberten es und rührten auch ihm Müsli an. Müsli als Allheilmittel. Es war ein unzureichender Trost in einer hoffnungslosen Lage. Aber zumindest war es eine Geste. Eine Andeutung für die beiden dabeistehenden gesunden Yanomami, daß nicht alle Weißen gleich sind.

Ein klapperdürrer Hund beleckte die Fäkalien, die durch die Hängematte getropft waren. Zwei winzige grasgrüne Bananen schienen seine einzige Nahrung für heute zu sein. Sie hingen am Stützpfahl.

Daß wir diesen Mann fotografierten und filmten, erschien uns besonders wichtig. Die Aufnahmen würden den Verrat der FUNAI an ihren Schutzbefohlenen deutlich machen.

Ein Indianerhäuptling hatte das mal richtig gesagt: »Nicht die FUNAI ernährt die Indianer, sondern die Indianer ernähren die FUNAI.«

Damit meinte er sehr treffend, daß der Hauptzweck der Indianerbehörde im Abkassieren dicker Gehälter bestehe.

Und Juruna, der einzige Indianer, der je (und nur kurz) im brasilianischen Parlament war (Abgeordneter der Demokratischen Arbeiterpartei), forderte deshalb die Umbildung der FUNAI-Spitze in ein Direktorium, bestehend aus Indianern und kompetenten Fachleuten in Eingeborenenfragen. Natürlich konnte er sich mit dem Vorschlag nicht durchsetzen.

Der zum Skelett abgemagerte Mann hatte uns tief erschüttert. Vor allem, weil wir uns so hilflos vorkamen. Wir fütterten ihn mit Müsli, salbten seine Wunde am Gesäß und gaben ihm auf gut Glück eine Dosis Antibiotikum gegen das Geschwür am Gesäß. Wolfgang legte den Mann behutsam zurück in die Hängematte.

»Es ist eine armselige Hängematte«, sagte er, »wenn der niemanden hat, der ihm das Feuer unterhält, muß er sich zu Tode frieren in der nächtlichen Kälte.«

Wir konnten uns das gut ausmalen, denn ohne unseren Schlafsack hätten wir es hier in den Bergen sehr schwer gehabt. Aber diese Gedanken brachten Wolfgang auf eine Idee.

»Der kriegt meine Faserpelzjacke.«

Wegen der Morgenkälte hatte Wolfgang sie sich angezogen und getragen, bis er sich warmgelaufen hatte. Er zog sie dem Mann an. Ich schleppte derweil Holzscheite von irgendwo herbei. Sie gehörten natürlich jemand anderem hier in der *maloca.* Aber das war im Moment egal. Der Mann sollte spüren, daß wir es gut mit ihm meinten.

Genauso hatte sich vor vier Jahren ein Indianer um meinen Freund Ulli gekümmert, als er völlig vereiterte Beine hatte. Geschwür reihte sich an Geschwür. Die Antibiotika, die wir mithatten, zeigten kaum Wirkung. Der Indianer besah sich das geschwollene Bein, streichelte es sanft und machte sich dann an die Arbeit. Geschwür um Geschwür saugte er mit dem Mund leer und spie den Eiter aus.

Auch wenn er Ulli nicht von seinem Leiden befreite, so verschaffte er ihm mit der Prozedur doch einige Linderung und half ihm vor allem seelisch.

Freund oder Feind?

Die Ausflüge zu den *malocas* hatten nur zwei Tage gedauert. Aber sie veränderten unser Leben. Selbst aufgesetzt freundliches Verhalten der Goldbosse würde uns nicht an ihrer tatsächlichen Einstellung zu den Indianern zweifeln lassen.

Da zeigte sich Leonel gern Hand in Hand mit einem Indianerkind, und er schrie nach einem Stück Kuchen »für unsere Indianerbrüder«.

Die einfachen Goldsucher allerdings verstellten sich erst gar nicht.

»Die Affen kommen«, grölten sie jedesmal, wenn einige Yanomami aus dem Wald auf die Piste traten. Und vor allem die

Goldsucher-Neuankömmlinge staunten sich die erste Neugier vom Leib.

»Die haben nich' mal Klamotten!«

»Guck dir das an. Wie bescheuert die sind. Der bringt die Taschenlampe wieder, die er hier gestern gekriegt hat. Weil sie nicht mehr brennt, will er 'ne neue. Der Vollidiot weiß nicht mal, daß das nur an der Batterie liegt.«

Oder: »Guck dir mal von ihr da die Titten an.« Und falls jemand nicht wußte, was er meinte oder welch toller Held er war, ging er auf die kindbeladenen Frauen zu und zog an den Brustwarzen. Dann kam allgemeine Stimmung auf. Man kreischte vor Vergnügen, während die Frauen fortliefen.

Sie hetzten um die Ecke der Baracke zum Plastikanbau, zur Küche.

Die beiden Köchinnen dort waren lieb zu ihnen. Womöglich aus Solidarität von Frau zu Frau. Sie gaben ihnen zu essen.

Sofort strömten aber auch die Goldsucher mit Hallo und Hurra ins Eßzelt, und bald war es gerammelt voll. Die Indianerinnen wurden jedoch von den Köchinnen gegen die Männer abgeschirmt.

»Hier, eßt euch satt«, forderten sie die Hungrigen auf, und die nutzten die Gunst der Stunde. Mit beiden Händen und beängstigender Geschwindigkeit stopften sie sich die Münder und Mägen voll. Die Köchinnen packten ihnen sogar etwas in die Körbe, die sie unter den angeschnallten Kindern ebenfalls auf dem Rücken trugen. Kommentar eines Goldsuchers: »Die kennen nicht mal Löffel!«

Antwort eines anderen: »Hast du schon mal 'nen Affen mit 'nem Löffel gesehen?«

Währenddessen zogen einige Indios von *barraca* zu *barraca* und erbettelten Abfälle. Mitunter erhielten sie sogar ein Paar ausgediente Schuhe, ein Stück Stoff, eine Batterie. Was sollten die *garimpeiros* auch geben? Sie waren selbst arm.

Ein weiterer Indio versuchte Pfeile gegen irgend etwas Nützliches einzutauschen. Er erhielt pro Pfeil eine Zigarette, und der spendable Goldsucher bedeutete ihm, daß er damit keinesfalls betrogen sei und er, der Goldsucher, nun verarme und Hungers sterben werde.

Dem Indio, der das getrocknete Fell einer winzigen Maracajá-Katze anbot, erging es »besser«. Er erhielt eine Flasche Bier. Die Umstehenden lachten aus vollem Halse. Sie wußten, was passiert, wenn ein Indianer Alkohol trank. Und war es nur ein Bier. Dieses Gift wirkt auf ihn in der Weise, daß er schon im Moment des Trinkens die Kontrolle über sich verliert. Er trinkt, bis er umfällt oder nichts mehr hat. Weil das so ist, ist die Abgabe von Alkohol an Indianer in Brasilien verboten. Selbst den Goldsuchern ist der Konsum verboten. Ein unübersehbares Schild in Leonels Büro droht jedem, der Alkohol trinkt, mit einer Strafe von zwanzig Gramm.

Dennoch juckte das nur wenige. Man tat's trotzdem, und niemand wurde bisher bestraft. In diesem Fall lösten wir das Problem, indem wir dem Indianer für viel Müsli das Bier »abkauften«.

Wir nahmen ihn mit in unsere Baracke. Dort bedeuteten wir ihm, daß dieses Getränk nicht gut für ihn sei. Daß er davon Bauch- und Kopfschmerzen bekommen und irgendwann sterben werde. Vor seinen Augen öffneten wir die Flasche, schütteten den Inhalt auf die Erde und gaben ihm die leere Flasche als Gefäß zurück. Er blickte ein wenig irritiert, aber er war mit dem Geschäft einverstanden. Trinken konnte er auch Wasser. Und nun hatte er etwas zu essen und ein Gefäß.

Immer wieder mußten wir uns zusammenreißen, um nicht dazwischenzufunken und als indianerfreundlich aufzufallen. Besonders, als eines Tages ein Indianer mit zehn kleinen, grünen Bananen auftauchte. Er wollte ein Messer dafür eintauschen. Das machte er mit geschickten Gesten klar. Die Yanomami sind gute Pantomimen.

Da löste sich ein Goldsucher aus einer Gruppe von Herumstehenden und ging auf den Indio zu. Er nahm ihm den Bastriemen mit der kleinen Bananenstaude vom Rücken. Der Yanomami gestattete das, weil er glaubte, der Tausch sei perfekt. Zumal der Weiße ein Messer trug. Aber der nahm die Bananen und wollte seelenruhig zu seinen Kumpanen zurückkehren.

Als der Indianer merkte, daß er betrogen werden sollte, lief er hinterher und forderte seine Bananen zurück. Zur Gaudi der Menge entspann sich nun ein Gerangel. Der Goldsucher bedeutete dem Indio, er habe Hunger, und damit basta. Schließlich drohte er ihm sogar mit erhobener Hand.

Da hielt es mich nicht länger. Ich eilte hinzu, nahm dem Goldsucher die Bananen weg und gab sie dem Indianer. Der zeigte gar keine Reaktion, sondern verließ die Piste und verschwand im Wald. Auf deutsch sagte ich zu dem Goldsucher: »Du mieses Arschloch.« Ich mußte das loswerden.

Dieser kleine Vorfall war von Leonel beobachtet worden. Er ging plötzlich auf Wolfgang zu und forderte ihn auf mitzukommen. Wolfgang gab mir noch schnell ein Zeichen, wachsam zu sein. So trotte(l)te ich in einigem Abstand hinterdrein. Sie gingen aber nicht ins Büro. Sie schritten zu unserer Baracke.

»Ich möchte deine Aluminiumkiste sehen«, forderte Leonel aus heiterem Himmel von Wolfgang. »Nimm sie und komm mit ins Büro.«

Ich war natürlich völlig perplex, als die beiden mit dem Koffer an mir vorbei ins Büro verschwanden. Wolfgang hatte mich ganz kurz und starr angesehen. Kein Lächeln, kein Augenzwinkern. Ich war wie elektrisiert. Trotzdem versuchte ich Ruhe zu bewahren. Ich stopfte meine sechs belichteten Filme in die Brusttasche der Weste und checkte, ob die Waffen in den dafür vorgesehenen Seitentaschen griffbereit waren. Es war alles dort, wo es hingehörte. Wolfgang hatte nur ein bespieltes Videoband. Es war in unserem Müslikanister versteckt. Natürlich sorgfältig in einer stabilen Plastiktüte, denn Videobänder mögen bekanntlich kein Müsli, was ich gar nicht verstehen kann.

Ich stopfte das Band in einen Brustbeutel und hängte ihn mir um den Hals. Ich war fluchtklar. Und ich war durchnäßt. Meine Weste, obwohl ärmellos und auf Durchzug gestylt, klebte am Körper. Die Hände tropften wie Wasserhähne. Ich wollte sie abstellen, aber es ging nicht.

Ich überlegte, was ich noch unbedingt bei mir haben mußte. Die Kameras schieden aus. Meine Notizzettel, die in einer Ecke vergraben lagen, ließ ich in ihrem Versteck. Was darauf stand, wußte ich ohnehin auswendig.

Den Überlebensgürtel wollte ich nicht umhängen. In dieser Aufmachung würde ich sofort Mißtrauen erregen. Aber den Kompaß konnte ich einstecken, eine Angel, zehn Reservehaken und Feuer. Das reichte. Nach vier Wochen frühestens würden wir venezolanische Zivilisation erreicht haben.

Ich hielt es in der stickigen Baracke nicht mehr aus und schlenderte zum Büro. Die Tür war zu, und ich hörte Wolfgang und Leonel sprechen. Die Goldsucher, die in der Nähe herumlungerten, nahmen mich nicht zur Kenntnis. Das wertete ich als gutes Zeichen. Hätte Leonel einen begründeten Verdacht gehabt oder hätte es drinnen heftige Debatten gegeben, hätten sich die Leute garantiert anders verhalten.

Als Wolfgang nach dreißig Minuten immer noch nicht draußen war, klopfte ich an.

»Herein«, klang es von drinnen. Ich trat ein und bat Wolfgang ganz beiläufig um sein Feuerzeug. Die Frage kam so unbekümmert, daß Leonel mein Auftauchen bestimmt als nichts anderes wertete.

Wolfgang wunderte sich natürlich über die Bitte, weil ich nicht rauche und weil er wußte, daß ich selbst eins besitze.

Unsere Blicke begegneten sich, und ich fing ein kurzes Blinzeln und die Andeutung eines Lächelns auf. Das machte mich zuversichtlich und ließ meine Anspannung sichtlich abfallen. Mir fiel aber auch sein Schweiß auf. Er war nicht weniger durchnäßt als ich. Vielleicht lag es am engen Raum. Aber warum war

Leonel nicht naß? War es doch nicht so heiß? Wolfgang erriet meine Gedanken. Er blickte an uns herab und meinte lächelnd: »Bevor man sich als Deutscher an dieses Klima gewöhnt hat, wird noch einige Zeit vergehen.«

Leonel schmunzelte auch. Das sah ja wirklich nach Gutwetter aus, dachte ich.

»Ist es in Deutschland viel kälter?«

Wir nickten wie auf Kommando. Wie ergebene Angestellte, denen der Boß einen Befehl erteilt hatte.

»Na, du wirst es ja sehen. Vielleicht klappt unser Geschäft. Dann werde ich sicher mal die Freude haben, dich als Gast bei mir in München begrüßen zu dürfen.«

He, dachte ich, was sind denn das für Töne? »In München besuchen«, »ist mir eine große Ehre« – war Wolfgang nun auch von der Mafia gekauft?

Endlich war die Sitzung beendet. Sie hatte fünfundvierzig Minuten gedauert. Wir waren noch nicht ganz aus der Tür, da hauchte mir Wolfgang zu: »Mensch, das war haarscharf!«

Als wir unter uns waren, erfuhr ich den Rest.

»Mach deinen Koffer auf! Ich möchte die Kameras sehen«, hatte Leonel befohlen. Wolfgang blieb cool. Trotz seines Schweißausbruchs.

»Ist das eine Reporterkamera?« wollte der Boß dann wissen.

Wolfgang lächelte. So, als wolle er wissen, ob die Frage wirklich ernst gemeint sei. Betont gleichgültig reichte er sie ihm rüber.

Leonel betrachtete sie von allen Seiten. Seine Finger tasteten über die Kratzer, er sah das beschmierte Lassoband, das so aussah, als halte es die schrottreife Kamera mit letzter Kraft zusammen, und er berührte die Dichtungsmasse, die aus manchen Ritzen quoll. Dann war Leonel beruhigt.

»Ich habe auch eine Videokamera«, war sein Kommentar. »Aber eine ganz moderne.«

Damit war klar, Wolfgangs Umsicht, die Kamera bis zur Schmerzgrenze zu verunstalten, hatte sich ausgezahlt. Leonel hielt sie für antik und war zufrieden. In Deutschland hätte der Trick nicht funktioniert. Dort weiß fast jeder, daß gerade der Profi arg ramponierte Kameras hat und der Amateur die seinen penibel pflegt.

Und dann fragte Leonel plötzlich: »Habt ihr Waffen?«

Die Frage kam wie ein Schuß. Wolfgang stellte sich breitbeinig vor dem Herrscher der Piste auf, die Arme etwas vorgehalten, so daß seine Textilien locker runterhingen. Wie beim Abtasten im Flughafen. Natürlich ließ er sich nicht abtasten, sondern er tat das sofort selbst.

»Was sollen wir mit Waffen? Braucht man denn hier Waffen?«

»Natürlich nicht. Ich brauche hier keine.«

Hätte Leonel ihn abgetastet, wäre er zu einem anderen Ergebnis gekommen.

»Dann gab es noch zwei interessante Beobachtungen«, fuhr Wolfgang fort. »Als ich reinkam ins Büro, hörte Leonel gerade eine Radiosendung. Es sprach General Leônidas Pires, der Heeresminister. Nicht aus irgendeinem Grund, sondern aus Anlaß des ›Tages des Indianers‹.«

»Konntest du das gut verstehen?«

»Ja, astrein. Es waren die üblichen Kraftsprüche. Nur diesmal eben vom Heeresminister persönlich. Und dann zum ›Ehrentag des Indianers‹. Der reinste Zynismus. Er meinte, man könne 40 000 Goldsucher (es sind 65 000) nicht rausholen. Das sei militärisch nicht machbar. ›Wer will sie denn überhaupt raushaben?‹ tönte er. ›Niemand. Nicht mal die Indianer selbst wollen das. Denn schließlich kommen die Goldsucher für ihre Ernährung auf. Und außerdem landen in Boa Vista täglich zwanzig Kilo Gold.‹«

»Was müssen diese Politiker doch Rückhalt beim Staatspräsidenten haben, wenn sie ihre Menschenverachtung und -verdummung so öffentlich und ohne persönliche Konsequenzen hinausposaunen können? Was ist das für eine Armee, und was ist das für ein Heeresminister, die mit solch einem Problem nicht fertig werden? Aber du sprachst von *zwei* Beobachtungen.«

»Ja«, sagte Wolfgang, »die andere ist ein echter Hammer. Der Assistent von Leonel, der Typ, den er uns neulich nachgeschickt hat, wurde von ihm ans Funkgerät gerufen. Er mußte tierisch reinschreien, weil Boa Vista ihn nicht gut genug verstand: Man solle seiner Frau bitte bestellen, mit der morgigen Maschine würde er ihr mal wieder ein Kilo Gold schicken. Mehr habe er im Moment nicht. Die letzte Woche sei schlecht gewesen. Aber bestimmt könne er ihr bald mehr schicken. Und einen schönen Gruß an die Kinder.«

Ich verstand den Knüller nicht.

»Was ist daran das Besondere?«

»Das Besondere? Daß er gar kein Gold besitzt. Jedenfalls nicht ein Kilo, und schon gar nicht als Wochenlohn. Sie machen das, weil der Funk von Hinz und Kunz mitgehört wird. Das spricht sich natürlich wie ein Lauffeuer rum, und die Bosse hier kriegen genügend Arbeitskräfte. Und wer es nicht mitgehört hat, wird es vom Gewerkschaftschef Baixinho erfahren. Der läßt ständig mithören. Eine irre Werbeidee.«

»Woher weißt du denn, daß er in Wirklichkeit nichts hat?«

»Ganz einfach. Ich habe ihn gefragt. Ich sagte, ich würde ihm einen höheren Preis zahlen, falls er es mir gäbe, weil wir noch *pepitas* machen lassen wollten.«

Und über die *pepitas* (Goldstücke) waren Leonel und Wolfgang dann schließlich wieder beim Thema Goldgeschäft gelandet. Wolfgang ließ ihn wissen, daß wir mit den gesammelten Informationen eigentlich sehr zufrieden seien. Die Goldfunde seien rentabel, und aus unserer Sicht würden wir den Klienten die Investitionen empfehlen. Dieses Gespräch nahm dann auch den größten Teil ihrer Sitzung in Anspruch. Das zwischenzeitliche Mißtrauen, die Gepäckkontrolle schien ausgestanden.

Wolfgang erfuhr, in unmittelbarer Nähe der Piste sei natürlich alles längst verpachtet. Aber man wolle auch weiterhin *terra virgem*, jungfräuliches Neuland, erschließen, und da bestünden noch Möglichkeiten des Einkaufs. Zunächst aber solle man die Konditionen für den Goldverkauf festlegen, über eventuelle weitergehende Zusammenarbeit könne man zu gegebener Zeit reden.

»Sobald ich hier an der Piste abkömmlich bin, in zwei Wochen etwa, sollten wir uns erneut mit allen Partnern in Boa Vista zusammensetzen und das besprechen.«

Wolfgang hatte sich einverstanden erklärt und bei der Gelegenheit auch gleich den Rückflug angesprochen.

»Eigentlich haben wir genug gesehen. Wenn du nichts dagegen hast, würden wir morgen gern zurückfliegen.«

Leonel war einverstanden. Er zeigte sich großzügig. Sein Abschiedsgeschenk: »Die Miete und die Startgebühr (je sechzig DM) erlasse ich euch. Guten Flug, und du, Wolf, melde dich bei mir.«

Wir schieden wie Freunde.

Seltsame Freunde.

Vorher verschenkten wir alles, was uns überflüssig erschien, an eine Gruppe Indianer, die bettelnd über die Piste zogen. Vor allem diverse Messer, Macheten und das viele Müsli. Ab morgen gab es für uns wieder frische Salate. Direkt in Manaus. Vorbei wäre die Zeit der Bohnen und des Reis.

Für den skelettdürren Indianer brachten wir den Schlafsack zur *maloca*. Wir dachten, daß er ihn wohl am nötigsten hätte, weil sein Körper kaum noch siebenunddreißig Grad halten konnte.

Da faßte mich einer der Indianer am Arm. Er stellte sich auf die Zehenspitzen, um mir etwas ins Ohr zu flüstern. Ich beugte mich ihm entgegen. Er hauchte mir ein Wort ins Ohr. Es dauerte eine ganze Weile, ehe ich es verstand. Doch dann war es klar. Er sagte es fragend, flehend und mit letzter Hoffnung: »FUNAI?«

Das traf mich hart. Ich mußte dreimal schlucken. Wie sollte man den Indianern klarmachen, daß sie gerade von dieser Behörde aufs schmählichste verraten und verkauft worden waren?

Ich verneinte und umarmte ihn.

Vorbei an verängstigten Indianerinnen, die sich beim Aufdonnern der Motoren vor Angst hinter die gefällten Bäume warfen, erhob sich unsere Maschine anderntags von der Pista Baiano Formiga.

Killerkommandos

Der Bischof Dom Aldo hatte uns per Kurier mitgeteilt, er würde uns gern den Goldsucher Adalberto Santos mit dem Tagebuch vorstellen. Wir möchten ihn von einer Telefonzelle aus anrufen.

»Das ist sehr dringend. Es handelt sich nämlich nicht um irgendein Tagebuch, sondern um ein ganz besonderes. Sie werden es sehen.«

Nun waren wir neugierig geworden. Wir vereinbarten einen Treffpunkt zu nächtlicher Zeit. Irgendwo am Stadtrand.

Der Bischof war pünktlich zur Stelle. Wir gingen auf seinen Wagen zu. Aber er war allein darin.

»Ist der Goldsucher nicht gekommen, oder fahren wir zu ihm?«

»Nein, nein, es ist alles in Ordnung«, erwiderte Dom Aldo und blickte sich um. Die Luft war rein. Es war niemand zu sehen. Er stieg aus und machte einen Schritt zur Ladefläche seines Pick-ups. Aber auch dort war niemand. Nur eine zerknautschte Plane. Wir wollten hinten aufspringen.

»Nein, bleiben Sie unten«, bat er, »sonst treten Sie auf Adalberto. Komm runter, Adalberto.«

Da hob sich die Plane in die Höhe, und ein Mann kam zum Vorschein.

»Lassen Sie uns erst zu einem sicheren Ort fahren. Dann erkläre ich Ihnen das.«

»Sie müssen wissen«, erläuterte der Bischof nach unserer Ankunft, »Adalberto gilt hier in Boa Vista als ›unerwünschte‹, als ›überflüssige‹ Person. Die *pistoleiros* sind hinter ihm her.«

»Nur weil er ein Tagebuch geschrieben hat?«

»Ja, weil er *dieses* Tagebuch geschrieben hat, weil er Dinge gesehen und heimlich notiert hat, die nicht bekannt werden sollen. Adalberto hat sich mir anvertraut, und wir sind uns einig, daß diese Vorkommnisse an die Öffentlichkeit müssen. Das einzige brasilianische Nachrichtenmagazin, das den Mut hatte, Auszüge zu veröffentlichen, war die ›Isto é‹. Seitdem sucht ihn sogar die FUNAI, zusammen mit der Militärpolizei, und bestimmt nicht der Gerechtigkeit wegen.«

Adalberto, einunddreißig Jahre alt, wirkte ruhig, besonnen, offen und sympathisch auf uns. Seit er das Buch ins Gespräch gebracht hatte, hielt der Bischof ihn versteckt. Nur er allein wußte, wo Adalberto sich aufhielt.

»Irgendwo außerhalb Boa Vistas. Ich bringe und ich hole ihn, damit es niemand erfährt.«

»Aber so kann es doch nicht ewig weitergehen. Was hast du für die Zukunft geplant, Adalberto?«

Nun meldete sich auch der Mann zu Wort.

»Ich werde wohl in den Süden gehen.«

»Ja«, warf Dom Aldo ein, »er träumt von einer kleinen Farm. Hier oben hat er überhaupt keine Überlebenschancen mehr. Er kriegt keine Arbeit, und er darf sich nirgends blicken lassen.«

Wir hatten inzwischen Platz genommen und waren gespannt auf das Buch. Es war handgeschrieben, und es existierte eine maschinengeschriebene Kopie.

Adalberto las ein paar Auszüge vor, und mit einem Schlage war uns klar: Das Buch mußte er uns überlassen. Ich wußte sofort, daß ich es auszugsweise in mein Buch integrieren würde und daß der Gesamttext an die »Gesellschaft für bedrohte Völker« weitergeleitet werden mußte.

Wolf, das stand auch gleich fest, würde Adalberto im Film herausstellen. Das würde der Sache helfen. Als Nebenprodukt würden wir aber auch die übliche, bestimmt zufriedenstellende Bezahlung erhalten und quasi an Adalberto ›verdienen‹. Adalberto hingegen konnte jetzt nichts mehr verdienen. Er hätte es gekonnt, wenn er den Mund gehalten und mitgemacht hätte. Dann könnte er noch immer im Gold arbeiten wie die fünfundsechzigtausend Männer, die alle zu einem solchen Schritt zu feige sind, denen die Prise Goldstaub mehr bedeutet als das Leben eines Indianervolkes und die sogar aktiv mittöten, wenn sie Order kriegen oder Lust dazu verspüren.

Daß Adalberto nicht so gedacht und gehandelt hatte, kostete ihn nun die Existenz. Und wenn er nicht aufpaßte, das Leben. Obwohl er eigentlich einen Orden verdient hätte. Und ich sagte, auch im Namen von Wolfgang: »Wir wollen das Tagebuch nicht umsonst. Wir können dir eintausenddreihundert Dollar geben. Das ist das, was wir bei uns haben.«

Adalberto hatte in seiner Bescheidenheit und aus Überzeugung gar nichts erwartet. Aber er zierte sich nicht. Er nahm das Geld an.

»Ich habe noch nie in meinem Leben Dollar gesehen.«

Er befühlte die Einhundert-Dollar-Scheine und wendete sie hin und her.

»Wie viele Cruzados sind das?«

»2470 Neue Cruzados, das ändert sich aber täglich: Der Dollar behält seinen Wert, der Cruzado nie. Der Dollar ist wie Gold. Diese Summe entspricht hundertdreißig Gramm Gold.«

Und der Bischof meinte: »Was er zur Zeit zum Leben braucht, kriegt er von mir. Mit diesem Geld kann er mit dem Bus in den Süden Brasiliens fahren und sich ein Stück Land kaufen und eine Farm aufbauen.«

So ging das brisante Tagebuch in unseren Besitz über. Er quittierte mir den Empfang des Geldes und gab es zur Veröffentlichung frei. Erlegte auch ausdrücklichen Wert darauf, nicht unter einem Pseudonym genannt zu werden.

»Anonymität läßt es unglaubwürdig erscheinen. Ich stehe dazu.«

Für diesen Mut, lieber Adalberto, danken wir dir. Du wirst den Indianern und dem ehrbaren Teil des brasilianischen Volkes damit hoffentlich sehr helfen.

Wir lasen noch eine ganze Zeit in dem Text, während Adalberto bereits Reisepläne schmiedete. Da fiel uns auf, daß viele Passagen seiner Aufzeichnungen einer zusätzlichen Erklärung bedurften. Für ihn als Goldsucher war alles klar und in einem Nebensatz abgehandelt. Uns als Fremden blieb vieles unklar. Deshalb fragten wir ihn: »Wärst du bereit, uns noch Fragen vor der Kamera zu beantworten?«

Natürlich war er einverstanden. Der Bericht nahm fast eineinhalb Stunden in Anspruch. Als Wolfgang die Kamera einpackte, sagte er: »Dieses Material werde ich der Menschenrechtskommission der UNO vorführen. Das muß an die Öffentlichkeit.«

Aus dem Tagebuch eines Goldsuchers*

Adalberto: »Dieses Tagebuch wurde von mir, Adalberto Santos, geschrieben. Ich wurde 1958 in Coimbra, Portugal, geboren, und lebe seit 1962 in Brasilien. Ich wohne seit 1986 in Boa Vista, Roraima.«

Wolfgang Brög: »Adalberto, was wolltest du mit dem Tagebuch erreichen?«

Adalberto: »Ich wollte vor allem die Wirklichkeit der Goldsucher dort drinnen im Wald kennenlernen und dann auch ver-

* Übersetzung aus dem Portugiesischen von Wolfgang Brög, München.

suchen, meine finanzielle Lage aufzubessern, aber vor allem die Situation der Goldsucher und Indianer kennenlernen, da diese Realität keinem bekannt ist. Es wird viel veröffentlicht, viel gesagt darüber, aber wirklich wenige waren vor Ort. Ich glaube, daß diese Idee noch niemand hatte, bis dahin zu gehen und diese Arbeit zu machen. Der Gedanke kam mir ganz plötzlich, dort hinzugehen und dieses Tagebuch zu schreiben, um bekanntzumachen, was dort wirklich passiert.

Denn was dort wirklich vor sich geht, ist vor allem die Invasion der Indianergebiete, die Ausrottung der Indianer. Und dann die Zerstörung Amazoniens, der Natur und der Tierwelt – man kann sagen, daß hier die Beerdigung der Welt, der ganzen Menschheit stattfindet.«

WB: »Es ist in der brasilianischen Zeitschrift ›Isto é‹ ein Artikel erschienen. Hatte das Konsequenzen für dich?«

A: »Ja, das hatte sogar unerwartete Folgen. Nach der Veröffentlichung suchten mich Leute der FUNAI und der Militärpolizei von Roraima auf. Da sie mich nicht antrafen, erschien am nächsten Tag eine andere Person, um mich zu suchen, die mich aber auch nicht vorfand. Zwei Tage später wurde ich von einem Freund gewarnt, ich solle so schnell wie möglich verschwinden, da derjenige, der mich suchte, mich umbringen solle. Ich nahm die Warnung des Freundes ernst und zog in ein anderes Haus. Bis heute lebe ich praktisch versteckt, den ganzen Tag, und öffne nur den wenigen Leuten, die ich kenne.«

WB: »Hast du einen Verdacht, von welcher Seite diese Bedrohung kommt?«

A: »Mein Hauptverdacht richtet sich gegen die Indianerbehörde, die FUNAI.«

WB: »Wie hast du das Tagebuch geschrieben? Hat dich jemand dabei gesehen, mußtest du es heimlich schreiben?«

A: »Ja, ich habe es immer nachts geschrieben.«

WB: »Hattest du Angst, es könnte dich jemand dabei erwischen?«

A: »Genau. Ich hatte ziemlich Angst, weil ich wußte, daß sie mich umgebracht hätten, wenn sie es entdeckt hätten. Ich war deshalb damit äußerst vorsichtig. Ich schrieb immer, wenn alle schon schliefen, war wachsam, damit niemand entdeckte, daß ich schrieb. Manchmal, wenn jemand zu mir kam und fragte, was das Geschriebene da ist, weil er es in meiner Tasche sah, erzählte ich eine ganz andere Geschichte, ich erfand irgendwas. Die meisten Goldsucher können nicht lesen und haben auch sonst wenig Ahnung oder Kultur, und so ist es mir gelungen.«

WB: »Was sind deine Pläne für die nächste Zukunft, nachdem dies veröffentlicht ist, was wirst du machen?«

A: »Mein Plan ist folgender. Erst einmal weggehen aus Roraima. Durch die gemachten Veröffentlichungen, die Verbreitung meiner Arbeit aus dieser Zeit mit den Goldsuchern, wird es für mich unmöglich, hier zu bleiben. Hier ist es aus für mich. Das habe ich beschlossen, nachdem ich Morddrohungen bekommen habe und gewarnt worden bin. Ich bin sicher, daß ich hier Schwierigkeiten bekommen werde, wenn das erst einmal auch im Ausland veröffentlicht worden ist. Darum also muß ich raus aus Roraima. In mein Land zurück kann ich momentan nicht, da mir die finanziellen Mittel fehlen, um nach Portugal zurückzukehren. Ich werde wohl in den Süden gehen, versuchen, dort zu arbeiten und ein normales Leben zu führen, vielleicht eine kleine *fazenda*.«

WB: »Hast du Familie?«

A: »Nein, Familie habe ich keine.«

WB: »Wie alt bist du?«

A: »Mein Alter? Einunddreißig.«

WB: »Fang einfach mal an zu lesen.«

»6. September 1988, Dienstag

Um zehn Uhr morgens verließen wir Boa Vista, um uns in Richtung der garimpos zur Piste von Paa-piú zu begeben. Um 11.45 Uhr trafen wir auf der vorgenannten Piste ein und nahmen gleich darauf eine andere Maschine zur Piste Oliveira am Rio

Vatatas, an der Serra Parima, wo wir arbeiten wollten. Um 14.43 Uhr erreichten wir unser Ziel, und dort blieben wir den Rest des Tages, in der Hütte von Sócio Piau da Selva, wo wir auch übernachteten. Am Abend nutzten wir die Gelegenheit, um etwas zu essen, und anschließend zogen wir uns, erschöpft von der Reise, zurück zum Schlafen.«

WB: »Was ist ein Sócio?«

A: »Ein Goldsucher, mit dem man zusammenarbeitet, ein Gefährte.«

Text aus dem Tagebuch: »7. September 1988, Mittwoch

Es war unser erster Tag im Wald, der schon mit Regen anfing. Trotzdem mußten wir unsere Reise fortsetzen. Jetzt marschierten wir durch den Wald, ohne Pause, um zu essen, und so kamen wir um siebzehn Uhr in der Hütte von Sócio Mineirinho an. Danach warfen wir unser Tragegestell zu Boden und machten uns, obwohl wir müde waren, an die Arbeit.

Später gingen wir baden, und als wir dann zu Abend aßen, kam der Sócio Baiano-comeonça an und warnte uns vor den Indianern, die uns angreifen wollten. Wir erschraken sehr und begannen alle, unsere Waffen zu laden, und warteten. Es wurde dunkler, aber sie kamen nicht. Wir machten Feuer, um unser Lager aufzuhellen, aber wir waren so müde, daß wir einschliefen. Dabei hielt nur Sócio Manso Wache. Gott sei Dank hatten wir aber eine friedliche Nacht ...«

WB: »Welche Waffen habt ihr benutzt?«

A: »Gewehre, Schrotflinten, Revolver und Messer.«

WB: »Hast du auch Handgranaten gesehen?«

A: »Ja, schon – die kenne ich.«

WB: »Und Maschinenpistolen?«

A: »Kenne ich auch.«

WB: »Hast du sie während dieser Reise gesehen?«

A: »Ja, während der Reise. Nicht während dieser Episode jetzt, aber auf dieser Reise. Maschinenpistolen und Granaten, bei den Goldsuchern dort.

8. September 1988, Donnerstag

Wir standen früh auf und nahmen nach einer Zeit des Fastens wieder etwas zu essen zu uns. Um etwa sieben Uhr nahm jeder von uns sein Werkzeug (Schaufel, Hacke, Pickel und Haumesser), und wir verschwanden im Baixao. Wir wurden nicht angegriffen von den Indianern, dennoch legten die Sócios Baiano-comeonça, Patachoca, Sócio Ceará-da-jumenta und Maranhão-da-claudia-raia gegen den Willen der Mehrheit ihre Patronengurte an und gingen in Richtung der nächsten maloca, um die Indianer zu töten, die bereit waren, Widerstand zu leisten.«

WB: »Habt ihr geredet, gab es noch mehr Leute, die dagegen waren?«

A: »Ja, es gab noch andere. Wir waren ungefähr zwanzig Goldsucher im Lager. Vier davon ergriffen die Initiative, alle anderen waren dagegen.«

WB: »Waren das einfache Goldsucher?«

A: »Ja, einfache.«

WB: »Machten die das aus eigenem Antrieb, oder wurden sie vielleicht von jemandem geschickt?«

A: »Das machten sie von sich allein aus. Dieser Baiano-comeonça war der Besitzer einer Grube, der Boß dort. Er war also der Anführer, die anderen machten einfach mit. Er hatte die Idee dazu, die anderen begleiteten ihn. Die meisten unserer Gruppe waren dagegen, aber die anderen gingen trotzdem.«

Text Tagebuch: »Dort vergnügten sie sich mit den Indianerfrauen, die Männer wurden festgebunden. Später, als wir in unserem Lager eintrafen, waren sie schon wieder zurück.«

WB: »Woher wußtet ihr, was sie da machten? Erzählten sie es danach?«

A: »Ja.«

Text aus dem Tagebuch: »Sie berichteten vergnügt und lachend über das, was geschehen war. Ich, der Sócio Antonio Gamba, Sócio Jambuti-da-xuxa, Sócio Cara-de-cuati, Sócio Genia-delontra waren sehr aufgebracht und sagten den anderen, daß wir gehen würden, sobald die angefangene Hütte fertig sei, da wir keine Probleme mit den Indianern haben wollten und noch weniger mit der FUNAI. Wir wollten nur unsere Haut retten und ein wenig Gold waschen, um ein neues Leben anzufangen. Wir gingen dann zum Abendessen und gleich darauf schlafen.«

WB: »Was du da erzählst, daß sie sich mit den Indianerinnen vergnügt hatten und die Männer gefesselt – ging das denn ohne Kampf ab? Haben die Indianer sich nicht gewehrt?«

A: »Ja, das gelang ihnen ohne Kampf, denn als sie in dem Dorf ankamen, war der größte Teil nicht da. Vier Indianerinnen und einige Männer waren anwesend. Bewaffnet überwältigten sie die Indianer ohne Probleme, und die Indianer ergaben sich, da sie sonst noch mehr Repressalien fürchteten.«

WB: »Die gefesselten Männer konnten also dann alles mit ansehen?«

A: »Sie konnten alles sehen, sie waren an einem Baum angebunden.«

WB: »Hast du das selbst gesehen?«

A: »Ja, schon.«

WB: »Warum wird so was gemacht?«

A: »Die Mentalität der meisten Goldsucher ist sehr primitiv, sehr unmenschlich. Sie sehen den Indianer als Tier, als eine vollkommen wilde Bestie, die nichts Menschliches an sich hat. Und dann glaube ich, daß ein großer Teil des Hasses der Goldsucher auf die Indianer daher kommt, daß sich die Indianer doch gegen das Eindringen in ihr Land wehren. Und das ist dann die einzige Gelegenheit, sich dafür zu rächen.«

WB: »Gab es während dieser ganzen Vorfälle, die du uns erzählt hast und die noch kommen werden, einen Goldsucher, der gesagt hätte, daß Vergewaltigung und Mord strafbar sind oder daß es für sie Konsequenzen haben könnte, gesetzliche Konsequenzen?«

A: »Ja, das gab es. Ich selbst und ein anderer Sócio, der dort war, wir sprachen sehr deutlich und versuchten die anderen zu überzeugen, ihnen klarzumachen, daß das, was sie da machten, gegen das Gesetz sei und daß es enorme Auswirkungen haben könnte, wenn es bekannt würde. Aber das kümmerte sie überhaupt nicht.«

WB: »Vielleicht deshalb, weil sie schon wußten, daß es keine Konsequenzen haben würde, selbst wenn sie jemand töten würden, oder sprachen sie nicht darüber?«

A: »Nein, das einzige, was sie sagten, war, daß sie bereit seien, das zu tun, was gemacht werden mußte. Indianer töten sei wie Affen töten, und Indianer würden nur die wirtschaftliche Entwicklung der ganzen Nation aufhalten.«

WB: »Hast du also noch von niemandem gehört, der verurteilt wurde, weil er einen Indianer tötete?«

A: »Nein. Während meiner vierzehn Jahre in Brasilien habe ich noch nie davon gehört.«

WB: »Dieser Baiano-come-onça ist bekannt als Eigentümer einer Piste?«

A: »Er ist Besitzer einer Grube. Sie ist nicht dort in der Nähe der Piste Baiano Formiga, sondern in der Gegend der Piste Oliveira.«

WB: »Und dort ist er und arbeitet.«

A: »Ich glaube, ja, er hat dort sehr viel Land.«

Text aus dem Tagebuch: »Die Tage vom 9. bis zum 11. September, also Freitag, Samstag, Sonntag, verliefen normal, wir arbeiteten wie immer, es gab keine besonderen Vorkommnisse.

12. September 1988, Montag

Am ersten Arbeitstag der Woche standen wir früh auf und nahmen unsere Arbeit, diesmal erholt, mit Schwung auf. Wir wuschen das Geröll und warfen es auf die Seite. Um zirka zwölf Uhr, als sich die Gruppe zum Mittagessen versammelte, hörten wir einige aufeinanderfolgende Schüsse. Wir spürten, daß die Indianer da waren und daß es sich um einen Angriff handelte. Ich, Sócio Pata-choca, Sócio Antonio-gamba, Sócio Yaberti-daxuxa, Sócio Cara-de-cuati, Sócio Genio-de-lontra liefen dann schnell in

Richtung der Grube und warfen uns hinein. So flüchteten wir durch den Fluß, bis wir eine Brücke erreichten. Als wir dann nicht mehr in Reichweite der Indianer waren, begaben wir uns in den Wald, wo wir die Nacht verbrachten.

23. September 1988, Dienstag

Wir marschierten um zirka vier Uhr früh zurück zu unserer Hütte und kamen erst um dreizehn Uhr in unserem Lager an. Wir fanden das Lager verlassen, und unsere ganze Ausrüstung war verstreut auf dem Boden. Danach merkten wir, daß der Rest unserer Leute geflüchtet war. Wir nahmen unsere Sachen (einige, die uns die Indianer nicht weggenommen hatten), und mitsamt einigen Konserven und Ölsardinen, die auf dem Boden verstreut waren, und etwas Mehl, das wir am Boden aufsammelten, schlugen wir uns ohne bestimmtes Ziel ins Gebüsch.«

WB: »Welche Art von Waffen hatten die Indianer?«

A: »Sie benützten Schrotgewehre, Kaliber 20, und Pfeile.«

WB: »Waren die Pfeile vergiftet?«

A: »Ja.«

WB: »Diese Indianer, waren die noch mehr oder weniger unberührt, oder hatten sie schon Kontakt mit der Zivilisation?«

A: »Ihr Kontakt mit der Zivilisation war, wie bei den meisten Yanomami, sehr gering. Es gibt zwar immer wieder den einen oder anderen, der etwas Portugiesisch spricht, aber ich kann sagen, daß ihre Kontakte bisher sehr gering waren.«

WB: »Hat dieser Baiano-come-onça schon von früheren Taten erzählt?«

A: »Ja, ich weiß von einigen seiner Aktionen in den Gebieten von Pará, im Mato Grosso und auch in der Serra Pelada.«

WB: »Kann man sagen, daß ein Goldsucher sich offen dieser Taten rühmt?«

A: »Ja, sie sind stolz darauf, fühlen sich als Supermänner, als Helden, je mehr sie getötet haben.«

Text aus dem Tagebuch: »30. September 1988, Freitag

Wir kamen auf der Piste von Sócio Mineracão um 9.15 Uhr an.

Wir wurden vom Chef des Lagers empfangen. Wir erzählten ihm unsere Geschichte und bekamen eine gute Mahlzeit. Als dieser erfuhr, daß wir seit dem Nachmittag des 13. fast nichts zu essen bekommen und auch kaum geschlafen hatten, war er sehr betroffen und beeindruckt von unserem Durchhaltevermögen. Wir ruhten uns den Rest des Tages aus, indem wir Wanzen, Zecken und allerlei anderes Getier, das uns plagte, von uns entfernten. Es wurde Nacht, und wir wurden schnell vom Schlaf überwältigt, da wir müde und schwach waren.

1. Oktober 1988, Sonntag

Wir standen am frühen Morgen auf, aber es fiel uns sehr schwer. Es war ein strahlender Tag, und die Sonne schien. Da wir jetzt etwas ausgeruhter waren, gingen wir, um unsere Kleidung zu waschen und unsere Wunden an den Füßen und am ganzen Körper zu pflegen.

Um 11.30 Uhr gab es Mittagessen, und in dieser Zeit nutzte Sócio Parazinho die Gelegenheit, um uns über das Resultat des Angriffs der Indianer auf die Grube Claudia-raia, von wo wir geflüchtet waren, zu berichten. Vier Indianer starben, und die Goldsucher konnten flüchten. Wir hörten der Geschichte zu, und ich sagte am Schluß, daß wir zu dem Zeitpunkt des Angriffs nicht mehr anwesend waren. Wir erzählten auch, welchen Grund die Indianer hatten, dies zu tun. Es wurde Nacht, und bald gingen wir schlafen.«

WB: »Sie flohen, gingen aber doch sicher irgendwann wieder dorthin?«

A: »Sie flüchteten, blieben ein paar Tage weg und kehrten dann zurück.«

WB: »Gab es darauf noch weitere Kämpfe?«

A: »Nein.«

WB: »Die Indianer haben also aufgegeben.«

A: »Ich habe nichts von einem anderen Kampf gehört.«

Text aus dem Tagebuch: »Den 2. und 3. Okober verbrachten wir an der Piste des Sócio Mineracão am oberen Rio Mucajaí.

4. Oktober 1988, Dienstag

Wir gehen um fünf Uhr los Richtung Piste União, und marschieren durch den Wald vom 4. Oktober bis zum Samstag, den 8. Oktober.

9. Oktober 1988, Sonntag

Wir erreichen die Pista União um fünfzehn Uhr und übernachten dort. Die Tage vom 10. bis 13. Oktober verbringen wir an der Piste União, alles verläuft normal, es gibt keinen Vorfall zu berichten.

Am 13. verlassen wir die Piste mit dem Helikopter Richtung Paa-piú und kommen am selben Tag, einem Freitag, in Paa-piú an.«

WB: »Habt ihr in Paa-piú von den Vorfällen erzählt?«

A: »Nein, wir haben in Paa-piú mit so gut wie niemandem gesprochen.«

WB: »Warum?«

A: »Weil ich sowieso mit niemandem darüber sprechen wollte und weil in Paa-piú fast alle Leute Goldsucher sind.«

WB: »Gab es damals dort keine Station der FUNAI?«

Text aus dem Tagebuch: »Dort in Paa-piú gab es nur einen Posten der Militärpolizei. Aber die ließen sowieso alle Fälle verschwinden, alle Vorfälle wurden verschwiegen. Selbst die FUNAI, die zuvor auch dort war, wußte nicht nur von diesem Vorfall, sondern von vielen anderen und hat nie etwas unternommen. Darum sprachen wir auch nicht davon und meldeten nichts. Die FUNAI hätte nichts unternommen, nur daß wir von seiten der FUNAI, der Militärpolizei und den Goldsuchern Schwierigkeiten bekommen hätten. Darum schwiegen wir. Alle diese Fälle von Willkür der Goldsucher gegenüber den Indianern, diese dauernden Konflikte, kommen niemals als ganze Wahrheit in die Presse. Und die Presse veröffentlicht auch nie die Wahrheit, nur das, was die FUNAI und die Regierung wollen. Ich kann also nur annehmen, daß FUNAI, Regierung und kapitalkräftige Gruppen bei dieser unkontrollierten Goldausbeute zusammen eine Mafia bilden, die als Hauptzweck hat, das Gold außer Landes zu bringen und das Volk der Yanomami zu vernichten. Diese Ausbeute an Bodenschätzen zieht auch die Zerstörung Amazoniens, dieser immensen grünen Region unseres Planeten, nach sich. Aus diesen ganzen Gründen meldeten wir nichts der FUNAI. Am nächsten Tag trafen wir einen Bekannten, Sócio Polegar, mit dem wir am folgenden Tag, am 14. Oktober, zur Piste Bibiano zurückkehrten, die nächstgelegene Piste, von Paa-piú acht Minuten Flug mit dem Hubschrauber.

Auch am 15. Oktober waren wir dort. Am 16. Oktober gingen wir los Richtung Alto Catrimani, wir marschierten diesen Tag und den nächsten, und am 18. waren wir zurück an der Piste Bibiano. Den 19. verbrachten wir auch dort.

20. Oktober 1988, Donnerstag

Dieser Tag war wie der gestrige, ohne interessante Vorkommnisse. Wir verbrachten den ganzen Tag im Lager. Es kamen vier Flugzeuge, die für uns aber auch keine positive Entscheidung brachten. Einer unserer Sócios meinte, es sei gut für uns, nach Boa Vista zu gehen und dort weiterzusehen, was wir machen könnten. Und so geschah es dann. Sócio Antonio-gamba ging in die Stadt, und ich und Sócio Raimundo-careca warteten hier auf ihn. Heute kam Sócio Barba-azul mit sechs Männern, die auf ihrem Weg in einem Indianerdorf einige Indianerfrauen raubten und vergewaltigten. Als sie merkten, daß sie von Yanomami-Kriegern verfolgt wurden, ließen sie die Frauen am Weg liegen.«

WB: »Wie wurden sie am Weg liegengelassen?«

A: »Sie ließen sie einfach dort – sie banden sie los und verschwanden im Wald.«

WB: »Diese eine Indianerin. Wie wurde sie zur Piste gebracht?«

A: »Wie sie hingebracht wurde? Gefesselt, unter Drohungen wurde sie am Arm gepackt und hingeschleift.«

WB: »Als sie ankamen an der Piste, was geschah danach mit der Indianerin?«

A: »Als sie an der Piste ankam, nahm sie die Frau des Chefs der Piste gleich mit in die Hütte. Sie war wie eine Wilde, biß jeden, aber man sah, daß sie total verwirrt und nervös war, sie zitterte und blutete überall, als sie ankam. Sie blieb dann in der Hütte, bis die anderen fort waren. Es waren insgesamt etwa dreißig Goldsucher, die von diesem Barba-azul angeführt wurden.«

WB: »Wenn sie die Frauen vergewaltigen, macht das nur einer oder mehrere?«

A: »Das kommt auf die Zahl der Frauen an, denn wenn es nur eine oder zwei Frauen gibt und zwanzig, dreißig Goldsucher, machen alle mit. Eine brutale Sache, und es handelt sich nicht nur um eine Vergewaltigung, die Frauen werden gleichzeitig auch noch geprügelt.«

WB: »Passiert es, daß sie danach auch getötet werden?«

A: »Ja, das ist geschehen. Wenn die Frauen sich wehren oder versuchen, die Beine zu kreuzen, während die Männer diesen bestialischen Instinkt befriedigen, werden sie ermordet.«

Text aus dem Tagebuch: »Die Tage vom 21. Oktober bis zum 4. November 1988 verbrachten wir an der Piste Bibiano und der Grube von Sócio Capichaba, die nahe an der Piste lag.

5. November 1988, Samstag

Heute begann der Tag mit ziemlich viel Regen. Ich mußte zwei Sócios wecken, um zwei Motoren ins Trockene zu bringen, da die Grube anfing, voll Wasser zu laufen. Nachdem wir diese Arbeit getan hatten, gingen wir zurück und legten uns wieder hin, da es weiterhin regnete. Nachmittags waren wir alle in einer Hütte zusammen, als einige von der Gruppe von Sócio Mineiro kamen, und man begann, über die Indianer der Umgegend zu reden. Sócio Goiano-da-xuxa fing plötzlich an zu erzählen, daß er bei einigen Aktionen von Goldsuchern gegen Indianer mitgemacht habe: Bei den Gruben von Fogo-brabo in Alto Parima; von Tarzam, Alto Parima und von Jeremias am Rio Auaris am 17. und 23. September und am 3. Oktober, bei den Gruben von Manoel Luis am 5. und 12. August. Insgesamt wurden mehr als hundert-

siebzig Indianer umgebracht, und nach den Aussagen des Sócio wurde das alles verschwiegen. Dort soll es auch eine Patrouille von Soldaten gegeben haben, befehligt von einem Leutnant, von dem der Sócio aber nicht den Namen herausfinden konnte.«

WB: »Du sprichst in deinem Tagebuch von mehr als hundertsiebzig Indianern. Hast du die Vorfälle gezählt, um zu dieser Zahl zu kommen?«

A: »Das habe ich aus den Erzählungen über die ermordeten Indianer entnommen.«

WB: »Kann man diese Orte auf der Landkarte lokalisieren?«

A: »Die kann man lokalisieren.«

WB: »Ich meine, wenn wir uns einen Helikopter mieten würden – theoretisch –, wäre es dann möglich, diese Plätze zu finden?«

A: »Ungefähr kann man die sicher finden.«

WB: »Hast du von verbrannten Dörfern gehört?«

A: »Ja.«

WB: »Wir können also sagen, daß wir mit einem Hubschrauber verbrannte Dörfer finden können und Indianer, die uns von diesen Vorfällen erzählen könnten?«

A: »Bestimmt kann man Überlebende des Massakers finden. Daß es hundertsiebzig Opfer waren, haben wir zusammengerechnet. Das war unsere Idee. Wir sind nicht sicher, ob es genau so viele waren. Aber dort, bei Tarzam, sind fünfzehn gestorben, da bin ich ganz sicher.«

WB: »Nur Krieger, oder auch Frauen?«

A: »Nur Krieger. Bei Jeremias, in Alto Parima, hat man auch Frauen und Kinder umgebracht.«

WB: »Das war also ein Überfall. Haben sie ein Dorf überfallen?«

A: »Ja, ich glaube, sie haben dort drei oder vier Familien ermordet. Und bei Fogo-brabo wurde praktisch ein ganzes Dorf ausgelöscht. Frauen, Alte, Männer, Kinder, alles. Zuvor war Fogo-brabo mit vier Männern dort und wollte Gold graben, aber die Indianer haben sie weggejagt. Sie haben ihnen sogar das Gold weggenommen und sie davongejagt.«

WB: »Sind die vier alle Eigentümer von Pisten, und ist es möglich, sie zu finden?«

A: »Ja, sie haben alle Land, und man kann sie finden.«

WB: »Sind sie alle bis heute an ihren Pisten?«

A: »Ja. Fogo-brabo ging zurück nach Boa Vista, nachdem er vom Indianerland vertrieben wurde, und versammelte eine Truppe von dreißig, vierzig Goldsuchern um sich, bewaffnete sie, und sie gingen in den Wald. Dort griffen sie ein Dorf an, überfielen das Dorf und töteten alle.«

WB: »Wir sind jetzt bei Fogo-brabo, jetzt fehlt noch Jeremias.«

A: »Bei den Gruben von Jeremias passierte, soviel ich weiß, folgendes: Sie zündeten ein Indianerdorf an, einige flüchteten, andere starben, Kinder und auch Alte starben dort. Es gab aber dort viele Überlebende dieses Dorfes, nach dem was Sócio Goiano erzählte, sind ungefähr dreißig Personen gestorben.«

WB: »Wir waren ziemlich nahe an der Piste von Jeremias, wir waren an der Piste Baiano Formiga!«

Text aus dem Tagebuch: »5. November 1988, Samstag

Insgesamt wurden mehr als hundertsiebzig Indianer umgebracht, und nach den Aussagen des Sócio wurde das alles vertuscht. Dort soll es auch eine Patrouille von Soldaten gegeben haben, befehligt von einem Leutnant, von dem der Sócio aber nicht den Namen herausfinden konnte. Alles lief weiter wie bisher, denn dieser gewisse Leutnant erhielt nach der Erzählung des Sócio von den Anführern des Massakers (die Herren Manoel Luis, Fogo-brabo, Tarzam und Jeremias) eine bestimmte Menge Gold, die der Sócio auf zwei Kilo schätzte.«

WB: »Kannst du das noch mal erklären? Es erschien also ein Leutnant?«

A: »Ja, der war dort in der Gegend, wo die Massaker passierten, mit einer Patrouille.«

WB: »Wie viele Soldaten?«

A: »Angeführt von einem Leutnant. Ungefähr acht Soldaten. Und er erhielt Gold, damit er nichts erzählte.«

Text Tagebuch: »... Sócio Piauí-barba-de-bode bestätigte die Menge von zwei Kilo und daß der Offizier, der das Gold von den Schlächtern erhielt und der diese Patrouille befehligte, ein Leutnant oder Sergeant mit Namen Mota oder so ähnlich war.«

WB: »Ist dies ein häufiger Name?«

A: »Ja, häufig. Es kann auch ein Spitzname von ihm sein.«

Text Tagebuch: »Wir wußten auch nicht, ob er vom Heer oder von der Militärpolizei war. Als die Nacht kam, zogen wir uns zum Schlafen zurück.«

A: »Von einigen Goldsuchern selbst, die bei diesen Massakern dabei waren, erfuhren wir, daß die FUNAI und auch die Militärpolizei für diese Morde Waffen und Munition geliefert hatten. Sie lieferten eine Anzahl von Patronen für Revolver und kleine Feuerwaffen sowie Blei und Pulver für die Schrotgewehre.«

WB: »Woher kommen diese Informationen?«

A: »Von den Goldsuchern selbst. Von demselben Goiano und von Sócio Barba-de-bode, Goiano hat beim Massaker mitgemacht, und dieser Barba-de-bode arbeitet auch in dem Gebiet des Jeremias und wurde dazu eingeladen, er hat nicht daran teilgenommen.«

WB: »Es fällt auf, daß keiner der Goldsucher, die da mitgemacht haben, einen Grund sah, dies geheimzuhalten.«

A: »Ja, es wird darüber geredet, weil es gar keinen Grund gibt, etwas zu verbergen. Man weiß, daß von denen, die teilgenommen haben, noch keiner zur Presse gegangen ist, und wenn doch, die Presse es verschwiegen hätte. Es wurde nie etwas darüber veröffentlicht, keine Notiz, kein Bericht, nichts.«

WB: »Heißt das, daß niemand Angst haben muß, wenn er so etwas gemacht hat?«

A: »Das kann man sagen. Genau die Organisation, die die Indianer und ihre Rechte schützen sollte, die FUNAI, war diejenige, die den Informationen zufolge Waffen und Munition ausgegeben hat – zusammen mit der Militärpolizei. Sie ist eigentlich verantwortlich für die Sicherheit dort. Es ist also offensichtlich, daß keiner Angst haben muß.«

Text aus dem Tagebuch: »Der 6. November war für uns ein normaler Tag. Da es hier nichts zu tun gab, beschloß ich, etwas zu unternehmen und einen anderen Ort zum Arbeiten zu suchen, da es hier in der Grube, wo wir waren, keine Möglichkeit gab zu arbeiten.

Am 7. November, um sechs Uhr morgens, entschied ich mich zu gehen. Nach dem Zubereiten einer Mahlzeit entschieden sich noch weitere elf Personen, mich zu begleiten. Das waren fünf aus unserer Gruppe und sechs von der Hütte des Sócio Capachaba. Unser Ziel war es, den Pico da Neblina zu erreichen. Der Grund für diese Entscheidung war ein Gerücht, man habe dort sehr viel Gold gefunden, es gebe dort sehr viele, noch nicht entdeckte Stellen. Darum beschlossen wir, dorthin zu gehen. Wir gingen um 6.30 Uhr morgens von der Hütte los und folgten dem Weg zur Piste Bibiano, wo wir schlafen wollten. Wir hofften, von dort einen Hubschrauber zu bekommen, um von dort weiterzukommen. Nach einem Tag des Wartens und ohne etwas zu bekommen, beschlossen wir, am kommenden Tag zu Fuß weiter durch den Wald zu gehen.

8. November 1988, Dienstag

Wir gehen von der Piste um neun Uhr los, um die Reise durch den Wald zu Fuß fortzusetzen. Vor uns liegen Bergketten, die wir, wenn Gott uns es erlauben wird, überqueren werden. Wir sind zwölf: Ich, der Portugiese, Sócio Paraná, Cumprido, Sócio Bafo-de-onça, Sócio Beneco-de-espantarlua, Sócio escada-desubirpro-Inferno, Sócio boquinha-de-jacare, Sócio neguinhoda-chiquita, Sócio Lanterna-de-kombi, Sócio Calabar-pedro III., Sócio Julieta, Sócio Jabati-deitado und Sócio Ceará-bigodede-morçego, und wir sind alle entschlossen, dort anzukommen, wenn Gott will.

Die Tage vom 9. bis zum 15. November marschierten wir ganz normal durch den Wald, ohne Zwischenfall.

16. November 1988, Mittwoch

Nach acht Tagen Marsch durch den Wald machten wir heute um 16.30 Uhr halt. Wir sind an den Quellflüssen des Rio Toototobi, und der heutige Tag war für uns sehr ermüdend, da wir den ganzen Marschtag über den Sócio boquinha-de-jacaré tragen mußten, der am Morgen von einer Schlange gebissen worden war und um 16.30 Uhr starb.«

WB: »Habt ihr sie gesehen? Was war es für eine?«

A: »Es war eine Surucucú (Buschmeister). Sie war ungefähr einen Meter lang.«

WB: »Kannst du erzählen, wie er starb?«

A: »Es war sehr hart. Wir trugen ihn von acht Uhr morgens an, als er gebissen wurde, bis 16.30 Uhr, als er starb. Es war wirklich hart. Wir trugen ihn in der Hoffnung, eine Lichtung oder eine Piste zu finden, wo wir ein Flugzeug hätten finden können, um ihn wegzubringen.«

WB: »Wie habt ihr ihn getragen? Immer auf dem Rücken?«

A: »Auf dem Rücken, abwechselnd. Um 16.30 Uhr starb er dann, blutend am ganzen Körper.«

Text aus dem Tagebuch: »Für uns war das ein trauriger Schlag. Angesichts unserer Situation blieb uns nur, in unser eigenes Inneres zu schauen und unser Schicksal zu erkennen, das Arbeit hieß, und träumen von dem glänzenden Metall als Ergebnis dieses Abenteuers. Wir begruben den Freund in derselben Erde, die für ihn während seines Lebens ständigen Kampf auf der Suche nach Gold bedeutete, und nach seinem Tod vermischen sich die Reste seines Körpers mit dem kostbaren Metall der goldhaltigen Erde. Wir werden die Nacht hier verbringen. Morgen setzen wir die Reise fort und bitten Gott, daß uns nicht mehr passieren möge.

An den Tagen vom 17. bis zum 20. November 1988 marschierten wir normal weiter, alles verlief ohne Zwischenfälle.

21. November 1988, Montag

Es ist jetzt 13.15 Uhr, und wir müssen, übermannt von Müdigkeit, haltmachen. Wir sind seit 6.30 Uhr gestern früh gelaufen, denn unser gestriger Tag war sehr aufregend. Früh, bald nachdem wir den Rio Demini auf der Höhe der Tamanduá-Wasserfälle überquert hatten, stießen wir auf Leichen von Indianern. Es waren drei Frauen, zwei Jungen und ein Mädchen von höchstens vierzehn bis fünfzehn Jahren. Die drei Frauen und das Mädchen waren offensichtlich vergewaltigt worden, bevor man sie umbrachte. Es wurde uns dann bewußt, daß wir nicht weit entfernt von einem Indianerdorf und einer großen Gruppe Goldsucher waren.«

WB: »Wie habt ihr sie vorgefunden, wie wurden sie getötet?«

A: »Sie wurden mit Messern umgebracht. Es muß kurz vor unserer Ankunft geschehen sein, ungefähr zwei, drei Stunden vorher wurden sie umgebracht. Die Körper waren noch frisch, das Blut war noch nicht ganz eingetrocknet. Sie waren gefesselt, sie waren an den Füßen, Händen und am Hals angebunden und tot, der Hals durchgeschnitten.«

WB: »Du hast schon gesagt, wo das war?«

A: »Ja, an den Tamanduá-Wasserfällen, am Rio Demini.«

Text aus dem Tagebuch: »Wir entfernten uns schnell von dem Ort der Tragödie und wurden dann nach zwei Stunden Marsch von zahlreichen Indianern in Kriegstracht überrascht.«

WB: »Wie viele ungefähr?«

A: »Ungefähr hundert Indianer, zahlreich, sehr zahlreich. Mit Pfeilen, Prügeln und Gewehren. Schrotgewehre, Kaliber 20.«

Text aus dem Tagebuch: »Vier Kameraden fielen sofort tot um, ein Sócio bekam einen Schuß in den Rücken. Es blieb uns keine Zeit zu reagieren, und wir flüchteten und warfen uns wie die Verrückten ins Gebüsch. Es gelang uns, den verletzten Sócio mit uns zu schleppen, der trotz aller Anstrengungen später verstarb. Noch einen unserer Freunde mußten wir begraben, und es wurde uns traurig bewußt, daß wir die anderen vier, die durch die

Hände der Indianer gestorben waren, nicht würden begraben können. Wir haben für eine Schuld bezahlt, die wir nicht zu haben glaubten. Unsere Gruppe bestand aus zwölf, und es waren noch sechs übrig. Wir wissen, daß die Brutalität unserer unbekannten Goldsucher-Sócios die Wut unserer indianischen Brüder hervorgerufen hatte. Noch einmal vermischen sich die Überreste eines Goldsuchers mit der glitzernden, goldhaltigen Erde. So Gott will, werden wir morgen weitergehen.«

WB: »Als die Indianer euch überraschten, wie griffen sie da an? War es ein Hinterhalt?«

A: »Ja, es war ein Hinterhalt. Wir sind ganz ruhig dahinmarschiert. Plötzlich hörten wir Imitationen von einheimischen Vögeln, Mutums und anderen, dann bemerkten wir, daß wir eingekreist waren.«

WB: »Fingen sie an mit Pfeilen zu schießen?«

A: »Das erste, was wir hörten, war ein Schuß.«

WB: »Warum haben sie euch nicht gleich alle richtig getroffen?«

A: »Der erste Schuß, der fiel, warf denjenigen um, der an der Spitze war, da wir immer hintereinander gingen. Als wir dann diesen Schuß hörten, der ihn umwarf, waren alle wie betäubt und rannten in irgendeine Richtung.«

WB: »Gab es auch Verletzte?«

A: »Vier starben, und einer wurde verletzt.«

WB: »Was geschah mit ihm?«

A: »Er starb auch. Am nächsten Tag marschierten wir mit ihm und dann die ganze Nacht und den nächsten Tag bis zwei Uhr.«

WB: »Starb er wegen der Verletzung, oder benutzten die Indianer Giftpfeile?«

A: »Aufgrund der Verletzung.«

WB: »Heißt das, daß sie kein Gift benutzten?«

A: »Nein, aber die Verletzung war durch eine Kugel.«

WB: »Waren die Yanomami bemalt?«

A: »Ja, sie hatten sich schwarz bemalt.«

WB: »Haben sie geschrien, oder waren sie stumm?«

A: »Es war ein plötzlicher Angriff. Nachdem sie den ersten unserer Gruppe niedergeschossen hatten, schrien sie auch ab und zu, aber sonst waren sie eher still.«

WB: »Habt ihr euch verteidigt, oder seid ihr gleich geflohen?«

A: »Wir hatten keine Zeit, uns zu verteidigen. Wir marschierten nur mit einem Gewehr zum Jagen. Gerade der, der das Gewehr trug, ging an erster Stelle. Wir hatten schon Waffen, ich ging mit einem Revolver Kaliber 38 und genügend Patronen – alle hatten Waffen, aber die waren in unseren Tragegestellen verstaut.«

WB: »Nachdem ihr geflüchtet seid, haben sie euch dann verfolgt?«

A: »Ja, wir wurden noch ziemlich lange verfolgt, bis wir uns auf die andere Seite des Flusses schlagen konnten, wir rannten über eine Stunde und spürten sie immer noch in der Nähe. Danach sahen wir sie nicht mehr.«

Text aus dem Tagebuch: »Die Tage vom 22. bis zum 5. Dezember 1988 waren für uns ohne Veränderungen. Endlich erreichten wir eine Piste in der Serra Tapirapecó, wo wir von Agenten gerettet wurden, die gerade dort im Lager waren. Wir sind nur noch zu dritt, der Rest der Gruppe von zwölf Männern, die in Catrimani mit dem Ziel Pico da Neblina losgingen. Drei starben, von den Wassern der ›Wasserfälle der Hoffnung‹ am Rio Castanho zerfetzt. Ausgehungert und erschöpft konnten wir die Piste finden und erreichten sie ungefähr um zehn Uhr morgens. Wir wurden gut aufgenommen, und nach einem Bad wurde uns ein gutes Essen vorgesetzt. Danach legten wir uns zur Ruhe, und nach dem Abendessen schliefen wir ein.

Vom 6. bis zum 9. Dezember arbeiteten wir am Pico da Neblina, und es gelang uns, genügend Gold für unsere Rückkehr nach Paa-piú zu verdienen, da wir sahen, daß es auch hier am Pico da Neblina keine Arbeit für uns gab. Wir sahen, daß die Realität anders war, als wir sie uns erträumt hatten. Der ganze beschwerliche Weg war vergeblich gewesen.«

WB: »Gab es viele Goldsucher dort?«

A: »Ja, es gab viele Goldsucher.«

WB: »Und viele Pisten?«

A: »Nein, Pisten gab es nicht viele. Es gab nur eine. Zu Indianern hatten wir keinen Kontakt. Es gab einen Helikopter, ›Olivia‹, der eineinhalb Tonnen transportieren konnte.

Die Lichtung, wo wir waren, gehörte einem Portugiesen, Careca. Wir arbeiteten auch für ihn, er hatte sehr viele Maschinen laufen, und es gab sehr viel Arbeit dort. Wir arbeiteten, wuschen Gold per Hand, um für unsere Rückkehr nach Paa-piú Gold zu haben. Wir brachten es auf 117 Gramm, alle zusammen, bezahlten siebzehn Gramm Schulden zurück und für die Rückkehr nach Paa-piú siebzig Gramm. Den Rest teilten wir unter uns dreien, den Überlebenden der Reise. Unsere Arbeit dort verlief normal, ohne Störungen, und wir konnten uns von dem Marsch erholen, bei dem wir sehr zu leiden hatten. Auch der Flug nach Paa-piú verlief ohne Vorkommnisse. Nach unserer Ankunft dort trafen wir bald einen Bekannten, Polegar, der in Catrimani Maschinen laufen hatte. Er bot uns dann an, dort zu arbeiten, und wir gingen. Ich, weil ich Gold verdienen wollte, um nach Boa Vista zurückzukehren. Und genau das geschah dann auch.«

WB: »Wieviel mußtest du für die Rückkehr nach Boa Vista bezahlen?«

A: »Fünfzehn Gramm. In Catrimani angekommen, wurden wir gut von der dortigen Gruppe empfangen, und wir arbeiteten normal ...«

Am 2. Januar 1989, Freitag, gab es etwas Wichtiges zu berichten. Text aus dem Tagebuch: »Heute begann der Tag früh für uns. Wir wachten um vier Uhr mitten im Wald auf und begannen unseren Marsch fortzusetzen. Wir kamen an der Hütte um 9.45 Uhr an und brachten ein gerade erlegtes Reh und acht große Mutum-Vögel mit, die wir am Tag zuvor erlegt und gegrillt hatten.

In der Zeit vom 27. Dezember 1988 bis zum 1. Januar 1989 konnte ich das Tagebuch nicht führen, da ich ohne das Tagebuch unterwegs war. Ich möchte jedoch von allen wichtigen Ereignissen unserer Reise vom Freitag, den 30. Dezember 1988 an, nachträglich berichten. Als wir zur Grube Buraco Fundo (Tiefes Loch) zurückkehrten, wurde uns von Indianern der Weg versperrt. Anfangs wurden die Sócios, die mich begleiteten, nervös und hatten ziemliche Angst, genau wie ich. Aber da wir alle mit Revolvern bewaffnet waren und sie außerdem kannten, machten sie gar nichts. Sie fragten nur: ›Goldsucher Freund‹? Ich antwortete: ›Ja, Goldsucher Freund, Goldsucher geschickt von Häuptling Bibi (Bibiano).‹ Der Indianer sagte dann: ›Auch Indianer Freund, aber Indianer böse, weil Goldsucher bei maloca Zuckerrohr stehlen und Maniok, Indianer sehr wütend, wegen dem, aber Häuptling Bibi Freund, ihr könnt weitergehen, da Freund.‹ Und so gingen wir vorbei. Als wir an der Piste Bibiano ankamen, wurden wir von Sócio Paraná informiert, daß eine Gruppe von zwanzig Goldsuchern, angeführt von Sócio Catarino, dorthin gegangen waren, das Dorf angegriffen und die Pflanzungen der Indianer niedergerissen hatten. Wir beendeten den 30. dort im Lager an der Piste.

Am Abend erzählte uns Sócio Paraná, daß ihn einige Goldsucher überfallen und ihm seine Ausrüstung weggenommen hätten. Nachdem wir seine Geschichte gehört hatten, boten wir ihm an, ihm einen Teil von unseren Sachen abzutreten. Am nächsten Tag werden wir die Reise fortsetzen. Es ist jetzt 22.30 Uhr, und ich werde mich in unserer Hütte schlafen legen. Heute nachmittag ist alles gut gegangen, und ich hoffe, daß Gott mich einen weiteren Morgen erleben läßt.

Die folgenden Tage waren ohne Vorkommnisse, die Arbeit verlief normal. Endlich kam für mich das Ende, unser letzter Tag im Gebiet der Goldsucher.

6. Januar 1989, Freitag

Der letzte Tag des Tagebuches. Heute war ein besonderer Tag.

Gestern haben wir die Grube beendet und nehmen heute die Geröllrutsche auseinander. Wir machen die Motoren sauber, wechseln das Öl. Das alles machen wir am Morgen und am Nachmittag. Als die anderen schon mit einer neuen Grube beginnen, machen Sócio Didi und ich mich fertig, das Flugzeug Richtung Boa Vista zu besteigen. Darum, mein Freund Tagebuch, sind dies die letzten Aufzeichnungen, die ich in dich schreibe. Über diese abenteuerliche Reise in die Gebiete der Goldsucher, in diese überreiche grüne Welt, Gesundheit bringend und herrlich, die sich darauf beschränkte, mir etwas von dem kostbaren Metall zu geben. Ich denke an die Bäume, die ich gefällt habe, die Tiere, die ich tötete, das Quecksilber, das ich verbrauchte, die Steine, die ich warf, die vielen Kubikmeter Erde, die ich umwühlte und in den Fluß kippte, das schmutzige Wasser, das ich trank, die Zerstörung, die ich auf meiner Reise durch das Innere der Wälder hinterließ. Nennt mich Zerstörer, sagt, daß ich die Natur kaputtmache. Ich tötete, um nicht zu sterben, aber ich weiß, daß ich mit meinen Eroberungen mein eigenes Grab schaufle und das der Welt und der menschlichen Rasse.«

Wolfgang Brögs Film »Goldrausch in Amazonien« erhielt nicht nur eine optimale Sendezeit im ZDF. Greenpeace befand ihn für so eindrucksvoll, daß sie ihn tausendfach in alle Welt verteilten. Noch heute gilt er Nichtregierungsorganisationen in Brasilien und Venezuela als warnendes Beispiel. »Das passiert euch, wenn ihr die Goldsucher in euer Land laßt«, belehren sie die Indianer.

Christinas Bravourstück

Bevor ich Christina auf meine Mission mitnahm, hatte ich sie übrigens einem »Eignungstest« unterzogen. Ich beauftragte sie, nach Boa Vista zu fliegen, ins Zentrum des Völkermordes an den Yanomami. Dort sollte sie versuchen, im Tower des Flughafens an die Landkarte zu gelangen, auf der die illegalen Landepisten der Goldsucher verzeichnet waren. Ich hielt die Aufgabe für ziemlich unlösbar und staunte nicht schlecht, als sie wenige Tage später wieder auftauchte. Bevor sie noch etwas sagte, wollte ich erraten, ob der Ausflug erfolgreich gewesen war oder ein Flop. Ihrem überdrehten Auftritt, ihrem übermütigen Lachen und der Forderung nach einem anständigen Abendbrot nach zu urteilen, war sie erfolgreich gewesen. Aber ich vermißte die Landkarte. Wie bei ihrem Abflug trug sie nichts als ihren Mini-Rucksack. Unmöglich, daß sie sie da noch reingequetscht hatte. Wenn ich mich recht entsann, war die Karte zwei bis drei Quadratmeter groß gewesen. Oder hatte sie sie aus Sicherheitsgründen per Post oder Kurier geschickt? Ich platzte vor Neugier. Aber Christina blieb hart.

»Erst das Essen, dann die Geschichte.«

»Sag wenigstens ja oder nein«, drängte ich. Aber da studierte sie schon die Speisekarte und orderte ihr »Steak Fiorentina« und einen Liter Sangria mit zwei Gläsern. Ich hatte fast vergessen, mir selbst etwas auszusuchen, und sagte hastig: »Dasselbe, bitte.«

Und während der Deckenventilator sich nach besten Kräften und der ihm zugebilligten Wattzahl zu drehen bemühte, begann sie mit ihrer Erzählung.

»Das war ein Tag! Ich habe schon lange nicht mehr so viel Neues und Aufregendes in so kurzer Zeit erlebt! Du mußt mir öfter solche Aufträge erteilen.«

Mein Gott, haut die auf die Pauke, dachte ich.

»Nun fang endlich an und laß mich hier nicht so zappeln.«

Der Kellner brachte die Sangria. Einen Liter Rotwein, Zucker, Eisstücke und Orangenscheiben. Fast ein Fruchtsaft. Wir prosteten uns zu.

»Also«, nahm sie Anlauf. »Erst nachts um ein Uhr konnte ich fliegen und auch da nur per Warteliste. Um zwei Uhr landeten wir in Boa Vista. Während die anderen Fluggäste alle irgendein Ziel hatten und den Flughafen verließen, blieb ich dort. Auf der Balustrade im ersten Stock, von der aus man das Flugfeld überblicken kann, habe ich meinen Schlafsack ausgebreitet und mir ein bißchen Schlaf gegönnt. Aber auch das ging nicht ohne Störung, weil um drei Uhr eine Maschine nach Manaus ging und viele Angehörige von oben winken wollten.«

Um sieben Uhr, als es hell war, ging sie schließlich auf die Suche nach dem Eingang zum Tower. Wo er lag, erahnte sie in etwa, weil man ihn von der Balustrade aus sehen konnte.

»Er befand sich in der Mitte des Gebäudes, zum Flugfeld raus. Aber unten hockte ein Wächter. Er wirkte übermüdet. Ich gab mich auch müde und fragte: ›Bekommt man hier irgendwo einen Cafezinho?‹«

Christina holte zwei Cafezinho in der durchgehend geöffneten Wandelhallen-Bar und spendierte ihm einen davon. Das lokkerte den Mann. Nach dem üblichen Wohin, Woher, Warum kam sie auf ihren Beruf zu sprechen.

»Ich bin Segellehrerin in Deutschland, und mein Traum wäre, auch noch einen Pilotenschein zu machen. Ich hörte, man könne das hier in Boa Vista sehr gut machen. Kennen Sie eine Flugschule?«

Natürlich kannte er keine.

»Ob die Leute im Tower das wissen?«

»Bestimmt.«

»Ob ich da mal kurz rauf und sie fragen darf?«

Sie durfte.

So gelangte Christina, im Grunde für einen Cafezinho, hinauf in den Tower. Mir als Mann hätte er das garantiert nicht so ohne weiteres gestattet.

»Guten Morgen, Senhores«, grüßte sie freundlich, »tudo bem? Alles okay?«

»Hallo! Guten Morgen«, antworteten die erfreut. »Ja. Alles okay.«

Zwei Männer taten hier Dienst. Der eine allerdings lag noch auf einer Pritsche. Er erhob sich gerade.

Christina verwickelte beide in ein Gespräch über Wetterkunde und Pilotenlizenzen. Und während der eine den Raum verließ, um das Frühstück zu besorgen, zeigte ihr der andere bereitwillig die verschiedensten Karten. Und dort, über dem Kartentisch, protzte, groß und unübersehbar, das Ziel ihres Besuches hier im Tower: die US-aeronautical chart von Roraima und Umland. Also Venezuela, Amazonas und die Guaianas. Und tatsächlich, im Indianerland, die vielen illegalen Landepisten! Punkt neben Punkt. Weit über hundert.

»Aber dann der Schock: Die Karte war nicht zu klauen. Sie war auf eine riesige Holzwand aufgeleimt.«

Krampfhaft überlegte Christina nun, wie sie dennoch an die Karte kommen könnte. Aber dieses Monstrum von der Wand zu bekommen, war ein hoffnungsloses Unterfangen. Die Karte wäre zerrissen, und man hätte es bemerkt. Bliebe vielleicht, sie abzuzeichnen. Aber das hätten die beiden Männer niemals zugelassen. Die Absicht wäre ihnen zu klar geworden.

»Da kam mir der Zufall zu Hilfe. Der andere Mann kehrte mit dem Frühstück zurück. Er setzte es auf dem Schreibtisch ab und schaltete das Radio ein. Und gleich der erste Sender präsentierte laut und rhythmisch Sambaklänge.

›Kannst du Samba tanzen?‹ fragte der eine der Männer.

Na klar konnte ich! Tanzen ist sowieso meine Leidenschaft. Also tanzten wir Samba.

›Mach mal ein Foto!‹ bat ich den Frühstücker und reichte ihm meine Kamera. Der drückte gern auf den Auslöser, und ich bewegte mich vor die Karte. Wegen der lauten Musik konnte ich später unbemerkt noch weitere Aufnahmen machen, nur von der Karte. Die Kamera hat eine Vollautomatik. Und als ich einmal ganz allein war, machte ich das absolute Foto: eine Nahaufnahme.«

Vor lauter Freude über ihren gelungenen Coup verschluckte sie sich an der Sangria und hustete die kostbare Flüssigkeit in die Serviette.

Als sie mir ihre Geschichte zu Ende erzählt hatte, war ich zunächst sprachlos. Und ich war auch ein bißchen neidisch. Sie hatte an einem Tag mehr erreicht als ich in einem ganzen Monat. Warum hatten es Frauen nur immer so leicht? Das Leben war ungerecht, und damit mußte man sich wohl abfinden.

»Und jetzt ist doch wohl klar, daß wir die Reise zu den Yanomami zu zweit machen. Oder?« meinte Christina.

Christina in der Falle

Der Pistenboß hatte uns jede weitere Arbeit als Malariahelfer untersagt.

»Wer jetzt noch kommt, ist nicht wirklich krank. Der will nur Tabletten abzocken.«

Unter dem Vorwand, Malariahelfer der Gesundheitsbehorde SUCAM zu sein, hatten wir uns an der Piste eingeführt. Mit gefälschten Papieren und dem Logo auf den Hemden. Wir wollten neue Belege gegen die Goldsucher beschaffen.

Ich war deshalb sofort ausgeflogen worden. Zurück nach Boa Vista, raus aus dem Goldgebiet. Christina sollte morgen folgen. Doch sie kam nicht. Solange man unsere wahre Identität nicht kannte, war sie jedoch kaum gefährdet. Wenn man »Staatsbedienstete« tötete, konnte es bösen Ärger geben.

Das änderte sich schlagartig, als ich am nächsten Vormittag in Boa Vista einen Papierladen betrat, um Fotokopien anzufertigen.

Der Laden war schmal wie ein Handtuch und dunkel. Aber er war gut frequentiert, denn er war konkurrenzlos und lag in der Hauptstraße. Gerade lief meine Kopie durch, und der Gerätebediener schrieb großartig die Rechnung über umgerechnet zehn Pfennige, als mich jemand von hinten ansprach.

»Brauchen Sie noch eine Fotokopie?«

Ich drehte mich um und sah den Piloten, der mich vor vier Tagen rausgeflogen hatte.

»Hallo«, sagte ich und spielte den Erfreuten. Aber sein Gesicht blieb ohne Reaktion.

»Ich habe Sie gestern im Fernsehen gesehen.«

»Was haben Sie?«

Ich konnte mich nur verhört haben.

»Ja. Im Kanal ›Educação‹. Da lief der Film, wie Sie als Goldsucher im Garimpo gearbeitet haben. Sie sind gar kein Arzt, Sie sind Journalist.«

Ich war wie vor den Kopf geschlagen. Der Mann mußte die Wahrheit sagen, sonst hätte er das niemals wissen können. Da war also jener Film, den die zwei staatlichen Sender abgelehnt hatten, ausgerechnet gestern wieder einmal (insgesamt sollte er bis dahin bereits zwölfmal in Kleinsendern gelaufen sein) ausgestrahlt worden.

Was sollte ich machen? Ich gab mich locker und meinte: »Nein, das stimmt schon. Ich bin Chirurg. Aber mitunter publiziere ich auch.«

Der Pilot ließ sich nicht täuschen.

»Das stimmt nicht. Ich habe es zuerst auch nicht glauben wollen, aber ich habe dich durchschaut. Ich habe jedenfalls allen meinen Freunden Bescheid gegeben. Heute sehen wir uns den zweiten Teil an.« Der Fünfundvierzig-Minuten-Streifen war in fünf Teile zerstückelt worden.

»Na dann viel Spaß!« gab ich mich weiter unbeirrt und verließ den Laden.

Innerlich war ich in Panik. Was würde jetzt mit Christina geschehen? Und wie sollte ich heute abend bei Plínio noch ans Radio dürfen? Gestern hatte sie mir mit einem heimgekehrten Goldsucher einen Brief rausgeschmuggelt. Man ließe sie nicht zurückkehren, ich solle sie dringend heute abend von Plínio aus anrufen, schrieb sie.

Als erstes ging ich zur Post und gab Christinas Briefkopie mit einem Begleittext und per Einschreiben nach Deutschland auf, damit er irgendwo sicher wäre, falls mir etwas zustieße.

Dann rief ich die Deutsche Botschaft in Brasilia an, Herrn Zettel.

»Das ist schlimm«, sagte der. »Wenn ich einen Rat geben darf: Verlassen Sie sofort Boa Vista. Sie sind aufs äußerste gefährdet. Man wird genügend Gründe finden, Sie festzuhalten. Gründe, bei denen uns die Hände gebunden sind.«

»Zum Beispiel?«

»Zum Beispiel ›illegaler Aufenthalt im Militär-Sperrgebiet‹. Ich könnte Ihnen noch ein Dutzend aufzählen.«

»Wenn ich von hier fortgehe, kommt Christina nie mehr raus.«

»Das müssen wir abwarten. Ich werde hier sofort eine Krisensitzung einberufen. Wie auch immer Sie sich entscheiden: Halten Sie mich ständig auf dem laufenden. Sie können mich jederzeit anrufen. Auch nachts. Und sonst gleich morgen früh um neun Uhr.«

Daß er so eifrig war, verdankte ich Hans-Dietrich Genscher, unserem damaligen Außenminister. Er hatte Anweisung gegeben, mich zu bemuttern.

Nun, das war beruhigend. Die Warnung nahm ich ernst, aber natürlich hielt ich sie auch für eine Pflichtübung Zettels. Ich konnte Zettel verstehen, er mußte mich verstehen. Ich blieb.

Eine gute Chance rechnete ich mir aus, wenn Plínio noch nichts von dem Film erfahren hatte. Ich mußte es drauf ankommen lassen. Aber eines stand sogleich fest: es mußte mich jemand begleiten. Allein traute ich mich nicht mehr in sein Haus. Er brauchte nur eine Tür zuzuschlagen, und schon wäre ich im Nachteil.

Die Zeit drängte. Um Punkt siebzehn Uhr solle ich sie von Plínio aus anrufen, hatte Christina geschrieben. Da war es wichtig, das zu beachten.

Doch wen auch immer von meinen Helfern ich fragte, ob er bereit sei, mich zu begleiten – jeder wich aus. Jeder hatte einen unaufschiebbaren Termin. Inzwischen war es 16.45 Uhr.

Mein allerletzter Ausweg war der Bischof. Er hielt gerade seinen Nachmittagsschlaf. Die Haushälterin weckte ihn, und zwei Minuten später kam er, sich die schlohweißen Haare mit der Hand ordnend, die Treppe herunter.

Mit wenigen Worten erklärte ich die Situation. Dann fragte ich: Können Sie mir einen Ihrer Leibwächter der Militärpolizei mitgeben? Das würde sicher einen gewaltigen Eindruck auf Plínio machen.«

Dom Aldo schüttelte den Kopf.

»Das geht nicht. Die müssen ausschließlich bei mir bleiben.«

Ich hatte es erwartet. Kaum wagte ich die nächste Frage zu stellen. Aber sowohl Christinas Bedrängnis als auch die tickende Uhr ließen es mich dann doch sagen: »Und wenn Sie selbst mitkämen? Dann würden die beiden uns automatisch begleiten.«

Der Bischof zögerte keinen Augenblick.

»Das ist eine gute Idee.« Und zu seiner Haushälterin gewandt sagte er: »Ich muß mal eben etwas in der Stadt erledigen. Um sechs Uhr bin ich zurück.«

Schon waren wir draußen. Eine kurze Erklärung auch zu den beiden Militärpolizisten, und ab ging's, eskortiert vom Militär-Jeep, zu Plínio. Um 17.05 Uhr bremsten wir vor seinem Haus Nr. 1801. Sicher dachte er im ersten Moment, er würde verhaftet. Ich hätte es ihm gegönnt, diesem kriminellen, undurchsichtigen, feisten Typ. Aber der Bischof sorgte sofort für eine ausgeglichene Atmosphäre.

»Ich habe Senhor Rüdiger nur eben mitgenommen. Er möchte mit Christina auf Novo Brasil sprechen. Das geht doch, oder?«

»Na klar«, atmete Plínio auf. »Wir haben gerade Kontakt bekommen.«

Um 17.08 Uhr hatte ich Christina dran. Sie wartete schon seit einer Stunde sehnsüchtig neben Nilo, dem Pistenfunker. Die Verbindung war schlecht. Ich bat um die Erlaubnis, deutsch sprechen zu dürfen. Natürlich erlaubte Plínio das. Man war doch Cavalheiro, oder?

So konnten wir uns ungestört unterhalten.

»Ich versuche, es ganz kurz zu machen, falls die Verbindung unterbrochen wird«, hörte ich Christina sagen. Damit nahm sie mir die Worte aus dem Mund. Eile war geboten. Sicher war sicher.

»Also, paß auf. Zehn Männer haben einen Hilferuf an den neuen Justizminister und den Umweltsekretär José Lutzenberger verfaßt. Sie erklären ihre Situation und bitten, herausgeholt zu werden. Seit Monaten verweigert man ihnen den Lohn. Sie werden wie Sklaven gehalten. Den Brief wollte ich mitnehmen, als ich einen Tag nach dir fliegen sollte. Ich saß schon in der Maschine. Da kam Zezito, der Gehilfe des Pistolenbosses, und zerrte mich raus. Du hättest ihn nicht wiedererkannt. Ich sagte: ›Warum?‹ Er meinte: ›Du wirst schon wissen, warum.‹ ›Nein. Wann kann ich denn fliegen?‹ ›Vielleicht morgen. Vielleicht in vier Wochen.‹ Er lachte nur und ließ mich stehen.

Ich fürchtete, daß es mit dem Hilferuf zusammenhing. Deshalb habe ich ihn gleich aus dem Schuh herausgenommen und auf dem Plumpsklo in einer Ritze versteckt. Da kann ich ihn jederzeit wieder rausholen. Denn wenn sie ihn finden, wird das für die Unterzeichner ein böses Ende nehmen.«

Manchmal unterbrach sich Christina, um sich zu vergewissern, ob alles verständlich war. Dann ging's schnell weiter. Derweil plauschte Bischof Dom Aldo über die heilige Kommunion einer gemeinsamen jungen Bekannten. Boa Vista war eben ein Dorf.

»Kaum war das Flugzeug fort, wurde Zezito deutlicher. Er forderte den Brief. Ich stellte mich dumm. Daraufhin durchsuchte er mein Gepäck. Ganz genau, bis ins Detail. Du glaubst gar nicht, wie froh ich war, daß der Brief weg war.

Der Verfasser des Briefes ließ mir später beim Abendbrot ausrichten, jemand habe sie verpfiffen. Einer von denen, die er gefragt hatte, die aber nicht den Mut hatten, mit zu unterzeichnen. Ist nur schwer zu beweisen. Habe ihm geraten, nur ganz schnell einen Ersatzbrief zu schreiben. Einen harmlosen, den ich dann finden lassen würde. So setzte er einen zweiten auf, an seinen Schwager, einen Kaufmann in Olinda. Er bat ihn um fünfzehn Gramm Gold Kredit, damit er den Rückflug bezahlen könne.

Bei einer erneuten, diesmal heimlichen Gepäckdurchsuchung haben sie ihn gefunden, gelesen und wieder reingetan. Ich hatte mir ein Zeichen daran gemacht.

Ich dachte, nun sei alles okay. Aber Zezito glaubte natürlich dem Denunzianten. Jedenfalls komme ich hier nicht fort.

Ab sofort muß ich auch mein Essen bezahlen. Pro Mahlzeit zehn Dollar = ein Gramm. Ich habe noch hundertsechzig Dollar. Als ich Zezito meine schmale Kasse zeigte, lachte er und meinte, für ›fleißige Frauen‹ gäbe es hier viel Geld zu verdienen, und zeigte auf Francisca, die tagsüber das Restaurant schmeißt und nachts fünfgrammweise dazuverdient. Ich weiß das, weil wir uns darüber unterhalten haben. Sie braucht das Geld für ihren Sohn, der einen Tumor hat. Der arbeitet auch hier. Du weißt doch, dieser Blasse, Stille, der ihr immer beim Abwasch hilft.

Kurz und gut – hier ist Krieg. Nicht nur gegen mich. Gestern hätten sich beinahe zwei betrunkene Goldsucher erschossen, ein anderer wollte sich ans startende Flugzeug hängen, um rauszukommen, und Baianos Männer haben gemeutert, weil sie nun nicht mal mehr die eine Mahlzeit kriegen. Zezito wagt sich nicht mehr allein aus dem Haus. Zwei Leibwächter sind ständig um ihn rum.«

»Okay«, unterbrach ich sie, »was soll ich machen?«

Kurz erklärte ich ihr die Sache mit dem Film im TV und daß die deutsche Botschaft informiert sei.

»Ich warte noch genau bis Sonntag, den 1. April. Am 2. werde ich versuchen, zu Fuß zum nächstgelegenen Indiodorf zu gelangen. Das sind vier Tage. Der Dorfchef gibt mir sicher sein Boot. Das mit dem Riß. Ich habe reichlich Mullbinde und Teersalbe. Damit kriege ich das Boot dicht. Er wird mir auch einen Mann mitgeben, der mich bis zum ersten Siedler am Rio Deminí bringt.«

»Einverstanden. Denk aber daran, daß du im Wald gefährdeter bist als an der Piste. An der Piste wird Zezito nichts wagen. Da sind zu viele Zeugen. Aber im Wald sind seine Häscher allein mit dir.«

»Der Obersklave wird mitkommen. Außerdem habe ich den 32er Revolver. Den vermutet keiner bei mir. Eine Leibesvisitation haben sie noch nicht gewagt. Anscheinend schützt mich das Empfehlungsschreiben des Gesundheitsministeriums. Sie versuchen, mich zu zermürben. Und die Flucht ohne dich trauen sie mir nicht zu.«

»In Ordnung. Ich höre ja morgen, was Zettel sagt. Morgen abend rufe ich noch mal an, wenn es geht.«

»Ja, noch was. Wenn du den Rückflug durchsetzen kannst – ich komme nur mit dem Obersklaven. Wenn ich ihn hierlasse, ist er ein toter Mann. Zezito ahnt, daß er dahintersteckt.«

Wir verabschiedeten uns.

Ich bat den Bischof, gleich und verbindlich, für morgen einen Termin zu vereinbaren. Plínio sagte zu. Selbstverständlich.

Erleichtert atmete ich auf, als wir im Auto saßen und weiterfuhren. Die Sache wurde spannend. Aber ich mußte auf der Hut sein.

Ich begab mich zurück ins Hotel. Einer von denen, die mich immer wieder ihrer unbedingten Hilfsbereitschaft versichert hatten, der mich jedoch heute ›wegen eines wichtigen Termins‹ nicht zu Plínio hatte begleiten können, saß dort vergnügt beim Abendbrot.

Die halbe Nacht lag ich wach, überlegte mir Auswege.

Um Punkt neun Uhr rief ich Zettel an. Er war sofort am Apparat.

»Die Sache ist die«, begann er. »Man ist uneingeschränkt der Meinung, daß Sie sofort aus Roraima raus müssen. Unabhängig davon haben wir heute nacht die Polícia Federal, die Bundespolizei informiert. Sie hat sich bereiterklärt, Frau Haverkamp herauszuholen. Am besten, Sie melden sich bei der Polícia Federal in Boa Vista. Zuständig ist der Agent Madeira, Telefon 2245114/5979. Und denken Sie daran, hinterlassen Sie immer eine Nachricht, wo Sie sich befinden. Wie kann ich Sie notfalls erreichen?«

Ich nannte ihm meinen Vertrauensmann. Dann hängte ich ein und begab mich schnurstracks zur Polícia Federal.

Das unscheinbare flache Gebäude lag nur wenige Quadras, Häuserblocks, entfernt. Hinge da nicht dieses Schild, wehte da nicht die brasilianische Flagge, und wären da nicht die zahllosen Antennen, man hätte nie das Hauptquartier der allgefürchteten Bundespolizei vermutet.

Bundespolizei-Agent Madeira gähnte und reckte sich. Er wußte sicher viel. Aber unseren Fall vernahm er zum erstenmal. Lange und vor allem ungeduldig saß ich auf der Wartebank. Ohne jegliches erkennbares Interesse beschied man mir dann gegen elf Uhr: »Das geht klar. Wir holen sie nachher raus.«

»Kann ich mit und das dokumentieren?«

»Nein. Das geht keinesfalls. Erstens fliegen wir von der Piste Jeremias aus und nicht von hier. Zweitens: Haben Sie eine FUNAI-Erlaubnis?«

»Ist das so wichtig? Ich bin doch in Ihrer Begleitung, und ich kenne keinen der 65000 Goldsucher, der eine FUNAI-Erlaubnis hätte.«

»Ich glaube, daß Sie das nichts angeht. Die Goldsucher sind Brasilianer. Sie sind ein Tourist. Sie dürfen am Strand liegen und Eis essen.«

Bautz. Da merkte man gleich, woher der Wind wehte. Bei mir kam Skepsis auf.

Abends hatten andere Leute Dienst. Keiner kannte den Vorgang, obwohl die Dienststelle kaum größer war als drei Frittenbuden zur Hochsaison. Na gut – vielleicht fiel der Fall ja unter ›streng geheim‹. Endlich tauchte dann doch jemand auf, der mir im Vorbeigehen sagte: »Wir konnten nicht landen. Es regnete.«

»Ist Regen für einen Hubschrauber ein Hindernis?«

Meine Frage bremste den Eiligen.

»Das müssen Sie den Piloten fragen. Jedenfalls haben wir verschärfte Sicherheitsbestimmungen erhalten, nachdem letzte Woche ein Helicopter mit vier Leuten abgestürzt ist.«

Am anderen Tag lag es an der Força Aérea Brasileira, der FAB, der brasilianischen Luftwaffe. ›Sie konnte keinen Hubschrauber abzweigen‹, und dann, am dritten Tag, eröffnete man mir, sehr verstimmt: »Was wollen Sie denn schon wieder? Wir waren gestern abend doch noch da. Aber es gab weder eine Frau namens Christina, noch eine, die blond war, noch hatte irgend jemand von ihr gehört.«

Kaum, daß er noch bereit war, sich meinen Einwand anzuhören, das könne gar nicht sein, dann sei man eben an der falschen Piste gewesen.

»Ich habe das immer wieder betont. Es gibt *zwei* Novo Brasil. Die alte und die neue Piste. Die neue ist noch nicht so bekannt, aber sie liegt nur drei Flugminuten von der alten entfernt. Und außerdem habe ich vorgestern abend noch mit ihr gesprochen. Sie ist auf Novo Brasil II.«

Das gab den Ausschlag. Endlose Rückfragen ergaben schließlich: Man hatte Novo Brasil I angeflogen, und obwohl dort jedermann Christina kannte und der Funker Romeo sogar wegen Magenübersäuerung, behandelt worden war, hatten alle die Bekanntschaft geleugnet.

Und noch einmal hatte ich Glück, beim zweiten Funktermin mit Christina. Plínio Coelho, der Boß, war nicht anwesend. Nur der Funker. Und der machte einen völlig unfeindlichen Eindruck: »Halloo, wie geht's, ist Christina noch nicht hier, Cafezinho gefällig?…«

Entweder führte er etwas im Schilde, oder er war einfach nett. Ich nahm das zweite an.

Er stellte den Kontakt zu Christina her. Ich konnte ihr den neuesten Stand durchgeben. Sie versprach, ihre Flucht aufzuschieben. Als ich ihr sagte, daß der Helikopter wegen Regens nicht habe landen können, war sie völlig irritiert: »Hier hat es seit zwei Tagen keinen Tropfen geregnet.«

Mir wurde klar – die Polícia Federal log.

Während ich noch weiter mit Christina sprach und sie sich über den immer dramatischeren Hunger an der Piste beklagte, erblickte ich im Büro des Funkers einen Stapel Säcke, mit einem dicken Filzer beschriftet ›Novo Brasil‹.

»Sag mal«, bat ich den Funker, »kann ich Christina ein Päckchen Lebensmittel zustellen? Kommt das garantiert an?«

Der Funker, als hätte ich ihn nach nichts weiter als der Uhrzeit gefragt: »Na klar. Gib her. Ich packe das in den Sack, der für Nilo, den Funker, bestimmt ist.«

Ich machte eine Blitzwende um einhundertachtzig Grad und sauste nach gegenüber in den Lebensmittelladen. In aller Hast raffte ich zusammen: Mehl, Öl, Milchpulver für Omeletts, Puddingpulver, Äpfel, Paranüsse, Ölsardinen, Tee, Zitronen, Kaffee und Kekse.

Während der Händler mir alles in einen Karton verstaute, legte ich ein paar Durchhalte-Zeilen für Christina dazu, die ich im Puddingpulver versteckte.

Damit es auch wirklich ankam, steckte ich dem Funker zwanzig Dollar zu.

Es kam an.

Christina später: »Du kannst dir gar nicht vorstellen, was das für ein Gefühl war, als Nilo plötzlich zu mir sagte: ›Hier, das ist für dich.‹ Ich habe mich sofort über alles hergemacht, zusammen mit Orlando und seinen Leuten. Ich hatte übrigens alle überflüssigen Ausrüstungsteile schon an seine Leute verteilt, damit ich auf der Flucht nur meinen kleinen Rucksack zu tragen hatte. Einige Klamotten konnten die Männer bei ›wohlhabenderen‹ Goldsuchern gegen Reis tauschen. Mit Orlando hatte ich mir seit Tagen unseren Restsack Müsli geteilt. Ich sagte ihm: ›Es ist wichtig, daß du ein paar Tage auf jedes Essen in der Kantine verzichten kannst. Dann hast du in nur fünf Tagen fünfzehneinhalb Gramm Gold, genug zum Ausfliegen.‹ Zehneinhalb hatte Orlando inzwischen schon als Guthaben.«

Nach dem Schock, daß Christina angeblich unbekannt sei, mußte ich mich zunächst stärken. Ich ging ins ›La Gondola‹ am Goldsucherplatz. Ein halbes Hähnchen, Salat, Limonensaft. Und die Zeitung von heute. Darin verkündete Präsident Collor, er werde der Korruption den Krieg erklären und seinem Land innerhalb von hundert Tagen zu Ansehen in aller Welt verhelfen.

Jose Lutzenberger, Collors wertvollste Vorzeigefigur, Brasiliens bekanntester und glaubwürdigster Umweltschützer, jetzt Staatssekretär für Umweltfragen: »Ich glaube, daß Collor es ehrlich mit meiner Ernennung meint. Sollte ich nur eine Alibifunktion ausüben dürfen, würde ich mein Amt niederlegen.« Und gerichtet an alle Garimpeiros: »Kommt raus aus den Wäldern. Es muß euch klarsein, daß nur die Piloten, die Prostituierten und die Goldbosse an Gold verdienen. Der kleine Mann stirbt an Malaria, oder er wird das Opfer von Verbrechen – Gewinn macht er nicht.«

Dann begab ich mich zu Dom Aldo. Er wußte immer Rat, auch diesmal.

»Inzwischen ist Ihr Goldrausch-Film fast komplett gelaufen. Es wird immer riskanter für Sie und Christina. Warum chartern Sie kein eigenes Flugzeug?«

Die Antwort lag auf der Hand: Das überstieg meine Mittel bei weitem. Aber auf der anderen Seite – was waren zweitausend Dollar wert, wenn Christina nun doch noch durch meine Unentschlossenheit etwas zustieße? Kann man damit leben? Hätte sie, im umgekehrten Fall, wenn ich in der Falle sitzen würde, um eintausend Dollar gefeilscht, wenn die Situation höchste Eile geboten? Ich war sicher, sie hätte nicht.

Aber dennoch hatte ich das Geld nicht zur Hand. Dom Aldo wollte es mir leihen. Das brachte mich auf die Idee, Zettel um

Kredit anzugehen. Er sagte auf der Stelle zu. Noch in derselben Stunde rief Dom Aldo den Piloten Presidente an. Entweder hieß der so oder er war der Vorsitzende der Piloten-Vereinigung. Ich weiß es nicht. Telefon 2246412. Der witterte offenbar das Geschäft seines Lebens und forderte *viereinhalbtausend* Dollar! Dafür fliegt mich die Lufthansa von Frankfurt nach Rio und zurück und LTU sogar dreimal von Frankfurt nach Recife und zurück. Und alle beide inklusive Verpflegung.

Als ich definitiv absagte, ging er auf zweitausend Dollar runter. Das war okay. Das konnte ich zusammenbekommen. Tausend Dollar hatte ich bei mir, tausend würde mir Zettel leihen.

Morgens wollten wir uns bei der Polícia Federal treffen. Drei Beamte sollten mitkommen.

»Wir landen in Jeremias und nehmen zwei Kollegen mit, die das Gebiet kennen. Sie warten derweil in Jeremias. Es kann zu Schießereien kommen. Wir wollen kein unnötiges Risiko eingehen«, erklärten sie mir.

Ich raste ins Hotel, packte Fotoapparat und mein Überlebenspaket ›Regenwald‹ zusammen und stand pünktlich auf der Matte.

Wer weniger pünktlich kam, war Presidente – er kam gar nicht. Rückfragen ergaben, er sei ›plötzlich verhindert‹.

Mir wurde das Ganze zu bunt. Ich weihte den Delgado Brito ein, warum Christina in Wirklichkeit zurückgehalten wurde. Nämlich wegen der Aufdeckung der Sklavenarbeit. Zu Brito hatte ich irgendwie Vertrauen.

Da horchte er auf.

»Das gibt der Sache ja eine ganz andere Bedeutung. Da muß ich unseren Chef, Dr. Josea, informieren. Das ist eine Nummer zu hoch für mich.«

Der Doktor blieb ruhiger als sein Delgado.

»In Ordnung. Wir werden sehen.«

Ich war's leid. Wenn sie Christina erst umgelegt hätten, wäre nur *ich* der Buhmann. Dann hieße es ›warum hast du nicht?‹.

Ich rief Horst Schüler vom ›Hamburger Abendblatt‹ an. Gleich am anderen Tage hatte er es auf Seite eins. Öffentlichkeit ist oft das beste Druckmittel, besonders bei Leuten, die lieber im Verborgenen mauscheln.

Der Artikel würde mehrere Fliegen mit einer Klappe schlagen: Er würde Christina helfen, den Gold-Mafiosi schaden, die Yanomami ins Gespräch bringen, den Sklaven zur Freiheit verhelfen und, wenn's hochkam, dazu beitragen, die Piste zu sprengen.

Über die Sklaven, bat ich ihn, möge er noch nichts berichten, bevor wir nicht Lutzenberger persönlich das Schreiben übergeben hätten. Horst Schüler, wie immer seit dreiundzwanzig Jahren guter Zusammenarbeit, hielt sich mit journalistischer Fairneß an die Vereinbarungen.

Am selben Tag, einem Montag, lag bereits ein Telefax des Abendblatt-Artikels auf dem Tisch des Dr. Josea. Der gab sich stinkesauer.

Agent Brito hatte endlich die zündende Idee, nachdem ich noch einmal von Plínios Agentur erzählt hatte.

»Was, hier gibt es eine Agentur, die mit Novo Brasil in Radio-Kontakt steht?«

»Ja, das erzähle ich doch bereits seit Tagen.«

»Dann lassen Sie uns da hinfahren.«

Drei Beamte und ich jumpten in den Peterwagen und mit Blau- und Rotlicht ging es mal wieder zu Plínio.

Brito ließ wirkungsvoll die Bremsen quietschen, und im selben Augenblick waren wir alle vier in Plínios Büro.

Ich spürte es deutlich: Langsam konnte der Goldboß mich nicht mehr ausstehen. Erst der Bischof, und nun die Polícia Federal. Was sollten denn nur die Nachbarn denken, wenn man es mit solch unterschiedlichen Institutionen zu tun hatte? Wo blieb denn da die Ehre des ehrbaren Goldhändlers?

Aber auf solche möglichen Feinfühligkeiten nahmen wir keine Rücksicht.

Brito: »Sind Sie Plínio Coelho?«

»Ja«, antwortete der und versuchte mit einem treuen Augenaufschlag den Redlichen hervorzukehren. Coelho heißt Kaninchen. Nomen est omen.

»Halten Sie auf Novo Brasil eine Deutsche namens Christina Haverkamp fest?«

»Nein.«

»Er lügt!!« mischte ich mich entrüstet ein. Am liebsten hätte ich seine Ohren auf Kaninchenlänge getrimmt. Aber weder sah Plínio mich noch hörte er mich.

»Sie ist freiwillig dort.«

»Warum darf sie nicht nach Boa Vista?«

»Sie darf. Aber sie hat ja kein Geld.«

»Sie hat Geld!« korrigierte ich, »sonst zahle ich das hier. Und für Orlando auch.«

Als das Kaninchen ›Geld‹ hörte, nahm es sogar mich zur Kenntnis. »Dann zahlen Sie es.«

Ich ließ mir eine Quittung geben. Brito bohrte weiter.

»Warum haben Sie sie also festgehalten?«

»Es gibt viele Gründe.« Und dann sprudelte er heraus: »Sie sind keine Ärzte, sie sind Spione, sie sprechen immer nur deutsch ...«

Brito unterbrach ihn.

»Aber es sind Gäste unseres Landes. Sind wir uns einig, daß die Frau morgen abend um achtzehn Uhr hier vor dem Haus steht? Und Orlando ebenfalls.«

»Warum nicht? Die Passagen sind bezahlt. Die Frau ist um achtzehn Uhr hier. Orlando einen Tag später. Wir können immer nur eine Person ausfliegen.«

»Wenn Sie sich Ärger auf diplomatischer Ebene ersparen wollen, sollten Sie sich daran halten«, warnte Brito. »Senhor Rüdiger wird mich und den Doktor sofort informieren, wenn sie nicht da ist.«

Ich nickte zustimmend.

Christina war pünktlich zur Stelle. Siebzehn Tage lagen jetzt hinter ihr. Sie war abgemagert, aber glücklich. Als sie vom Pickup sprang, ging ich auf sie zu und sagte leise: »Zeig keine Freude. Bleib ganz cool. Die Ärsche sollen nicht das Gefühl haben, daß sie uns in der Zange hatten.«

Wir hatten einen kleinen Sieg errungen. Die Mafiosi mußten nachgeben. Christina war frei. In Deutschland machte das ein paar Schlagzeilen. Aber die pro-indianische Lobby wurde dadurch kaum gestärkt. Ich mußte mir etwas Spektakuläreres ausdenken. Ich würde einen schriftlichen Appell von Greenpeace und anderen Organisationen zum Staatspräsidenten bringen. Aber nicht per Post, sondern per Tretboot. »Schützen Sie die Yanomami, wie es die brasilianische Verfassung gebietet«, lautete der Kernsatz des Appells.

Im Tretboot über den Atlantik

Sea-Survival-Training

Noch nie in meinem Leben war ich gesegelt. Wasser war mir unheimlich. Und von dem halben Jahr als Schiffskonditor war ich sechs Wochen seekrank. Nun wollte ich den Atlantik überqueren. Dazu noch in einem Tretboot.

Klar – jetzt war Überlebenstraining für Seeleute angesagt.

Das Monster, in das ich da einsteigen sollte, war mir ebenso unheimlich wie das Wasser. Es ähnelte einer großen Waschtrommel. Sie hing von einem Eisenträger herab über dem Trainingsbecken der Marineflieger in Nordholz.

»Die ersten vier einsteigen!« Ausbilder Korvettenkapitän Herbert Kröll hatte gerade das Wichtigste dieser Übung erklärt. »Dieses schöne Gerät nennen wir Underwater Escape Trainer. Stellen Sie sich bitte vor, Sie stürzen ins Meer mit Ihrer Maschine. Was passiert dann? Die Bullaugen bersten, Wasser dringt ein, Sie müssen raus.« Und ich dachte: »Was heißt hier Flugzeuguntergang? Weltuntergang! Da sollen wir rein?« Aber offensichtlich hatte es noch nie Tote gegeben. Also denn: je eher daran, je eher davon. Ich ging mit der ersten Gruppe.

Es ging eine Eisentreppe hoch, einen Steg entlang, und dann hieß es: »Bitte Platz nehmen!« Jeder Pilot erhielt einen Sitz und wurde festgeschnallt. Wir hatten einen Helm auf und waren mit einem roten Overall bekleidet. »Und denken Sie daran: Nicht aussteigen, bevor das Cockpit voll ist und das Wasser zur Ruhe gekommen ist.«

Dann hörte ich das Kommando »Fertig zum Absturz« und wartete auf den Aufprall. Statt dessen setzte eine Hydraulik das Monstergerät langsam wasserwärts in Bewegung. Es tauchte ein, verschwand mit uns unter der Oberfläche. Ciao schöne Welt! Durch die Waschtrommelöffnungen schoß das Wasser. Letzte Luft! Es gurgelte, gluckste, und alles war voll.

Aussteigen?

Nein, bloß nicht! Noch trudelte der Kasten. Das heißt, er drehte sich links- oder rechtsrum. Doch dann stand er. Ich hing an der Decke. Die Blasen beruhigten sich. Wir konnten raus. Mit der linken Hand war der Sicherheitsgurt blitzschnell geöffnet. Die rechte krampfte sich um den Griff am Fenster. »Bloß nicht loslassen«, war mein einziger Gedanke. Jetzt, wo ich kopfüber links- oder rechtsrum gedreht an der Decke hing, hätte ich womöglich die Orientierung verloren. Obwohl das Wasser kristallklar und um die 32 Grad warm war. Auch sonst gab es keinen Grund zur Panik: Zwei Taucher hielten sich einsatzbereit auf dem Grund des Beckens auf. Dennoch verkrampfte ich mich am Griff – dann Abstoß und raus!

Auch die anderen drei Piloten tauchten auf. Dauer der Übung, geschätzt, vielleicht dreißig oder vierzig Sekunden. Also, eigentlich kein Thema. Das Problem ist mehr psychischer Natur. Wer stürzt schon gern mit einer Maschine ins Meer?

»War ja gar nicht so wild, oder?« raunten wir uns am Beckenrand zu. Da tönte bereits wieder die Stimme Krölls: »Und nun dasselbe bei Nacht!«

Gedanken: »Wieso nachts? Wer fliegt denn nachts?« Aber da hatten mir schon hilfreiche Geister eine schwarze Binde vor die Augen geschnallt, und ich befand mich auf dem Nachtflug AF 173 von Paris nach Manaus.

Dann dieselbe Prozedur: Luft anhalten, Griff etwas krampfhafter umklammert und – ab! Wenn man's erst mal gemacht hat, auch kein Problem. Erleichterung am Beckenrand.

»Nur keine Müdigkeit vorschützen! Es geht weiter. Die nächsten beiden Durchgänge. Stellen Sie sich bitte vor: Es ist nur ein Bullauge geborsten. Deshalb beim nächsten Mal alle Mann aus ein und demselben Fenster hinaus! Und wenn Sie das überlebt haben, simulieren wir den Fall, es sei überhaupt kein Bullauge geborsten – kommt aber in der Praxis nicht vor (schwacher Trost!) – und Sie müssen zur Tür hinaus!«

Ah! Aufatmen! Die Tür ist groß. Da passen sogar zwei Mann gleichzeitig durch. Und schon wieder Kröll: »Doch wie das Leben so spielt, die Tür ist verschlossen.«

Korvettenkapitän Richard Wagner, der mich zu diesem Sea-Survival-Training für Jet-Piloten eingeladen hatte, stand in seiner schnieken blauen Uniform am Beckenrand und schmunzelte. »Der hat's gut«, konnte ich noch mit einem Nebengedanken abschweifen, »der kennt das alles schon. Der weiß, wie das läuft. Und dann ist das vielleicht auch alles halb so wild.«

Krölls Stimme war nicht abzuschalten. »Und wie das Leben so spielt, die Tür ist nicht mit einem normalen Schlüssel verriegelt, sondern, meine Herren?«

»Mit einem vierstelligen Vorhängezahlenschloß!« gab doch tatsächlich ein Mitaspirant laut und vernehmlich von sich. Wir guckten wie elektrisiert zu ihm rüber. »Ist das 'n Witz oder was?«

»Genau so ist es, meine Herren. Der Kamerad hat recht. Mit einem vierstelligen, nichtrostenden Vorhängezahlenschloß.« Kröll genoß die Sprachlosigkeit. Er lächelte zu Wagner rüber und ließ seine Worte wirken. Und das taten sie. Trotz der 32 Grad Hallentemperatur verspürte ich, wie sich meine Armhaare sträubten. »Meint der das ernst?« suchten wir flüsternd untereinander Rat. »Weiß nicht«, kam die Antwort. »Der Apparat ist neu. Den kenn ich noch nicht.«

Endlich unterbrach Kröll die unterdrückte Unruhe. »Meine Herren! Die Bundeswehr ist natürlich keine unmenschliche Organisation. Deshalb gibt es für Sie eine Erleichterung.«

Einer holte sich lässig einen Kaffee vom Tischchen und machte sein Kreuzchen. Wegen der Abrechnung.

»Der hat Nerven«, raunte ich meinem Nachbarn zu, »geht jetzt zum Kaffeetrinken.« »Nein«, antwortete der, »das ist Knut Schröder. Der ist Kampfschwimmer. Den kann gar nichts aus der Ruhe bringen.«

»Die Erleichterung sieht so aus, daß Sie nicht erst alle Konstellationen am Schloß durchproben müssen – denn meist ist es ja doch die letzte –, sondern wir werden sie Ihnen vorher bekanntgeben. Ist alles klar?« Keine konkrete Antwort.

»Und es gibt noch eine Erleichterung!« Gespannte Stille. Sechzehn Augenpaare treffen sich auf Krölls Mund. Erneut lächelt er zu Wagner rüber. »Wegtreten zum Kaffeefassen! Diese Übungen sind für Fortgeschrittene.«

Ich drängle mich neben Knut Schröder. »Stimmt das, daß Sie Kampfschwimmer sind?« – »Ja.« – »Läuft das Training ähnlich ab, oder gibt es da einen Unterschied?«

»Ähnlich schon. Aber um einiges härter.« Dabei betonte er das ›ei‹. Im Geiste notierte ich mir sofort: Kampfschwimmertraining. Das Sea-Survival in Nordholz dauerte drei Tage. Ich war zweimal dabei. Es hat mir ausnehmend gut gefallen, denn es offenbarte mir meine Schwächen, und es gab mir neue Impulse. Der erste Tag war trockene Theorie, der zweite Hallenarbeit, der dritte Nordsee, live.

Man könnte nun sagen: »Was hat Flugzeugabsturz mit Schiffsuntergang zu tun?« Und da meine ich, sehr viel. In beiden Fällen ist die gewohnte Sicherheit, das »Stückchen Festland« plötzlich dahin, und man ist dem Wasser ausgeliefert. Ob man mit seinem Schiff ein Riff rammt oder kollidiert – der Notfall tritt in Sekundenschnelle ein, und nicht immer steht man gerade an Deck. Da kann der Seemann gerade in seiner Koje liegen, wenn sich unangemeldet Wasser neben ihm breit macht.

Und spätestens dann wird der Moment gekommen sein, wo er denkt: »Rüdiger hatte recht.« So unterschiedlich ist das also gar nicht. Denken wir an den Untergang der Autofähre vor Zeebrügge. Sie sackte in wenigen Augenblicken weg, nachdem das Wasser erst einmal durch die unverschlossene Bugklappe gestürzt war.

Selbst wenn manche der Übungen im ersten Moment nichts mit meiner Tretbootfahrt zu tun hatten, so bewirkten sie durch ihre Vielseitigkeit eine gewisse Gewöhnung ans Wasser und einen Abbau der Angst.

»Und genau das ist der Sinn der Sache«, erklärte Wagner. »Das Wasser ist nun mal nicht des Menschen Metier. Da sind Unsicherheit und Angst ganz natürlich. Wir hatten hier schon Teilnehmer, gestandene Jet-Piloten, die haben auf Knien gebeten, von der einen oder anderen Übung befreit zu werden. Natürlich konnten wir das nicht machen. Solchen Leuten kann man keine Mehrmillionen-Phantom anvertrauen. Andererseits machen wir diese Lehrgänge ja gerade deshalb, um ihnen zu helfen, diese Schwächen in den Griff zu kriegen.«

Die Kaffeepause war beendet. Jetzt hieß es: »Fertigmachen zur Fallschirmlandung auf dem Wasser!« Genau das war eine solche Übung. Wann landet der Seemann mit dem Fallschirm auf dem Wasser? Ehrliche Antwort: »Nie.« Aber das dann folgende Problem, das trifft ihn bestimmt häufiger als einen Piloten. Er kann – angeseilt – außenbord stürzen, und das Schiff reißt ihn hinter sich her. Hier wurde die Situation durchgespielt, daß der Fallschirm beim Aufprall nicht zusammengefallen ist, sondern windgetrieben übers Meer zieht. Die Hauptgefahr dabei ist, zu unterschneiden. Das heißt, man gerät beim Aufprall mit dem Kopf unter Wasser und wird durch die Zugkraft des Schirmes oder Bootes noch tiefer gezogen. Keine Chance der Rettung, wenn man nicht das Know-how hat. Oder besser noch, es auch trainiert hat.

Wir legten die Rettungswesten an und erklommen einen anderen Turm. Drei Meter hoch. Vom Turm zum anderen Ende des Beckens verlief eine Seilzuganlage. Man wurde in das Fallschirmgeschirr eingespannt, brachte Hände und Beine, wie bei der echten Landung, in die richtige Position und wurde dann vom maschinenbetriebenen Seil vom Turm ins Wasser gerissen.

Unerbittlich zerrte der Draht einen der Länge nach durchs Becken. Also die Situation: Fallschirm nicht geschlossen. Unterschneidung vermeiden. Ausklinken.

Gleich beim Aufprall hieß es handeln: Die Hände überm Kopf in den Fallschirmseilen, dreht man sich schnellstmöglich nach dem Aufklatscher in die Rückenlage. Arme gegrätscht, Kopf an die Brust. Dadurch stabilisierte sich der Körper augenblicklich. Weder wurde er unter Wasser gezogen, noch trudelte er. Man hatte Zeit zur Besinnung gewonnen. Der nächste Schritt war, sich des mörderischen Zuges zu entledigen. Und das war jetzt in der bequemen Rückenlage nur noch ein Schlag mit der Faust auf das Koppelschloß.

»Und nun, meine Herren, hat Sie der Fallschirm unter sich begraben.«

Die fixen Helfer hatten einen Fallschirm auf der Wasseroberfläche ausgespannt. Die Nummer, die jetzt kam, war etwas umfangreicher. Rauf auf den Fünf-Meter-Turm und am Schleudersitz anschnallen. Dann Einrasten in eine Laufschiene, die vom Turm über das Wasser ragte.

»Wem's zu hoch scheint, der möge gegenüber an die Wand blicken!« Nach unten, Blick ins klare tiefe Becken, wirkten die fünf Meter wie zehn.

Hatten die Helfer einen verpackt, verschnürt, eingeklinkt, gaben sie ihr Kommando: »Ready for bail out.« Und Kröll gab dann den Befehl: »Bail out – now!«

In diesem Moment kriegte man einen sanften Schubs und rollte ans Ende des Eisenträgers, hing überm Wasser. Im Ernstfall bedeutete das: Deine Maschine war nicht mehr zu halten. Du bist per Schleudersitz ausgestiegen. Und nun schwebst du in der Luft. Und je nachdem, ob du ein Tief- oder Hochflieger warst, verbleiben dir wenige Sekunden bis zum Aufprall. Deshalb hatten wir fünf Handgriffe hintereinander in schnellstmöglicher Reihenfolge abzuwickeln.

Waren sie erledigt, hing man nun sauber am Schirm, dann wurde man vom Galgen ausgeklinkt und stürzte ins Wasser. Ob nun bei Tage oder mit der besagten Augenbinde: Man stürzte ins Wasser, und im selben Moment riß einen die Schwimmweste hoch an die Oberfläche.

Erstes Ziel: unterm Fallschirm durch! Man legte sich auf den

Rücken, die Beine gespreizt. Die Weste hielt einen oben. Man hatte also keine Luftprobleme. Dort, wo man den Schirm mit dem Kopf anhob, war immer genügend Luft vorhanden. Man sah oder ertastete sich irgendeine Naht. Beim Fallschirm verlaufen alle Nähte über das Mittelloch zur anderen Seite des Runds. Und an dieser Naht zog man sich so lange weiter, bis das Ende erreicht war und man auftauchte.

Vom Fallschirm ging's sofort zum Ein-Mann-Rettungsboot. Dieses ist eine besonders wichtige Übung – auch für Seeleute, denn hier kann man viel falsch machen. Natürlich lag das Boot auf dem Bauch. Also falsch herum. Aber man hatte Zeit. Die Schwimmweste hielt einen oben, auch daran mußte ich mich erst gewöhnen. Denn normalerweise schwimmt man ohne Weste und strampelt ersatzweise mit Händen und Füßen. »Aufhören zu strampeln!« Bademeister Peter Kleine hatte es durch seine Schwimmbrille gesehen. Ich traute der Weste offensichtlich nicht und paddelte, als würde sie mich nicht tragen.

Zunächst war das Boot zu wenden. Das ging leicht, indem man es von der abgelegenen Querseite mittels vorhandenem Seil zu sich herüberkenterte. Dann schwamm man zum Heck. Das war bei diesem Bötchen deutlich abgeflacht. Das Schutzdach wurde auseinandergeschlagen, wie ein Butterbrot aus dem Frühstückspapier, und dann zog man sich – an zwei Seitenschlaufen haltend – hinein.

Hatte man, wie wir, einen Sender in der Hosenbeintasche, durfte man sich nun nicht etwa über den Sender hinweg in die Sitzposition drehen – das mochte seine Antenne nicht –, sondern übers freie Bein.

Ausbringen des Treibankers, Ausschöpfen des Wasser. Dach über den Kopf stülpen, Reißverschluß zu, Gemütlichkeit ... bautsch – war ich wieder im Bach.

Prustend kam ich unterm Boot hoch, verhedderte mich in irgendwelchen Strippen und kam letztlich doch frei.

Da tauchte auch Kleine auf und zürnte: »Ich hab's sehr wohl

gesehen. Sie hatten mal wieder die Augen zu und sind geschwommen! Also: Noch mal das Ganze!«

Und tatsächlich: Bei der nächsten »Riesenwoge« blieb ich erst einmal, wo ich war. Auch unterm Boot war genug Luft. Genau wie unterm Fallschirm. Augen auf – und so konnte ich auch die polypengleichen Seile sehen, die mich greifen wollten. Statt dessen schnappte ich sie mir und legte erst mal ein Päuschen ein. Ein Klopfen auf meinen Kopf. Und Kleines Stimme: »So, allmählich mal wieder auftauchen. Die anderen wollen auch noch dran.« Zu guter Letzt galt es noch zurückzuschwimmen zum Fünf-Meter-Turm. Dort wartete eine Seilwinde, die uns in den »Helikopter« zog. Erhebend – im wahrsten Sinne des Wortes.

Denn in der Praxis würde das die endgültige Rettung bedeuten. Und welche Gefühle einen in solchen Momenten überwältigen, wußte ich von manchen Situationen verschiedenster Reisen zur Genüge.

»Na«, meinte Wagner nachmittags in seinem Büro, »wie war's?«

»Sehr interessant!« sagte ich überzeugt. »Am schwersten für mich waren aber die Wassergewöhnungsübungen.«

Und damit hatte ich wirklich meine Probleme. Und weil ich gerade sie für alle Seeleute für besonders wichtig halte, seien sie hier erklärt. Zumal sie von jedermann ohne nennenswertes Gerät geübt werden können.

Die Wassergewöhnungsübungen sollen einen befähigen, sich mit möglichst wenig Kraft lange über Wasser zu halten. Bis Hilfe kommt.

Da gibt es den bekannten »Toten Mann« (Rückenlage, Kopf in den Nacken und mit viel Lungenvolumen schweben lassen) und den »Toten Mann im Stehen« (wie oben, aber senkrecht im Wasser stehend. Wichtig bei beiden Figuren: Der Körper muß zur Ruhe gekommen sein, tief einatmen, schnell aus- und gleich wieder einatmen); der »Frosch« (der Schwimmer) liegt auf dem Bauch, alle viere von sich gestreckt, Gesicht im Wasser. Bei Luftbedarf wird nur der Kopf gehoben, schnell aus- und tief eingeatmet und dann wieder die Ruhestellung Kopf-unter-Wasser eingenommen.

Aber es gibt auch noch andere Schwimmhilfen, die wir immer wieder üben mußten.

»Und jetzt die Schuhe ausziehen und an den Beckenrand werfen.«

Kein Problem.

»Und jetzt den Overall ausziehen.«

Etwas schwieriger. Aber auch keine Hürde.

Kaum war das fertig, hieß es: »Die Hosenbeine zuknoten.«

»Reißverschluß halb schließen.«

Doch was dann folgte, war interessant.

»Den Overall mit den Beinen nach oben ins Wasser halten und von unten die Hosenbeine aufblasen!«

Der Stoff war nämlich durch die Nässe so gequollen, daß er fast wasserdicht war. Die Luft hielt sich, und man legte sich gemütlich zwischen die beiden Luftblasen wie in Abrahams Schoß.

»Eine richtige Nummer zum Ausruhen«, strahlte mein Nebenschwimmer. »So, nicht einschlafen«, dröhnte es dazwischen, »wieder anziehen, und dann geht's weiter.«

Wir fummelten die Knoten auf, würgten uns in die Overalls.

»Reißverschlüsse bis fast oben schließen.«

Rrrtsch! »So, und jetzt faßt die linke Hand den linken und die rechte Hand den rechten Kragen und zieht ihn so nach vorn, daß der Kragen im Nacken fest abschließt.«

»Und nun bei jedem Ausatmen leicht nach vorn überbeugen und die Luft so unter den Overall blasen, daß im Nacken- und Schulterbereich eine dicke Luftblase entsteht.«

Auch das war eine verblüffende, einfache und praktikable Schwimmhilfe.

Aber das Beste war dann doch das »Michelin-Männchen«! Sobald man genügend Luft unter der Schulter hat, schwebt man in die Rückenlage. Die Luft trägt einen. Man klappt die Unterbeine 45 bis 90 Grad nach unten, um zu verhindern, daß die Luft dort wieder entweicht, und preßt die Arme dicht an den Körper. Denn in den Achselhöhlen befinden sich beim Overall Atmungslöcher, die ebenfalls dicht sein müssen.

Und dann steckt man den Mund in den Overall und zieht den Reißverschluß bis unter die Nase zu.

Jetzt wird durch die Nase ein- und durch den Mund ausgeatmet. Und Lungenzug um Lungenzug bläht das Michelin-Männchen den Overall auf.

Wer das schafft, kann sich besonders kräfteschonend über Wasser halten.

Am dritten Tag schließlich Nordsee, live. Ein Kriegsschiff brachte uns ins militärische Übungsgebiet vor Cuxhaven. Hier wiederholten wir dann das Verhalten nach dem Herauskatapultieren des Schleudersitzes. Nur, daß wir nicht ins schöne, klare Schwimmbecken fielen, sondern in die weniger klare und dafür kalte Nordsee. Doch gegen die Kälte waren wir gewappnet: Netzhemd, Daunenanzug, Gummikopfschutz, wasserdichter Anzug.

Den segelnden Fallschirm spielte diesmal das Schiff. Es zog uns im Heckwasser hinter sich her, bis wir uns befreit hatten. Männer in Schlauchbooten begleiteten uns zur Sicherheit. Einziger Unterschied zur Halle: Zuletzt, als alle zu Wasser waren, fischten uns zwei Helikopter der SAR (»Search and Rescue«) wieder heraus und setzten uns zurück aufs Schiff.

»Um dreizehn Uhr sind wir wieder im Fliegerhorst«, verriet mir Wagner, während ich eine heiße Erbsensuppe schlürfte. »Können Sie Ihren Vortrag um fünfzehn Uhr beginnen?«

Der Vortrag sollte meine Revanche für den wertvollen Kursus sein. Er sollte den Soldaten eine bunte Palette anderer Nuancen des Survival zeigen. Praktiken und Tricks, wie ich sie auf meinen Reisen brauche. Und davon habe ich schließlich einen ganzen Sack voll.

Anscheinend hat er den Leuten gefallen. Er war auch nicht

militärisch ernst, sonder eher zivil, locker, verrückt, schaurig und was-weiß-ich-noch. Jedenfalls meinte Korvettenkapitän Richard Wagner zum Schluß: »Wir würden uns freuen, wenn unser Lehrgang Ihnen auf Ihrer Tretbootreise wenigstens etwas helfen wird. Dann hätten auch wir einen kleinen Beitrag zum Fortbestand der Yanomami geleistet. Sollten Sie sonst Möglichkeiten sehen, wie wir Ihnen helfen können, lassen Sie's uns bloß wissen.«

Dann wandte er sich an seine Männer: »Eins würde mich mal interessieren: Würde jemand von Ihnen sich die gleiche Reise zutrauen?«

Das Schweigen war ein Kompliment. Ein kleiner Ausgleich für meine Schwächen beim Wassergewöhnungstraining.

Der erste Tag auf See

Irgendwann waren die Vorbereitungen abgeschlossen. Ich hatte meine Ängste vorm Wasser relativiert. Ich hatte Navigation gelernt und Funken. Es konnte losgehen. Ich war in Dakar, Senegal. Von hier sollte es nach Nordostbrasilien gehen. Kurs Südwest. Zweitausend Seemeilen.

Es stank bestialisch. Mein Liegeplatz war ganz offensichtlich auf schierer Kloake und Öl angelegt. Das Wasser war nicht flüssig, sondern sämig bis breiig. Ich hatte aber gut geschlafen in meinem Cockpit und erblickte über mir im morgenroten Himmel zweihundert kreisende Milane. Sieben Uhr. Dakar erwachte.

»Hierher werde ich keinesfalls zurückkehren. Heute fahre ich raus.« Mein Entschluß stand fest.

Als erster kam Abdou, der Vertrauensmann der Reederei, die mich hierher gebracht hatte. Er kontrollierte, ob alles okay war, und hatte gleich zwei Schlosser mitgebracht. Aluminium-Schweißer. Zwei Stunden später war meine Reling, die auf dem Transport zerbrochen war, wieder schön und nützlich.

Gegen Mittag des 27. Oktober 1987 verließen wir den Hafen.

Die Angel-Yacht zog mich hinaus bis in die Strömung. Ulli Krafzik und Wolfgang Brög machten die letzten Aufnahmen.

Wolfgang schraubte mir die wasserdichte TV-Kamera ans Heckgestell; eine zweite für die Hand hatte ich im Schraubbehälter im Cockpit.

Beide Videokameras, Super 8, von Blaupunkt. Topqualität und, für mich wichtig, mit einer Hand zu bedienen. Ein prachtvoll handliches und vollautomatisches Gerät. »Ich habe das mit Dieter Zimmer abgesprochen. Die Aufnahmequalität ist so gut, daß das ZDF keine Einwände erhoben hat.«

Und gegen siebzehn Uhr hieß es plötzlich: »Ich glaub, wir haben's. Dann woll'n wir mal zurück.«

Das war nun unwiderruflich der Abschied von meinen Freunden. Zuerst ging Axel, dann Wolfgang und zuletzt Ulli. Sie nahmen mich in den Arm. Wolfgang drückte mir seine lila Faserpelzjacke in die Hand. Nur, weil ich sie so hübsch gefunden hatte. Ulli war scheu über meine Reling geklettert. Da kam er noch einmal zurück. Er zog sein Hemd aus, biß an der unteren Naht hinein und riß es von dort in zwei Teile. Das eine knotete er an meinen Mast, das andere zog er durch seinen Gürtel. »Die nähen wir in Brasilien wieder zusammen. Versprich mir das!«

Antworten konnte ich nicht. Ich war zu sehr beschäftigt. Mit Heulen. Aus tiefster Seele. Aber befreiend. Der Druck der letzten Tage, die heimlichen Ängste – nun würde das vorbei sein. Jetzt würde ich gefordert werden und damit abgelenkt und beschäftigt sein und mich nicht solchen Sentimentalitäten hingeben. Aber jetzt, in diesem Moment, da mußte es so sein.

Als ihr Boot davonrauschte und immer kleiner wurde und schließlich gar nicht mehr zu sehen war, hockte ich noch im Mast und winkte. Und immer noch hatte ich nasse Augen.

Mittlerweile war es achtzehn Uhr geworden. »In einer Stunde ist es dunkel«, spornte ich mich an. Der Wind pfiff fünffach aus Nord. Ich trieb nach Süden. Mein Kurs aber sollte möglichst

Südwest sein. Also 225 Grad. Da die Mißweisung hier minus 14 Grad betrug, mußte ich 239 Grad steuern. Das tat ich schon mal als erstes. Ich setzte mich auf den Sattel, drehte das Schifflein in die richtige Richtung und versuchte dann, das Ruder festzubinden. Natürlich war ich spätestens nach fünf Minuten völlig außer Kurs. »Nur nicht gleich verrückt machen. Laß den Kahn treiben, und setz dich erst mal eine halbe Stunde ruhig hin.«

Das tat ich. Am östlichen Horizont der Lichterschein von Dakar. Am westlichen verschwand die untergehende Sonne hinter einer Wolkenwand. Und auf einmal fand ich's schön. Ich war allein, »der Tag« war endlich gekommen, ich war frei, wie man freier kaum sein kann, und ich fuhr!

Ab jetzt kam meine Devise zur Geltung: Rettung nur in Südwest oder West. Jede Meile, jede Stunde, jeder Tag und jede Woche würden mich dem einzig erreichbaren Ufer näher bringen. Eine Umkehr war unmöglich. Gegen den Wind, gegen die Strömung hatte ich keine Chance. Das Ziel hieß Amerika. Und wenn's ging: Brasilien. Wiederholt sagte ich mir: »Wie gut, daß du abgelegt hast!« Natürlich war Dakar verlockend. Aber es war nicht mein Ziel. Ich wollte keine Zeit verplempern. Die Reise würde lange genug dauern. Und lieber träumte ich von der Ankunft in Brasilien und einem schönen Aufenthalt dort, als mir hier noch einen und noch einen Tag um die Ohren zu schlagen.

Ich ordnete meine Sachen in der Kabine und redete fleißig mit mir selbst. Das ist gut gegen die Einsamkeit. Die endgültige Ordnung ergab sich im Laufe der nächsten Tage von selbst. Wichtig erschien mir zunächst, daß das Funkgerät gegen unerwartete Spritzer mit einer Plastikfolie abgedeckt war. Oder daß immer alle Kanister fest verschlossen waren. Sollte ich unerwartet kentern, durfte so wenig wie möglich verlorengehen.

Lange hielt ich's in der Kabine nicht aus. Wenn ich vor mich hinschaute und mit irgend etwas beschäftigt war, wenn ich dadurch also keinen Horizont sah, aber das Schaukeln wahrnahm, dann wurde mir schlecht. Dann hieß es: schnell einklinken und an die Reling.

Diese Magenentleerungen waren dermaßen intensiv, daß ich mich über die gymnastischen Fähigkeiten meines Magens wunderte. Tagebuch: »Mein Magen schlägt regelrechte Salti. Zehnmal hintereinander stülpt er das Hinterste zuvorderst. Da bleibt nichts mehr drin. Außer gähnender Leere.«

Hinterher fühlte ich mich aber sofort wieder wohl und gönnte mir einen Viertelliter Elektrolyte. Nur Appetit verspürte ich nicht. Wohin ich schaute, sah ich erleuchtete Schiffe. Sie zogen vorüber oder lagen vor Anker. Darunter sehr viele russische Fischer.

Als nächstes werde ich das Nachschleppseil ausbringen, entschloß ich mich. Es war selbstschwimmend, fünfzig Meter lang und hatte zwei rote Auftriebskörper. Einen ganz am Ende. »In Zukunft sollte ich sie doch leuchtend machen«, notierte ich mir im Tagebuch. Denn ich konnte sie um diese Nachtzeit in den Wellen nicht mehr sehen.

Nachts möchte ich jedenfalls nicht ins Wasser fallen. Wenn man das Seil nicht sofort zu fassen kriegt, sind fünfzig Meter schnell an dir vorbeigerauscht.

Dieser Horrorgedanke bestärkte mich einmal mehr, NIE unangeleint an Deck zu gehen. Auch nicht bei stiller See und am Tage und auch nicht nach gewisser Gewöhnung. »Selbst einen Tag vor Brasilien darf ich nicht gleichgültig werden«, schwor ich mir.

Von Dakar her stieg ein Flugzeug in den Himmel. Es hielt genau auf mich zu, überflog mein Schiff und hielt Kurs Südwest. Brasilien. »Ob Ulli und Wolfgang wohl runterschauen?« dachte ich. Und schnell, aber viel zu spät schaltete ich mein Blitzlicht im Top ein: Zuck-zuck-zuck ... wie mein Herzschlag.

Warum sollten sie auch jetzt schon herausschauen? Wie sollten sie ermessen können, daß ich noch keine einzige Flugminute von Dakar entfernt vor mich hindümpelte? Sie würden jetzt ein leckeres Essen serviert bekommen und morgen früh in Rio de

Janeiro landen. Von dort wollten sie – über Manaus – zu den Yanomami.

Ich schaltete meinen Blitz aus. Solange ich meinen Akku und den Generator nicht kannte, wollte ich sparsam sein. Obwohl der Monteur versichert hatte: »Der hat 140 Amperestunden. Damit können Sie fünf Stunden senden.« Nach einer Stunde hörte ich ihn bereits brummeln: »Oh, jetzt geht der Akku in die Knie.« Und dann lud er ihn nach.

Aber ich schaltete dennoch, verschwenderischerweise, mein Kabinenlicht ein. Es zieht nur fünf Watt. Wie eine mittlere Taschenlampe etwa. Aber – da Halogenleuchte – sie erstrahlte um einiges heller als eine normale Fünf-Watt-Birne.

Im Lichtschein, der aus den kleinen Seitenfenstern fiel, hockte ich draußen auf einem Kanister und begann das Reisetagebuch. Es fing an mit dem Stauplan. Ganz nüchtern also. Aber es erschien mir wichtig, das schriftlich zu haben und auswendig zu lernen, wo ich was finden würde.

Auch nachts.

Um 23 Uhr (ab jetzt, während der Seefahrt, immer in Weltzeit = UTC = Universal Time co-ordinated = Greenwich-Zeit = eine Stunde früher als in Deutschland) ging ich schlafen. Abgeschlafft, aber zufrieden.

Gelegenheitspiraten

Es wurde eine unruhige Nacht. Zum einen, weil noch alles neu, und zum anderen, weil es ungewohnt war und meine Kabine von fast jeder Welle erschüttert wurde. Sie schlugen von unten detonationsähnlich gegen den Boden, den Notausstieg. Ich bezweifelte ehrlich, daß das Boot solcher Wucht über die vielen Wochen gewachsen sein könnte. Zum Trost wiederholte ich mir die Worte der Bootsbauer: »Rüdiger, dein Katamaran ist seetüchtig, verlaß dich drauf!«

Sobald ich die Kabine verließ und an Deck ging, neigte ich dazu, ihren Worten zu glauben. Denn aus dieser Perspektive war das Dröhnen längst nicht mehr so beängstigend. Sobald ich aber zurückkroch in meinen Hohlraum und wieder mit dem Ohr auf der Isoliermatte lag, begann die Sorge erneut, zunächst unmerklich, dann aber heftiger an mir hochzukriechen. Bis mir klar wurde, warum das so war. Die einzelnen Schotten und auch das Cockpit waren Hohlkörper. Und die verstärkten jeden Schlag der Wogen um ein Mehrfaches. Genau wie eine Trommel. »Es ist also mehr ein akustischer Effekt als ein wirklich materialbelastender«, regte ich mich ab. »Das wird bei großen Schiffen nicht anders sein.« Als ich gegen sieben Uhr aufwachte, ging die Sonne auf. Vom Ufer sah ich nichts mehr. Aber sonderlich weit war es nicht, denn um vier Uhr hatte ich noch einmal den Lichterschein gesehen. Und jetzt hing rötlich-gelber Wüstenstaub in der Luft, der sich überall am salzigen Boot niederließ. Der Wind blies weiterhin aus Nord und entsprechend trieb ich nach Süd.

Um den Tag gleich sinnvoll zu beginnen, zog ich mein Stützsegel hoch. Es war rot, dreieckig und 1,50 Meter mal 2,50 Meter groß. Also rund 3,75 Quadratmeter Tuch, das meinem 1,1 Tonnen schweren Katamaran Stabilität im Wind verleihen und ihn so gut es ging beschleunigen sollte.

Das erhoffte ich auch von den Aufbauten. Die Kabine hatte einen quadratischen Grundriß von 180 mal 180 Zentimeter, lief nach oben hin konisch zu und endete in dem von Plexi-Kopperschmidt eigens für mich geblasenen Kuppelfenster in 120 Zentimeter Höhe. Dabei hatte man darauf geachtet, daß es möglichst hoch aufragte und nicht nur eine flache Blase wurde. Bei schlechtem Wetter sollten Kopf und Schultern bequem hineinpassen und mir einen guten Rundblick verschaffen.

Diese Kuppel war aufklappbar und gleichzeitig mein Ein- und Ausstieg. Bei Rückenwind sollte sie, aufgeklappt, ein weiterer Viertelquadratmeter Segelfläche sein.

Diese Aufbauten also, nebst allem, was von den Schwimmkörpern aus dem Wasser ragte – der Mast, die Tretanlage, die Seile, die Reling und ich selbst – sollten dem Wind Angriffsfläche zum Schieben bieten.

Das Segel aber, so klein es auch in Relation zum Boot und dessen Gewicht war, konnte ich jeweils auf den Wind einstellen, um ihn so bestmöglich zu nutzen.

Dieses Segel also zog ich hoch. Es blähte sich unter dem Druck des Nordwindes und übertrug die Kraft aufs Boot.

Dann schwang ich mich in den Sattel und trat in die Pedale. Meinen Allerwertesten hatte ich gleich nach der Morgentoilette dick mit Hirschtalg gegen Wundscheuern eingecremt. Hirschtalg ist ein sehr hartes Fett, das sich nicht gleich bei Körpertemperatur auflöst und in die Haut einzieht und futsch ist. Dieses Fett sitzt da auch noch nach Stunden und tut seine Pflicht. Ich kannte es seit meinen Radtouren um die halbe Welt. Seit meiner Jugend also.

So willst du die nächsten Monate verbringen? fragte ich mich ein wenig zweifelnd. Man sieht zwar ein gewisses Kielwasser als Zeichen des Vorankommens, aber weder seitlich noch am Horizont kommt einem irgend etwas entgegen. Kein Baum, kein Strauch, kein Erfolgserlebnis. Immer nur Wasser und Horizont und der stiere Blick auf den Kompaß. Wenn der Horizont doch wenigstens Erkennungszeichen hätte. Dann könnte ich die abhaken und wüßte: Jetzt ist es schon mal einer weniger, klagte ich der Schöpfung. Nach vier Stunden auf dem »Fahrrad« fühlte ich mich schlapp. In ein paar Tagen läuft das besser, erinnerte ich mich meiner Radtouren. Die Muskeln müssen sich erst darauf einstellen.

Nebenbei versuchte ich die Selbststeueranlage einzustellen. Sie war neben dem Sattel am Heck montiert. Ich konnte sie bequem mit der Hand erreichen.

Sehr bald merkte ich, daß ich mit ihrer Anschaffung etwas ungeahnt Wertvolles erworben hatte.

Heute, im nachhinein, wüßte ich nicht, um wie viele Wochen

ich länger gebraucht hätte, wenn ich dieses Patent nicht zufällig bei einem Trödler gesehen und erstanden hätte. Es entband mich von der Notwendigkeit, Tag und Nacht am Ruder zu stehen. Zumindest nachts beim Schlafen hätte ich mich nur treiben lassen können. Jetzt aber steuerte ich den Kat auf den rechten Kurs, bis das Ruder der Windanlage genau in Kiellinie verlief. Die Windfahne wehte dann in irgendeine andere Richtung. Je nachdem, woher er blies. In diesem Moment koppelte man mittels einer Hebelbewegung Windfahne und Ruder, und sie waren in einem festen Winkel miteinander verbunden.

So lange der Wind aus derselben Richtung blies, hielt einen diese Anlage auf Kurs. Durch sie fand ich viel Freizeit an Bord, durch sie fuhr ich sogar nachts und konnte auf langsameres Treiben völlig verzichten. Nur wenn plötzliche Regengüsse herankamen und die Winde durcheinanderwirbelten, spielte die Anlage verrückt. Dann mußte ich ihr von Hand zur Seite stehen, bis sich der Hauptwind wieder durchgesetzt hatte.

Erste wohlverdiente Pause also. Inzwischen war es Mittag. 30 Grad im Schatten. Der Wind wirkte um so kühlender, je nasser ich den orangefarbenen Overall hielt. Den Kopf schützte ich während der ganzen Reise mit einer weißen Mütze. Über die Augen spannte ich die Gletscherbrille. Das erübrigte sich bereits nach einer Woche. Da hatten sich die Augen an das gleißende Licht gewöhnt. Zum Schutz gegen die UV-Strahlen hatte ich mich mit Sonnencreme und die Lippen mit Glycerinsalbe dick eingerieben.

Ich sank auf meine Lagerstatt und gönnte mir eine dicke Backpflaume. Ein echter Genuß. Noch eine. Und eine dritte.

Doch kaum waren sie inhaliert, revoltierte mein Magen erneut, und ich spie sie als Wegzoll in Neptuns große Sammeldose. »Macht nichts. Du wolltest sowieso abnehmen. Die Reise wird die beste Kur werden.«

So getröstet, kroch ich zurück und streckte mich aus. »Schade um die tollen Pflaumen!« Aber den guten Geschmack hatte ich ja genossen. Und ob sie nun meinem Körper oder Neptun zugute kamen, interessierte mich schon nicht mehr. Das Bombardement des Wassers unter meinem Schiff dröhnte mich in den Schlaf. Selbst die besonders heftigen Detonationen ignorierte ich. Von Deck her alles halb so wild! Ich ließ mich nicht verrückt machen.

Doch plötzlich schreckte ich hoch. Da war ein anderes Geräusch gewesen, was mein Ohr vernommen hatte! War etwas zerbrochen? Hatte ich Treibgut gerammt? Ich hatte etwas poltern gehört und gefühlt und entschloß mich, nachzuschauen.

Ich steckte mein Gesicht aus der Plexikuppel und war zutiefst erschrocken. Sowohl steuer- als auch backbords hatten je ein etwa 8 m langer Einbaum festgemacht. Einen einzigen Meter vor mir – auf meinem Deck – ein junger Senegalese in gelbem Ölzeug. In seinem Boot drei weitere Personen: ein Jugendlicher und zwei Männer. Einer von ihnen versuchte, mit dem Außenborder den Einbaum parallel zu halten. Er tat das sehr geschickt, denn wir hatten etwa Seegang drei. Irgendwie hatte er mich wohl dennoch gerammt, und das hatte mich geweckt.

Der Junge hatte bereits mein Nachschleppseil abgeknotet, die Axt und ein Paddel, denn der Mann im Boot schoß es soeben fachmännisch auf. Über Daumen und Ellenbogen.

Jetzt war der Junge damit zugange, mein dickes Tau mit dem Treibanker zu lösen.

»Qu'y a-t-il?«

»Was ist denn mit dir los?« rief ich ihn an. Ich spürte, er war über mein Auftauchen genauso erschrocken wie ich über seinen Fleiß.

Was mich besonders beunruhigte, war das zweite Boot im Rücken, das gerade klarmachte zum Entern. Instinktiv versicherte ich mich des Revolvers. Er lag neben dem Funkgerät, achtzig Zentimeter von mir entfernt. Ich bückte mich, zog ihn aus dem Holster. Die Leute konnten nur sehen, daß ich innen etwas vorbereitete. Es blieb ihnen verborgen, was es war. Aber sie waren verunsichert. »Gib sofort mein Seil wieder«, rief ich dem Mann zu und zum zweiten: »Laß sofort mein Boot los!« Damit klar war, was ich meinte, unterstrich ich alles mit Handbewegungen.

Als sie sofort meinen Anordnungen nachkamen, gewann ich merklich Oberwasser. Die einen legten ab, der Seiler reichte dem Jungen mein Tau zurück. Auch er war sofort wieder zurückgestiegen auf seinen Einbaum, hielt sich aber noch an meiner Reling fest und versuchte nun, das Seil wieder da zu befestigen, wo er es gelöst hatte. »He, auch die roten Bälle.« Denn ich sah, daß sie die bereits abgetrennt und zwischen ihren Fischen liegen hatten.

Da war das andere Boot aber bereits wieder sehr nah herangekommen. Vielleicht war es Taktik, vielleicht war es noch Unentschlossenheit, vielleicht lag es aber auch nur an den Wellen, daß sie wieder bedrohlich nahe waren. Das Unheimliche wurde verstärkt durch die scheinbare Lautlosigkeit. Ich hörte ihre Motoren nicht, und doch liefen sie. Denn wenn es darauf ankam, glitten sie sehr schnell vor- oder rückwärts.

Aber noch etwas hatte mich beruhigt. Vorn, am Brustgurt, hatte ich ja mein Signalgerät! Im Notfall eine echte Waffe. Ich höre Dr. Runge bei Nico noch sagen: »Die Leuchtkugeln entwickeln eine Temperatur von 2000 Grad.« Damit könnte ich den Leuten ihren geangelten Frischfisch, der die Böden der Boote bedeckte, leicht in Bratfisch verwandeln.

Aber dann hatte ich die Idee!

Ich nahm den Hörer vom Funkgerät und tat, als setzte ich nach irgendwo eine Meldung dieses Vorfalls ab. Ich zählte die Leute mit dem Finger: »un, deux, trois, quatre, cinq, six, sept, huit!« Und rief dann noch zweimal laut in die Muschel: »Huit personnes, Monsieur le Commandant.« Da zogen sie sich zurück. Lautlos im spitzen Winkel raus aus dem Wellental, über den nächsten Wellenberg. Aber nicht etwa völlig fort. Sondern nur hundert Meter. Da trafen sie sich und diskutierten eifrig.

Würden sie wiederkommen? Vorsichtshalber schaltete ich Grenzwelle, die Notruffrequenz, ein und vergegenwärtigte mir schnell den Ablauf einer PAN-PAN-Meldung, einer Dringlichkeitsmeldung. Hoffentlich hörte mich jemand, denn ich hatte sie noch nie erprobt.

Ich legte mir auch die Schiff-Schiff-Frequenzen sichtbereit aufs Funkgerät.

Noch während ihres unentschlossenen Ablegens hatte ich sie in aller Hektik gefilmt. Ich kannte die Boote nämlich. Gestern abend beim Auslaufen waren sie uns begegnet. Da kamen sie von See und hatten auf unserer Höhe verhalten, um zu ergründen, was es mit meinem Ufo-Fahrzeug wohl auf sich haben könnte. Und Ulli war es, der sofort schaltete und meinte: »Zwei Tage würde ich hier an der Küste noch gut aufpassen. Aber weiter können die mit den Einbäumen nicht raus.«

Die Einbäume waren insofern leicht wiederzuerkennen, weil sie arabisch beschriftet waren.

»Schams er-gharb« (Sonne des Westens), stand auf dem einen. Und weil alle acht Insassen gelbes Ölzeug anhatten. Sie waren ganz offensichtlich Küstenfischer. Keine Piraten wie in Fernost, vor Nigeria oder in der Karibik. Sondern allenfalls Gelegenheitspiraten.

Verdammt, dachte ich, hatte Ulli doch recht. Und für den Fall, daß sie zurückkämen, womöglich mit Verstärkung, überlegte ich mir meine Verteidigungsmöglichkeiten.

Auch Kapitän Bauer und der erste Offizier Seibel hatten mir viel über das Piratentum von heute erzählen können. »Auf unserer Afrikaroute ist die schlimmste Stadt Lagos. Sowohl im Hafen wie auf Reede als auch bei voller Fahrt kommen die mit ihren Einbäumen, entern die Schiffswände und knacken Container.«

»Setzen Sie sich dagegen zur Wehr?«

»Nein, meistens bemerkt man die Leute erst, wenn sie ablegen. Dann ist eh schon alles zu spät. Dazu kommt, daß wir das

Risiko nicht eingehen können, das mit einer bewaffneten Verteidigung verbunden wäre. Denn diese Leute arbeiten eng zusammen mit der Polizei und dem Zoll. Anders ist es nicht zu erklären, daß sie oft gezielt an ganz bestimmte Container herangehen. Wenn es bei solcher Verteidigung auch nur einen einzigen Toten gibt, brauchen wir in Lagos nicht mehr anzulanden.« Seibel stellte aber klar: »Sie können Lagos nicht mit Senegal vergleichen. Hier in Dakar wird gestohlen, aber Berufspiratentum kann man das nicht nennen. Das haben Sie schon an den Hafenbeamten sehen können, die zur Begrüßung an Bord kamen. Hier waren es bescheidene vier. In Lagos sieht das anders aus. Da kommt ein Trupp von vierzig Mann und mehr. Und wehe, Sie haben keine guten Geschenke bereitliegen. Dann häufen sich die bürokratischen Schwierigkeiten. Sehen Sie also zu, daß die Strömung Sie nicht nach Nigeria treibt.«

Diese Möglichkeit war gar nicht so ausgeschlossen. Denn die Strömungen des Südost- wie des Nordostpassats treffen am Äquator aufeinander und fließen dann gemeinsam nach Westen. Genau wie beim bergab strömenden Fluß bilden sich dabei auch hier in den Reibungszonen Gegenströmungen. Eine davon fließt zur Elfenbeinküste. Sie war mir von Anfang an nicht geheuer. Würde ich in sie hineingeraten und könnte das mit meinen Mitteln nicht aussteuern, wäre es womöglich das Ende meiner Reise oder zumindest ein gewaltiger Zeitverlust.

Warum fuhr ich dann überhaupt durch dieses unsichere Gebiet? Das hatte einen wesentlichen Grund: Dakar–Receife, das ist die kürzeste Afrika-Brasilien-Verbindung.

Als die Leute aus meinem Gesichtskreis entschwunden waren, versuchte ich, den unterbrochenen Schlaf nachzuholen. Das mit dem Telefon war bestimmt eindrucksvoll, dazu die Raumkapselform des Bootes, mein Fliegeroverall, das Brustgeschirr mit Signalgerät und Messer ... Da mußten sie einfach davon ausgehen, daß ein paar Momente später eine ganze Hubschrauberstaffel über sie hinwegdonnern und ihnen Ärger bereiten würde!

Und genauso würde ich es wieder machen. In der Karibik oder vor Brasilien. Je nachdem, wo ich antrieb.

Aber so lange brauchte ich nicht erst zu warten. Schon fünf Stunden später kam die nächste Gelegenheit.

Diesmal saß ich im Sattel. Und diesmal war es ein größeres Boot. Zwar auch eine Art Einbaum, aber er war mit Brettern aufgestockt und hatte somit viel mehr Fassungsvermögen. An Bord waren acht Personen und viel Gepäck. Es waren ganz offensichtlich Reisende, die von irgendwo nach irgendwo wollten. Der Steuermann fuhr dermaßen auf mich zu, daß ich zunächst eine Kollision befürchtete. Aber er verstand es, wie seine Kollegen vorhin, sehr geschickt mit seinem Schiff umzugehen und kam längsseits. Erst mal die Lage peilen, dachte er wohl.

Längst war ich ins Cockpit geklettert und hatte den Hörer in der Hand. Ich sprach angespannt hinein. Dann zählte ich wieder die Personen mit dem Zeigefinger ab und rief laut und vernehmlich in die Muschel: »Es sind acht Personen.« Und als zwei Männer meine Reling ergriffen, um eine Reibung zu vermeiden, gebot ich barsch: »N'entrez pas. C'est un projet militaire. Allez!« Aber die beiden, die den Fender spielten, hielten meine Reling weiter umklammert wie Liebhaber ihre Frauen beim Abschiedskuß. »Eine gekonnte Flanke, und sie sind bei mir«, dachte ich. Ich umklammerte mein Signalgerät. In derselben Weise wie die beiden meine Reling. Allein der Knall des Raketengeräts würde sie verscheuchen. Vorsichtshalber legte ich mir auch den Revolver bereit. Immerhin waren sie zu acht.

Um ihn aus dem Holster ziehen zu können, mußte ich mich etwas bücken. Meinen Kopf ließ ich unverwandt draußen, um vor allem die zwei Hauptenterer im Auge zu behalten.

Da bückte sich auch der Steuermann und zog zwischen zwei Kisten ein Gewehr hervor! Das ging sehr schnell, und er holte es nicht ganz heraus, sondern legte es nur griffbereit hin. Doch der Schaft lugte deutlich hervor. Eine falsche Reaktion, ein Mißverständnis – fatal. Und vielleicht hatte der andere ebensolche guten

Absichten wie ich. Klar, daß mein Boot neugierig machte. Aber ich war ein gebranntes Kind und wollte mich nicht unnötig überraschen lassen. Ich legte sofort beide Hände wieder leer und flach aufs Cockpit und sprach dabei ständig in den Telefonhörer, den ich zwischen Kopf und Hals eingeklemmt hielt. Augenblicke höchster Alarmbereitschaft. Da rief der Steuermann etwas zu den Männern und gab ein Zeichen.

Die beiden Schiffshalter ließen meine Reling los, und rückwärts zog sich das Boot aus der Affäre. Während sie dann im Vorwärtsgang ihre alte Richtung wieder aufnahmen, filmte ich ihren Abgang.

Die Gefahr, überfahren zu werden

Was war das denn nun wieder? Hatte da jemand gesungen, oder hatte ich schon Halluzinationen? Oder war ich aus einem der intensiven Träume erwacht?

Noch lauschend hörte ich es wieder. Ein Blick auf die Uhr: halb vier nachts. Wie vom Zitterrochen gepolt sprang ich hoch, stieß mir den Kopf am Dach meiner Behausung und starrte vor mir auf das orange erleuchtete Hochhaus. In nur fünfzig Metern Entfernung fuhr ich daran vorbei.

Mein Kopf brummte immer noch. Ich rieb ihn kräftig, zwackte mich ins Ohr und fragte mich, in welcher Stadt ich wohl jetzt angetrieben sei.

Bis ich zwei Sekunden später merkte, daß nicht ich an der Erscheinung vorbeifuhr, sondern sie an mir. Und zwar mit einem Affenzahn. Und daß das Hochhaus plötzlich die Formen eines großen Schiffes angenommen hatte. Musik drang aus einer offenen Tür! Volle Pulle!

Jetzt noch meinen Signalblitz anzuwerfen war sinnlos. Ich stand da, bewunderte die fahrende Stadt und dachte: »Meine Fresse, Glück gehabt!«

Das war die hautnaheste Begegnung, die ich mit der großen Schiffahrt hatte. Oder ich habe die anderen nicht mitbekommen. Zu tief war gerade anfangs der Schlaf der Erschöpfung infolge Tretens und Unwohlseins. Aber ich hatte auch sehr bald herausgefunden, daß ich, auf dem Ohr und auf dem flachen Boden liegend, sehr wohl Schiffsschrauben schon von weitem hören konnte. Sie unterschieden sich durch ihr regelmäßiges Dröhnen und Brummen von dem völlig wirren Wassergepolter unter meinem Schiff. Nachdem ich das mehrfach festgestellt hatte, verließ ich mich darauf, und jedesmal, wenn das Brummen ertönte – und das war im Kapverdischen Meer vor Senegal häufig –, schaltete ich meinen Blitz ein. Jedenfalls dann, wenn die Schiffe in etwa auf mich zuhielten.

Meist sprach ich die Wachhabenden auch über UKW an. Auf Kanal sechzehn muß immer jemand hörbereit sein. Ein zweites Gerät besaßen Wolfgang und Ulli. Sollte ich Brasilien erreichen, wollten sie mir entgegenkommen und die Ankunft filmen. Und damit sie, mitten im entfernten Urwald, auch wußten, wann ich mich wo befand, hatte Wolfgang außerdem einen Kurzwellenempfänger mit. Auf ihm hatte er die Sendefrequenz von Norddeich Radio eingetippt und konnte so zu den vereinbarten Zeiten in unsere Gespräche hineinhören. Wäre ich also schneller als errechnet, mußten sie sich mehr beeilen, ansonsten konnten sie sich entsprechend mehr Zeit lassen. Sie wollten in der Zwischenzeit zu einem Yanomamidorf, um in der TV-Reportage zu zeigen, um wen es bei der Tretbootfahrt eigentlich ging. Unterwegs habe ich oft an die beiden gedacht, wenn ich auf Sendung war. Ich sah sie dann bei den Yanomami vor einem großen Kübel Bananenbrei hocken und meinen Berichten lauschen. Sie im prallen Urwald, in einer Kultur, die tausend Jahre zurückliegt, und ich auf dem Ozean, dessen einzige Abwechslung verschieden starke Wetter, Fische und Vögel waren.

Trotz dieser nächtlichen Beinaheberührung mit jenem Schiff hatte ich fortan nicht etwa ein gesteigertes Angstgefühl vorm

Crash. Dafür hatte ich immer noch zu deutlich die Worte des ersten Offiziers Michael Seibel von der »Woermann Ubangi« in den Ohren. Dies Schiff hatte mich von Hamburg nach Dakar gebracht. »Die Chance, richtig überrollt zu werden, ist wie die mit dem Auffinden der Stecknadel im Heuhaufen. Nicht, weil du auf einem völlig einsamen Meer fährst, sondern weil der Bugschwall der Schiffe dich links oder rechts vorbeidrückt. Daß dich wirklich jemand auf den Punkt in der Mitte des Kats erwischt und dein Boot nicht weiß, ob es sich nun für links oder rechts entscheiden soll, ist ungewöhnlich gering.« Und nach kurzem Nachdenken: »Außer vielleicht im Ärmelkanal, wo sich ein Dampfer an den anderen reiht.«

Das hatten mir übrigens auch Arved Fuchs und Rainer Neuber gesagt. Bei ihrer Nordseeüberquerung mit den Paddelbooten war das hohe Verkehrsaufkommen in diesem Gebiet ihr zweitgrößtes Problem nach jenem des Schlafmangels. »Und das Treibgut, das da umherschwimmt! Du glaubst es nicht! Und laß mal einen Baumstamm mit der Kraft der Wellen auf dein Boot treffen, dann ist Land unter. Dabei können sogar große Schiffe leckschlagen.«

An das alles mußte ich denken, als der »Musikdampfer« wieder am Horizont verschwand. Sollte ich das Toplicht doch ständig anlassen? Würde das meine Batterie verkraften? Oder sollte ich mir das aufsparen für die Zeit vor Südamerika, wenn ich die Batterie besser kannte und ich die stark frequentierte Nord-Süd-Route kreuzte? Und Treibgut? Na ja – Risiko. Deshalb würde ich ja immer noch schwimmfähig bleiben. »Und wenn's 'n wertvoller Palisanderstamm ist, kannst du dir etwas Taschengeld nebenbei machen«, hatte Arved gemeint.

Vor allem, als Seibel zu berichten wußte, wie schwer es ist, ein kleines Boot so zu rammen, daß es zerbricht, entschied ich mich für die »Aktion Sparflamme«.

»Von einem anderen Dampfer hatten wir im Südchinesischen Meer Boatpeople, Flüchtlinge aus Kambodscha, an Bord genommen und wollten deren Schiffchen hinterher versenken. Wir hielten genau drauf zu, aber jedesmal erhob es sich auf die Bugwelle und glitt dann steuerbord oder backbord an uns vorbei. Bis wir es schließlich aufgegeben haben.«

Das Zusammenraufen

Am 3. Tag wurde mit klar, warum ich so langsam vorankam. Ich lag zu tief im Wasser. Ich schwamm nicht nur auf den Kufen. Auch das Mittelteil berührte das Wasser. In meiner Sorge um ausreichende Mengen Trinkwasser hatte ich 150 Liter mehr gebunkert als berechnet. Kurz entschlossen trennte ich mich davon. Und plötzlich kam ich gut voran.

Zwei Probleme bestimmten meine ersten beiden Wochen. Der Kontinent entließ mich nicht aus seinem Griff, und ich war seekrank. Nicht etwa, daß ich nur über der Reling gehangen und gejammert hätte! Aber was ich aß, wollte wieder raus. Also gab ich notgedrungen nach, zahlte meinen Tribut ans Meer und hoffte irgendwann auf Rasmus' und Neptuns Güte und freie Passage.

Doch was ihnen zugute kam, fehlte mir. Ich magerte ab und hatte nicht mal mehr Appetit. Die kostbare Nahrung, das wertvolle Wasser – alles kam in des Ozeans unfüllbaren Klingelbeutel. Dennoch war ich nicht beunruhigt. Wußte ich doch vom Deutschlandmarsch, wieviel ein Mensch ohne gefährlichen Leistungsabfall an Körpergewicht verlieren kann. Damals hatte ich einen Viertelzentner abgezehrt. Nach vierzehn Tagen auf See hatte ich diesen Zustand fast auch erreicht. Regelrecht leid tat es mir nur ums ausgespiene Wasser. Bis ich nach wenigen Tagen auch das ungerührt in Kauf nahm. Ich hatte gemerkt, daß ich selbst bei praller Sonne mit Eineinviertel Liter pro Tag auskomme. Für Essenszubereitung und Trinken. Und beim Wegschütten der hundertfünfzig Liter Übermenge war ich von zwei Litern und hundert Tagen ausgegangen. Also konnte ich hier durchaus etwas zur Atlantik-Entsalzung beitragen. Irgendwann würde ich bestimmt auch Regen auffangen können, und um wenigstens etwas Gutes für die Kondition zu tun, trank ich Elektrolyte. Ehe die ausgespien waren, hatte der Körper sie sich längst gekrallt.

Als weit bedrückender empfand ich hingegen das Auf-der-Stelle-Treten. Zunächst dachte ich, meine Positionsberechnungen seien völlig daneben. Eine Tagesleistung von sechs Seemeilen war mir nicht anders erklärbar. Doch wenn ich vorüberziehende Schiffe um die Positionsdaten bat, bestätigten sie mir, einmal sogar genau auf die Meile, daß ich eine Waldwegschnecke und kein Hochseeschiff war.

So kam es zum erwähnten Umtrimmen und Kursändern. Aber auch das brachte nicht gleich die Siebenmeilenstiefel-Leistung. Am 2. November – dem sechsten Fahrtag – war ich schlappe neunzig Seemeilen von Dakar fort! Wie war das möglich, wo die nautischen Handbücher von einem Knoten Strömungsgeschwindigkeit zu parlieren wußten? Die allein hätten mich bereits 144 Seemeilen befördern müssen! Und wo blieb da das Plus des Windes?

So war ich nach einer Woche nicht weiter als von Hamburg nach Hannover gelangt! Das hätte ich zu Hause auf Schusters Rappen locker in drei Tagen runtergerissen. Wenn der Törn so weiterging, war ich ja erst Ostern in Amerika!

Demgegenüber standen die Leistungen des Hannes Lindemann. Er war diese Strecke 1956 im Serienfaltboot mit Segel gefahren. Auch er hatte Gegenwinde und Flauten und war dennoch in 72 Tagen in der Karibik gelandet. Und Bombard, der Salzwasserprophet, hatte von Tanger aus mit einem Schlauchboot und Segel abgelegt und hatte etwa dieselbe Zeit benötigt. Dann war da der Brasilianer Emyr Klink mit seinem Ruderboot. Er hatte den Südostpassat genutzt und war in Namibia (!) gestartet. Trotz der gewaltigen Distanz hatte er Brasilien nach hundert Tagen erreicht.

Ich mußte demnach rein in die richtige Strömung. Das hier in der »Gambia Ebene« war alles Spielkram. Weder das Meer noch ich wußten so recht, was wir wollten, und so steuerte ich unverdrossen West. Auch wenn ich noch nicht über Hannover hinaus war. Sturheit siegt.

Am 8. November wollte ich mir erneut von einem Containerschiff meinen Standort sagen lassen. Doch der Not- und Ansprechkanal sechzehn, UKW, war gerade belegt. Ich wartete, wie es sich gehört. Und was hörte ich?

»Dakar-Pilot. Radio Dakar-Pilot, Radio-Dakar. Dakar Pilot-Radio. Here is« – es folgten Name und das Rufzeichen. »We are ready to enter the port.«

Und des Lotsen verkürzte Antwort:

»Well, no problem. Are your papers ready?«

Für die Strecke, die mich zwei Wochen gekostet hatte, brauchte der alte Eisen-Frachter nur noch geschlagene sechs Stunden und war am Ziel! Ich brach beinahe zusammen. Wie kommt es zu solchen Ungerechtigkeiten? Aber es schien unabänderlich, und ich fand mich drein. Was hatte ich mir beim autogenen Vortraining auf diese Reise immer eingetrichtert? »Kurs Südwest, Geduld und Beschäftigung. Der Atlantik hat rundherum Ufer.«

Also keine Panik aufkommen lassen! Zumindest war erkennbar, daß der Kat mir gehorchte und zaghaft West trieb. Und so leistete ich meinen persönlichen Beitrag und unterstützte ihn nach besten Kräften mit Hilfe der Pedale.

Mehr als einen Knoten brachte das Unterfangen wohl nicht. Denn auf Dauer konnte man nicht schneller treten. Nur wenn's für Momente darauf ankam, dann entwickelte der Propeller beachtlichen Schub. Auch die beiden Ruderblätter, die ich mit dem Lenker vor mir bediente, wirkten ökonomisch. Bei starken und schnellen Kurskorrekturen brachten sie das dreifache des Windsteuerruders. Hatte ich jedoch die gewünschte Richtung, blokkierte ich den Lenker mit zwei Seilen und überließ den Rest der

Selbststeueranlage. Wollte ich meine Füße ausruhen, konnte ich sie unterm Lenker auf zwei Gummipolstern abstellen. Birenheide, der Konstrukteur der Tretanlage, hatte an alles gedacht: »Weil Sie keinen Freilauf haben.« Trotz Halbkondition erspürte ich täglich mehr die Wechselwirkungen von Boot, Segel, Wind und Strömung.

Die allergrößte Entlastung brachte einwandfrei die Selbststeueranlage. Ihr verdanke ich, daß ich bei stetem Wind nachts schlafen konnte und trotzdem vorankam. Damit entfiel für mich auch die Gefahr, mangels Schlaf ins Delirium zu geraten, und ich konnte mein Unwohlsein besser auskurieren.

Dennoch brauchte ich weitere vier Tage bis zum 12. November – da hatte ich die Schwierigkeiten gemeistert. »Hurra! Ich befinde mich eindeutig 140 Seemeilen südlich der Kapverdischen Inseln und habe den Wind (mit leichter Nordtendenz) genau im Rükken. Der Atlantik hat sich plötzlich in einen gigantischen Strom verwandelt, der mich und meine Insel mit sich reißt.« Das schrieb ich ins Tagebuch. Das Segel übte einen gewaltigen Zug aus. Die Schoten zitterten vor Erregung, der Mast sang, und sprudelndes Heckwasser belohnte mich für mehr als zwei Wochen Geduld.

Neugierig warf ich mein Log aus und maß vier Knoten Geschwindigkeit. Die Pedale der Tretanlage rotierten wie wild. Nur infolge des durchströmenden Wassers.

»Wir haben sieben bis acht Windstärken – genau wie meine Ex-Frau Maggy es mir gewünscht hat!«

Von hinten rasten gewaltige Wassergebirge auf mich zu. Ich kam mir vor wie mit einem fragilen Zelt inmitten eines gigantischen Gebirgskessels: klein und unbedeutend. Aber so wie die Gebirge nicht einstürzen und das Zelt begraben würden, so war ich inzwischen von der Unzerstörbarkeit meines Schiffchens überzeugt. Zu Beginn der Reise hätte ich bei solchem Wind sogleich das Segel gerefft und den Treibanker geworfen – heute dachte ich nicht mal im Traum daran!

Das Tempo war fantastisch. Wenn die Wasserberge mich erreichten, hatten sie mich längst zu sich auf den Kamm gehoben. Und selbst als der dann unter Zischen und Donnern sich überschlug und seine weißen Zähne ins Boot schlagen wollte, waren Boot und ich schon längst so weit obenauf, daß uns nur die Krone des Gegurgels erreichte und mich allenfalls erfrischte. Wenn dann die Woge unterm Kat hindurchrauschte, so daß er sich erst hinten, dann vorne aufbäumte, viel schneller, als ich Fahrt hatte, entstand ein Bremseffekt, sobald das Heck eintauchte. Dann überholte mich auch schon gelegentlich der zweite Brecher. Aber mein Boot, die »Yanomami Brasil«, lag unumstößlich – wie auf vier Beinen, auf den zwei Kufen und den beiden Schwertern. Eine Katze, die immer auf die Füße fällt.

Würden mich dieselben Brecher vor eine Wand drücken, auf ein Riff setzen oder gegen eine Felsenküste donnern, würde alles zerbersten. Soviel Gewalt geht von den Tonnen und Abertonnen Wasser aus. Doch ich war auf offener See. Sie ist elastisch. Sie bildet kein Hindernis. Das elegante Boot wird einfach ein paar Meter vorgepuscht. Der Druck verpufft. Als spränge ich vom Schrank in einen Schaumstoffberg oder vom Fünf-Meter-Turm ins Wasser. Wehe, statt des Schaumstoffes oder des Wassers wäre unten Beton! Aber wem sage ich das?

Voller Freude stülpte ich mir den Walkman über, wie schon so oft beim Treten – aber da streikte er. Versalzen. Kein Ton kam mehr heraus, obwohl das Bandwerk lief, die Spulen sich drehten. Da halfen weder neue Batterien noch Klopfen oder das Reinigen der Tonköpfe. Die fünfzig Kassetten mußte ich ein anderes Mal hören. Bestimmt dann, wenn ich sie nicht so benötigte. Wenn mein Alltag wieder prall voll mit Ereignissen und Eindrücken sein würde. Dabei hatte ich gerade mein »Laufband« gehört. Jene Kassette, die ich mir oft beim Joggen im Trittauer Forst reingezogen hatte. Wie oft hatte sie mich unterhalten und aufgepeitscht, wenn die müden Knochen mal nicht mehr so wollten! Auch jetzt hatte ich da gehockt und an die üppige Waldnatur gedacht, an Blaubeeren, Pilze, Kamille, Tannennadeln, Baumharz

– all diese Impressionen, die ich hier so entbehrte. Bis auf die Kamille: Maggy hatte mir ein Glas mitgegeben. Selbstgesammelt auf eigenen Gefilden. Jedesmal, wenn ich den Schraubdeckel öffnete und die Augen schloß und eine tiefe Nase davon nahm, atmete ich Heimatduft. »Es kann mir noch so kotzig sein – ein paar Krümel lasse ich mir übrig zum Mutmachen, wenn es je erforderlich werden sollte«, notierte ich.

Die Kamille half, genau wie die Fotos der Familie in meinem Cockpit. Jetzt, wo mein Kahn auf Automatik geschaltet war, hatte ich Zeit, Ordnung in meine Kabine zu bringen. Und das tat ich auch.

Und dann war da noch der Notausstieg. Er war sechzig mal sechzig Zentimeter groß und befand sich – als Fenster – im Boden meiner Unterkunft. Wenn ich ihn auch als Notausstieg nie brauchte, so lohnte er sich zumindest als »Fernsehapparat«. Ich brauchte nur meine Unterlagen, eine Isoliermatte und eine Luftmatratze, hochzuheben und hatte den Blick frei in die Unterwasserwelt. Je nach Wetter – herrlich blau oder beängstigend düster. Wie Farbfernsehen oder Schwarzweiß. Zwar war das Programm immer gleich – ein Film über Fische –, aber die Nuancen machten es. Und in der sonstigen Eintönigkeit genoß ich da in Ruhe und bei einer Tasse Tee die stille Welt unter mir.

Da zogen mitunter gewaltige Schwärme unter mir vorbei. In Reih und Glied und langen Formationen. An der Intensität ihrer Schwimmbewegungen konnte ich allmählich gut mein Tempo ablesen.

Mehrfach am Tag fanden sich auch die großen Goldmakrelen ein. Sie wirkten mit ihren ein Meter fünfzig Länge immens groß und kraftvoll. Mitunter zischten sie wie eine Bildstörung unterm Boot hindurch, manchmal verschnauften sie und blieben ruhig auf Richtung, mal höher, mal tiefer, und dann wieder, in der Sportsendung, zeigten sie die tollsten Kapriolen. Dann schossen sie wild durcheinander, legten sich flach auf die Seite und rieben sich unter den Schwimmkörpern ihre juckenden Stellen.

Hatten sie genug vom Aufenthalt im Schutzbereich des Bootes, gingen sie auf die Jagd. Fliegende Fische erbeuten. Ihre Spezialität. Da mußte ich sie allerdings von Deck aus betrachten. Ihre phosphoreszierenden Brustflossen, ihre türkisfarbenen Körper, die gelben Schwalbenschwänze – man sah sie überall durch die Wogen schießen. Der Schwanz ragte dabei häufig heraus und zerschnitt das Wasser wie ein Skalpell. Und sah ich sie einmal nicht, hatte ich sie aus den Augen verloren, oder stand die Sonne im ungünstigen Winkel, dann brauchte ich nur rundum zu blicken, wo gerade wieder, einem Vogelschwarm gleich, die filigranen, silbrigen Fliegenden Fische aus dem Meer herausschossen und mit dem Wind zwischen den Wasserkämmen durch die Täler wirbelten.

Aber oft nutzte ihnen auch diese ausgefeilte Flugkunst nicht viel. Dort, wo sie landeten, brodelte es im selben Moment und die Goldmakrelen hatten sie längst eingeholt und machten ihrer Fliegerei für immer ein Ende.

Auf Fliegende Fische waren offensichtlich alle erpicht. Meine Begleiter genauso wie ich auch. Fliegende Fische sind dermaßen zart und lecker, daß sie roh wie gekocht eine Delikatesse sind.

Ihre Flugkunst verdanken sie ihren flügelartig ausgebildeten Brustflossen. Damit können sie sowohl »schlagen« als auch gleiten und Höhen regulieren – wie Segelflieger.

Wenn ich mich flach auf den Boden legte, sah ich noch anderes aus der verzauberten Welt. Da sah ich meine Kufen, die über und über mit Entenmuscheln besetzt waren. Als stecknadelgroße Larven hatten sie sich geschickt dort angekrallt, und nun wuchsen sie zusehends. Wie ein üppiger Korallengarten. Je nach Wasserbewegung wogten sie hin und her und versuchten, dem Wasser Nahrung aus dem Plankton zu entziehen.

Entenmuscheln sind in Wirklichkeit kleine Krebstiere, die sich im Kopfstand an irgendein Treibgut heften. Ihren Körper haben sie mit einer harten Schale geschützt. Daraus kommen unermüdlich die vielen kleinen Fanghaare hervor und versorgen sich mit Nahrung.

Das ist die optisch reizvolle Seite dieser Tiere. Ihr Nachteil: Sie wachsen binnen sechs Wochen auf zwölf Zentimeter an und vergrößern die Oberfläche des Rumpfes um ein Vielfaches.

»Warum geben sich Bootsbauer soviel Mühe mit aalglatten Schiffsrümpfen, wenn die Muscheln und Algen das binnen Tagen zunichte machen?« notierte ich. Man mußte kein Fachmann sein, um einzusehen, daß sie mich manchen Knoten Fahrtgeschwindigkeit kosteten.

Die, die ich von Deck aus erreichen konnte, spachtelte ich ständig ab. So blieben meine Außenwände sauber. Aber den Plagegeistern unterschiffs mußte ich in einer Sonderaktion zu Leibe rücken. Dann mußte ich mit dem Schnorchel hinunter. Das ging bei ruhiger See mit dem Kurzschnorchel, weil das Freibord unter der Kabine nicht mehr als fünf Zentimeter betrug. Bei unruhigem Wetter war mir das Schiff zum einen zu schnell und zum anderen zu nervös. Es würde mir ständig auf den Schnorchel schlingern und mich beim Atmen behindern. Das würde mit Sicherheit Unruhe bei mir auslösen. Womöglich würde ich Wasser schlucken und hektisch reagieren. Und das würde wiederum die großen Kameraden, die Haie, neugierig machen.

Eines Tages war es dann soweit. »Wenn du dieses Jahr noch nach Brasilien willst, mußt du runter!«

Es kostete, vor allem beim ersten Mal, schon einige Überwindung. Der gewaltige, unheimliche Atlantik, kein Helfer, bestimmt würde ich Geräusche verursachen und damit die Haie anlocken. Ich legte mir Flossen, Maske, Schnorchel und Messer und den Spachtel an, steckte den Haistock in den Gürtel und klinkte mich ans Außenseil. Das Boot stand auf der Stelle. Es dümpelte vor sich hin.

»Welch prachtvoller Anblick!« ging es mir durch den Kopf. Azurblaues klares Wasser, da unten in zwanzig Meter Tiefe

Goldmakrelen, die sich sofort in Scharen um mich versammelten, der gesamte, neugierige Begleittroß. Sie kamen bis auf Hautfühlung heran, nippelten an mir herum. Aus dieser Position hätte ich mir mühelos ein paar herausharpunieren können. Aber deswegen war ich ja nicht hinabgestiegen.

Ich vergewisserte mich rundum meines Alleinseins und rekapitulierte gleichzeitig, wie ich mich verhalten mußte, wenn ich unerwünschten Besuch bekäme. Wichtig erschien mir, die Leine stets klar zu haben und keine Angst zu zeigen. Lieber scheinbar unbekümmert auf sie zuschwimmen. Bluffen.

Dann begann ich zu spachteln, daß die Muscheln flogen! Wie Glitzerregen rieselten sie, von der Sonne bestrahlt, in die Tiefe. Und mein Begleitschwarm stob erfreut dazwischen, um Brauchbares für den Eigenbedarf zu entnehmen. Bei anderer Gelegenheit mußt du davon unbedingt Fotos machen, sagte ich mir und ließ einen Teil des kleinen Paradieses stehen für Brasilien. Mal sehen, wie lang die in zwei Monaten werden.

Das verbliebene Idyll nahm ich dann näher in Augenschein. Ich kam mir vor wie ein Kleingärtner, der seinen Garten von lästigem Unkraut befreit hat und einem winzigen Restbiotop gestattet, zu bleiben, wie es ist.

Und da entdeckte ich zwei fingergroße Pilotfische. Mit ihrer Saugfläche am Oberschädel hafteten sie fest am Boot und schauten mich mit freundlichen Augen an. Als ich sie greifen wollte, hüpften sie gleichsam ein Stück weiter. Aber vom Boot ließen sie sich nicht fortnehmen.

Und schließlich tapsten noch zwei Drücker in meinem Garten herum. Sie zupften hier und da an den Muscheln und waren offenbar die einzigen, denen sie schmeckten. Verwendete ich sie nämlich als Köder, biß kein einziger Fisch an. Wir paar Individuen lebten also in einer Art Symbiose. Ich bot den Fischen Schatten und Zuflucht wie ein großer Fisch in der unendlichen Wasserwüste. Die waren zudem aufeinander abgestimmt, warnten einander vor Gefahren, befreiten sich von Parasiten, und ich konnte gelegentlich einige von ihnen essen. So konnte man miteinander auskommen.

Doch diese Symbiose war augenblicksbedingt. Nachdem die Makrelen mir nachts dreimal in das Taschenlampenlicht und damit vor die Harpune geraten waren, hatte ich bei ihnen keine Chance mehr. Die hatte ich erst wieder, wenn neue Trupps dieser Tiere aufkreuzten.

Oder: Zweimal an derselben Stelle des Bootes einen Kleinfisch an den Haken zu kriegen war ebenso unmöglich. Wir lernten gegenseitig viel voneinander. Und auch unter ihresgleichen war all die Eintracht sofort hin, wenn jemand verletzt war: Dann kamen sie schußartig von allen Seiten, und man wußte nie, wollten sie ihm helfen oder ihn fressen.

Die Goldmakrelen entschieden sich dann meist für Fressen. Schnapp und weg und Ruhe. Und nach Momenten weiterer Hektik formierte sich alles zur alten Gemeinschaft.

Nach meinen Fernsehabenden bei frisch gerösteten Sonnenblumenkernen und Roggenkörnern zog ich die Isoliermatte und die Luftmatratze wieder über den Bildschirm und machte mich fertig zum Schlafen. Das war gar nicht so leicht. Jeder Winkel meiner besseren Hundehütte war mit irgend etwas belegt.

Zunächst einmal verlief links, vorn und rechts in halber Höhe ein Bord. Darauf lagerten die Werkzeugtasche, Waschzeug, Sextant, Uhr, Kompaß, Revolver. Es folgten das Sendegerät und der Antennenkoppler sowie ein paar Grundnahrungsmittel.

Und eine Etage tiefer, mit mir auf dem Fußboden, da reihten sich aneinander: links die wasserdichten Schraubkanister mit Medizin, Fotoausrüstung, Seekarten, Video und dem Essensvorrat für eine Woche. Es folgten in Kielrichtung mein Liegeplatz und rechts dann die Batterie für das Funkgerät, Töpfe und Lesematerial.

Verständlich, daß ich mir bei der Enge nicht den Luxus erlauben konnte, die Luftmatratze aufzublasen. Dann fehlten mir zehn Zentimeter Höhe, und ich konnte die Füße nie senkrecht stellen. Deshalb spürte ich auch – und mit zunehmender Abmagerung immer deutlicher – die beiden Fensterverschlüsse im Kreuz. Aber das würde ja bald ein Ende haben. In Brasilien. Ich schaute zur Pinnwand hoch und betrachtete die Strichliste. Hatte ich mein heutiges Kreuz schon gemacht? War ich wirklich bald da? Und immer wieder mußte ich aufwallende Euphorie drosseln. »Nur weil ich heute zwei Stunden lang Windstärke sieben hatte, komme ich bestimmt nicht vor Weihnachten an.« Lieber pessimistisch rechnen und sich angenehm überraschen lassen, als sich unnötig Enttäuschungen auszusetzen.

Also: Strichlein für heute gemacht, das Mundharmonika-Potpourri abgeleistet, und mit der untergehenden Sonne schlummerte ich dann ein.

Ich schlief meist unbekleidet. Die laue Luft, die durchs offene Dach hereinströmte, war Zudecke genug. Nur bei starkem Wind legte ich mir eine Jacke über den Oberkörper oder setzte eine Pudelmütze auf. Das reichte, um den Wärmeverlust gering zu halten.

Das offene Luk hatte noch einen sehr wesentlichen Vorteil. Ich hörte sofort, wenn das Segel seine Geräusche veränderte. Aber auch ohne das Alarmzeichen schaute ich stündlich nach, ob alles okay war. Mitunter hielt die Selbststeueranlage ohne Korrektur 24 Stunden lang den Kurs. Dann wieder, bei kabbeligen Winden, im Grenzbereich des Nordost- und des Südost-Passats war es zum Schnaufen: Dann konnte man danebenstehen, und das Schiff war dennoch nicht zu bändigen.

Steuerbord, am Heck, war mein Balkon. Einer der Kanister diente als Bank. Da saß ich bei allen erträglichen Wettern und verbrachte meine Freizeit. Ich schrieb mein Tagebuch, beobachtete das Meer, angelte, harpunierte, lernte Portugiesisch, schrieb an diesem Buch oder döste einfach vor mich hin.

Die Steuerbordseite war die Leeseite, die windabgewandte. Da kriegte ich das Spritzwasser nicht mehr mit, das am Luvbord ständig hochplatschte.

Rund um die Tretanlage hatte sich im Laufe der Wochen ein zweiter Garten gebildet. Wie unterm Schiff. Doch hier oben war er weniger bizarr. Er wirkte eher wie ein kleiner Rasen. Denn es waren grüne Fadenalgen, von denen einige über zwanzig Zentimeter lang wurden. Bei jedem überrollenden Wasser wogten sie hin und her, wie langes Haar im leichten Wind.

Zunächst hatte ich das Grünzeug wachsen lassen, um einen Farbklecks zu besitzen. Als ich dann aber meine Vitamin-C-Tabletten vermißte und schon alle meine Zähne wackeln und herausfallen sah, erntete ich täglich einen Eßlöffel davon. Wie Schnittsalat aus dem Hausgarten – in der Hoffnung, dadurch den Bedarf an Vitamin C zu decken. Mein körpereigenes Depot mußte nach sechs Wochen aufgezehrt sein, und dann würde meine Anfälligkeit gegen Krankheiten zunehmen. Ärgerlich, wo das nächste Krankenhaus so weit entfernt war. Doch dann entdeckte ich die Tabletten in meiner Speisekammer. Unter dem täglichen Bedarf. Neben Vitamin B für den Magen-Darm-Trakt.

Und dann besaß ich neben all diesem Komfort noch einen weiteren. Und das war mein Badezimmer. Es war jener Bereich am Bug, der mit einem Netz überspannt war. Vorn besaß ich kein Zwischendeck. Ebenso wie am äußersten Heckteil. Das hatte den Sinn, daß Brecher, die mich von der Seite überrollten, gleich durchplumpsen sollten, ohne das Boot zu belasten. Damit ich die freie Fläche dennoch nutzen konnte, hatte ich mir ein leichtes, aber unzerreißbares Netz anfertigen lassen. »Genau so etwas brauche ich auch als Hängematte. Nicht zu schwer, nicht zu klein und ewig haltbar«, merkte ich mir bereits vor. Denn die üblichen Hängematten aus Stoff waren mir zu voluminös und nach Regenfällen viel zu schwer. Und die sogenannten Leicht- und Minimatten des Handels waren Spielkram. Mehr etwas für die halbe Stunde Nachmittagsschlaf unterm Kirschbaum. Weniger geeignet für drei Monate im Urwald.

Normalerweise, spätestens seit ich die »Yanomami Brasil« zu einem feinen Hochseemädchen aufpoliert hatte, war das Netz sauber und straff gespannt. Wie unterm Trapez im Zirkus. Wenn ich dann meine 65 bis 75 Kilo Menschenfleisch darauf legte, gab es nach und hing ein paar Zentimeter ins Wasser hinein. Schlingerte das Schiff, wurde ich völlig überspült und angenehm erfrischt. Trotz der konstanten 28 Grad Wassertemperatur. Aber sie wirkten kühl gegen die Mittagshitze von 32 Grad im Schatten, und den wiederum gab's nur in der Kabine.

Am liebsten hätte ich mich dort im Netz hin- und hergeräkelt und die Stunden verschlafen. Aber ich blieb jeweils nur Augenblicke. Seit sich mehrfach Haie hatten blicken lassen, wollte ich es lieber nicht darauf ankommen lassen. Aus Sicht eines Haies würde da ein Verletzter im Wasser herumzappeln. Das kostbare Netz würde er gar nicht als Hindernis wahrnehmen und es gleich als Salz zum Fleisch dazunehmen.

Fische lehren mich das Fischen

Ich mache die Angel fertig. Als Köder der Kopf eines kleinen Fisches. Ich hatte seinen Besitzer heute morgen mit der selbstgebastelten Harpune erlegt. Gleich beim Aufstehen, als ich ihn und seine Kameraden – wie immer bei Flaute am Morgen – unmittelbar an der Oberfläche neben dem Boot hatte spielen hören. Er hatte, obwohl doppelt durchbohrt und von den Widerhaken gehalten, gezappelt wie meine brasilianische Flagge bei Sturm. Aber diesmal hatte ich den Fehler nicht wiederholt und ihn sich im Wasser beruhigen lassen. Denn dadurch hatte ich bereits kostbare Mahlzeiten verloren. Ihr Zappelreflex war derart stark, daß sie sich unweigerlich lösten, wenn die Harpunenspitzen nach unten zeigten. Wenn also ihr Eigengewicht dem Zappeln zu Hilfe kam. Dabei war es ihnen offensichtlich egal, ob sie sich dabei selbst zerfleischten.

Ich war auf Zack gewesen. Stechen, Treffer spüren und im Bogen raus an Deck! Und auch dort nur dann aufs Deck geworfen, wenn ich ihn gleich fassen konnte. Sonst endete er im hohen Bogen ohne Unterbrechung in der Kabine. Da konnte er sich gern von der Harpune lösen. Von dort gab es für ihn kein Entrinnen.

Es war ein stattlicher Bursche. Etwa ein Kilo schwer. Das waren zwei Köder, nämlich der Kopf und der Schwanz, und eine edle Mahlzeit. Kurz in Seewasser aufgekocht: weißes, festes Fleisch.

Diesen Kopf, topfrisch demnach, band ich vorsichtshalber noch mit einem Stück feinem Kupferdraht fest. Zu oft war mir auch das passiert: Die Räuber nähern sich von hinten und saugen ihn zu sich rein. Das funktionierte vor allem bei den zarten Fliegenden Fischen oder bei Ködern, die schon einen Tag alt waren und mürbe wurden.

Heute wollte ich eine Goldmakrele (Dorado) fangen. Davon besaß ich zur Zeit ein Dutzend unter meinem Schiff. Die größte mochte 180 Zentimeter lang sein.

Bisher hatte ich erst eine bis in den Topf bekommen. Alle anderen hatten mir Lektionen erteilt und gezeigt, daß See- und Teichfischerei zwei verschiedene Kunstfertigkeiten sind.

So hatten sie alle Blinker ignoriert, sie hatten die künstlichen Köder gemieden, kleinere Haken abgerissen oder einfach aufgebogen, Perlonschnur durchgerissen, sich von der großen Harpune losgestrampelt ...

Sechs hätte ich schon haben können. Eine aber war es nur geworden. Und die hatte mich auf den Geschmack gebracht. Ein Traumfleisch! Selbst am anderen Tag, kalt genossen, schmeckten sie mir wie Putenbrust. Verständlich also mein Verlangen nach einer neuen Mahlzeit. Zudem war Freitag. Fischtag.

Zu der Doppelhaken-Methode hatte ich mich entschlossen, als sie zweimal vom großen Haken freikamen. Sie rissen ihn sich einfach aus ihrem Fleisch heraus. Doppelt, rechnete ich, hält besser. Dorados zählen zu den schnellsten Fischen. Wenn sie den Haken und die Leine im Fleisch spürten, rasten sie einfach damit los. In die Luft, zum Horizont, nach unten. Und wenn man nicht dabeistand, um einen scharfen Ruck und die Möglichkeit des Losreißens vorher mit Leine-Nachgeben abzufangen, war sie fort. Rausgerissen oder mit Haken und mit der Leine im Schlepp.

Jetzt besaß ich noch vier der stabilen Haken. Acht Zentimeter lang, sechs Millitmeter stark. Daran könnte ich mich aufhängen und der Haken würde nicht einmal stöhnen.

Unter keinen Umständen wollte ich davon noch einen einbüßen, und es sollte mir auch kein Dorado mehr entkommen. Langsam rollte die Leine ab. Nach dreißig Metern war sie ausgelaufen. An Bord hatte ich sie um den stabilen Griff eines leeren Zehn-Liter-Wasserkanisters geknotet. Mit sauberem Palstek, versteht sich. Und vorher hatte ich die Leine durch eine meiner Treppenstufen gezogen. Von dort verlief sie zum besagten Kanister.

Diesen wiederum plazierte ich in meiner Kabine. Sobald ein Fisch anbiß, zog die Leine den Behälter aus meiner Kabine heraus, und er verfing sich in der Treppenstufe.

Jetzt wollte ich mir erst einmal einen Kaffee machen. Da sauste der Kanister schon an meinem Kopf vorbei zur Treppe. Na ja, heute war mehr Seegang. Vielleicht war zuviel Zug auf der Leine. Am besten, ich füllte zwei Liter Salzwasser rein. Dann hatte die Erfindung Hand und Fuß. Ich stellte den Gaskocher beiseite, bückte mich über meinen Ausstieg zur Treppenstufe hin, zog den Fang-Indikator erneut zu mir in die gute Stube und – saus! – da war er bereits wieder an der Treppe.

Jetzt war ich hellwach! Das war ein Biß! Und sofort kam Leben in Geist und Beine. Nur jetzt nichts falsch machen! Ruhe bewahren! Den Fisch ermüden! Scharfe Rucke verhindern!

Ich hockte mich ans Heck und zog. Noch sah ich nichts. Aber am anderen Ende wurde der Zug erwidert. Nicht so kämpferisch wie sonst, aber doch stark. Die Leine ließ sich Hand für Hand ranholen. Aber nur fünf Meter weit. Dann holte sich der Fisch die Leine zurück. Noch war er nicht gesprungen, noch war er nicht kreuz- und quergerast.

Ach so! Der Colt! fiel es mir ein. Nach den schlechten Erfahrungen war ich ab jetzt entschlossen, die Fische zu erschießen, sobald sie einmal nah genug heran waren. Erst dann konnte ich sie, mit größerer Sicherheit auf Erfolg, mit der schweren Harpune oder am Schwanz an Deck heben. Denn zappeln taten sie auch noch nach dem Tod. Quasi noch bis zum Kochtopf.

Ich hängte den Colt an die Tretanlage zum Dolch und zum Hammer. Sie hingen da bereits vorsorglich seit Tagen, um den Fängen per Schlag auf den Kopf und Stich ins Hirn einen qualvollen Tod zu ersparen. Und dann schaltete ich die Kamera ein.

Ich war aufgeregt. Eben hatte ich den dicken Knoten gesehen, an dem die vier Vorfächer zusammenliefen. Bestimmt war es eine der ganz ausgewachsenen Goldmakrelen, tippte ich. Ein Meter achtzig also.

Und dann traf mich der Schlag!

Es war ein Hai! Und nicht irgendeiner. Es war ein großer Blauhai. Doppelt so groß wie die Goldmakrele. Ich sah den Kopf, die Rücken- und die Schwanzflosse.

Zentimeter um Zentimeter holte ich ihn näher. Immer gegenwärtig, daß er plötzlich anfing zu toben.

Stand ich nirgends auf der Leine? War sie nicht um meinen Fuß gewickelt? Denn ich war barfuß, und er würde mir mühelos abreißen, was in die Schlingen der Leine geriet.

»Besser wäre es, schnell die Turnschuhe anzuziehen«, ging es mir durch den Kopf. Aber dafür war die Zeit jetzt nicht vorhanden.

Die Erkenntnis, daß es ein Hai war, löste bei mir sehr gemischte Gefühle aus. Denn alles wollte ich, nur keinen Wal, Delphin, Tümmler oder Hai. Was sollte ich mit so viel Fleisch? Okay, verfüttern. Es bliebe dem Atlantik erhalten. Auch der Hai hatte ja schon viel auf dem Kerbholz. Um so groß zu werden, mußte er einiges an anderem Getier vernascht haben.

Sollte ich ihn losschneiden?

Dann besaß ich nur noch ganze zwei wirkungsvolle Haken.

Und ich war noch drei Wochen vor Brasilien. Sofern alles glatt verlief. Das war mir, aus Egoismus, zu riskant.

Angeblich sollen Fische abgerissene Haken nach einigen Wochen schadensfrei auseitern. Dennoch. Ich entschied mich für die Haken und gegen den Hai.

Drei-, viermal wiederholte er sein Spiel »Ran und weg«, aber nie mit Urgewalt. Ich konnte ihn jedes Mal gut per Hand abfangen. Langsam, Flossen aus dem Wasser, kam er näher. Gelassen schlängelte sein Körper an der Leine. Offenbar nicht nervös. Zuviel Zeit wollte ich ihm auch nicht lassen. Ich fürchtete, seine stoische Ruhe könnte Gründe haben. Zum Beispiel den, daß er dabei war, mit seinen weltbekannten Schneidewerkzeugen meine Seile zu erledigen.

Dann hatte ich ihn auf zwei Meter heran. Jetzt hatte er mich gesehen. Er kippte ein wenig zur Seite, und eins seiner kleinen runden Augen musterte mich. Dann peitschte sein Schwanz, und er verschwand unterm Boot.

Ich gab schnell Leine nach. Wehe, sie verfing sich im Ruder oder im Propeller, und er würde dann anziehen!

Aber da schwamm er bereits seitwärts parallel zur Bordwand, und die Leinen waren frei.

In diesem Moment schoß ich zweimal in sein Rückgrat. Er gab nur einen Stöhner von sich und war tot.

Ich holte ihn nach achtern. »Am besten, ich fasse ihn vor seinem Schwanz. Da hat er eine schmale Stelle«, überlegte ich.

Dazu kam, daß ich sie mir griffig vorstellte, denn Haie haben ja bekanntlich eine rauhe Haut. Wie feinstes Schmirgelpapier.

Oder ungeputzte Zähne. Doch andererseits bezeugte ich dem Schwanz Respekt. Noch immer zuckte der Körper. Die Augen waren normal geöffnet. Die Kiefer klappten wie Tellereisen.

Ich würde ihn mit der Harpune herausholen! Ich steckte sie auf den Stiel und vergewisserte mich, ob das Sicherungsseil des Dreizacks fest mit dem Schiff verknotet war. Das war der Fall.

In diesem Moment gab der Hai sich einen erneuten Ruck. Sein

Kopf, nur noch einen Meter vor mir, schnellte plötzlich vor, der Mund geöffnet. Ich sprang zurück wie jemand, der unerwartet sein eigenes Grab entdeckt hat. Die Harpune verhedderte sich sonstwo, ich rutschte aus, schlug der Länge nach hin, riß die Beine zu mir – und da sah ich, was geschehen war: Eine achterliche Woge hatte den Fisch hochgehoben und mir vor die Füße geworfen. Dreißig Zentimeter weit aufs Deck. Über die Draht-Steuerseile hinweg.

Beim Zurückgleiten ins Wasser verhakten sich prompt die oberen Zähne in dem Doppelseil der Steueranlage und blieben daran hängen. Das sah genauso aus, als hätte er im letzten Todeskampf ins Boot beißen wollen.

Schon vorher, als der Hai noch nicht tot war, begann sich das Wasser um ihn herum zu beleben. Seine Begleitfische, sonst immer devot und zu Diensten um ihn herum, wie bei uns die Schmarotzer um einen führenden Politiker, fielen in Scharen und hysterisch über alles her, was der Hai von sich gab. Das war das Blut aus den Schußwunden, das war seine gewaltige Blase, die sich unerwartet nach außen stülpte, und das waren Exkremente. Ein Schwanzschlag – und eins der Ruder war in seinen Scharnieren verbogen.

Auch als ich ihn an Deck hatte, blieb die Unruhe im Wasser. Es wäre ein leichtes, mir jetzt einen Nachtisch herauszupicken! Und hätte ich gewußt, wie übel das Haifleisch schmeckte – ich hätte es getan!

Vorsichtshalber vertäute ich den Kopf und den Schwanz. Sie sollten mich nicht noch überraschen. Und dann passierte es dennoch. Das Boot schlingerte, ich kam zu Fall und ratschte mir an vier Zähnen meine linke Hacke auf. Ich hatte sie nur gestreift und doch blutete ich heftig. Aber wenigstens spülte so auch etwaiger Schmutz mit heraus. So allein, da denkt man gleich an Blutvergiftung oder sonst was.

Für diesen kleinen Schreck wurde ich sogleich entschädigt. Denn auf dem weißen Deck kringelten sich drei kleine Fischlein.

Fingergroß und dunkel. Pilotfische. Sie haben auf dem Kopf eine Saugplatte, mit der sie sich blitzschnell an glatte Flächen heften können. Wie ein Magnet. Wie die kleinen, die ich bereits unterm Schiff entdeckt hatte, hatten sich diese drei den Hai als Spediteur auserkoren.

Ich wollte sie aufnehmen und zurückwerfen, aber sie hingen fest und ließen nicht locker. Ohne ihnen weh zu tun war da nichts zu machen. Bis mir die Idee kam, sie zur Bootskante weiterzuschieben, damit Luft unter den Saugnapf kam. Und das klappte. Aber auch nur in einer Richtung! Als ich den zweiten in der gleichen Weise fortbewegen wollte, funktionierte das nicht. Er hielt sich wie verschraubt. Bis ich spitzkriegte, daß sie sich nur rückwärts schieben lassen. Im Vorwärtsgang blockiert der Saugapparat und »verschraubt« sich noch mehr.

Den dritten gab ich zunächst in einen Eimer mit Meereswasser. Ich wollte ihn später filmen. Da entdeckte ich, daß der kleine Däumling noch mehr konnte. Er hüpfte am Eimerrand hoch und saugte sich sofort oberhalb des Wassers, am Eimerrand, fest.

Nach kurzen Verschnaufpausen schob er sich Stück für Stück voran und erreichte tatsächlich den Eimerrand, zwanzig Zentimeter über ihm. Das mochte fünfzehn Minuten gedauert haben, während der er ohne Unterbrechung an der Luft blieb.

Von oben sprang er aufs feuchte Deck und schlängelte sich zurück ins Meer. Ich ließ ihn schwimmen. Die Freiheit hatte er sich mutig erkämpft.

Beeindruckt stand ich vor meinem großen Fang. Ein schönes und elegantes Tier. Genau 2,95 Meter lang. So lang wie meine Backstube hoch ist. Und etwa sechzig Kilo schwer. Der stromlinienförmige Körper erinnerte mich sofort an ein modernes Düsenflugzeug. Der dynamische Rumpf, die große Heckflosse. Lediglich seine Brustflossen waren erheblich kleiner als die Tragflächen des Jumbo. »Bestimmt«, so folgerte ich, »hatte irgendein Konstrukteur für den Entwurf des Flugzeugtyps einen

Kunstpreis abgestaubt. Dabei hatte er ihn schlicht und einfach beim Hai abgeguckt.« So ist die Welt.

Würde ich den Leib ausgestreckt hinlegen und »Lufthansa« auf den Schwanz schreiben, würde man den Hai aus hundert Meter Höhe für ein abgestürztes Flugzeug halten. Dessen war ich mir sicher.

Als erstes schnitt ich die Blase ab. Fünf helle Eingeweidewürmer hatten sich mit ihrem Saugnapf daran niedergelassen. Ich warf sie mit der Blase zurück ins Meer. Da hatten sie, was sie wollten. Eine ganze Blase für sich allein.

Einen Moment lang mußte ich an den Vorschlag einiger Sea-Survival-Ratgeber denken, die Blase zum Aufbewahren von Regenwasser zu benutzen. Das mag auch recht praktikabel klingen. Bis man solch Ding in der Hand gehabt hat. Es ist schleimig und stinkig. Absolut widerwärtig.

Inzwischen merkte ich, daß auch der Hai einen unangenehmen Geruch absonderte. Zunächst hielt ich das noch für Nachwirkungen der Blase. Aber es war der gesamte Haileib, der einen penetranten Gestank abstrahlte. Der Geruch potenzierte sich mit dem Öffnen des Bauches. Hatte ich das Tier schon gefangen, wollte ich auch die Gelegenheit nutzen, es genauer anzuschauen. Ich wollte mir Köder auf Reserve trocknen und das Gros des Fleisches hinterherziehen, um zu beobachten, was sich dann alles an Getier bei mir einfinden würde.

Den Plan verwarf ich, je weiter ich den Hai zerlegt hatte. Fettiges, übelriechendes, aber wohl sehr zartes Fleisch ließ sich mühelos von der Wirbelsäule trennen. Auffallend war lediglich seine stabile, einen Zentimeter dicke Lederhaut. Sie fühlte sich außen angenehm rauh an. Haihaut wird noch heute in Asien von Möbeltischlern als feine Polierfeile benutzt. Aber sonst, wie ich später erfuhr, schätzt man, ebenfalls in Asien, lediglich die Flossen und die Leber wegen des hohen Fettgehaltes.

Und aus der zunächst noch elastischen Wirbelsäule fertigten sich Seeleute gern Spazierstöcke.

Ich ließ den Kopf, Wirbelsäule und Schwanz beieinander und hängte sie mir an die Bug-Reling.

Am beeindruckendsten war das Gebiß: Die Sägeblätter im Oberkiefer ebenso wie die Reihen spitzer Nadeln unten, die in verschiedene Richtungen ragen. Wie eine Mischung aus Häckselmaschine und Stacheldraht. Davon könnte sich die Industrie, die fleischverarbeitende Maschinen herstellt, bestimmt einiges abgucken.

Und ich hätte mir vorher lieber ein paar Tips bei den Hochseeanglern holen sollen. Da hatte ich von A wie Autogenes Training über Portugiesisch bis hin zu Z wie Zenitmessung alles mögliche beschnuppert – aber einen Tag auf hoher See zu angeln ist mir nicht in den Sinn gekommen. Ich werde es nachholen. So zahlte ich halt Lehrgeld. Es begann mit meiner Harpune. Die Harpunengewehre sind inzwischen, gottlob, verboten. Dagegen hat der Fisch zu wenige Chancen. Aber handgeschleuderte Geräte sind legitim und waidmännisch. So kaufte ich mir einen dreizahnigen Kultivator (Gartengerät), den mir Norbert Walther aus Rausdorf zu einem robusten Dreizack umschmiedete. Gleichzeitig hatte er eine Metallöse angeschweißt für das Sicherungsseil.

Im Falle eines Treffers löste sich der Metallaufsatz. Ich behielt nur den Stiel in der Hand zurück. Und dann konnte ich das Tier am Sicherungsseil der Metallforke zu mir heranziehen.

Graue Theorie!

Der erste Dorado, den ich traf, ließ die Harpune an seinem Rückgrat abprallen. Der zweite zappelte mit seinen anderthalb Metern Fischkörper ein paarmal in alle Richtungen, und die stabile Harpune war verbogen. Ich hatte Mühe, sie von Hand in ihre alte Form zurückzubiegen.

Einen weiteren Dorado hatte ich fest an der Angel. Ehe das so weit war, hatten mich die anderen gelehrt, was sie mit kleinen Angelhaken machten. Sie bogen sie auf – und fort waren sie. Und außerdem – kein Fisch biß ein zweites Mal!

So war ich dann bei meinen vielen Versuchen beim letzten Kaliber in Sachen Haken angelangt. Von der Sorte, der sogar den Hai gehalten hatte. Davon hatte ich ursprünglich fünf Stück, und der erste verwendete bewies mir sofort, daß er hielt, was er versprach. Nach rasendem Kampf hatte ich die Goldmakrele unmittelbar am Boot. Ich wagte nicht, sie an der Reepschnur hochzuziehen. Vielleicht löste sich der Haken dann doch noch im letzten Moment.

So nahm ich sie mit der Harpune und hievte den Fisch hoch. Seine Nerven zuckten weiterhin, als dächte er gar nicht ans Aufgeben. Und er hatte Glück damit! Ich hatte nicht bemerkt, daß der Haken sich inzwischen gelöst hatte, vermutete ihn immer noch auf dem Dreizack und holte das Messer. Das dauerte Sekunden. Als ich ihm den Gnadenstoß geben wollte, kam ich um zwei Handgriffe zu spät. Er hatte sich – über die drei Widerhaken hinweg – vom Speer befreit und rutschte gerade ins Wasser.

Und dort, das war das Ärgerliche, bewegte er sich überhaupt nicht mehr, sondern versank sang- und klanglos in der Tiefe, während mein Boot weitertrieb.

Erst einen weiteren Dorado brachte ich, wie schon vorher erwähnt, heil über den Kochtopf bis in meinen Magen. Ich habe selten etwas Edleres gegessen! Die gleichen Lektionen erteilten mir die kleinen Fische. Sie verschmähten die Kunstköder und das Entenmuschelfleisch. Einmal erwischte ich einen mit einer gekochten Nudel, einen anderen mit Corned beef. Aber die großen Fänge, die runden Abendbrote, blieben aus. Dafür hätte ich Insekten haben müssen, Würmer oder Krabben. Deshalb bastelte ich eine Paste aus Penatencreme und Mehl, kaschierte damit nur die Hakenspitzen und wippte die Kügelchen wie hüpfende Insekten über die Oberfläche. Das brachte ein paar Erfolge mehr.

Unübertroffen aber blieben frische Fischköder. Mitunter fand ich winzige Fliegende Fische auf dem Deck. Sie wurden von allen Räubern gern genommen. Leider war mein Deck glatt. Ich möchte nicht wissen, wie viele – vor allem große – sich nachts dahin verirrten und gleich wieder ins Wasser zurückrutschten.

Um die Schlüpfrigkeit einzudämmen, legte ich abends überflüssiges Tauwerk wahllos aus. Wie einen Teppich. Und in dessen Schlingen fand ich tatsächlich mitunter des Morgens ein Köderfischlein.

Ich versuchte es natürlich auch mit der Taschenlampe. Resultat: Zero. Nicht einmal die sonst so neugierige und unerfahrene Brut interessierte sich dafür. Wenn ich das am Amazonas praktizierte, entstand sofort ein regelrechter Fischauflauf im Lichtkegel.

So baute ich mir den kleinen Fischspeer. Und der zeitigte die besten Erfolge. Aber auch wiederum nur bei Flaute. Bei Fullspeed hatten die Fische andere Probleme. Da mußten sie Schritt halten.

Für die kleine Harpune hatte ich meine spitze Bartschere geopfert. Bis Brasilien wollte ich die Haare sowieso wachsen lassen. Also konnte ich sie entbehren.

Mit Draht und Isolierband befestigte ich je eine Scherenhälfte links und rechts am ungenutzten Ende des Stiels der großen Harpune. Die Widerhaken machte ich mir aus Angelhaken und Nägeln. Die Befestigung erreichte ich mit feinem Kupferdraht und Zwei-Komponenten-Kleber.

Wenn ich dann mit diesem handwerklichen Meisterstück reglos an der Reling auf der Lauer stand, dachte ich oft: Wie geschickt oder untalentiert ein Schiffbrüchiger auch sein mag – irgendwann wird es ihm gelingen, einen Fisch zu erbeuten. Es ist nur eine Frage der Zeit und des Hungers und der sich daraus verfeinernden Jagdmethoden.

Oder Neptun ist ihm gnädig und schmeißt ihm ein paar ins Boot. Da steht man möglicherweise vor der Frage: Wat nu? Ist der überhaupt eßbar? Schließlich ist es eine Art, die man noch nie gesehen hat. Und Fische, die man noch nie gesehen hat, sind häufig. Davon gibt's nämlich eine ganze Menge. Selbst Fischkundler hätten da ihre Bestimmungsprobleme.

Um Interessierte davor zu bewahren, alle zigtausend Fische auswendig zu lernen, schrumpfen wir die Vielfalt auf eine Faustregel zusammen.

Meide Fische, die nicht wie typische Fische aussehen! (Fachleuten werden sich die Haare sträuben. Was ist schon ein typischer Fisch bei all der Vielfalt?)

Mit typischen Fischen meine ich in diesem Zusammenhang solche, die man aus seinem Fischladen kennt. Dann weiß man sicher, einen Aal von einer Schlange zu unterscheiden, und wirft den kostbaren Fang nicht zurück ins Meer. Auch den grimmigen Barsch wird man einzuordnen wissen und die flache Scholle ebenfalls.

Wenn da aber solch stachelige, dornige, kugelige Gesellen am Haken hängen, die schon vom Blick her nichts Gutes ahnen lassen (wie der Rotfeuerfisch), dann – und in jedem Zweifelsfalle – zurück mit ihm!

Größte Vorsicht aber ist beim Lösen vom Haken geboten! Die Stacheln stechen nicht nur, sondern injizieren auch tödliche Gifte!

Zur Beruhigung kann man jedoch auch sagen: Die Fische, die das langsame Boot an der Oberfläche begleiten, sind überwiegend eßbare Tiere.

Nun gibt es aber nicht nur Pechvögel unter den Anglern, sondern auch solche, die Petris Wohlwollen genießen. Sie fangen Fisch auf Fisch. Die Bäuche sind längst voll, Köderfleisch für die nächsten Fänge ist abgezweigt worden (und natürlich feucht und schattig = kühl gelagert), da fragt man sich: aufhören? Oder der Beschäftigung wegen weiter angeln? Oder Vorräte anlegen?

Nun, ich wäre erst einmal für einen kleinen Vorrat. Bei eiskaltem Wetter sorgt die Kälte für die Konservierung. Bei Hitze und Wind hat man nur die Möglichkeit zu trocknen. Je schneller, desto qualitativ besser. Und schneller hängt davon ab, in wie dünne Streifen ich den Fisch zerteile.

Zunächst löst man die Tiere vom Skelett. Flossen, Gräten, Kopf, Schwanz, Innereien sind entweder Köder oder Abfall. Nur die Haut kann man dranlassen, weil sie dem zarten Filet mehr Halt verleiht. Das verbleibende Fischfleisch wird in möglichst dünne Lappen geschnitten und in Sonne und Wind zum Trocknen gehängt oder auf dem Boot ausgelegt. Zusätzliches Salzen verdirbt den Geschmack, erhöht aber die Haltbarkeit.

Von Zeit zu Zeit ist es zu wenden und vor Regen und Spritzwasser zu bewahren. Man kann beinahe zusehen, wie es dörrt und auf etwa dreißig Prozent seines Volumens schrumpelt.

Wenn man es für trocken hält, muß es wassergeschützt weggestaut werden. Fleisch, das durch Regen wieder »aufgetaut« wurde, sollte man fortwerfen.

Die edelste Methode, Fisch zu konservieren, ist das Räuchern. Das setzt natürlich einigen Komfort voraus, den ich bei Schiffbrüchigen nicht vermute. Diese Zubereitung könnte aber relevant werden, sobald man eine kleine Insel gefunden hat, wo sich das Räuchern improvisieren läßt.

Dem Angler auf dem Rettungsfloß bleibt, hochgepokert, das Kochen. Es geht – sofern man das Zubehör hat – schnell, und der Fisch ist lecker und optimal verdaulich. Beim Kochen sollte man sich daran erinnern, Meerwasser zu nehmen und nicht etwa, nach Hausfrauenart, kostbares Trinkwasser unter Zusatz von Salz!

Wem aber auch das Kochen versagt ist, dem bleibt nur eins: der Genuß des rohen oder getrockneten Fleisches. In der Not läßt sich jedoch beides ganz gut schlucken. Als Trost: man lernt gut zubereitete Gerichte wieder so richtig schätzen.

Hölle und Idylle – Tagebuchnotizen querbeet

Die Nacht war schlimm. Die See schlug Purzelbäume. Die Brecher knallten fast quer vor die Bordwand. Um den Aufprall zu mildern, wollte ich die Richtung ändern.

Genau in dem Moment, als ich aus der Kabine aussteigen und zum Ruder gehen will, stürzt eine gewaltige Fontäne durch den geöffneten Lukendeckel zwanzig Zentimeter Wasser ins Cockpit. Alles schwimmt. Gut, daß ich die Speise- und Foto-Kanister stets kenterbereit verschlossen habe! Aber an Schlafen ist nicht mehr zu denken. Es sei denn, ich legte mich ins Wasser auf den schwimmenden Schlafsack.

So bleibe ich an Deck und beobachte die Umgebung. Das Klarschiffmachen verschiebe ich auf den Tag. Wenn die Welt wieder anders aussieht.

Irgendwann muß ich eingenickt sein. Ich werde wach, nachdem mich ein achterlicher Überroller vom Sitz gerissen und längs über die Steuerbordkufe geschleudert hat. Beine und Unterleib hängen außenbords. Der Oberkörper wird wie von einer starken Faust gehalten. Dem Seil. Ich will die Reling greifen. Aber sie ist zu hoch. Aus meiner Parterrelage heraus erreiche ich sie nicht. Dafür kriege ich das Seil zu greifen, das von der Brust straff am Hals vorbei zur Laufleine mittschiffs führt. Es gibt mir in der Finsternis den nötigen Halt, um mich rauszuziehen.

Wie schnell kann man außenbords gehen, wenn man einmal einen einzigen Fehler begeht! Ich mag mir die Situation gar nicht ausmalen, wenn man im Meer aufwacht und das Schiff davontreiben sieht. Ich glaube, daß es ein schneller Tod ist. Natürlich wird man aus vollster Kraft hinterherschwimmen, bis das Boot von der Schwärze der Nacht aufgesogen wird. Dann ist man sicher auch dermaßen »alle«, daß der Rest schnell geht.

Heute habe ich fast meinen ganzen Kalender aufgegessen! Ursprünglich bestand er aus einem Beutel mit 100 dicken, entsteinten Backpflaumen. Denn hundert Tage – das ist das Äußerste, das ich unterwegs sein wollte. Ich hatte vor, mir eine pro Tag zu Gemüte zu führen und so optisch und lukullisch eine Übersicht zu behalten.

Weil die Früchte mir aber so gut schmeckten und ich seit Tagen mit der anderen Nahrung Probleme habe, existieren nur noch die letzten dreißig Tage meiner Reise!

Und da ich hoffentlich sowieso nur zwei Monate brauche, kann ich ja morgen die restlichen dreißig essen. Oder soll ich damit einen neuen Kalender anfangen?

Es ist 23 Uhr und so merkwürdig still. Blick auf den Kompaß: Ost! Wieso hat das Boot gedreht? Ich will Südwest. Ich lege den Gurt an, klinke mich ins Laufseil und schwinge mich aus der Kabine aufs Deck.

Totale Flaute! Ich dümple. Die Fock flattert lustlos mal hin, mal her, wie eine Herz-Lungen-Maschine, kurz bevor der Patient ablebt. Es lohnt nicht, den Kurs zu korrigieren. Wind abwarten. Wie muß einem zumute sein, wenn man 14 Tage auf der Stelle tritt? Wie lange hatte Columbus Flauten? Ihm gegenüber habe ich vor allem den Vorteil, zu wissen, daß es Amerika gibt. Und ich habe Vitamin C mit.

Der Himmel ist eine Pracht. Alle Gestirne des Universums haben sich schön gemacht und strahlen, daß es eine Freude ist. Nur rund um den Horizont liegt ein Kranz von Wolken. Wie ein Adventskranz. Oder wie der Haarkranz eines Mannes, auf dessen Glatze Schweißperlen, die Sterne, funkeln.

Vom Mond her fällt ein Lichtkegel übers Wasser. In den winzigen Kräuselwellen wirkt es wie zerknautschtes Silberpapier, das jemand mühsam geglättet hat.

Es ist totenstill. Nur die weitauseinandergezogene Dünung atmet unaufhörlich. Sie hebt und senkt das Boot.

Hinter mir schnauft es. Das könnten Wale sein. Welche es sind, kann ich nicht ausmachen. Sie untertauchen das Boot. Ihre Körper reflektieren das Licht der Gestirne. Eine faszinierende und etwas unheimliche Welt. Ich hole die Mundharmonika und spiele leise Melodien. Bis die Wale das Spiel ums Schiff oder die Töne leid sind. Wind kommt auf. Es geht weiter.

Bei der ruhigen See heute sieht man wieder Unmengen der eigenartigen Quallen. Sie sehen genau wie Pommes frites aus. Quadratischer Querschnitt, vier bis fünf Zentimeter lang. Heute sind es besonders viele. Ich schätze, daß fünfzehn auf einen Quadratmeter kommen. In mancher Frittenbude wäre solche Üppigkeit das reinste Sonderangebot.

Heute umwerben mich vier Haie. Aber keiner über zwei Meter. Gern sähe ich einmal einen Walhai von zwanzig Metern! Sie scharwenzeln mal hinterher, mal nebenher. Regelrechte Faulpelze. Sie wirken geradezu gelangweilt. Also biete ich ihnen etwas. Ich plansche mit den Händen im Wasser. Wie elektrisiert kommt Spannung in ihre Körper. Welch ein Unterschied, ob man sie vom Boot aus betrachtet oder aus der Perspektive des Schwimmers!

Ein Knirps von 120 Zentimeter Länge schwimmt einen halben Meter neben meiner »Parkbank«. Ein eleganter hübscher Blauhai. Er wird begleitet von einem Schwarm kleiner Fische, denen er scheinbar keine Beachtung schenkt. Die Gruppe erinnert mich lebhaft an einen Politiker, der auf Schritt und Tritt von Ratgebern und Speichelleckern umgeben wird.

Weil die Situation so günstig ist, speere ich mir einen Begleitfisch heraus. Er kann sich aber von der Harpune lösen, ehe ich ihn heraus habe. In derselben Sekunde kommt Leben ins Wasser. Eine schnelle Schwanzbewegung – und der Hai hat meinen Fisch vernascht. Auch das wie beim einflußreichen Politiker: »Weg damit! Er nützt nichts mehr.«

Neben dem Boot ziehe ich seit drei Tagen den Kopf eines Dorados mit. Die letzten Fleischfasern flattern wie eine ausgediente Fahne. Einer der Haie hätte ihn wohl gern. Dreimal legt er sich in Zeitlupe auf den Rücken. Sein heller Bauch leuchtet und schiebt sich unters Boot. Oder will er sich nur den Bauch kratzen an den Entenmuscheln?

Schließlich versammeln sie sich alle hinterm Heck. Einem Chinesen müßte das Wasser im Mund zusammenlaufen: wie vor einem Topf mit Haifischflossensuppe!

Ich schrecke hoch. Pechschwarze Nacht. Kein Mond. Kein Stern. Der Himmel wie ein aufgespannter, schwarzer Schirm zur Beerdigung. Das Meer entsprechend. Was sagt der Kompaß? Wieder mal falsche Richtung, sagt er. Und draußen schüttet es aus vollen Eimern.

Aber ich muß raus. Denn ich fahre zu schnell. Und jede Stunde Nord bei Starkwind bedeutet drei Stunden Süd bei Pipiwind. Oder ob es gleich aufhört zu regnen? Die Kabine ist ohnehin naß genug. Das Wasser kriecht durch alle Schlitze, die ich von Zeit zu Zeit öffnen muß. Meine drei Kubikmeter Luft sind schnell verbraucht! Atembeklemmungen lassen mich dann jedesmal von selbst aufwachen. »Lieber nasser als tot und blasser.« Guter Slogan. Ich sollte in die Werbung. Im Moment bin ich unentschlossen. Es schüttet weiter. Ich eile weiter gen Nord.

Mehr nolens als volens zwänge ich mich in den Friesennerz. Gut, daß ich ihn mitgenommen habe! Dauerregen und -wind machen den Äquator zum Nördlichen Wendekreis. Zeit, daß ich jetzt selbst einen Wendekreis beschreibe. Lukendeckel auf und raus! Das Wasser ergießt sich in mein molliges Bett. Schnell! Wo ist das Einklinkseil? Es flattert im Wind. Ich hab's, raste mich ein, schwinge mich raus. Trotz der Nässe: Sicherheit geht vor. Nichts überstürzen.

Alles ist naß, salzig, rutschig. Bloß nichts brechen oder aufschlagen. Das wäre schlimmer als ein nasses Bett. Geschafft! Deckel zuklappen und verriegeln. Wo das Steuer ist, weiß ich im Schlaf. Sehen kann ich es nicht. Das einzige optische Orientierungsmal ist der kometengleiche Glitzerstreif des funkelnden Planktons. Heute leuchtet es besonders schön. Sagenhaft, wie belebt das Wasser ist, wenn man's im rechten Licht sieht! Nur so können sich auch Monstertiere à la Wal und Walhai so dick- und sattfressen.

Um das Ruder in den Griff zu kriegen, muß ich die Taschenlampe anmachen und den Kompaß deutlich vor mir haben. Tagsüber komme ich mit der Anlage besser klar.

Der Regen peitscht. Die Pedale rasen. Sie sind mein Geschwindigkeitsindikator. Mein Log. Vier Knoten, schätze ich. Das bringt was! Dann nehme ich auch solches Wetter gern in Kauf. Einen Tag eher an Land. Die Gedanken rasen kreuz und quer.

Ich werde Ulli und Wolfgang überraschen. Ich werde für sie Kartoffelpuffer backen. Mit Apfelmus. Und Vollkornbrot. Nach ihrem parallel gelaufenen Urwaldtrip werden sie eine deutsche Zwischenmahlzeit nicht verschmähen.

Der Taschenlampenstrahl schneidet die Schwärze wie Laser. Unmittelbar neben mir reflektieren die Körper meiner zwölf Dorados. Sofort suchen sie Schutz unterm Schiff. Wann schlafen die nur? Tagsüber sind sie ununterbrochen auf Jagd, und nachts halten sie den Anschluß zu mir. Sicherlich ist das die Zeit ihrer Ruhe. So wie Pferde im Stehen schlafen.

Um wieder auf rechten Kurs zu kommen, muß ich treten und das zweite Steuer hinzunehmen. Sklavenjob! Aber endlich bläht sich das Segel von der richtigen Seite auf. Ich vertäue das Reservesteuer und stelle die Automatik ein.

In diesem Moment starren mich deutlich zwei Augen an. Ein Hai? Ich glaub, ich spinne! Ich leuchte. Faustgroß und rund. Wie eine Rieseneule. Da klappen sie zu und sind fort. Fehlte nur, daß mich eine Krake besucht und mir mit ihren Saugscheiben ein paar Knutschflecken verpaßt.

Zur bereits vorhandenen Gänsehaut durch Kälte gesellt sich eine zweite, durch Angst. Die größte Krake, die je gemessen wurde, betrug um die 22 Meter. Das bedeutet, ein Arm kann 11 Meter Länge erreichen. Dazu kommt, daß sie tatsächlich nachts an die Oberfläche steigen und die besten Augen der Tierwelt haben sollen.

Da kriegt mich ein Fangarm zu fassen. Ich umkralle den Lenker. Wenn die Krake jetzt zieht – ich hätte keine Hand frei, um mich zu wehren. Da löst sich der Griff. Es war nur das flatternde Seil, das ich um den Lenker geknüpft hatte.

Soll das Boot die paar Stunden treiben, wohin es will! Hier gehört die See ohnehin mir allein. Eine Kollision ist ausgeschlossen.

Wie ein alter Mensch ziehe ich mich in der Dunkelheit vorsichtig vom Lenker zum Kompaß, zur Treppenstufe, zum Lukenverschluß. Wegen des Seegangs und der weichen Knie. Noch mal kurz konzentrieren – und dann schnell rein in die gute Stube!

Prompt hakt das Sicherheitsseil. Ich taste mich daran entlang und löse es.

Ich will den Karabiner öffnen. Und natürlich, der Schnappverschluß liegt genau auf der entgegengesetzten Seite. Wertvolle Sekunden! Denn währenddessen schüttet es in die Kabine. Schließlich bin ich frei, ducke mich und schließe den Deckel. Wie einen Helm überm Kopf.

Wärme umgibt mich. Sie entschädigt für die quietschende Nässe. Der Friesennerz trägt ebenfalls zur Überschwemmung bei. Das Wasser, das auf ihm haftete, läuft ab.

Es riecht nach Muff, nach Spak und Schimmel. Wenn nicht

morgen die Sonne scheint, kann ich einiges abschreiben. Denn Spak kriegt auch die Reinigung nicht raus.

Mit dem Lichtstrahl versuche ich, mir Übersicht zu verschaffen, mit nassen Handtüchern mich abzutrocknen. Wenn man sie auswringt, erfüllen sie tatsächlich ihren Zweck. Alles eine Frage der Relationen. Der Lichtschein enthüllt aber auch die angerosteten Konservendosen. Mein Essen für morgen. Bei ihrem Anblick und dem Gedanken an das ätzende Salzwasser und unter Einwirkung des Modergeruchs kommen mir Brechreize.

Nur schnell hinlegen! Sonst heißt es: »An die Reling zum Reihern!« Ich bringe mich in die stabile Seitenlage und döse vor mich hin. Bis zum nächsten Mal. In einer Stunde.

Zum Mittagessen wurde eine Dose geknackt. Weil Maggy sie alle seewasserfest beschriftet hat, weiß ich stets, was ich öffne. Ohne Beschriftung wäre es ebenso reizvoll. Wie eine Einladung zu Bekannten, wo man vorher auch nicht immer weiß, was es gibt: Bei mir gab es vier Königsberger Klopse. Dazu Rotkohl und Kartoffelpüree. Es war reichlich, und ich hatte zwei übrig. Um sie nutzvoll zu verwenden, packte ich sie in den Angelstrumpf. Zusammen mit den beiden schweren Haken. Diese Köderbombe wurde oberhalb der Haken zugebunden und hinterhergeschleppt. Aber so, im Strumpf, würden sie ihren Fleischgeruch länger bewahren. Vielleicht würde ein Dorado anbeißen?! Die Alarmanlage war eingeschaltet. Aber nichts rührte sich. Fünf Stunden lang. Als ich zu »Bett« gehen wollte, holte ich das Gerät ein. Routine. Alles schien so, wie ich es reingeworfen hatte.

Dennoch öffnete ich den Strumpf, um mich zu vergewissern, ob die Klopse überhaupt noch dufteten.

Zu meiner Überraschung entdeckte ich aber keine Fleischbälle mehr, sondern zwei runde Brötchen! Die geringe Fleischmenge war ausgespült worden, und das Paniermehl nebst Mehl (für den Zusammenhalt) waren übriggeblieben.

Klar, daß da kein Dorado drauf abfuhr. Nur wir Menschen kaufen so was als Fleischklops.

Ganz schön beklops, wa'?

Die Ankunft

»Weihnachten wünsche ich mir den Äquator«, schrieb ich am 22. Dezember 1987 in mein Tagebuch. Und mein Schutzengel erfüllte mir den Wunsch: In der Nacht zum 25. war ich auf der südlichen Halbkugel. Zwar hatte ich die Formel vergessen, die man für die Berechnung der Südposition wissen sollte, aber mir wurde das logisch klar, daß ich jetzt im Süden sein mußte. Denn meine Messungen ergaben plötzlich statt des Plus ein »Minus«. Das hieß bei »Minus eins«: ich war 1 Grad *südlicher* Breite.

Um ganz sicher zu gehen und mir Enttäuschungen zu ersparen, schaute ich dann doch heimlich in Rudolfs Zauberbüchlein nach, wo die richtige Formel verzeichnet stand. Rudolf war ein pensionierter Kapitän, der mich Seenavigation gelehrt hatte. Zum Abschied hatte er mir ein handgeschriebenes Büchlein mit den wichtigsten Regeln und vielen Anekdoten zugesteckt. Es zählt bis heute zu meinen besonders wertvollen Erinnerungen. Und das damit erzielte Resultat war letztlich identisch: Ich stand Weihnachten tatsächlich auf 1 Grad südlicher Breite und 42° 22,1 Minuten westlicher Länge. Damit konnte ich endlich langsam ans Ende denken. Jetzt, wo es dem Ziel endgültig an den Kragen ging, maß ich wieder täglich, um rechtzeitig Kurskorrekturen vornehmen zu können. Die Resultate übertrug ich nicht nur in die Übersichtskarten, auf denen Afrika und Amerika zu sehen waren, sondern auch in die Blanco-Plotting Sheets, weil 24 Seemeilen dort satte zwölf Zentimeter ausmachten.

Dabei fiel mir sofort auf, wie wichtig das war, denn eine starke Abdrift hatte eingesetzt.

26. Dezember: In zwei Tagen Südkurs nicht mal einen ganzen Breitengrad geschafft, aber vier Längengrade nach West getrieben. Oder ich hatte mich verrechnet. Mußte entschieden stärker gegenhalten. Auch meine Seekarten bestätigten: Ich war in der stärksten Strömung der ganzen Reise.

Am 27. schließlich stellte ich fest, daß ich am Nachmittag des 28. Land erreichen müßte. Für alte Seebären bestimmt eine unerhebliche und selbstverständliche Angelegenheit. In manchmal jahrelangen theoretischen Studien und auf vielen Reisen unter der Obhut erfahrener Seeleute hatten sie es Hunderte von Malen erlebt, daß sie ihr Ziel erreichten. Ich hingegen konnte solch ein Erfolgserlebnis noch nicht vorweisen. Genau 22mal hatte ich meine Positionen und die sich daraus ergebenden Kurse errechnet. Aber nie hatte ich die Bestätigung erfahren, weil jeder Ort gleich aussah: Wasser und Wellen von Horizont zu Horizont. Immer wieder rechnete ich hin und her, um mir eine Enttäuschung zu ersparen.

Was mich beispielsweise sehr irritierte, war der Umstand, daß ich noch kein einziges Schiff getroffen hatte, geschweige denn ein Flugzeug. Und das seit sechs Wochen! Dabei verriet mir meine Karte, daß ich in den letzten Tagen fünf übliche Seewege gekreuzt hatte: Karibik – Südafrika, Südamerika – Nordamerika, Südamerika – Karibik. Jegliches Zeichen menschlichen Lebens blieb so unsichtbar wie die Seestraßenschilder, die die Wege bezeichnen mußten, und die Leine, die zur besseren Orientierung um den Äquator gespannt ist. Daß ich diesen Tampen nicht gesehen hatte, war mir noch am ehesten verständlich. Denn ich war ja nachts darüber hinweggefahren.

Auch die oft gepriesenen Anzeichen von Land blieben aus. Wohin ich immer blickte: Die Möwen und Sturmschwalben waren noch die gleichen wie meine treuen Begleitfische. Die hübschen Tropikvögel, die Hannes Lindemann in seinem Faltboot das Land verkündet hatten, ließen mich völlig hängen. Dabei hätte ich sie viel dringender gebraucht als er. Denn er hatte genügend seemännische Erfahrung, um sich auch ohne die Vögel sicher zu sein.

Das änderte sich schlagartig am 28. Dezember, als nachmittags an die hundert, überwiegend weiße, hochfliegende Seeschwalben auftauchten. Die waren tatsächlich neu. Aber das konnte ja auch daran liegen, daß ich einfach weiter südlich war. Es bedeutete nicht zwingend, daß ich in Landnähe schipperte.

Dennoch sind solche Neuankömmlinge Grund zur Hoffnung. Da nicht jeder Seemann auch Ornithologe ist, läßt sich als stark vereinfachte Faustregel nur sagen: Bei Auftauchen völlig neuer Vögel besteht Aussicht auf Landnähe. Bei Auftauchen typischer Landvögel, wie meine Bachstelzenart vor Senegal, rückt dieses Land deutlich näher. Wenn man hingegen bereits Hühner sieht, womöglich gebratene, dann hat man das Land erreicht. Oder man befindet sich im Delirium.

Diese Gedanken und Befürchtungen waren wie fortgeblasen, als ich am 28. aufstand. Die ganze Nacht hatte der Wind einen sauberen Strahl aus Osten geblasen. Ich hatte gehört, wie schnell sich die Pedale auch ohne meine Hilfe drehten, und war sicher, gute Fahrt zu machen. Ich war auch überzeugt gewesen, nicht schon nachts an einen Strand oder auf einen Fels gesetzt zu werden. Dazu war die Distanz noch zu groß. So konnte ich mir die Wache ersparen. Die letzte Nacht wollte ich schlafen, um fit zu sein, falls die Landung Fitneß erforderte.

Aber bis lange nach Mitternacht konnte ich nicht einschlafen. Ich dachte an Maggy und Kirsten und vor allem daran, wie sie wohl auf meinen ersten Anruf reagieren würden. Hatten sie mich für betrunken gehalten oder an mich geglaubt, als ich sie bat, mich erst ab dem 1. Februar 1988 als nicht mehr existent zu betrachten? Nach drei Monaten Fahrt also. Das war eine Zeitspanne, die meines Wissens noch kein Überquerer überboten hatte. Wäre ich dann noch nicht drüben, so hatte ich gesagt, hätte ich mich verfahren. Nun lag ich endlos wach, spielte Weihnachtslieder auf der Mundharmonika, bis mir keines mehr einfiel. Als mich selbst die 50. Strophe von »Stille Nacht, heilige Nacht«, die ich geduldig und sauber durchgezogen hatte, noch nicht ermüdet hatte, las ich weiter im Thriller »Tiefsee«. Draußen auf meiner Bank im Schein des Mondes und der Taschenlampe.

Ich genoß spürbar die Erleichterung, daß der Törn zu Ende ging und nun »nur« noch die Landung ein kleines Risiko darstellen würde. Aber mein »Handbuch für die Küste Südamerikas« verriet auch bei mehrmaligem Durchlesen nichts anderes als Sandstrände. Mehr oder weniger flach.

Sollte ich wirklich wind- oder gezeitenbedingt in eine ungünstige Landungsphase geraten, müßte ich eben vor der Küste in gebührender Distanz bummeln.

Auf jeden Fall legte ich mir eine Checkliste für den Augenblick der Landsichtung an.

- alles Hinderliche von Deck räumen und verstauen
- die drei Kanister mit der Video- und Fotoausrüstung und dem Manuskript als Einheit zusammenbinden und fest mit dem Boot vertäuen
- die zwei Schwerter abschrauben
- Messer umhängen für den Fall des Kenterns und Verhedderns in irgendwelchen Seilen
- eine neue Trommel roter Signalpatronen in das Nico-Signal-Gerät geben
- 500 Meter vor dem Land Sicherheitsleine ausklinken, um an Land springen zu können
- Rettungsweste anlegen
- Turnschuhe anziehen, um auf Fels sicher auftreten zu können
- Handkompaß einstecken
- Fahnen Brasiliens und der Gesellschaft für bedrohte Völker und der Bundesrepublik Deutschland hissen
- Fernglas bereitlegen

Genau das würde ich alles dann durchziehen, sobald Land in Sicht war. Nicht früher und nicht später.

Dann las ich weiter im Thriller, bis ich gegen drei Uhr einschlafen konnte.

Nun war es also sechs Uhr. In fünfzehn Minuten würde ich den Morgen wahrnehmen können. Ich hockte am Heck, tauchte die Zahnbürste ins Wasser, und in dieser Sekunde wußte ich: Heute konnten sich meine Berechnungen und Hoffnungen tatsächlich bestätigen. Denn trotz der Dunkelheit sah ich: Das Wasser hatte eine andere Farbe. Statt des bisherigen Asphaltgrau um diese Morgenzeit blickte ich in grünes Wasser. Um sicherzugehen, wusch ich mir die Augen zweimal, schaute zum Himmel, zur Kabine und erneut ins Wasser: Es blieb lindgrün. Und je mehr die Sonne durchkam, desto hellgrüner wurde es. Mein Herz hüpfte vor Aufregung und Freude. Am liebsten wäre ich ins Meer gesprungen, um zu kontrollieren, ob man hier schon stehen konnte. Aber sogleich warnte mich mein innerer Signalgeber: »Bloß jetzt nichts Unnötiges riskieren!«

Und so beherrschte ich mich. Kaum war genügend Tageslicht vorhanden, saß ich bereits auf meiner Bank und las weiter im Krimi. Und um die Spannung zu erhöhen, vereinbarte ich mit mir: »Nur jede volle Stunde im Sitzen zum südlichen Horizont schauen.« Das hielt ich strikt ein. Jedes Aufblicken zur festgesetzten Zeit war wie das Nachschauen in den Schuh zur Nikolauszeit.

Um elf Uhr war es soweit! Es war eine Explosion der Freude. Unverkennbar und schon gut faustbreit lag Land vor mir: fahl, gelb und diesig. Unverwechselbar: Land. Nicht etwa eine Wolke. »Mein Gott«, schoß es mir durch den Kopf, »ob ich überhaupt noch laufen kann?«

Aber noch war es weit entfernt. Ich konnte weiterlesen und auf cool machen. Doch immerhin holte ich bereits die Checkliste aus dem Cockpit und klebte sie an die Außenwand der Kabine.

Von Stunde zu Stunde verfärbte sich das Wasser auch weiterhin: vom Marineblau über Gelbgrün zu Sandgelb. Man konnte danebenstehen und der Verwandlung zuschauen. Kleine Ästchen schwammen an der Oberfläche und losgerissener brauner Tang.

Das Wasser wurde nicht nur heller, sondern auch unklarer. Jetzt, wo sich der Meeresboden immer höher schob, wühlte die Strömung den Sand auf und verursachte die zunehmende Trübung. Das war dann auch der Moment, wo meine treuen Dorados sich zur Umkehr entschlossen. 64 Tage hatten sie mich begleitet. Von Dakar bis hierher nach São Luís. 2500 Seemeilen waren sie Tag und Nacht geschwommen, um mich, ihren schützenden Schatten, nicht zu verlieren. Von der Schnelligkeit her für sie kein Problem. Aber oft habe ich mich gefragt, wann und wie sie schlafen oder zur Ruhe kommen. Noch bewundernswerter war das bei den kleinen Fischen, die sich erheblich mehr anstrengen mußten. Am besten konnte ich ihre Bemühungen erkennen, wenn ich bei flotter Fahrt durch mein Kielfenster schaute. Sie blickten nicht links, nicht rechts, nur stur geradeaus, und ihre Schwanzflossen vibrierten und signalisierten »Full speed«.

Unsere Symbiose war damit beendet. Schatten und Sicherheit meinerseits gegen einige Eiweißkalorien ihrerseits. Wie oft habe ich sie alle um ihre Kraft, Ausdauer, Schönheit, Vorsicht und Perfektion beneidet und bewundert! Wie schlapp und degeneriert war ich mir dagegen vorgekommen. Nun denn, alles geht einmal zu Ende. »Ciao, *amigos*!«

Während der vergangenen letzten Tage hatte ich oft an irgendwelche Überlebenden denken müssen, die ohne meinen Komfort und ohne das Wissen um Standort und Strömungen dahintrieben. An solche Schiffbrüchigen, die eher eine Chance hatten, durch ein auftauchendes Schiff als durch Erreichen von Land gerettet zu werden.

Über sechs Wochen lang hatte ich jetzt weder ein Flugzeug noch ein Schiff gesehen. Das letzte war die »Monte Rosa« gewesen. Und das auf einem relativ gut befahrenen Meer! Daß die

Welt so leer und einsam sein konnte! Das Gegenstück zu Indien. Seit dem abgebrochenen Funkkontakt empfand ich das um so intensiver. Jeder Fehler konnte nun tödlich sein, wenn ich nicht in der Lage war, ihn zu beheben.

Seit der freundliche russische Kapitän damals von sich aus seinen Kurs änderte und auf mich zuhielt, um sich zu vergewissern, »that this curios vehicle is okay«, kann ich auch nachempfinden, wie überwältigend das Gefühl sein muß, wenn sich Schiffbrüchige endlich entdeckt sehen! Denn inzwischen hatte ich am eigenen Leib erfahren, wie schwer es ist, ein Rettungsboot oder gar einen Schwimmer im Seegang auszumachen. Wehe dem in Not geratenen Meeresbefahrer, der keinerlei Möglichkeiten hat, außer seiner Stimme, um auf sich aufmerksam zu machen. Es nützt ihm der schönste Trinkwasservorrat nichts, wenn er nicht auch über Signalmittel verfügt, um auf sich aufmerksam zu machen. Er selbst sieht zwar die Schiffe, nur umgekehrt ist es viel problematischer.

Sehr deutlich konnte ich das erahnen, wenn ich bei meinen mittäglichen Messungen an Deck stand: Ich sah den Horizont, aber bevor ich die Sonne per Sextant exakt auf eben diesen Horizont abgesetzt hatte, war ich bereits wieder für – wie es schien – endlose Sekunden in einem Wellental verschwunden. Mitunter nebst Mast. Und diesen spindeldürren Blickfang würde man ohnehin nur erkennen können, wenn er im Topp bunte Flaggen trüge: rote, gelbe, weiße und / oder schwarze. Oder ein Hemd. Da sie ständig flatterten, könnten sie auch dann wahrgenommen werden, wenn man selbst einmal nicht auf Wachposten stehen konnte.

Als ich auf der Brücke der »Woermann Ubangi« stand, hatte mir Fernando Salgado das mehrfach praktisch vor Augen geführt. »Siehst du den Einbaum mit den Fischern?« hatte er gefragt und dabei auf einen kleinen Nachen im großen Gewoge gedeutet. Irgendwann entdeckte ich ihn, aber meist nur für Sekunden. Dann tauchte er wieder in ein Wellental und entzog sich unseren Augen. »So ist das. Die sehen unser Schiff, aber wir entdecken sie nur per Zufall. Das Allerwichtigste ist, daß du dich zu erkennen geben kannst. Orangefarbener Rauch, große Tücher, ein Nebelhorn – das wären so einige Beispiele. Aber auch auf die darfst du nicht zuviel Hoffnung setzen. Denn tagsüber ist das Licht auf den Meeren gleißend. Man schaut nach vorn und seltener seitwärts und fast gar nicht mehr rückwärts.

Dazu kommt, daß fast alle großen Schiffe auf hoher See automatisch gesteuert werden. Der wachhabende Offizier steht deshalb nicht ständig auf Ausguck. Er kann ebensogut gerade am Kartentisch sein oder sich einen Kaffee kochen. Besonders ausgeprägt ist das bei den fahrenden Nationen, wo die Pflicht zu guter Seemannschaft völlig unbekannt ist: den Billigflaggen und einigen Asiaten.«

Ich lernte daraus, daß die Chancen, gefunden zu werden, bestimmt zehnmal (geschätzt) höher sind, wenn man versteht, auf sich aufmerksam zu machen, als zu hoffen, vom vorüberziehenden Schiff entdeckt zu werden.

»Es ist um ein Vielfaches aussichtsreicher, wenn solche Begegnungen nachts stattfinden, sofern man Lichtsignale an Bord hat. Ordentliche Seeschiffe sind hell erleuchtet oder haben zumindest die vorgeschriebenen Lichter gesetzt. Man sieht sie bereits, sobald sie mit der Mastspitze am Horizont auftauchen. Wenn man weiß, daß sie steuerbord ein grünes und backbord ein rotes Licht führen, weiß man auch ihre Fahrtrichtung. Besonders dann, wenn sie nicht auf einen zuhalten, muß man die Signale rechtzeitig senden. Das könnten ein SOS mit der Taschenlampe sein oder rote Signalraketen.«

Tagsüber, so hatte ich schon vom Signalhersteller Nico-Pyrotechnik erfahren, eignet sich allenfalls Rauch. Ist er orangefarben, gilt er international als Notsignal. Aber auch schwarzer (durch Verbrennung von Öl) oder weißer sind besser als gar nichts.

Ideal ist ein UKW-Handsprechgerät, wie ich es von der Firma Debeg mithatte. Es reicht zwar auch nur bis zum Horizont, aber dort erreicht es jedes Schiff ab 1600 Tonnen. Für sie ist es nämlich vorgeschrieben, auf Kanal sechzehn ständig hörbereit zu sein. Mir selbst ist es nur einmal passiert, daß ich keine Antwort erhalten habe.

Dazu kommt, daß die Handgeräte leicht und mit Zwölf-Volt-Akkus leistungsfähig sind.

Wenn man um diese Chancen weiß, sollte man bei jeder Sichtung eines Schiffes dennoch immer mit der Möglichkeit rechnen, nicht gesehen zu werden. Damit sich die Enttäuschung in Grenzen hält.

Um eines braucht sich ein in Not geratener Seefahrer kaum Gedanken zu machen, daß er keine Kraft mehr hätte, das Seine zur Rettung beizutragen. Man kann noch so kaputt sein, ist erst Rettung in Sicht, erwachen ungeahnte Reservekräfte, die man nie für möglich gehalten hätte.

Sie können erforderlich werden, um sich beim Erblicken eines Schiffes rechtzeitig in dessen Hauptsichtkreis zu manövrieren. Sofern man technisch dazu in der Lage ist.

Nur Schwimmer sollten große Kraftvergeudungen meiden. Man neigt dazu, Distanzen und Tempo auf See gewaltig zu unterschätzen. Ohne Rettungsgerät wäre man nach der Anstrengung womöglich am Ende, und mit Schwimmweste kommt man nicht von der Stelle.

Zurück zu mir. 28. Dezember 1987, fünfzehn Uhr. Mittlerweile war die Küste zum Greifen nahe gerückt. »Um 15.30 Uhr könnte ich am Strand liegen«, verlockte es mich. Aber da war die Brandung. Durchs Fernglas sah ich deutlich die weißen Brecher und die Gischt. »Jetzt bloß nicht auf die Viertelstunde schauen!« befahl ich mir.

Ich hielt mich fünfhundert Meter vom Ufer entfernt und steuerte nach Nordwest, parallel zum Ufer. Wichtiger, als São Luís zu erreichen, war, dort auch lebend anzukommen. Sehr bald merkte ich, daß ich das Boot in der Gewalt behielt und so weiterfahren konnte.

Andererseits ging es auf den Abend zu. Ob Hafen oder nicht – heute wollte ich an Land gehen. Des Nachts würde ich den Parallelkurs nicht beibehalten können. Aus optischen Gründen. Jetzt konnte ich auf Sicht und nach Gehör, nach Gefühl und Wellenschlag fahren. Das ging nicht bei Dunkelheit. Kurvenreiches Küstenland, vorgelagerte Inseln und zwischen ihnen, bei Ebbe, mitunter gar kein Wasser. Aber jedenfalls gab es keine felsige Steilküste und keine vorgelagerten Korallenriffe.

Vorsichtshalber rief ich eventuelle Küstenposten über UKW an. Für den Fall, daß ich irgendwo außerhalb von Ortschaften an Land mußte. Denn ich hatte kein Visum. Aber, sooft ich auch rief: keine Antwort. Dann eben nicht! Wenigstens hatte ich, wie sich's gehört, höflich angeklopft, bevor ich eintrat.

Da sah ich das erste Boot! Es war schwarz, tanzte südlich von mir vor der Küste auf den Wellen. Da es auf der Stelle stand, vermutete ich Fischer.

Ich schoß zwei Raketen ab und schwenkte mein weißes Hemd. Nach fünfzehn Minuten und zwei weiteren Schüssen und Trillern auf der Pfeife hatte das Erfolg.

Sie kamen angetuckert. »Vamos com Deus« stand am Bug. Vier bärtige Gestalten bildeten die Besatzung. »Wo ist der nächste Hafen?« fragte ich sie. »Dort, nach Norden«, schrien sie zurück. »Wie heißt er?« – »Ribamar.« Kaum waren sie wieder zurück bei ihren Netzen, schaute ich in den Karten nach. Ihnen zufolge war Ribamar ein Fischerdorf an der Peripherie von São Luís. Direkt im Sichtbereich dieser kleinen Ortschaft: die Insel Curupú, Privatbesitz des brasilianischen Staatspräsidenten. Wenn ich wollte, könnte ich ihm vor die Haustür fahren. Ich hatte mein Ziel demnach nur um gut drei Seemeilen verfehlt! Fast hatte ich einen inneren Orgasmus vor Stolz und Freude. Pfeif auf die drei Meilen plus oder minus! Selbst eine Insel inmitten des Ozeans hätte ich mit dieser Ungenauigkeit noch gefunden. Ich glitt langsam weiter. An der Küste krachte und gischte es. Müßte ich, weil es Nacht war, durch die Brandung hindurch, würde ich mit voller Kraft senkrecht aufs Land zusteuern und quasi über die Brandung hinweghüpfen, nahm ich mir vor.

Gegen siebzehn Uhr sah ich unerwartet eine Stelle ohne jegliche Brandung. »Jetzt oder nie!« rief es in mir. »Wer weiß, wann sich so was heute noch einmal bietet.«

Ich ging die Checkliste durch und machte mich klar zur Landung. Als ich den gewellten Sandboden unter mir deutlich erkennen konnte, schnappte ich mir das Ankerseil und sprang seitlich ab.

Welch ein überwältigendes Gefühl! Ich war in Brasilien gelandet!

Teils von mir gezogen, teils von den Wogen geschoben, kamen die »Yanomami Brasil« und ich an den Strand. Ich rammte den Anker in den Sand, warf mich der Länge nach in den Sand, griff ihn händeweise und quetschte ihn zwischen den Fingern wieder hervor, schlug Purzelbäume, Rad und Flickflack, umarmte das Boot. Dann blieb ich ruhig auf dem Bauch liegen, roch und genoß den Sand und Brasilien. Ich kam mir vor wie Columbus. Hinter mir plätscherte das Wasser. Da es erst um neunzehn Uhr dunkel wurde, blieb ich einfach liegen. Nichts bewegte sich mehr unter mir. Das Geschaukel hatte ein Ende. Ich gestand mir heimlich, daß ich einen besonders wohlmeinenden Schutzengel haben mußte. Anders konnte ich mir die Landung nicht erklären. Erst nach einer Stunde erholte ich mich.

Auf den ersten Blick sah ich, daß sich das Wasser durch die Ebbe weiter zurückgezogen hatte. Die »Yanomami Brasil« lag trocken. Das Windsteuer hatte sich in den Sand gegraben und war verbogen. Never mind! Was sind solch kleine kosmetische Schürferchen im Vergleich zu meiner Ankunft! Um wieviel weniger erhebend wäre sie verlaufen, wenn es eine Antillen-Insel gewesen wäre, fernab von Brasilien.

Ein großer Pulk Möwen, fünfhundert Meter weiter, erweckte schließlich meine Aufmerksamkeit. »Wo so viele Möwen sind, gibt es Fisch und Menschen.«

Ich sprang auf die Füße und lief auf die Möwen zu. Der nasse sandige Overall hing wie Blei am Körper.

Als ich die Stelle erreichte, blickte ich in eine stille Bucht. Zwei Fischerboote hatten hier Anker geworfen für die Nacht. Sie klarten gerade ihre endlosen schwarzen Angelleinen auf, ordneten die Haken, die alle Meter an langen Perlonleinen hingen. Am Heck kochte einer Fische. Ein anderer bestückte die geordneten Leinen mit Krabben. Ein vierter stand an Land und schnitt vier Rochen von fünfzig Zentimeter Durchmesser die Schwänze ab.

Das zweite Boot mit drei Personen schaukelte etwas weiter außerhalb. *»Boa tarde, Senhores!«* rief ich von weitem, um sie nicht zu erschrecken. Sie schauten zu mir her, murmelten leise eine Erwiderung und ließen sich nicht bei ihrer Arbeit stören. Ich war etwas irritiert. Keine Überraschung, keine Freude, keine Neugier. Ich hätte geschworen, daß sie mir meine Herkunft und die »Reise« ansehen müßten. Aber gar nichts. Der eine rührte weiter im Topf, der andere ordnete die Leine, der nächste spießte die Krabben auf, und der vierte stierte auf die Rochen.

Die Besatzung des zweiten Bootes reagierte gar nicht.

Die Gesichter der Männer waren unrasiert, ihre Garderobe bestand aus Fetzen. Ihr Boot war sechs Meter lang. Ein Ruderboot mit Dieselmotor. Zwei Meter des Bootes, nahe am Heck, waren überdacht, dort konnten sie zusammengepfercht schlafen.

»Diese Insel heißt Cinibutiua«, klärten sie mich auf. Ob sie mir wohl helfen könnten, fragte ich sie. Mein Steuer habe sich verbogen. »Ja, machen wir«, antworteten sie. Aber niemand erhob sich.

Ich ging schon mal vor. Als nach fünfzehn Minuten immer noch niemand nachgekommen war, wurde ich mißtrauisch. Ob sie gemerkt hatten, daß ich nur allein und sie mir überlegen waren? Ob sie Pläne ausheckten? Für alle Fälle steckte ich den Revolver und eine Handvoll Patronen ein. Damit sich die Waffe am Hosenbein nicht abzeichnete, polsterte ich sie nach außen hin mit einem Strumpf. Die Tasche selbst ließ ich offen. Griffbereit.

Nach dreißig Minuten des ungewissen Wartens kam der erste der Männer heran. »Ich heiße João. Wo können wir helfen?«

Auch die anderen tauchten nun hinter einer Bodenwelle auf. Gleichzeitig sah ich das zweite Schiff. Es hatte ein schwarzes dreieckiges Segel gesetzt und fuhr aus der Bucht hinaus aufs offene Wasser. »Wohin fahren deine Freunde?« erkundige ich mich bei João. »Das sind nicht unsere Freunde, die sind von woanders und holen nun ihre Angeln ein.«

Ich war erleichtert, denn das verriet mir, daß die Leute keine bösen Absichten haben konnten. Sonst hätten sie ihre Stärke nicht halbiert. »Sind sie hier von der Insel?« – »Nein, die hier ist unbewohnt.« Unbewohnt? Da mußte ich doch weiterhin vorsichtig bleiben. Ohne Zeugen konnten sie schnell auf abwegige Gedanken kommen. Andererseits war mir das auslaufende Boot ein Trost. Da fuhren drei mögliche Zeugen dahin, die diesen vier Männern etwaige krumme Touren vermasseln konnten.

Dennoch nutzte ich die alterprobten Tricks. »João«, wandte ich mich vertraulich an den Anführer und nahm ihn beiseite. »Bei diesem Boot handelt es sich um ein brasilianisch-deutsches Militärprojekt. Ich bitte dich, in Ribamar niemandem davon zu erzählen.«

Während die Männer das Ruder begutachteten, entschuldigte ich mich kurz, stellte das Handsprechfunkgerät ein und ließ es ein paar Sekunden auf voller Lautstärke rauschen. Selbst der Fischer, der bereits unter dem Boot gelegen hatte, kroch wieder hervor, um die Ursache zu erkunden. Dann drückte ich die Taste und rief auf Englisch: »An alle Küstenstellen. Hier ist ›Yanomami Brasil‹ Delta Foxtrott 7999. Ich bin soeben in Brasilien gelandet und von vier Fischern der ›Miss Campina‹ gastlich aufgenommen worden. Ich liege auf der Insel ...« Da unterbrach ich mich. »João, wie hieß diese Insel doch gleich noch mal?«

»Cinibutiua.«

»Und wie sind eure Namen?«

Bereitwillig gab er mir Auskunft.

»Ich heiße João Batistas Oliveira Nacimento; das ist José Domingos dos Santos Conheção, und die beiden sind Erisman und Zetinho.«

Ich wiederholte die Namen laut und deutlich ins Sprechgerät, wünschte der imaginären Küstenstelle einen guten Abend, lachte noch einmal anständig, als habe man dort einen guten Witz gemacht, und schaltete ab.

»Wir werden dich hier heute nacht wegholen, sobald das Wasser zurückgekehrt ist. Wenn du jetzt Lust hast, kannst du mit uns essen.«

Nur zu gern schloß ich mich ihnen an. Und so bestand meine erste Mahlzeit an Land aus Kochfisch, Fischsuppe und Maniokmehl. Aber sie schmeckte. Ich genoß die Gegenwart von Menschen, den Anblick eines funktionierenden Dieselmotors und eines brennenden Feuers. Den Revolver hatte ich längst wieder im Boot verstaut. Dies hier waren gastfreundliche Brasilianer, von denen mir nichts Gefährliches drohte. Im stillen tat ich ihnen Abbitte, weil ich sie verkannt hatte, spendierte einen Kaffee mit Zucker und bot João fünfzig US-Dollar für seine Schlepperdienste an.

Um sie nicht geldgierig zu machen, stellte ich gleich klar: »Ich habe aber nur Schecks dabei. Gibt es in Ribamar eine Bank?« – »Ja, wir haben eine Bank«, sagte Jaão. Und nach einer Weile: »Ich habe noch nie im Leben einen Scheck gesehen. Kannst du ihn mir mal zeigen?« War das nun ein Trick, um zu testen, ob ich nicht doch Geld hatte, oder hatte er wirklich noch nie solch Stück Papier gesehen? Ich vermutete, daß er es ohne Arglist gefragt hatte. Er wollte mich nicht auf die Probe stellen. Es war wirklich das Interesse, solch rätselhaftes Zahlungsmittel einmal zu sehen. Ich hatte aber keinen. Was ich wirklich bei mir trug, war Cash. Ich wühlte in meinen Bordpapieren herum und fand die Garantiekarte für das Funkgerät. Sie sah einem Scheck am ähnlichsten. Respektvoll drehte João sie in den Händen und ließ auch die anderen einen Blick darauf werfen.

Der Abend war noch lang, und da ich nicht schlafen konnte, angelte ich, weil ich wirkungsvolle Krabben als Köder hatte. Und diesmal, wo ich die Fische gar nicht brauchte, bissen sie wie die Teufel. In nur einer Stunde hatte ich ein Dutzend kleiner Welse. Ich bündelte sie und legte sie zu den anderen. Fisch, Fischsuppe und *farinha de mandioca*! Das war also meine erste Mahlzeit an Land gewesen. Das Abendbrot der Fischer. Dabei hatte ich doch von Grillhähnchen geträumt und von einem Stück frischen Brotes. Nun, das konnte ich ja gleich nach der Landung in Ribamar nachholen.

»Dort um die Felsenecke liegt São José de Ribamar«, erklärte mir João, der Fischer. Er steuerte meinen Katamaran, während ich es genoß, aller Verantwortung entbunden zu sein. Seine drei Kollegen befanden sich vorn im Fischerboot und zogen mich. Ich fixierte den von ihm genannten Felsen und endlich, nach zwei Stunden, tauchte der Ort auf. Zuerst die Kirche, dann Straßenmauern mit Wahlpropaganda und schließlich das bunte Dorf selbst. Es schmiegte sich eng an einen Höhenzug, umrahmt von Kokospalmen und Blütenstauden in den einzelnen Gärten.

Am Fuße dieses Idylls: der Hafen. Es war gerade Ebbe, und die Schiffe und Schiffchen lagen trocken auf festem Untergrund. Einige standen gerade, andere lagen schräg, die einen waren Motorboote, die anderen Segler bis hin zu solchen mit drei schweren Masten.

Es herrschte marktähnliche Geschäftigkeit. Passagiere hasteten mit Gepäck über den Sand, erkletterten die Leitern der Boote und spannten ihre Hängematten für die Reise von Ribamar zu irgendeiner der vorgelagerten Inseln.

Fahrer der LKW stopften die Schiffsbäuche voll mit Getränken, Eselkarren wurden ent- und beladen, Fischer schleppten Fänge und Netze an Land. Zwischen allen Menschen, ebenso geschäftig, einige schwarze Schweine, die grunzend Ordnung in den Müll bringen wollten.

João hatte schon längst den Anker geworfen. Da stand ich

noch immer an meiner leicht lädierten Reling und sog die Betriebsamkeit um mich auf. Welch eine Wohltat und vor allem: welch krasser Gegensatz zur Isolation auf dem Meer.

»Es ist besser, wenn du hier draußen im Wasser ankerst. Da können alle dein Schiff sehen und dich nicht bestehlen«, erläuterte João meinen Liegeplatz. »Du mußt es aber auf jeden Fall des Nachts bewachen!«

Ein kleines Kanu brachte mich trockenen Fußes aufs Ebbeland.

Das Tretboot kann man anschauen im Technik Museum Speyer, zusammen mit dem massiven Baumstamm, mit dem ich 2000 noch einmal über den Atlantik gefahren bin.

Mit dem Bambusfloß über den Atlantik

Die Idee mit dem Floß

Zwar neunzig Kilometer von zu Hause entfernt, aber dennoch alle Jahre wieder eine Reise wert: die »Kieler Woche«. Jeweils in der letzten Juniwoche gibt sich dort alles Besondere, Originelle, Maritime, Kreative und Animierende ein Stelldichein. Auf der sogenannten »Kiel- und Spiellinie« am linken Ufer der Kieler Förde, unweit des Stadtzentrums, tummeln sich Erfinder, Imbißler, Akrobaten und das Norddeutsche Fernsehen in kunterbuntem Durcheinander.

Ob man sich unterhalten, einen frischen Bratfisch essen, seinen Mut testen, die verrücktesten muskelbetriebenen Schifflein sehen oder ausgeflippte Abenteuerkinderspiele kennenlernen möchte: hier ist man goldrichtig. Dazu und gratis: die Kulisse des Ostseehafens mit seinen Fährschiffen nach Skandinavien, den unzähligen Segel- und Motoryachten, den liebevoll nachgebauten Oldtimern und den »völkerverbindend« topgeflaggten Kriegsschiffen.

Das alles sog ich auch am 28. Juni 1991 gierig in mich auf. Ein paarmal schon war ich auf dieser turbulenten Meile auf- und abgewandert, und immer wieder entdeckte ich Neues – und waren es nur die auffallend vielen »Verrückten« im Publikum.

Doch dann streiften meine Augen unvermittelt ein Segelboot, das in der Förde auf und ab fuhr. Das war eigentlich nichts Ungewöhnliches, gab es davon doch Hunderte. Auch war es weder auffallend schön noch besonders klein oder groß. Es fiel mir durch seine Segelbeschriftung auf. In großen Lettern stand da zu lesen: »No nuclear ship to Kiel. Greenpeace.«

Meine erste Reaktion war: Denen fällt auch nichts Neues mehr ein. Immer wieder Segelschiff mit Protest. Aber schon im zweiten Moment mußte ich zugeben: Ich hatte es immerhin zur Kenntnis genommen.

Und in genau diesem Moment kam mir der Gedanke, noch einmal über den Atlantik zu fahren. Nicht wieder mit dem Tretboot, obwohl es startklar im Rostocker »Traditionsschiff«-Museum lag und auf einen Liebhaber wartete. Nein. Das wäre zu sehr der Abklatsch dessen, was ich bereits gemacht und abgehakt hatte. Das würde kaum Aufmerksamkeit erregen und allenfalls verhaltenes Gähnen auslösen. Nein, es müßte ein originelles Fahrzeug sein, das grundsätzlich einen gewissen Hinschauwert besäße, ein Hingucker also. Und dann könnte man dort auf einem Segel, genau wie »Greenpeace« hier in Kiel, dick und breit das verkünden, was mir ein Anliegen war: die anhaltende Vernichtung der Yanomami.

Vor lauter Schreck über diese Idee gönnte ich mir einen heißen Backfisch an der »Bratfisch-Rutsche«. Nicht nur, daß er exzellent schmeckte, er wurde zudem auf echtem Porzellan serviert, zwei Mark Pfand, die man im Abwasch-Zelt zurückerstattet bekam. So was war mir sympathisch, denn es ersparte mir das schlechte Gewissen beim Wegwerfen von Papp- und Plastikgeschirr. Und ich fand mampfend ein paar Augenblicke der Muße, meine neue Idee zu verdauen. Hatte ich mir nicht damals geschworen, nie wieder so eine tödlich langweilige Tour wie die Tretboot-Tortur zu wiederholen? Oder machte sich mein Alter bemerkbar, in dem Kreativität einer rentnerhaften Beschaulichkeit weicht und man lieber von der Vergangenheit redet, statt weiter aktiv in der Gegenwart mitzumischen? War nicht jede Wiederholung nur zweite Wahl? So jedenfalls hatte ich es mir immer selbst gesagt und nie dasselbe zweimal durchgeführt.

Nun, vielleicht lag's am Proteingehalt des Bratfisches, vielleicht am Moment der Muße oder doch daran, daß ich keine bessere Idee hatte: Ich würde noch einmal nach Brasilien fahren. Das stand jetzt fest. Im nächsten Jahr würden Hunderte von Oldtimern und Sportseglern den Atlantik überqueren und die Entdeckung des Kontinents durch Kolumbus feiern. Regatten würden stattfinden, sogar die Nachbildung der Santa Maria würde den Trip noch mal riskieren, wenngleich diesmal mit Satellitennavigation. Und eigens wegen der kontinentalen Feiern würden sogar die Olympischen Spiele in Barcelona ausgetragen. Überall in der alternativen Szene grübelte man über Gegenaktionen zur Jubelfeier nach, vielerorts wollte man Spektakuläres veranstalten, um derer zu gedenken, die keinen Grund zur Feier hatten: die Indianer.

Da hörte man von Büchern, Filmen und Ausstellungen, die das halbe Jahrtausend Völkermord aufarbeiten wollten, und da munkelte man etwas von Gegenolympiade und Versenkung der Santa Maria.

Ich würde mich, und das stand nun fest, auf eine erneute Atlantiküberquerung beschränken – nach dem Motto vieler anderer Aktionisten: lieber Taten statt Warten! Und war es auch eine Wiederholung, so war es auf jeden Fall eine passende Aktion.

Die Frage war nur: Womit sollte ich rüber? Darüber nachzudenken hatte ich während der Rückfahrt nach Hamburg Zeit. Eines stand jedoch sogleich fest: Wenn ich es täte, müßte es noch in diesem Jahr geschehen. Die günstigen Monate zur Überquerung mit ungeeigneten Fahrzeugen waren die vom 1. November bis Ende März. So könnte ich den offiziellen Seglern sogar zuvorkommen, ihnen gewissermaßen die Schau stehlen und so auch am besten, als erster im Reigen der Schiffer, meine »message« zur Sprache bringen. Würden erst all die anderen Anti-Aktionen laufen, ginge das Yanomami-Problem womöglich unter.

Wie wäre es mit einem Floß? überlegte ich. Es ist etwas Uriges, paßt zur rustikalen Bauweise alter Schiffe, ist seetauglich und kann originell gestaltet werden. Blieb die Frage nach dem Holz. Ein kurzer Anruf bei meinem alten Berater von »Greenpeace«, Gerhard Wallmeyer, sollte das klären.

»Das leichteste Holz ist nach wie vor Balsa-Holz.«

»Aber das kommt doch aus dem Regenwald.«

»Ja. Aber es wird inzwischen auf Plantagen nachgezüchtet. Das könntest du nehmen.«

Ja, Balsa könnten sie besorgen, sagten auch die Holzimporteure, aber keine dicken Stämme von achtzig Zentimetern Durchmesser. Das seien Urwaldriesen. Ihr Plantagenholz sei bedeutend dünner.

Daß die dicken Stämme eine viele Monate, sogar Jahre währende Schwimmfähigkeit besaßen, wußte ich aus Manaus. Die schwimmenden Anlegestege für die Flußschiffe waren daraus gemacht. Die kleinen Stämme, so fürchtete ich, könnten sich zu schnell mit Wasser vollsaugen und untergehen. Es sei denn, ich imprägnierte sie gegen die Wasseraufnahme.

Bei all diesen Überlegungen verfiel ich plötzlich auf Bambus. Vor langer Zeit hatte ich bei einem Händler in Hamburg beinstarke Rohre gesehen. Ich wußte zwar nicht mehr seinen Namen, und er stand auch nicht im Branchenbuch, aber ich wußte noch, wo die Firma lag: nämlich auf einem Gewerbegelände in Hamburg-Altona am Friesenweg.

Zu meiner Beruhigung existierte sie noch, die Firma Schachtrupp. Und was noch wertvoller war: Sie hatten zwei Musterrohre da.

»Wenn Sie mehr wollen, müßte ich nur rechtzeitig Bescheid wissen. Die kommen aus Taiwan und haben mindestens acht Wochen Lieferzeit. Nächste Woche geht wieder ein Schiff ab. Da könnte ich einen Container voll ordern. Ich habe so was nicht vorrätig, weil es keine gängige Größe ist. Ich brauche das höchstens ab und zu für Dekorateure.«

Ich erzählte dem Inhaber, Helmut Thieß, von meinem Vorhaben. Er, selbst Segler, meldete gleich Zweifel an.

»Die platzen Ihnen innerhalb weniger Stunden. Sobald ich diese Rohre aus unseren klimatisierten Räumen in die Sonne lege, reißen sie. Dekorateuren empfehle ich deshalb, sie einmal mit der Kreissäge längs aufzuschneiden.«

»Aber dann läuft ja Wasser rein.«

»Allerdings.«

»Andererseits sind die Rohre so stabil, daß sie für mich ideal wären.«

»Ja, quer sind sie kaum zerbrechbar. Aber längs spalten sie.«

»Und wenn man sie umwickelt?«

»Kann ich nicht beurteilen. Habe ich noch nie gemacht. Geht jedenfalls viel Wickel bei drauf.«

Also doch Balsa? Ich nahm die zwei Bambus-Musterrohre mit. Sie waren sechs Meter lang und hatten am einen Ende acht Zentimeter und am anderen fünfzehn Zentimeter Durchmesser. Jedes wog maximal dreizehn Kilo. Ich fand sie wunderschön und so optimal geeignet, daß ich irgendeinen Weg finden mußte, ihnen das Platzen abzugewöhnen. Wenn nur nicht diese verdammte Lieferzeit wäre! Sollte etwas aus dem Plan werden, mußte ich schnell handeln.

»Die Chinesen brauchen auch noch ein paar Tage, um die Stämme zu fällen und über Feuer zu begradigen. Von Natur sind sie leicht gebogen. Und bei diesem Biegeprozeß gehen viele zu Bruch. Deshalb der Preis. Das Stück kostet fünfzig Mark.«

Ein weiterer Vorteil des Bambus war, daß er nicht mit der Idee des Naturschutzes kollidierte.

»Das Zeug wächst wie Unkraut«, erzählte Thieß. »Die wachsen pro Tag einen Meter.«

Das bestätigte auch »Greenpeace«. Also sprachen nicht nur die Schönheit und Stabilität für Bambus, sondern es war auch unter naturschützerischen Aspekten unbedenklich.

Zu Hause teilte ich die zwei Rohre à sechs Meter in vier à drei Meter. Das eine versah ich mit Längsschnitt und warf es in den Teich. Es lief voll Wasser und schwebte mehr, als daß es schwamm. Es konnte nicht weiter belastet werden. Unbehandelt, davon mußte ich ausgehen, würden alle Rohre platzen und dann ihre Funktion als Tragkörper einbüßen.

Versuch Nummer zwei war das umwickelte Rohr. Jedes Rohrsegment erhielt eine mehrfache Nylonsehnen-Umwicklung. Es platzte nicht. Aber ich fürchtete, daß das Wasser den kleinsten Haarriß nutzen würde oder die Taktik der Osmose, um schließlich doch durch das Holz hindurch einzuströmen. Ich vertraute dem Patent nicht, auch wenn es im Moment überzeugend wirkte. Beiden Bauweisen würde ich mich nicht über Monate anvertrauen.

Und dann kam mir die Idee mit dem Schaum. Ich erkundigte mich in einem Baubedarfsgeschäft.

»Ja, Schäume, die sich nicht mit Wasser vollsaugen, die gibt es. Das sind geschlossenporige aus Polyurethan, kurz PU-Schaum genannt.«

Ich nahm eine Zwei-Komponenten-Packung mit und machte zwei parallele Versuche.

Mit einer Säge trennte ich ein Segment des Bambusrohres ab, und zwar so, daß es seine beiden Querwandungen behielt. In eine bohrte ich ein zwei Zentimeter großes Loch. Dann rührte ich die Schaummischung an. Von jeder Komponente die gleiche Menge. Vorsichtig ließ ich sie durch das Loch in das stehende Bambusrohr laufen.

»Vorsichtig dosieren«, stand in der Anleitung, »schäumt 1200 Prozent seines Flüssigkeitsvolumens auf. Beim Füllen geschlossener Behälter Öffnung zum Entweichen der Luft lassen.« Aufgeregt wartete ich ein bis zwei Minuten. Und dann kam es die Wandungen hochgekrabbelt wie kochende Milch. Was ich zuviel dosiert hatte, quoll oben raus. Nach zehn Minuten war alles vorbei. Der Schaum härtete aus. Den Überschuß konnte man abschneiden. Das Rohr war lückenlos gefüllt. Ich wog es, sicherte es mit einem Bindfaden gegen das Fortschwimmen und legte es ebenfalls in den Teich.

Mit dem verbliebenen flüssigen Schaum füllte ich mehrere Pappbecher. Nach der Aushärtung wog und beschriftete ich auch sie. Indem ich sie in ein wassergefülltes Gefäß drückte, errechnete ich ihr Volumen und schrieb das ebenfalls dazu. Einige zerbrach ich, um eine rauhere Oberfläche zu erreichen. Alle gab ich, zusammen mit einem schweren Stein, in ein Netz und versenkte sie im Wasser. Die ständigen Kontrollen während der nächsten Tage verliefen sehr zufriedenstellend. Weder war das ausgeschäumte Rohr auch nur um einen Millimeter gesunken, noch füllten sich die glatten Proben aus den Pappbechern. Nur die zerbrochenen Stücke hatten infolge ihrer oberflächlich zerstörten Zellenstruktur Wasser aufgenommen. Aber sie liefen nicht weiter voll. Die Wasseraufnahme beschränkte sich auf die Außenporen.

Irgendwann hatte ich auch Christina Haverkamp von dem Plan erzählt, um zu hören, ob sie mein Vorhaben als Wiederholung der Tretbootfahrt werten würde oder als zeitgemäße Möglichkeit, Brasiliens Indianerpolitik erneut öffentlich zu brandmarken. Statt dessen war ihr erster Satz: »Da komme ich mit!«

Zwar hatte sie die Idee damit gutgeheißen, aber ich stand mal wieder vor dem Problem, was Maggy, mein Eheweib, dazu sagen würde. Daß sie selbst nicht geneigt war, mitzufahren, dessen war ich mir sicher. Zu meiner Freude und Überraschung sagte sie ohne lange zu überlegen: »Sie ist die Qualifizierteste. Also macht es zusammen. Vielleicht erreicht ihr diesmal euer Ziel.«

Den Segen der ›Gesellschaft für bedrohte Völker‹, namentlich des Bundesvorsitzenden Tilman Zülch, hatte ich mir schon vorher eingeholt. Er und ›Greenpeace‹, so stellte es sich im Moment dar, würden das Unternehmen finanzieren helfen. ›Greenpeace‹ sprang jedoch später ab.

Vor allem mußten die Rohre bestellt werden. Im Durchschnitt hatte jedes Rohr brutto vierzig Liter Volumen, wovon dreizehn Kilo Eigengewicht und etwa zwei Kilo Schaumgewicht, also fünfzehn Kilo abzuziehen waren. Dann verblieben 25 Kilo Belastungsmöglichkeit pro Rohr.

Nachdem wir hin und her gerechnet hatten, wieviel Last wir insgesamt zu transportieren hätten, einigten wir uns auf einhundertzwanzig Rohre – das machte drei Tonnen Belastbarkeit aus. Allein die gefüllten Rohre wogen bereits 1,8 Tonnen.

Der Bambus wurde per Telefax in Taiwan geordert. Wir hatten beim Bambushändler ein Bündel Abfall-Angelrutenspitzen, ebenfalls aus Bambus, erhalten und bastelten uns ein maßstabsgerechtes Modell. Zunächst 1:10 für Versuche und dann ein weiteres im Maßstab 1:30, das wir zum Vorzeigen haben wollten.

Die Modellversuche waren sehr wertvoll. Sie machten uns mit dem Material vertraut und warnten uns sofort davor, Bambusrohre zu bündeln.

»Sie sind glatt wie Aale auf Kugellagern«, klagte ich Christina mein Leid. »Wir können sie nicht einfach zusammenbinden, wie man das mit Baumstämmen tun würde. Wir müssen hier mit Kunstharz und Glasfasergürteln arbeiten.«

Das leuchtete uns beiden ein. Lockerte sich nur ein einziges Rohr, würden die übrigen in alle Richtungen davonrutschen. Das lag zum einen an der glatten und runden Oberfläche der Rohre, dann daran, daß sie an den Segmentenden feine, erhabene Kanten aufwiesen, wodurch sie sich alle nur punktuell berührten – wie bei Kugellagern. Ich war mir sicher, der Erfinder des Kugellagers war ein Asiate, der viel mit Bambus zu tun hatte. Oder jemand, der ein Chinarestaurant betrieb und von daher Bambusexperte war.

Unsere Modelle bestanden aus fünf runden Bündeln, die wir verschieden anordneten. Mal hatten wir alle dicken Enden nach hinten verlegt, mal alle nach vorn, und dann wieder hatten wir sie parallel gepackt, das heißt, abwechselnd dick und dünn an jedes Ende. Die letzte Version, die symmetrische, schien uns die beste. Der Modellkorpus lag wie eine Eins im Wasser und war auch bei großem Planschen nicht zu kentern.

Irgendwelche Ratschläge von Fachleuten konnten wir uns nicht einholen. Mit Bambus hatte niemand Erfahrung, was wiederum den Reiz des Vorhabens erhöhte: Wir mußten selbst denken. Entsprechend schlaflos verliefen die Nächte. Ständig kamen neue Ideen. Die Versuchsflößchen erhielten einen Mast, Ausguck, eine Mastleiter, eine Reling, eine Hütte und Proviantkisten. Daß uns die Aufbauten von der See fortgerissen werden könnten, stand nicht zu befürchten. Diesbezüglich hatte ich meine Tretboot-Erfahrungen. Je flacher und quadratischer man auf dem Wasser lag, je tiefer der Schwerpunkt, desto ruhiger ritt man die Wellen ab. Unser Floß würde nur ein Rohr weit aus dem Wasser lugen. Es würde ständig naß sein und zunehmend glitschig werden, und alles war außerdem rund – man würde wie auf Eiern gehen. Aber dafür wäre das Ganze solide, stabil und unsinkbar. Eine Insel, ein Stück zuverlässiges Festland.

Da die Rohre nur à sechs Meter lieferbar waren, sollte die Oberfläche etwa sechs mal drei Meter dreißig groß werden. Um dem Fahrzeug seine plumpe Floßform zu nehmen, arrangierten wir das mittlere der fünf Bündel nach vorn – unser Bug. Die seitlichen waren stufenweise nach hinten angelegt. Der Korpus wirkte so wie eine überdimensionale Pfeilspitze.

Friedenstauben, Flaggen, Urwald-Stofftiere, Bananentrauben, Pflanzengestecke und viel ähnlicher Dekor sollten dem Auge ständig Neues und Freundliches bieten.

Und es mußte eine Bugfigur her. Als Exkonditor zauberte ich zunächst alles aus Marzipan. Dann sieht man sofort plastisch, ob die Idee taugt oder nicht.

Mit den solchermaßen immer ansehnlicheren Modellen gingen wir nun hausieren. Christina war damit in Brasilien, zeigte sie den Bischöfen Dom Aldo und Erwin Kräutler, José Lutzenbergers Büro, Claudia Andujar von der CCPY und Carlos und José, die in Rio de Janeiro das erste ›Greenpeace‹-Büro eröffnet hatten. Alle fanden die Idee gut und sympathisch und werbewirksam.

Und wir gingen damit zu Lieferanten und denkbaren Unterstützern. Auch sie fanden das Fahrzeug originell und beachtenswert. Aber fast allen war auch ein wenig mulmig zumute, wenn es darum ging, die Aktion mit Rohstoffen oder Geld zu unterstützen.

Der PU-Hersteller: »Ich weiß, daß mein Schaum wasserresistent ist, aber da er das A und O ihrer Sicherheit ist und keine Erfahrungswerte vorliegen, was mit dem Schaum geschieht, wenn er monatelang bewegt, sprich durchgeknetet wird, vielleicht zerbröselt wird, will ich dafür keine Verantwortung übernehmen.«

Immerhin sollten wir den Großhandelspreis erhalten.

Aber so wie bei ihm erging es uns überall. Die Stimmen pro und contra wechselten sich ab – wie immer bei solchen Vorhaben. Das kannte ich ja bereits zur Genüge von allen bisherigen Unternehmen.

Hans-Peter Johannsen, Architekt und Segler aus Gettorf bei Kiel: »Wahnsinn! Keine Chance. Wir müssen darüber dringend reden. Ich bin schon auf vierzig verschiedenen Segelyachten gefahren. Ich weiß, wovon ich spreche.«

Hans Bornefeld, ein Freund von Christina: »Selbstmordkommando«. Und nach einigem weiteren Nachdenken: »Wahrscheinlich hat der Nehberg mit seiner Ehefrau Probleme und will auf diese Weise Selbstmord verüben. Laß dich da nicht reinziehen. Wenn ihr dabei draufgeht, nützt das den Yanomami auch nichts. Mach lieber etwas Sicheres hier an Land.«

Inge Redeker, Segellehrerin mit Atlantikerfahrung: »Ein Floß hat keine Stabilität. Es kommt nie an.«

Uschi Siegel, Medizinstudentin, langjährige Freundin Christinas: »Das kann nicht gutgehen. Das widerspricht allen Erfahrungen.« Trotzdem schenkte sie ihr ein Kilo seefester kleiner Schäkel, als eine Art Talisman oder zur Sicherheit oder als Abschiedsgeschenk?

Zu unserem Trost waren da auch die anderen Stimmen: Professor Hans-Dieter Scharping, Bootskonstrukteur, Dozent an der Seeschiffahrtsschule in Bremen: »Wenn Ihr Test ergeben hat, daß *ein* Rohr dauerhaft schwimmt, dann tun es auch hundertzwanzig. Sie müssen nur zuverlässig miteinander zu einer Einheit verbunden werden. Dann kommen Sie an.«

Kapitän Rudolf Hoppe, mein alter Freund und Berater aus

Tretbootzeiten: »Du weißt ja jetzt, worauf es ankommt. Wenn dein Floß flach und breit auf dem Wasser liegt wie eine Möwe im Sturm und wenn es hält, dann treibt dich die Strömung rüber. Dennoch möchte *ich* es nicht machen. Ihr werdet immer naß sein.«

Kapitän Kurt Parnemann, Ausbilder für den Hochseeschifferschein: »Ich verstehe das Problem nicht. Die Sache ist doch bombensicher. Das packt ihr.«

Auch die Yachtwerft Wedel, namentlich die Geschäftsführer Peter Gergs und Willi Reiners: »Den Schaum kennen wir. Da braucht ihr euch keine Sorgen zu machen.« Und sie fügten hinzu: »Denkt in erster Linie an die Sicherheit. Verfallt nicht auf den Leichtsinn, ›es wird schon gutgehen, weil es beim ersten Mal geklappt hat‹. Mit dem Meer ist nicht zu spaßen. Es ist unerbittlich, wenn man seine Gesetze ignoriert.«

Große Sorgen machten sich vor allem Katrin Holstermann und ihr Mann Ulli, Gelegenheitsschreiber für die Zeitschrift »Skipper«. Sie fragten sich ›fassungslos, was denn um Gottes willen diese Aktion soll‹. Sie sei unübertreffbar fahrlässig geplant. Zitate: ›... wir haben da einen Sack Haferflocken, den binden wir am Mast fest, und dann lassen wir uns mit der Kaufmannsschaufel die Haferflocken in den Mund rieseln ...‹, so Christina Haverkamp in einem Interview. Ihre Schwimmweste wolle sie zu Hause lassen, da das Schiff ja doch nicht aufkreuzen könne und sowieso ›alles zu spät‹ sei, falls einer außenbords ginge. Statt dessen planen die beiden Atlantiküberquerer, ständig mit einer Sorgleine ihres Lifebelts im Strecktau angepickt zu sein... (An dieser Stelle mußte ich das erste Mal das Seemannslexikon wälzen.) ... Systeme, um eventuelle Helfer am Festland zu informieren, daß ein Seenotfall vorliegt (ihr Mann Ulli erfand nun gar zwanzig Kilo Sprengstoff, die wir mithätten), wollen die beiden nicht mitnehmen. Christina Haverkamp meinte, es hätte ja sowieso keinen Zweck, wenn ein Flugzeug Signale auffangen würde, weil es ihretwegen sicher nicht anhalten würde ...« Was wir witzig gemeint und locker-flockig dahingesagt hatten, war für sie als Humor unentdeckbar geblieben. Welche Vorbereitungen ich allein für die Tretbootfahrt getroffen hatte und daß Christina jahrelang als Segellehrerin tätig gewesen war, sie sogar den Hochseeschiffer-Schein besaß, nahmen die beiden gar nicht zur Kenntnis.

Nun, unvorsichtig wollten wir natürlich nicht sein. Wir wollten uns aber auch nicht völlig zuplanen, getreu der Devise von Peter Rühmkorff: »Je genauer du planst, desto härter trifft dich der Zufall.«

Schließlich macht das Restrisiko einen besonderen Reiz solcher Unternehmungen aus. Unseren Kritikern widmeten wir die Beduinenweisheit: »Der Schakal heult, doch die Karawane zieht weiter.«

Probleme in Dakar

Die Tage der Reise bis Dakar auf der »St. Roparzh« genossen wir am unerschöpflich guten Buffet der Messe. Nie hatte ich geahnt, daß die Handelsmarine ihre Leute so verwöhnt. Es gab fünfzehn Gänge, und alles von erster Qualität. Infolgedessen aßen wir viel zuviel. Aber wir trösteten uns immer wieder damit, daß es den Luxus von Salaten, Früchten, Fleisch, Eis und Gelees bald nicht mehr gäbe.

Es war stockdunkle Nacht, als wir in Dakar festmachten. Fünfzig dunkelhäutige Hafenarbeiter stürmten das Schiff und wieselten überall herum. Die gesamte Kommandobrücke war verschlossen. Nur an einer Stelle war ein bewachter Einlaß. Anders waren die vielen »Helfer« nicht unter Kontrolle zu bringen.

Da unser Floß als Fracht und nicht als Transitboot deklariert war, durfte der Kapitän es nicht wasserseitig absetzen. Er mußte es auf die Pier stellen, und damit begann ein einwöchiger, kostspieliger Ärger. Allein die Zollformalitäten wurden mit eintausendfünfhundert Dollar veranschlagt.

»Darunter geht es nicht«, versicherte ein Agent, der sich als Monsieur Mass vorstellte. Er hatte sich ziemlich dienstlich gegeben und tat so, als sei nur er befugt, diese Formalitäten zu erledigen. Wir mißtrauten ihm von Anfang an. Und das war gut. Manchmal sollte man tatsächlich auf seinen Instinkt hören.

Zusammen mit Matar N'Jome, einem Angestellten der Speditionsgesellschaft SOCOPAO, fanden wir heraus, daß unser feiner Agent Mass mit seiner dekorativen Sonnenbrille und den eleganten Lackschuhen die Zollpapiere selbst ausstellte und abstempelte. Die Formulare und die Stempel hatte er sich anfertigen lassen. Auf diese Weise wollte er den sogenannten Zoll kassieren und auch noch einen Lohn für seine Vermittlungsdienste abstauben. Aber dabei gab er sich großzügig:

»Die Höhe meines persönlichen Entgelts stelle ich in Ihr Ermessen.«

Nun – unser Ermessen lautete »null«, denn letztlich hatte alle Laufereien unser guter Abdou gemacht. Sein Chef hatte ihm extra dafür freigegeben, sein Beitrag für die Yanomami.

Durch Matars Hilfe zahlten wir nur die Hälfte der anfallenden Gelder, und wir hatten echte Papiere. Die Kosten der Speditionsgesellschaft für die Entladung und Lagerung kamen extra. Summa summarum: ein sehr teurer Start. Wir hatten kaum noch ein Taschengeld übrig.

Nach einer Woche endlich wurden wir aufs Wasser gesetzt. Um nicht für jeden Hafenmann sicht- und »greifbar« zu liegen, baten wir den Chef eines maritimen Tauch- und Bergungsunternehmens um die Gastfreundschaft, auf seinem Privatgelände am Hafenrand zwei Tage festmachen zu dürfen. Sie wurde uns gewährt.

»Vor ein paar Jahren ist, ebenfalls von hier, schon mal einer mit einem Tretboot rübergefahren. Ich glaube, der wollte auch nach Brasilien«, plauderte er. »Dem ging es ebenfalls um Indianer.«

Drei Stunden hatten wir hier gelegen, als ein kleiner Renault vorfuhr. Es entstiegen ihm zwei elegant gekleidete Polizeioffiziere. »Mein Name ist Massar«, stellte sich der Ranghöhere vor. »Ich bin der Hafenpolizei-Kommandant. Darf ich Ihre Pässe sehen?«

Er durfte. Und er nahm sie mit. Heute nachmittag möchten wir in sein Büro kommen.

Auch aus dieser Aktion wurden drei Tage. Obwohl mit uns und unseren Papieren längst alles seine Richtigkeit hatte, wollte Massar ein Geschäftchen extra machen.

»Haben Sie nicht ein Geschenk für mich?« fragte er schließlich sehr direkt, als er keine Unredlichkeit bei uns entdecken konnte und wir uns geizig stellten.

Christina war außer sich.

»Dieser abgebrühte Mistkerl«, empörte sie sich. Und mit dem falschesten Lächeln, das ihr zur Verfügung stand, sagte sie: »Ja, wir haben ein Geschenk«, und reichte dem völlig irritierten Mann ein signiertes Foto unseres Floßes und ein Eine-DM-Stück.

Massar drehte den Taler hin und her. Das Foto ließ er unbeachtet.

»Wieviel Dollar sind das?« fragte er begierig.

»Ein halber«, errechnete Christina und lächelte. Das verschlug Massar die Sprache. Er brauchte lange, ehe er wieder Worte fand. »Ein halber Dollar? Ich dachte an ein anderes Geschenk. Ich dachte an einhundert Dollar, damit ich mit meiner Frau mal essen gehen kann.«

Nun waren wir es, die sprachlos blieben. Aber er mußte uns doch ungemolken von dannen ziehen lassen.

Der Chef des Bergungsunternehmens schleppte uns schließlich die dreitausend Meter zur Insel Gorré. Von genau dort aus waren in den letzten Jahrhunderten vierzehn Millionen schwarzer Sklaven nach Amerika deportiert worden.

Zwei Museen, kläglich geführt, hielten die Erinnerung an diese Leiden wach. Da waren die kleinen Zellen zu sehen, von denen aus die Menschen verladen worden waren, und die verschiedensten Eisen, mit denen man sie auf den Transporten aneinandergeschmiedet hatte. Das waren Hals-, Fuß- und Armbänder. Jedes einzelne Teil muß fürchterliche Wunden verursacht haben. Wir bekamen eine Gänsehaut, wenn wir uns in die Lage der Gefangenen versetzten.

Am 15. Dezember verließen wir Gorré. Das Wetter war gut. Der Wind beschränkte sich auf drei Stärken und wehte aus Nordost. Wir zogen das Segel zu voller Größe hoch und entschwebten sanft und langsam den senegalesischen Hoheitsgewässern.

Nur ein Motorboot begleitete uns noch ein Stück des Weges. Der Jungfilmer Jens Kramer aus Kiel war auf seine Kosten und ohne Auftrag extra unseretwegen den weiten Weg hierhergekommen, hatte uns mit viel Geduld und Spürsinn aufgetrieben und drehte nun unsere Abfahrt. Wir freuten uns mit ihm, als wir später hörten, daß der Beitrag im NDR sogar mehrfach gesendet worden war.

Wir hofften, in spätestens zwei Monaten Brasilien erreicht zu haben. Aber auch drei Monate würden uns nicht aus der Fassung bringen. Wir hatten dreihundertzwanzig Liter Wasser gebunkert und genug zu essen. Jedenfalls dachte ich das. Das Wasser war mit Micropur präpariert.

Daß die Reise statt drei fünf Monate dauern würde, ahnten wir zu diesem Zeitpunkt nicht. Wir waren froh, auf dem Wasser zu sein. Der Streß wich einer wohltuenden Ruhe. Die Zeit der ständigen Abhängigkeit von anderen war vorüber. Wir waren unsere eigenen »Herren«.

Im falschen Strom

Als wir Dakar verlassen hatten, zogen wir auf unserer Seekarte einen geraden Strich von Dakar nach Recife. Dieser Linie zufolge mußten wir einen Kurs von 215 Grad steuern. Dazu kam eine Mißweisung von minus 15 Grad bis 20 Grad (je nach Standort), so daß wir 230 Grad Kurs nehmen mußten. Abends machten wir GPS und trugen die Daten ein. Wir freuten uns über unser Tempo, das wir machten und darüber, daß wir so gut auf der Linie blieben. Viel schneller als damals mit dem Tretboot waren wir von der Küste freigekommen. Wir schwebten dahin wie ein landender Fischreiher. Wenn wir so weitermachten, waren wir in einem Monat in Brasilien.

Am vierten Tag zeigte uns das GPS an, daß wir etwas von der Linie abgerutscht waren – nach Osten hin.

»Macht nichts«, sagte ich zu Christina. »Steuern wir 10 Grad mehr West, und morgen sind wir sogar jenseits der Linie.«

Da hier weit und breit kein Schiff zu sehen war, fuhren wir mit der automatischen Windsteueranlage. Wir kontrollierten lediglich alle Stunde, ob noch alles okay war. Meist war es das. Nur wenn Böen auftraten oder der Wind seine Richtung änderte, geschah es, daß auch wir die Richtung änderten.

Das Schiff hielt treu und brav seine befohlene Kompaßrichtung ein. Aber die GPS-Messung am nächsten Tag sagte: noch mehr nach Osten abgetrieben.

Zunächst glaubten wir, das GPS spinne. Als die Abdrift am dritten Tag anhielt, wurden wir nervös. Zwar waren es bisher nur fünfzig Meilen Abdrift, aber der Wind hatte fast völlig nachgelassen, und wir konnten nicht ausreichend ausgleichen.

Zudem zeigten die Strömungskarten, daß sich genau hier die Strömung gabelte. Ein Neerstrom zweigte ab gen Elfenbeinküste. Mit zunehmender Stärke.

Das hatte uns noch gefehlt. Zu optimistisch hatten wir dem bisher guten Wind und der Größe unseres Segels vertraut. Damit könnten wir immer alles ausgleichen, hatten wir gedacht. Schließlich waren auch die alten Portugiesen irgendwie hier runtergefahren. Wie sonst hätten sie Brasilien entdecken können?

Vor lauter Aufregung konnten wir nicht mehr schlafen. Wir versuchten, den Wind herbeizuhypnotisieren, aber er blieb fort.

Zwei müde Windstärken waren das äußerste, was er zu bieten hatte. Davon bekam das Segel nicht mal ein Bäuchlein. Es sah aus wie eine angehende Mutter im ersten Monat.

Wo kämen wir bloß hin, wenn das so weiterginge?

Wir wälzten Karten und Erinnerungen. Wir diskutierten endlos und korrigierten Kurs, Segel und Windsteuer. Und schließlich stand es fest: Wir würden an der Elfenbeinküste oder gar in Zaire landen, nur nicht in Brasilien. Um Himmels willen! Das wäre ja *die* Blamage schlechthin.

Aber Gott sei Dank kann ich mich schnell mit neuen Situationen abfinden.

»Wenn es unabänderlich ist, müssen wir eben erneut starten«, versuchte ich Christina zu trösten. Und sogleich wußte ich auch schon, wo: In Swakopmund, Namibia. Zwar hatten wir von da keine Karten, aber ich erinnerte mich des Buches von Amyr Klink, einem Brasilianer, der von eben dort per Ruderboot nach Brasilien gefahren war – mit der Süd-Nordwest-Strömung.

Christina hielt gar nichts davon. Vor allem, als ich ihr sagte, daß die Route einhundert Tage dauern könne, statt der Hälfte auf dieser Route. Womöglich gerieten wir dann auch noch in weit stürmischere Jahreszeiten.

Kurzentschlossen schloß sie unser Funkgerät an, erreichte Norddeich-Radio und ließ sich mit Kapitän Rudolf Hoppe in Trittau verbinden. Wie auf meiner ersten Reise war er auch jetzt unser guter Geist.

»Unser Problem ist, daß unsere Strömungskarte bei 10 Grad Nord aufhört. Wohin führt die Strömung, in der wir uns befinden? Dreht sie und kehrt sie zurück nach Westen, oder müssen wir nach Afrika? Hast du einen Trick auf Lager, hier elegant rauszukommen? Das Problem ist, wir sind jetzt auch in den Roßbreiten, den windstillen Zonen. Überprüf bitte genau alle Karten und sieh alternativ auch nach, wie man von Swakopmund rüberkommt.«

Unsere Fragen überschlugen sich. Rudolf hatte, Gott sei

Dank, alle unsere Karten und noch viele mehr zu Hause. Er wollte alles in Ruhe abchecken. Morgen um die gleiche Zeit sollten wir ihn wieder anrufen.

Es wurden vierundzwanzig lange Stunden. Hätten wir doch bloß gesagt ›in drei Stunden‹! Bestimmt hätte er, da er die Karten zu Hause hatte, dann schon genau soviel gewußt wie morgen, und wir würden kostbare Zeit gewinnen. Aber so hatte er wenigstens ausreichend Gelegenheit, notfalls ein paar Freunde zu befragen.

Anderntags war Rudolf sofort am Apparat. Es hatte nur einmal geläutet. »Ihr müßt sofort alles dransetzen, West zu machen. Jede Meile zählt. Wenn ihr noch etwas weiter nach Osten gelangt, gibt es keine Umkehr mehr. Also: West, West, West. Einen anderen Rat habe ich leider nicht. Bleibt Tag und Nacht am Ruder, und nutzt jede Brise, jeden Grad.«

Man merkte, er hätte uns all das auch lieber schon gestern, ein paar Stunden nach unserem Notruf gesagt.

»Und Swakopmund – das schlagt euch mal aus dem Kopf. Das ist viel zu weit. Ehe ihr da seid, ist die Saison für eine glatte Überquerung vorüber. Und dann die Distanz bis Brasilien! Da braucht ihr fast doppelt so lange.«

Die Vorstellung, wieder in Afrika zu landen, ließ uns erschauern. Die Blamage wäre noch das kleinere Übel gewesen. Aber die Tatsache, daß wir nach einer Woche mit so einem relativ kostspieligen Unternehmen, und im Grunde durch Fahrlässigkeit, schon hier, zu Beginn der Reise, in Schwierigkeiten geraten waren, verursachte mir Übelkeit.

»Egal, was du denkst«, eröffnete ich Christina, »*wenn* wir in Afrika landen, versuche ich es von Swakopmund. Von dort ist die Überfahrt bombensicher. Da gibt es nicht die Irrwege sich gabelnder Strömungen.«

Sie wollte etwas sagen, aber ich ließ sie gar nicht zu Wort kommen.

»Wenn wir es nämlich nochmal von Dakar versuchen und

nochmal eine Pleite erleben, erweisen wir der Sache einen sehr schlechten Dienst.«

In Gedanken war ich schon in Namibia und begann, eine bessere Lebensmittelliste aufzustellen.

Christina hatte kaum zugehört. Für sie als Segelausbilderin stand auch viel auf dem Spiel. Man hat da seinen Ehrenkodex.

Kaum hatte Rudolf uns viel Glück und mehr Wind und Durchhaltevermögen gewünscht, da saß Christina schon am Ruder und gab mir Anweisungen, wo und wie ich an Schot und Brasse etwas verbessern könne, um dem lauen Wind, wie sie es nannte und den *ich* eher eine lasche Blähung des Wettergottes genannt hätte, ein halbes PS mehr zu entlocken.

Und in dem Moment geschah das Wunder! Der Wind oder der Pups, je nachdem, frischte auf. Er drehte sogar von Nordost auf Ost. Die Wasseroberfläche kräuselte sich, und wir starrten gebannt auf Segel und Kompaß. Es entstand eine Bugwelle, und achtern kringelte sich eine Art Heckstrudelwasser. Wir machten Fahrt! Das GPS bestätigte es: Wir waren erstmals wieder fünf Seemeilen in 24 Stunden nach West gelangt! Das war wenig, aber es war viel bei nur drei Windstärken und gegen den Strom.

Der Wind hielt uns die Treue.

»Vom 24. Grad an seid ihr aus der Gefahrenzone«, hatte Hoppi noch gesagt. Wir erreichten den Punkt nach zweieinhalb Tagen.

Aber kaum waren wir dort, kaum atmeten wir auf, da trieb es uns in Richtung Karibik. Das war zwar schon entschieden besser, aber als optimal galt nur die Landung in Brasilien.

Wir steuerten Westsüdwest. Das sollte uns aus beiden Bedrohungen zugleich retten. Weg von Afrika, weg von der Karibik.

Nach insgesamt einer Woche mit striktem Tag- und Nachtdienst atmeten wir auf. Unser Kurs stimmte wieder. Neerstrom und Roßbreiten lagen hinter uns. Ab 4 Grad Nord und 24 Grad West, nach 26 Tagen, war die Welt wieder in Ordnung. Bis ...

... ja, bis wir, auf der Heckkiste hockend und gerade in einer Unterhaltung begriffen, uns zufällig umschauten. Da kam in nur fünfhundert Metern Entfernung ein Riesenpott auf uns zugedüst. Anders konnte man das nicht nennen. Wir mal wieder mit halbschlaffem Segel und der Typ mit gewaltiger Bugwelle und vor allem direkt auf uns zu. Ich schrie nur: »Christina!«, riß die Tasche mit den Nico-Signalraketen auf und schoß dem Dampfer eine Trommel roter Raketen in Richtung Kommandobrücke entgegen. Von dort null Reaktion. Längst war er auf einhundert Meter ran. Man kann in einem solchen Moment nicht abschätzen, ob er vor, hinter oder durch einen hindurchrauschen würde. Viel tun konnten wir eh nicht. Wir waren als Segelschiff ohne Wind völlig manövrierunfähig, und er war ausweichpflichtig.

Längst hatte ich die zweite Trommel leergeschossen. Sie müßten dem Steuermann wie rote Ampeln in den Augen gebrannt haben, wenn er überhaupt am Steuer stand.

»Der hat auf Automatik gestellt und säuft einen Kaffee!« fluchte Christina, während ich orangefarbenen Rauch zündete. In dem Moment pflügte die »Loyalty« aus Monrovia dreißig Meter vor uns vorüber. Christina hatte in einem ›Manöver des letzten Augenblicks‹ das Floß auf Parallelkurs gebracht. Das Segel flatterte. Wir standen. Die »Loyalty« war vorüber.

Wir schaukelten in den Heckwellen. Unsere Herzen schlugen bis zum Hals.

»Stell dir vor, das wäre uns nachts passiert!« sagte Christina, um überhaupt noch etwas zu sagen und die Spannung zu lösen. Und mir fiel nichts Besseres ein als der Trost: »So etwas passiert ja Gott sei Dank nie zweimal. Dafür ist das Meer zu weit und der Verkehr zu gering. Ab jetzt können wir nachts sogar schlafen.« Wir sollten uns irren.

Die »Loyalty« wurde kleiner. Immer wieder blickten wir ihr nach.

»Stell dir vor, wir wären Schiffbrüchige gewesen. Die hätten uns nicht einmal wahrgenommen.«

Wieder einmal, wie so oft, wenn man selbst mehr schiffbrüchig als seetüchtig ist, versetzen wir uns in die Lage solcher Verzweifelten. Resultat: Ich wollte daheim sofort ein bombensicheres Rettungsboot konzipieren, das autark um die Welt fahren könnte und das weitgehend unabhängig werden sollte von fremden Schiffen.

»Steht oder fährt der?« fragte Christina plötzlich.

Ich blickte in die Ferne zur »Loyalty«.

»Ja, der scheint zu stehen«, erkannte ich jetzt auch, und im nächsten Moment sahen wir: Das Schiff drehte. Es kehrte um und kam uns erneut entgegen.

»Ach du Sch...«, rutschte es mir raus. »Jetzt fehlt nur noch, daß jemand unseren Rauch gesehen hat und glaubt, wir seien in Seenot. Dann müssen wir womöglich auch noch die Stoppaktion bezahlen.«

»Oder er versenkt uns endgültig. Sein zweiter Versuch«, befürchtete Christina, »Zeugen ausschalten.«

Aber für den Fall eines Regreßanspruchs hatten wir Fotos gemacht (die in der Hektik allerdings mißraten waren). Die würden den Schläfern auf der Brücke die Augen öffnen.

Aber die »Loyalty« wollte keinen Schadenersatz. Irgend jemand hatte uns irgendwann doch noch gesehen und den schlafenden Steuermann und den Kapitän geweckt. Sofort hatte der stoppen und beidrehen lassen. Ein Dutzend Neugieriger stand an der Reling, als das Schiff neben uns zum Stillstand kam. Man hatte die Gangway zu Wasser gelassen. Ein Mann stand unten und wollte uns ein Seil zuwerfen. Wie eine Wolkenkratzerfassade ragte die Wand des Ungeheuers neben uns in den Himmel.

Wir signalisierten ›Alles okay. Nichts passiert. Geht uns gut‹. Und die Leute entschuldigten sich. Ob sie irgend etwas für uns tun könnten. Ob wir Appetit auf Eiskrem hätten. Und trotz des

Lebensmittelmangels und der ständigen Sehnsucht nach Obst, Gemüse und Eis lehnten wir ab. Wir hätten von allem genug.

In Wirklichkeit wollten wir vermeiden, daß irgendein Schiff später sagen konnte, uns sei die Überquerung nur mit seiner Unterstützung gelungen. Flößer-Ehrgeiz.

Die »Loyalty« hupte zum Abschied, umrundete uns noch einmal in riesigem Kreis und setzte ihren Kurs fort.

Nach dem anfänglichen Schrecken waren wir von der bewiesenen Kameradschaft tief berührt. Wir winkten uns noch lange gegenseitig zu.

Nur wenige Tage später bahnte sich dieselbe Katastrophe noch einmal an. Obwohl ich, nach den Wahrscheinlichkeitsgesetzen, geschworen hätte, daß das unmöglich war.

Im selben Winkel, mit derselben Bugwelle, preschte da die »Campo-Livre-Alai«, ein Fischerboot, auf uns zu.

»Das darf doch nicht wahr sein«, schrie ich.

Christina drehte wieder bei, ich ballerte grün. Und in dem Moment gewahrten wir bereits einen Unterschied zur »Loyalty«. Die Brücke stand voller Menschen. Mit Ferngläsern blickten sie zu uns herüber und gestikulierten wild durcheinander.

Rechtzeitig stoppten sie, ohne uns auch nur mit einer Welle belästigt zu haben.

Hier lag der Fall ganz anders. Die Leute hatten uns von weitem gesehen und für schiffbrüchig gehalten. Sofort hatten sie ihren Kurs geändert, um uns zu Hilfe zu kommen. Wir dankten herzlich, und die »Campo-Livre-Alai« fuhr zurück in ihre Fischgründe.

Es soll ja Leute geben, die ständig zur See fahren, obwohl es nicht ihr Beruf ist. Sie segeln als Hobby. Sie lieben die Einsamkeit, das Wasser und das ständige Risiko. Womöglich lieben sie auch die Vielfalt der Wellen, von denen es nie zwei gleiche gibt.

Mir hingegen hat das Meer nie etwas bedeutet, geschweige denn, daß es mich in Entzücken versetzt hätte. Die geringsten Regungen von Sympathie hat das Salzwasser gleich wieder erstickt. Für mich waren die Zeiten zur See allenfalls »Übungen«, durch die ich hindurch mußte. Sonst hätte ich womöglich zeitlebens gedacht, etwas versäumt zu haben. Dabei habe ich jedoch allerhöchsten Respekt vor all denen bekommen, die die Meere mit ihren Schiffen durchpflügen, aus welchen Gründen auch immer.

Mir hat das Meer gezeigt, daß ich an Land gehöre. Ich muß Erde schnuppern und darauf herumtrampeln können. Ich muß Menschen, Pflanzen, Tiere sehen, obwohl ich nicht unbedingt ein geselliger Typ bin.

Wegen der unendlich vielfältigen Wellenformen bekommt mich bestimmt keiner mehr auf den Ozean. Die kann ich mir nun auch so vorstellen, ohne sie sehen zu müssen. Aber Gott sei Dank sind wir Menschen ja alle verschieden. Wären wir es nicht, wären die Ozeane gestrichen voll mit Schiffen und Bambusrohren, und man könnte über sie hinweg zu Fuß von Europa nach Amerika wandern.

Was mich aber immer wieder begeistert, erfrischt und beglückt hat, waren die Begegnungen mit den verschiedenen Tierarten. Verglichen mit den Stunden, in denen man nichts dergleichen erlebt, sind solche Begegnungen kurz. Aber vielleicht gerade deshalb sind sie intensiver und bleiben lange in der Erinnerung haften, auch wenn sie reinen Landratten als langweilig erscheinen mögen. Wer so denkt, war noch nie über längere Zeiträume einsam, war wohl auch noch nie im Gefängnis, wo man sich notgedrungen an einer Kakerlake erfreut, die einen mit ihrer Gegenwart und Emsigkeit unterhält.

Von einigen solcher Begegnungen will ich hier erzählen.

Da waren zunächst die Vögel. Es gab wohl kaum einen Tag auf dem Atlantik, wo wir nicht wenigstens einen sahen. Voller Bewunderung habe ich ihren harten Kampf ums Dasein beobachtet, wie sie die Wellentäler bei jedem Wetter abflogen, Meile um Meile, um eines einzigen kleinen Fischleins habhaft zu werden. Immer wieder fragt man sich, wie die Vögel ökonomisch überhaupt klarkommen können mit der mühsam errungenen Beute und dem Kraftaufwand, der für den Fang erforderlich ist. Aber stünde das nicht in einer vernünftigen Relation, wären sie längst ausgestorben. Also verglich ich hier mal wieder mit menschlichen Maßstäben.

Man fragt sich auch, wann und wie die Vögel schlafen. Wenn sie sich zu lange auf den Wellen ausruhen, laufen sie ständig Gefahr, von Fischen gepackt zu werden. Ich erinnere mich des Piepmatzes, der 1987 auf meinem Tretboot Zuflucht suchte, nachdem ihm gerade von irgendeinem Fisch ein Bein abgebissen worden war. Er piepste kläglich und weckte mich dadurch aus dem Schlaf. Die Wunde blutete, und dennoch hatte er die Kraft, sich mit dem anderen Bein sitzend auf der Reling zu halten.

Nur wenige Vögel nutzten unser Schiff, um sich auszuruhen. Lieber hockten sie sich kurz aufs Wasser. Vielleicht holten sie den Schlaf dann nach, wenn sie zu gegebener Zeit an Land flogen und brüteten.

Aber einige kamen höchst vertrauensvoll zu uns und setzten sich sogar auf unsere Schulter. Wir empfanden das als besonders beglückende Momente.

Da war zum Beispiel die ›Dohle‹. Ich nannte sie so, weil sie genauso aussah. Sie hatte dieselbe Größe, denselben grauen Kopf. Sie kam, als es bereits dunkel war. Deshalb konnte ich sie auch nicht näher identifizieren, zumal als Nicht-Ornithologe und ohne Bestimmungsbuch. Für uns war es die Dohle, die sich zunächst auf dem Ruder niederließ. Dort blieb sie die ganze Nacht. Wir saßen nur einen Meter entfernt beim Abendbrot und boten ihr Fischstückchen an, aber sie lehnte dankend ab.

Am nächsten Tag war sie wieder da. Pünktlich mit der Dämmerung schwebte sie ein. Da sah ich auch, daß es natürlich keine Dohle war. Sie hatte Schwimmfüße.

Am dritten Tag brachte sie ihren Freund mit, der ebenfalls neben dem Stoffpapagei auf dem Ruder sitzen wollte. Sie drängelten sich ständig um den besseren Platz.

Am vierten Tag waren sie sogar zu dritt, und das Gedränge um den Logenplatz beim Papagei nahm an Heftigkeit zu. Zu uns entwickelten sie großes Vertrauen. Hielt man den Arm hoch, nahmen sie darauf Platz. Ich fühlte mich wie der Heilige Franziskus, nur nicht so heilig. Jetzt, auf der Hand sitzend, nahm eine sogar den winzigen Fliegenden Fisch, den ich tagsüber an Deck gefunden und aufbewahrt hatte.

Am fünften Tag blieben sie aus. Uns war zumute, als wäre der Fernseher kaputt.

Die meisten Erlebnisse hatte man natürlich mit Fischen. Genau wie bei der Tretbootreise gesellten sie sich erst nach einer Woche zum Floß. Zunächst waren es einige kleine, dann mehrere, dann Schwärme und letztlich immer größere. Egal, wie schnell wir fuhren (unsere maximale Geschwindigkeit betrug vier Knoten), sie hielten wacker Schritt beziehungsweise Flossenschlag.

Allerdings besorgte unser aller Vorwärtskommen hauptsächlich die Strömung, von der auch die Fische profitierten. Die ganz kleinen Fischchen, nicht länger als eine Stecknadel, nutzten außerdem den Wassersog, den das plumpe Heck verursachte und der minutenlang alles festhielt, was da über Bord fiel. Also auch das, was keine Flossen hatte, wie Zitronenschalen. (Organische Abfälle warfen wir ins Meer, die anderen sammelten wir in den leerwerdenden Kanistern.)

Viele Fische gingen mit uns wohl eine Art Symbiose ein. Wir

boten ihnen Schutz und Verstecke, wenn die größeren Räuber auftauchten, und dafür pickten sie uns die Schmarotzer vom Bootsrumpf. Wäre das Floß ein lebender Körper gewesen, hätte er die Befreiung vom »Ungeziefer« sicher als Wohltat empfunden. So aber bestand ihr Nutzen für uns vor allem in ihrem Unterhaltungswert.

Wenn sie in großer Panik alle dichtgedrängt unterm Schiff verschwanden, waren Delphine in der Nähe. Einmal begegnete uns eine Riesenschule dieser Tiere: Leib an Leib, von Horizont zu Horizont. Zwei Stunden lang zogen sie, oft paarweise, in gemächlichem Wandertempo diagonal am Floß vorüber.

Die, die ständig zu uns gehörten, wie eine Schiffsmannschaft, waren die Dorados oder Goldmakrelen. Nach einer Woche Fahrt tauchten die ersten auf. Zuletzt begleiteten uns bis zu zweihundert, ein wahres »El Dorado« der Dorados! Einige von ihnen zogen bald wieder weiter, in andere Jagdgründe, andere stießen neu hinzu, und weitere hielten uns dauerhaft die Treue. Man konnte sie an besonderen Farben oder Verletzungen voneinander unterscheiden.

In die Dorados kam besonders dann Leben, wenn Fliegende Fische auftauchten. Sofort begann die gewaltige Jagd. Das Wasser schien zu kochen: Die gelbgrünen Körper der Dorados peitschten es kreuz und quer, schlugen Haken, die einem Hasen alle Ehre gemacht hätten, und füllten sich die Mägen. Bei einem, den wir geangelt hatten, fanden wir sieben Fliegende Fische. Die Fliegenden Fische wiederum flohen und flogen in alle Richtungen. Aber auch der Flug ohne den Wasserwiderstand half ihnen nicht viel. Die Dorados waren schnell wie ein Schuß. Es war eine Jagd mit nur wenigen Chancen für die Gejagten. In ihrer Panik fielen manche auf unser Floß. Das bedeutete für sie aber nur einen kleinen Todesaufschub. Sobald sie sich freigezappelt hatten, wurden sie dennoch die Beute der Dorados. Die, die nachts aufs Deck geflogen und verendet waren, nahmen wir morgens als Köder, wenn uns nach Doradofilet zumute war.

Die meisten Dorados aber fingen wir mit der zweizackigen Harpune. Als wir Routine darin hatten, brauchten wir nur eine Minute pro Fang. Ich stellte mich ans Heck und hielt mich mit der linken Hand fest. Rechts hatte ich die Harpune, die mit einem Bändsel am Handgelenk gesichert war. Dann ratschte ich mit der Harpune vier- bis sechsmal durchs Wasser. Hin und her. Dadurch entstand für sie der Eindruck, hier zappele ein Fisch um sein Leben. Im selben Moment stoben die Dorados, wie vom Magneten angezogen, bei mir zusammen, und ich stieß einem, der senkrecht und flach unter mir war, die Harpune ins Rückgrat. Noch mit derselben Bewegung, demselben Schwung, holte ich ihn an Deck und tötete ihn sofort mit dem Messer.

Mitunter hatten wir auch Schwärme kleiner Fische unter uns. Für sie hatten wir eine Spezialangel. Sie bestand aus nur einem Meter Nylonsehne, an der fünf Haken mit roten Federn hingen. Man mußte diese Ampel nur wenige Male hin- und herzucken lassen – dann hatte man fünf Fische gleichzeitig. Man fragte sich unwillkürlich, wie die Tiere in dieser Sekundenschnelle so zielsicher zubeißen konnten.

Als wir anfangs noch nicht so erfolgreiche Fischer waren, erprobten wir, für mich neu, erstmals das Netzfischen. Auch das bewährte sich. Der Hamburger Werner Gluth hatte uns drei Netze gebastelt. Sie hatten verschiedene Maschenweiten, je nachdem, auf welche Fische wir es abgesehen hatten.

»Ihr zieht das bei geringer oder null Fahrt einfach in Fahrtrichtung, also längs hinter euch her«, hatte er erklärt. »Das Netz steht senkrecht im Wasser, weil ich hier oben Schwimmer und da unten Blei angebracht habe. Ihr laßt es eine Weile im Wasser, und dann poltert ihr kurz, aber laut auf dem Deck herum. Die Fische fliehen in verschiedene Richtungen, und mancher verirrt sich ins Netz.«

Gluth belehrte uns noch: »Wenn ihr merkt, daß einer drin ist, holt das Netz schnell ein. Sonst spricht sich das bei ihnen rum, und ihr fangt keinen weiteren. Fische sind clever.«

Wenn Haie auftauchten, blieb es überraschend ruhig unter den Fischen. Viele dieser Großjäger haben wir diesmal nicht gesehen. Es waren nur vier kleine à ein Meter und einer à drei Meter. Sie kamen langsam und gelangweilt, schauten sich das Floß und die Begleitfische an, fanden das ihrerseits langweilig und zogen weiter. Sie blieben nie lange.

Nur ein vier Meter langer Hammerhai hielt es einmal nachts eine halbe Stunde aus. Wir hatten Vollmond, und ich hatte Wache, als ich den großen ungewohnten Schatten am Heck sah. Im Licht der Taschenlampe erkannte ich ihn deutlich an seiner ungewöhnlichen Körperform. Er wirkte fürchterlich aufgeregt und hungrig. Auffallend schnell schwamm er hin und her und tief und hoch, bis es auch ihm zu uninteressant wurde.

Zu den eindrucksvollsten Begegnungen zählte die mit dem Manta. Er tauchte am hellichten Tag auf und schwebte in nur fünf Metern Entfernung hinter uns her. Seine elegante Form muß Flugzeug- und Autokonstrukteuren als Vorbild gedient haben. Mit über drei Metern Spannweite war unser Manta noch vergleichsweise klein. Er kann bis zu sieben Meter erreichen, zwei Tonnen schwer werden und zweihundert Volt und zweitausend Watt erzeugen.

»Man sollte ihn an die Leine nehmen. Dann könnte er unsere gesamte Stromversorgung bestreiten«, schlug Christina gleich vor.

Der Manta war fast so breit wie unser Floß. Seine Seitenflossen und der Rücken ragten aus dem Wasser, seine Augen bemühten sich, aus uns schlau zu werden. Vielleicht hielt er unser Floß für einen Artgenossen und überlegte, ob es paarungswürdig sei. Ich versuchte, ihn mit strampelnden Füßen und dann mit einem Köder heranzulocken, während Christina ihn filmte.

Ich hatte die Angel gerade im Wasser, als sich unter dem Körper des Mantas zwei weiße Pilotfische lösten, jeder etwa fünfzig Zentimeter lang. Der eine erfaßte den Köder und hing fest. Wir zogen ihn heraus, lösten den Haken und warfen ihn in sein nasses Element zurück. Im selben Moment heftete er sich wieder unter den Manta.

Vielleicht war es auch gut so, daß der Manta sich durch unser Gehampel nicht aus der Ruhe bringen ließ. Es soll Fälle geben, wo die Tiere sich plötzlich aus dem Wasser erheben und auf flache Boote fallenlassen, um sich so von Parasiten unter ihrem Bauch zu befreien. Hätte unser Manta sich in die Lüfte erhoben, wären wir nun sicher ebenso flach wie er.

Die Mantabegegnung erzählten wir später in einem Telefoninterview über Norddeich-Radio einer Journalistin. Sie wollte wissen, was wir in der letzten Woche Besonderes erlebt hätten.

»Ja – vor wenigen Tagen hatten wir einen Manta hinterm Floß, der uns drei Stunden lang verfolgt hat ...«

»Einen was, bitte?«

»Einen Manta.«

Immer wieder fragte sie nach und bat schließlich, das Wort Manta zu buchstabieren.

»Der Empfang bei mir ist sehr schlecht. Ich verstehe nur die Hälfte.«

Ich tat ihr den Gefallen.

»Mike, alpha, november, tango, alpha: Manta.«

»Ja, jetzt habe ich verstanden. Können Sie mir noch den genauen Typ benennen?«

»Nein, das kann ich leider nicht. Dafür bin ich zuwenig Experte. Ich weiß nur, daß es ein Manta ist. Das ist absolut sicher, und das reicht uns auch.«

»Ich verstehe Sie immer noch sehr schlecht. Können Sie mir noch einmal Ihre genaue Position nennen?«

Wir taten ihr den Gefallen und dachten noch: Wozu das alles? Will die einen Roman schreiben?

Das Gespräch war schließlich beendet. Normalerweise meldete sich der Funker dann aus Norddeich und sagte: »Das waren vier Minuten, die von Land bezahlt werden.« Aber diesmal blieb die Leitung still. Mindestens drei Minuten. Endlich meldete er sich doch noch und meinte: »Entschuldigen Sie, ich mußte der Dame Ihren Manta erklären. Sie dachte nämlich, es habe sich um ein Auto gehandelt, das Ihnen auf einer Küstenstraße gefolgt sei.«

Oder die Sache mit dem Fischernetz.

Wir hatten ganz ruhiges Wasser, südlich des Äquators. Ich blickte nach vorn und entdeckte eine weiße Linie von Horizont zu Horizont.

»Christina«, rief ich, »wir steuern auf ein Fischernetz zu. Im Moment kann ich noch nicht übersehen, wo wir da durchschlüpfen könnten.«

Christina kam aus der Kabine und sah sich das an.

»Das sind bestimmt solche kilometerlangen Netze, von denen Rollo Gebhardt berichtet hat. Solche, mit denen die Japaner ganze Meere vom Thun ›befreien‹.«

Langsam trieben wir näher. Im Netz brodelte es von gefangenen Fischen. Aber irgendwie war uns das nicht ganz geheuer. Wir sahen keine Schwimmer, die das Netz an der Oberfläche gehalten hätten.

»Falls wir nirgends durchkommen, schneiden wir es kaputt«, sagte ich und legte vorsichtshalber ein Messer bereit.

Und dann endlich erkannten wir, daß es sich um einen unendlich langen, zwei Meter breiten Schaumgürtel handelte, in dem es von ›Portugiesischen Galeeren‹ (oder Seeblasen) nur so wimmelte.

Die Portugiesische Galeere ist eine Qualle mit hochgiftigen, halbmeterlangen Nesselfäden. Die Nesselkapseln entfalten eine äußerst starke Giftwirkung, auch auf den Menschen. Selbst an Land gespülte ›Portugiesische Galeeren‹ können noch Brennen, Schmerzen und Herzbeschwerden verursachen. In ihrem Schutz sahen wir viele kleine Fischlein, etwa acht Zentimeter lang, denen sie scheinbar nichts zuleide taten. Aus Büchern wußte ich, daß sie aber durchaus nicht geschützt sind. Sie wissen wohl vor allem, wie sie sich zwischen den Nesseln bewegen müssen. Kommen sie damit in Berührung, werden sie gelähmt und gegessen. Aber dann waren da andere Fische, die beim Passieren des Gürtels oder bei dem Versuch, die kleinen Fische zu fressen, mit den Nesseln in Kontakt gekommen waren und nun heftig zappelten. Vielleicht hatte sich der Schaum durch dieses Zappeln gebildet. In dieser Schaumsuppe sahen wir außerdem auffallend viel Plastikmüll und organischen Schmutz.

Das ungewöhnlichste – oder besser unerwartetste – Erlebnis aber bescherte uns ein ganz anderes Tier.

Wir hatten Fortaleza verlassen und setzten unsere Reise in die Karibik fort. Nach drei Tagen fragte Christina mich: »Hast du eben meinen Keks weggenommen?« Nein. Hatte ich nicht. Aber sie glaubte mir nicht, weil sie sicher war, ihn eben dort abgelegt zu haben, wo ich saß. Außerdem argwöhnte sie, ich sei als Konditor rückfällig geworden, ich käme ohne Naschereien nicht aus. Da es letztendlich aber zu bedeutungslos war, sprachen wir nicht weiter darüber. Im übrigen hatten wir Kekse genug mit. Ich war auf ihren nicht angewiesen.

»Irgendwas stimmt mit dem Schiff nicht«, meldete sich Christina in der folgenden Nacht aus der Kabine. Ich hockte und döste am Steuer. »Hörst du das nicht? Es ist, als ob sich die ersten Rohre lösen.«

Ich hörte nichts. Zum einen, weil hier draußen Wind wehte, zum anderen, weil ich, altersbedingt, inzwischen schwerhörig war und auf See, wegen der Gefahr des Verderbs durch Salzwasser, die Hörgeräte nicht trug.

»Ich höre nichts, ehrlich«, erwiderte ich.

»Dann laß mich mal ans Ruder und leg du dich in die Kabine. Dann hörst du es ganz deutlich.«

Ich also in die mollige und vor allem ruhige Hütte. Sie schirmte ab gegen den Lärm von draußen, sie isolierte gegen Sonne und nächtliche Kälte, und sie hielt den Regen fern.

Das waren viele Vorteile, aber einen Nachteil bot die Hütte

doch. Sie verstärkte die Geräusche des Schiffes wie der Resonanzkörper die Töne einer Harfe. Wenn am Mast etwas leise klapperte, dann dachte man in der Hütte: Gleich geht der Mast zu Bruch. Wenn in den Vorratskisten eine Dose ins Rollen geriet, dann war man sicher, daß Neptun von unten ans Boot klopfte.

Ich hatte mein Ohr gerade auf den Schlafsack gekuschelt, als ich es auch hörte. Und diesmal fühlten wir uns außerstande, die Ursache zu orten.

»Ich glaube, daß sich ein Rohr lockert, so knarrt und kratscht das«, wiederholte Christina.

Wir konnten die Ursache nicht bestimmen. Es blieb ein leises Unbehagen.

Bis ich am fünften Tag Christinas Ruf hörte: »Ratte an Bord! Rüdiger, wir haben eine Ratte an Bord. Ich habe sie mit eigenen Augen gesehen.«

Auf einmal erklärten sich das ständige Knarren, das ein Nagen war, der verschwundene Keks und andere Kleinigkeiten.

»Das hat uns noch gefehlt! Ratten sind nur sehr schwer wieder von Bord zu kriegen«, prophezeite Christina. Ich mußte ihr das glauben, denn sie besaß ja ein eigenes Segelboot und ihren Leistungs-sowieso-Schein, und ich nicht.

»Die fressen sich durch alle Füllungen in den Wänden, vermehren sich auf Teufel komm raus und bringen ein Holzschiff zum Sinken. Hoffentlich ist es kein schwangeres Weibchen.«

Nun ja. Typische Frauengedanken. So horrormäßig wollte ich das nicht sehen.

»Eine winzige Ratte und so 'n großes Floß?« wiegelte ich ab. Aber darauf ließ sich Christina nicht ein.

»Du kannst immer gut schnacken. Wenn das ein Weibchen ist, dann ist es automatisch schwanger. Dann haben wir bald ganze Rudel von Ratten an Bord. Das ist bei diesen Nagern halt so. Und die fressen sich durch unseren Schaum, von vorne bis hinten, von links nach rechts. Die können alle Rohre sauber ausnagen wie die Biber, und dann?«

»Ja, dann gehen wir unter«, bestätigte ich. Aber wir wußten auch beide, daß selbst zwanzig Ratten nur die oberen Rohre ausnagen würden. Die, die im Wasser schwammen, würden sie zufrieden lassen, oder sie würden ertrinken.

»Wenn sie die oberen Rohre vom Schaum befreien, dann werden wir ja leichter!« wagte ich festzustellen. »Das erhöht sogar unsere Schwimmfähigkeit.«

Christinas Antipathie gegen diese Pelztiere teilte ich nicht. Ich mag Ratten. Am liebsten gut durchgebraten.

Witz hin, Logik her – wir beschlossen, die Ratte zu fangen. Wer will sie sich schon nachts übers Gesicht huschen lassen?

Also schmiedeten wir Pläne. Man könnte sich auf die Lauer legen und sie erschießen. Immerhin verfügten wir über eine Flinte. Aber dann nähme unser Boot unnötig Schaden. Ein Schrotschuß aus solch kurzer Distanz würde ganz erhebliche Wirkung zeigen. Wir mußten sie also auf andere Weise bekommen.

Zu Hilfe kam uns der Umstand, daß sie ständig Hunger hatte. Wie wir. Normalerweise lag bei uns nichts Eßbares herum. Besonders ab sofort blieb jedenfalls kein Krümel mehr liegen. Drei Tage ließen wir sie hungern. Dann stellten wir die Falle auf. Als Köder dienten eine Ölsardine, Kekse und ein Stück Brot. Wir legten beides in den Samburà. Das war ein kugelrunder Korb, den wir den Fischern in Fortaleza abgekauft hatten. Wir hatten ihn am Heck festgebunden. Er diente der schnellen Aufbewahrung von Angelzeug.

Den Deckel des Samburà richteten wir mittels eines Kugelschreibers auf, und den wiederum konnten wir mit einem Zwirnsfaden wegziehen. Dann klappte der Deckel zu.

Es war schon dunkel. Unsere Petroleumleuchte sorgte für ausreichendes Licht. Wie zwei Kinder, die durchs Schlüsselloch gucken, um das Christkindchen zu beobachten und zu entlarven, lugten wir aus der Kabine. Entfernung: zwei Meter.

Es dauerte nur eine halbe Stunde. Da kam die Ratte bereits

schnuppernd heran. Fast hörte man ihren Magen knurren. Die Nase und die Barthaare zitterten und witterten das delikate Abendessen, und flugs – war sie oben auf dem Korb. Sie blickte hinein, sie blickte zur Hütte – und dann war sie im Korb verschwunden. Ein Zug am Zwirn, und wir hatten sie.

Mit einem Satz war ich draußen und drückte den Deckel fest auf den Korb. Ich schüttelte ihn gewaltig, um sie schwindlig zu machen. Dann kippte ich sie ins Wasser. Im selben Moment hatte sie ein Dorado gepackt und verschlungen.

Die Notlandung

Daß wir aus *dem* Manöver heil herausgekommen sind, können wir selbst heute noch nicht glauben.

»Soviel Glück dürfen wir nie wieder auf dieser Tour erwarten. Und nie wieder darf es nötig sein, ein solches Risiko einzugehen«, sagte ich, als der Palstek des Festmacherseils griff und uns bombensicher hielt. Und wir waren uns wie selten einig, daß wir diesen unheimlichen Ort nur über Flüsse und über Land verlassen würden. Unter keinen Umständen wollten wir zurück aufs Meer.

Dabei hatte zunächst alles nach Plan geklappt. Gleich vor Fortaleza hatte uns der Strom ergriffen und mit sich genommen. Die Karte und die Natur stimmten überein, wie sich das gehört, wenn Karten teuer sind.

Wir hatten uns ausreichend mit frischen Lebensmitteln versorgt. Nicht noch einmal wollten wir überwiegend von Fisch leben. Auch Gemüse, Kartoffeln, Obst und Eier hatten wir mitgenommen und fünf nervtötende Fliegen, wovon wir, laut Tagebuch, am zweiten Tag vier erledigt hatten, während die fünfte erst am vierten Tage ihr Leben aushauchte.

Ein zufällig mit seinem Schiff ›Rocheas‹ neben uns ankernder Holländer namens Robert und sein deutscher Bootsmann Hein

Rautenberg aus der Gegend um Kiel hatten uns vor der Abfahrt sogar noch eine dreißig Meter lange Kette für den Anker und ein Radio geschenkt. Jubel und Dank.

Wir waren in guter Stimmung. Die Stadt verlor sich am Horizont. Wir waren wieder allein. In drei bis vier Wochen hofften wir, in Dominica zu sein. Die Strömung floß ziemlich genau in jene Richtung. Sie war hier bis zu vier Knoten stark.

Wir passierten ohne Zwischenfälle São Luis und die Amazonasmündung. Aber dann ging es los. Zunächst völlig harmlos, schleichend, hinterlistig.

Tagebuch:
Donnerstag, 27. 2. 1992
46° 30' West, 1° 5' Nord, Etmal 77 sm, 5 Beaufort aus Ost.

Mich wundert, daß die Tage eigentlich immer wieder ganz flott vergehen, obwohl nichts passiert. Immer das gleiche Wasser, immer die gleichen Wellen. Mal höher, mal flacher, aber nie sich bösartig übergebend, wie ich nach den Mahlzeiten. Seit Tagen ist der Wind beständig, als sei er mit einer Maschine bei McDonald's produziert worden.

Nur wenn Regenschauer sich dazwischen mogeln, kommen unerwartet Böen um acht Beaufort angedüst. Aber die irritieren uns schon lange nicht mehr. Wir lösen nur jeweils die Schoten, um die Segel zu entlasten, und warten die paar Minuten, bis der Normwind aus der Wettermaschine wieder Oberhand gewonnen hat. Dann holen wir die Schoten ran.

Vielleicht war es die Unachtsamkeit der Gewohnheit, die mit zunehmender Dauer der Reise wuchs. Wir plauderten mit den Böen, wenn sie ihre Kräfte mit unserem Floß messen wollten, und lachten sie aus, wenn sie die Segel aufplusterten, sie zu zerreißen drohten und wir ihnen per Reff und gelockerter Schot den Spaß verdarben.

Wir konnten uns einen gewissen Übermut leisten. Auch ohne

Segel würden wir irgendwo ankommen. Keinesfalls konnten wir untergehen, und *die* Welle wollten wir sehen, die uns zu dieser Jahreszeit auf offenem Meer umwerfen würde. Und wir hatten soviel Süßwasser, daß wir damit sogar einen Handel aufziehen wollten. Keinesfalls fühlten wir uns wie Sklaven der Naturgewalten.

Immer wieder mußten wir bei unserem Wasserüberfluß an Schiffbrüchige denken, die nicht die Möglichkeit hatten, Regen aufzufangen, und die wir in Süßwasser zu baden gedachten, sofern wir ihnen begegneten.

Natürlich sahen wir keine, sosehr wir auch Ausschau hielten. Dabei trieben wir nur um wenige tausend Meter an schiffbrüchigen portugiesischen Fischern vorbei, die zwei Tage nach uns bei Fortaleza an Land gelangten. Ihnen war auf hoher See bei Europa der Motor irreparabel stehengeblieben. Fünfundvierzig Tage sollen sie getrieben sein. Da sie auf einen derart langen Trip nicht eingerichtet waren, lebten sie von rohem Fisch und Regenwasser und waren völlig erschöpft.

Und ein paar Tage später griffen brasilianische Fischer, genau dort, wo wir jetzt gerade trieben, ein Schlauchboot auf, in dem sich ein älteres englisches Ehepaar befand. Es war mit seiner Segelyacht bei den Inseln Fernando da Norunha auf einen Fels gelaufen und gesunken. Die beiden konnten sich in ihr Schlauchboot retten und trieben vierzehn Tage lang ohne Trinkwasser bis vor die Amazonasmündung.

Aus Dankbarkeit für ihre Rettung stifteten sie dem Dorf der rettenden Fischer ein kleines Hospital.

Tagebuch:
Samstag, 29. 2. 1992
1° 47' Nord, 48° 25' West, Etmal 54 sm, Winde 5–7, Böen um 9.
Das kommt davon, wenn man zu übermütig wird. Ein Elefant ist keine Rennmaus, und ein Floß ist halt keine Regattayacht.

Eine ungewohnt heftige Bö holte einmal tief Luft. Es knackte, und sowohl die Rah als auch der Ring, mit dem sie sich so be-

quem am Mast hochziehen ließ, ließen die Flügel hängen wie ein sterbender Schwan mit gebrochenem Hals. Gottlob hatten wir eine Reserverah dabei. Wir bargen das Segel, das zum Glück keinen Schaden genommen hatte, und zogen die Sturmfock hoch, um längs zum Wind zu bleiben und nicht querzuschlagen.

Die Messungen per GPS zeigten uns sofort und klipp und klar: Wir befanden uns nicht mehr im Strom.

...Vier Stunden hatte die Reparatur gedauert. Sie hat uns wertvolle Meilen gekostet. Sie waren deshalb so wertvoll, weil wir seit Fortaleza auf der Peripherie des Stromes fuhren und es nicht geschafft hatten, mehr nach Nord in Richtung Mittelstrom zu gelangen.

Den Ring haben wir mit einem Bergsteigerseil mehrfach umwickelt. Er erfüllt seine Aufgabe wieder. Wir holen tief Luft und hoffen, mit einem blauen Auge davongekommen zu sein.

Erneute Standortbestimmungen ergaben, daß wir um zweiundzwanzig Meilen nach Westen abgetrieben waren. Wir bezweifelten, daß wir je wieder eine Chance hätten, zurück in den Strom zu kommen. Jeder von uns spürte, daß sich hier etwas zusammenbraute, dem wir nicht gewachsen waren. Das Floß gehorchte nicht mehr uns, sondern dem Meer.

Ganz unerwartet eine Sandbank. Jedenfalls glaubten wir das zunächst. Gelbes, fast sämiges Wasser zog einen langen Querstrich durch unsere Nordroute. Mit einem langen Bambusstock machen wir Tiefenmessungen. Zu unserer Beruhigung ist es aber tiefer als fünf Meter. Wir trauen dem Braten nicht. Der Sand quillt dermaßen ungestüm hervor, daß man die Bodenberührung fast spürt.

Nach mehreren hundert Metern scheint sie zu Ende zu sein. Aber als wir näher kommen, entpuppt sich das Farbspiel als Reflex der Wolken, als ein Licht- und Schattenwirrwarr.

Die Brühe bleibt einheitlich trübe und breiig. Für uns ein deprimierendes Symptom und ein Anzeichen von Landnähe.

Erstmals diskutierten wir das Thema Notlandung.

»Du und Notlandung«, meinte Christina zunächst. »Wenn es irgendwie geht, steuern wir einen Hafen an.«

»Siehst du hier einen Hafen auf der Karte?«

»Nein, aber vergiß nicht: Sie hat nicht den besten Maßstab.«

»Mag ja sein«, gab ich zu. »Hier münden drei Flüßchen in den Atlantik. Sicher gibt es dort Dörfer an den Ufern.«

Die Seekarten zeigten solche mutmaßlichen Ortschaften nicht. Wenn es sie gab, müßten sie weiter landeinwärts liegen, worüber unsere Seekarte nichts verriet. Es war schließlich keine Landkarte.

»An allen Süßwassern leben Menschen«, betonte ich noch einmal. »Besonders hier, wo die Eroberer zuerst landeten.«

Ich fand das eine starke Logik und ein beruhigendes Argument. Wir brauchten die Beruhigung, denn der Sog auf die Küste hielt an. »Was tun wir, wenn es wider Erwarten doch keine Menschen da gibt? Komisch auch, daß wir seit Tagen keinen einzigen Fischer mehr zu Gesicht bekommen haben.«

»Oder was tun wir, wenn es sumpfig ist, wie die Karte sagt«, erwiderte Christina.

Das stimmte. Da war an der gesamten Küste des Bundesstaates Amapá die Rede von *mud* und *swamps*, von nur einem Meter Wassertiefe und starker Brandung. Unsere Sorge wuchs.

»Ich mag mir gar nicht vorstellen, wie eine einzige Welle das schöne Floß in den Lehm rammt und uns niemand mehr rausholt.«

An manchen Stellen war die Mud-Zone sogar mit *vier* Seemeilen Breite eingezeichnet.

»Dann könnte man sich nicht einmal zu Fuß oder mit dem Dinghi retten«, kombinierten wir.

Immer häufiger machten wir GPS. Immer deutlicher zeichnete sich ein unvorhergesehenes Ende ab. Es war an der Zeit, nüchtern über eine Notlandung zu reden, sie als unumgänglich zu akzeptieren.

»Wir müssen beide Anker klarmachen«, erinnerte sich Christina alter Seemannsgesetze.

»Vielleicht können wir vorm Schlick ankern und haben irgendwann einen günstigen Wind, der uns wieder vom Land wegtreibt.«

»Wir sollten ab sofort unsere Overalls anziehen und den Überlebensgürtel umschnallen.«

»Laß uns auch die Gummiflossen bereitlegen. Falls jemand schwimmend an Land muß.«

Jeder steuerte seine Ideen bei. Es war Brainstorming angesagt.

»Und laß uns einen Kanister mit den wichtigsten Dingen füllen, die wir haben. Wir müssen die Filme, das Geld und die Ausweise retten.«

Die Schnelligkeit, mit der wir das erledigten, zeigte uns, daß wir jetzt beide von der Notwendigkeit der Landung überzeugt waren.

Alle übrigen Kanister wurden noch einmal mit einem starken Seil ans Floß gesichert.

Tagebuch:
1. 3. 1992
... Komisch, manchmal schaffen wir Nord, und dann versetzt es uns wieder Süd. Und bei all dem Hin und Her geht's weiter nach West. Übermorgen nacht werden wir stranden.

Uns wird auf einmal klar, daß hier die Gesetze von Ebbe und Flut gelten und nicht die der Äquatorialströmung. Sechs Stunden saugt uns die Ebbe nach Nord. Dann springt das Wasser um, und wir treiben zurück ...

Tagebuch:
2. 3. 1992
... Wir haben eine letzte Hoffnung: Sobald die Ebben zu Ende sind, werfen wir den Anker. Wir warten die Flut ab und lassen uns von der nächsten Ebbe weiter rausziehen. Irgendwann müssen wir den Äquatorialstrom erreichen und sind sicher. Wir glau-

ben, daß das Cap Orange vor Cayenne für uns die Wende bedeuten könnte.

Das Auf und Ab, Hoch und Tief, die Euphorie und die Ängste geben sich die Hand …

Tagebuch:
3. 3. 1992
Hier ist das Katastrophenfloß! Der Horror nimmt kein Ende. Wir sitzen in einer Falle. Ohne GPS wäre sie schon zugeschnappt. Da steuern wir immer denselben Kurs nach Nord, wechseln uns mit Schlaf und Wache ab, um keinen einzigen Grad zu verschenken, und fahren dennoch summa summarum Südwest. Wir sind zum Spielball von Ebbe und Flut geworden, die sich mit vier Knoten zwischen Festland und Amazonasmündung unser Floß gegenseitig zuzuwerfen scheinen.

Man schaut auf den Bug und denkt, man mache rasante Fahrt, weil er die Wellen nur so zu zerfleischen scheint. In Wirklichkeit treiben wir bei vollem Segel rückwärts. Nicht wir teilen, gepeitscht vom Segel, die Wellen, sondern die teilen sich, wenn sie von vorn gegen das Floß treffen. Der Rückenwind ist gegen diese Gewalten ohnmächtig.

Wir versuchen, möglichst rechtzeitig das Ende der Ebbe zu erkennen, um den Anker auszuwerfen. Genau sechs Stunden später müssen wir wieder den Moment abpassen, wo die Wasser zum Stillstand gelangen, ehe sie in die entgegengesetzte Richtung fließen. Dieser Moment währt nur sehr kurz. Verpaßt man ihn, hängt man bereits wieder dermaßen stramm am Anker, daß es uns unmöglich ist, das Floß über dem Anker zu verholen und ihn hochzuziehen. Und eine Winde haben wir nicht. Wir müssen es von Hand schaffen.

Um den Zeitpunkt des Tidensprungs zu erkennen, schauen wir zum Beispiel auf den Kompaß. Sobald das Boot seine Richtung ändert, sobald es beginnt, um den Anker herum zu drehen, probiert man, ob das Ankerseil locker ist. Auch Schaumblasen und Papierschnipsel, die wir reinwerfen und die plötzlich am Boot verbleiben statt wegzurasen, sind Indikatoren. Inzwischen habe ich von nur viermal Ankerlichten wunde Hände.

Tagebuch:
4. 3. 1992
Trotz Ankerns sind wir von der Flut mit zwei Knoten gegen das Land getrieben worden. Erst nach zwei Stunden griff er. Vier verlorene Meilen. Wir werden merklich nervöser. Das äußert sich zum Beispiel in anhaltendem Harndrang und dem ständigen Kontrollieren des Sicherheitsknotens am Brustgeschirr. Wer hier ins Wasser fällt, vor allem nachts, hat kein Promille Überlebenschance. Wir sehen ein, daß wir mit unserem Ankertrick nicht weiterkommen, und entschließen uns, die Insel Maracá anzusteuern. Sie ist in der Karte mit ›bushes‹ beschrieben. Den verdammten, unseren Geist lähmenden Schlick gibt es dort nicht. Jedenfalls ist er in der Karte nicht vermerkt. Wir müssen auf das ›Cap Fischfang‹ im Nordwesten zusteuern. Gleich dahinter, in einer Bucht – von uns aus gesehen Südwesten –, der Ort Macapá. Um ihn zu erreichen, müßten wir Südost steuern, sobald wir ums Kap sind. Theoretisch ist das nicht möglich. Wir schaffen bei dem derzeitigen Wind allenfalls Süd. Süd ist jedoch zuwenig. Vielleicht können wir unmittelbar hinterm Kap den Anker schmeißen. Hauptsache, wir liegen erst mal sicher. Irgendwann wird uns schon jemand sehen und nach Macapá reinschleppen oder gegenüber in den Rio Amapá. Hauptsache, wir sind nicht mehr dem tosenden Schlammwasser ausgesetzt. Sollte der Anker nicht greifen, sieht es schlecht aus. Dann schliddern wir durch den Maracá-Kanal zwischen Insel und Festland. Und der ist am Festland mit dickem Schlick gesäumt. Ein Alptraum.

Daß wir noch leben und sogar mit unseren Füßen Festland treten können, verdanken wir unserem Schutzengel und Christinas seglerischem Können.

Wir hatten beide schon unser Testament gemacht, aber auch immer noch Hoffnung gehabt, weil wir ein kaum zu erschütterndes Vertrauen in das Floß hatten. Das Ganze, jetzt im nachhinein betrachtet, kam uns vor wie ein Horrortrip. Er erschreckte und ermutigte uns gleichermaßen durch die ständig wechselnden Ereignisse. Christina fühlte sich an einen auf Spannung getrimmten Krimi erinnert.

»Mit jeder neuen Beobachtung glaubst du, den Ausgang des Stückes zu erraten – da passiert schon wieder das Gegenteil, und du mußt dir einen neuen Mörder suchen«, klagte sie.

Der ganze Schlamassel begann, als wir nur noch eine Seemeile vom Cap entfernt waren. Da hörte die Flut auf. Wir standen auf der Stelle. Als die Ebbe uns rauszutreiben begann aufs offene Meer, warfen wir den Anker. Wir konnten die Furchen eines kleinen Ackers, östlich des felsigen Kaps, schon mit bloßem Auge erkennen. Aber wir schafften keinen einzigen Meter mehr, trotz des brauchbaren Windes in Richtung Land. Die Ebbe war stärker, sie trieb uns vom Land fort.

Es war acht Uhr am Morgen. Da wir nichts weiter machen konnten, legte ich mich schlafen. Christina war nervöser. Sie wollte wachen.

»So dicht vorm Ziel und dann der Stillstand.« Sie schimpfte und beschwor das Kap förmlich näherzukommen. Aber das scherte sich einen nassen Schlick darum.

»Ab vierzehn Uhr Ortszeit, wenn die Flut kommt, können wir locker den Rest machen«, tröstete ich sie. »Wir haben dann noch vier Stunden Flut bei Helligkeit und zwei bei Nacht. Das ist superreichlich. Eine halbe Stunde nur würde bis zum Kap genügen. Dann will ich fit sein. Deshalb nehme ich nun einen Lidschatten voll Schlaf.«

Mit dieser logischen Begründung wollte ich aus meiner Schlaflust eine Schlafpflicht machen, um vor ihr nicht als Penner dazustehen. Ich wollte frisch sein, wenn ich gebraucht würde.

Ein Schrei weckte mich.

»Rüdiger, steh auf, wir sind abgetrieben.«

Mit einem Satz glitt ich durch unseren schmalen Eingang ins Freie. Das Kap, eben noch greifbar nahe vor uns, lag jetzt im fernen Dunst.

»Wieso hast du das erst jetzt gemerkt?« fragte ich völlig verwirrt. »Du wolltest doch partout Wache schieben.«

»Es hat eben heftig geregnet. Da verschwand das Kap im Dunst des Unwetters. Als alles vorüber war, suchte ich es, und es war fort. Nun liegt es da ganz hinten.«

Während sie sofort GPS machte, checkte ich das Ankerseil. Es war stramm und vibrierte.

»Der Anker schleift. Er faßt nicht«, schrie ich ihr zu.

»Genau vier Meilen sind wir abgetrieben!« klärte sie mich über die Positionsmessung auf.

Ich warf den zweiten Anker. Er war jedoch nur für stille Buchten geeignet. Entsprechend war der Erfolg. Wir rutschten nicht nur etwas weiter, sondern wir sausten mit *vier* Knoten dahin! Das ergab die nächste Messung, die wir zehn Minuten später durchführten.

Ich fluchte wie ein Bambusrohrspatz. Aber es half nichts. Langsam, aber deutlich verschwand das Kap aus unserem Blickfeld.

»Wir sind natürlich auch schon wieder eine Seemeile westlicher«, stöhnte Christina. »Das heißt, das Kap ist für uns gar nicht mehr machbar: Wir geraten mitten in den Maracá-Kanal.«

Das war ein harter Schlag. Und die Ebbe war noch nicht beendet. Jeder Meter weitere Abdrift bedeutete: Wir schafften auch die Mündung des Amapá nicht mehr. Wir würden vorher im Schlick festsitzen.

Eine ungeheure Nervosität bemächtigte sich unser. Was konnten wir bloß machen, ohne hier hilflos mitansehen zu müssen, wie wir weiter davontrieben?

Christina machte Hochrechnungen, um herauszufinden, wo

wir bei Ende der Ebbe und dann bei Ende der nächsten Flut sein würden. Das Ergebnis war schockierend.

»Sollen wir versuchen zu wenden, um den Rio Cassiporé zu erreichen?«

Unsere Lösungsvorschläge überstürzten sich. Aber alle waren sie schlecht. Selbst wenn wir unser bestmöglichstes Etmal zugrunde legten, erreichten wir die Mündung des Cassiporé niemals mit einer Gezeit. Und außerdem hätten wir sie zunächst mit Ebbe passieren und dann ankern und sie schließlich mit einer Flut ansteuern müssen. In der Zeitspanne säßen wir längst im Schlick, weil der Druck aufs Land hin anhielt.

»Wir stehen!! Wir treiben nicht mehr«, rief Christina in diese Überlegungen.

Dreimal kontrollierten wir die Werte des GPS. Tatsächlich, wir standen! Das Ankerseil war knallhart gespannt. Es zitterte nach wie vor, wie ein Krankenhaus voller Malariakranker. Auch die weiteren Messungen bestätigten, daß wir standen. Der Anker hatte gefaßt.

Wir atmeten tief durch und auf. Dennoch blieb die Angst im Hinterkopf: Waren wir nicht schon viel zu weit abgetrieben, als daß uns der Stillstand noch retten könnte? Wie auch immer. Auf jeden Fall war es tausendmal besser, als noch weiter davonzuschliddern. Das Seil erzitterte beim Aufprall der Wellen und übertrug die Vibration auf das Floß. Wahnsinn, was das Seil aushielt! Gott sei Dank war es ausreichend stark bemessen.

War dies eine gute Nachricht, so ließ die schlechte nicht lange auf sich warten. Sie gaben sich die Klinke in die Hand.

»Wo ist der Wind geblieben?« fragte Christina. »In zwei Stunden kommt die Flut: Wenn der Wind ausbleibt, sind wir völlig aufgeschmissen. Dann sind wir steuerunfähig.«

Sie hatte recht. Es war mucksmäuschenstill um uns geworden. Kein Hauch regte sich mehr.

Nun, in zwei Stunden konnte noch vieles passieren. Auch ein neuer Wind konnte auftauchen. Aber unsere Chancen, den Rio

Amapá zu erreichen, sanken gegen null. Um so sicherer wurde uns der Schlick. Es war zum Heulen. Da hatte man sich zwei Monate mit dem Bau des Bootes gemüht und weitere zwei auf dem Wasser, und nun würde eine einzige Woche uns in Grund und Boden stampfen können.

Aber schon kam eine gute Nachricht: »Ein Boot am Horizont!«

Wir rissen das Fernglas an die Augen und erkannten einen Fischer, der auf seiner kleinen wendigen Jangada genau aufs Kap zuhielt. Er mußte uns unbedingt sehen. Er kam vom offenen Meer und würde nur eine Meile vor unserem Bug kreuzen.

Vorsichtshalber winkten wir rechtzeitig mit unserem gelben Ölzeug. Die drei Männer schienen nur das Kap im Auge zu haben, das sich unseren Blicken längst entzogen hatte. Zu uns schaute niemand herüber.

»Ob die uns absichtlich ignorieren, oder glaubst du, die sehen wirklich nur nach vorn? So was gibt es doch gar nicht.«

»Vielleicht haben die Heimweh«, wagte ich ein bescheidenes Scherzchen, obwohl uns gar nicht danach zumute war. Ganz im Gegenteil. Schon wieder bekamen wir den Katzenjammer. Denn die drei Fischer fuhren tatsächlich vorbei. Ich schoß eine Trommel roter Raketen leer und zündete roten Rauch. Unsere Absicht war, einen von ihnen zu bitten, uns als Lotse in den Rio Amapá zu führen, denn längst war uns klar, daß wir mit der nächsten Flut und diesem Schlappwind sehr ökonomisch verfahren mußten, wollten wir den Amapá überhaupt schaffen. Ein Ortskundiger wüßte auch notfalls seitlich der Mündung noch Landemöglichkeiten und fände sie sogar nachts.

Die Raketen verlöschten ohne eine Antwort von den Fischern. Ebenso der orangefarbene Rauch.

Sowohl der Kompaß als auch die Papierschnipsel, verrieten den Wasserstillstand. Es war Zeit, den Anker zu lichten. Ich zog, und Christina legte das Seil und die folgende Kette in den Korb. Segler lieben Ordnung.

Als ich die Hälfte der dreißig Meter langen Kette hochgewuchtet hatte, lief nichts mehr. Sie schien sich in ein Rohr verwandelt zu haben, das am Meeresgrund verschweißt war. Christina packte mit an. Mit vereinten Kräften würden wir es schon schaffen. Die Kette rührte sich keinen Millimeter. Wir hingen fest. Was wir auch anstellten, der Anker war nicht zu bergen. Den schon geborgenen Teil Kette sicherten wir an Deck, damit er nicht ins Wasser zurückglitt. Dann sägten wir sie ab. Das waren Schmerzen wie bei einer Amputation. Und damit waren wir unseren Hauptanker los. Es war ein schwerer Entschluß gewesen. Aber wir hatten ihn einstimmig gefaßt. Über die Konsequenzen waren wir uns einig. Jetzt hieß es alles oder nichts. Natürlich hatten wir auch erwogen hinabzutauchen. Aber es fehlten noch achtzehn Meter Kette. Diese Tiefe und die ekelhaften Schlammfluten, die nicht einen Zentimeter Sicht erlaubten, hatten uns die Entscheidung abgenommen. Keiner von uns wollte da runter.

Jetzt, mit gekapptem Anker, waren wir frei, und die einsetzende Flut drückte uns zur Küste. Mit dem Segel ließ sich nichts ausgleichen. Windstärke zwei, das war einfach zuwenig.

Aber unser Schutzengel ließ uns nicht hängen. Die Kraft der Flut wuchs, und mit ihr wuchs der Wind. Während ich das Steuer hielt, machte Christina alle zehn Minuten GPS. Längst verriet der gefahrene Kurs, daß wir in der vier Meilen breiten, der Küste vorgelagerten Schlickzone enden würden.

Es ging vorwärts, aber im Schneckentempo. Bald würde es Abend sein, und von einer Flußmündung war noch nichts zu erkennen. Die Silhouette des Waldes hingegen begleitete uns seit Flutbeginn parallel und deutlich.

»Wir müssen höllisch aufpassen«, warnte Christina erneut. »Es ist hier vielerorts nur einen Meter tief.«

Sie hätte es nicht zu sagen brauchen. Jeder von uns kannte die Karte auswendig.

»Die Angaben beziehen sich bestimmt auf Ebbe. Vier Stunden haben wir inzwischen Flut. Dann dürfte das Wasser jetzt um zwei bis drei Meter höher stehen«, hoffte ich. »Ich würde jetzt sogar quer durch den Schlick auf die Mündung zuhalten, wenn das machbar ist. Die Zeit verrinnt schneller, als es uns recht ist.«

Aber darüber ließ sich mit ihr nicht reden. Christina war aufs äußerste konzentriert.

»Ich bleibe jetzt nur noch an der Pinne«, entschied sie. »Bleib du hier links ganz außen stehen. Ich habe das Gefühl, daß das Floß dann besser liegt.«

Ich machte GPS. Das war gar nicht mehr so leicht. Erstmals bauten sich um uns Brecher auf. Es krachte bis in die Hütte. Unsere Klamotten drinnen schwammen. Die Brecher ließen die Drecksbrühe des Meeres noch schmutziger wirken. Die Karte, die Christina unmittelbar vor sich auf der hinteren Kiste liegen hatte, war naß. Die alten Eintragungen verwischten, die neuen drückten sich ins weiche Papier und blieben unsichtbar.

Es war höchste Zeit, die zwei Petroleumlampen anzuzünden und aufzuhängen. Diesmal nicht, um gesehen zu werden, sondern um Leselicht zu haben. Es wurde Nacht.

Ich zog den Overall an und füllte alles in die Taschen, was mir im Notfall wichtig erschien. Das ging blitzschnell, weil wir es gut vorbereitet hatten.

Der Durst nahm vor Aufregung kein Ende. Wir tranken Wasser, als seien unsere Mägen leckgeschlagen und liefen nun leer.

Um arbeiten zu können, mußte ich die Brille aufsetzen. Die war längst naß vom Salzspritzwasser und mit einfachem Putzen nicht mehr klar zu kriegen. Ich kam mir wie behindert vor, halb blind.

»Wir haben die Mündung jetzt genau querab. Siehst du was? Erkennst du den Fluß?«

Christina fixierte mit halbzugekniffenen Augen die Waldsilhouette.

»Kein Stück. Ich sehe nur zwei verschiedenfarbige Waldsilhouetten.«

»Dann laß uns darauf zuhalten. Das muß der Amapá sein.«

Christina steuerte darauf zu. Doch genau in dem Augenblick schlief der Wind erneut ein, und die Flut trieb uns an der vermeintlichen Mündung vorbei.

Ich wurde schier wahnsinnig. Ich schnappte mir das größte Paddel und peitschte das Wasser wie ein Mühlrad bei Hochwasser. Der Schweiß lief in Strömen. Hinter mir die dröhnenden Brecher. Neben mir Christina, die plötzlich nicht mehr mit mir, sondern nur noch mit dem Wind redete. »Wind, Wind, bitte, bitte, komm und puste wenigstens eine Stärke mehr.«

Aber der ließ sich auf nichts ein.

Eine Regenwolke, der sonst immer Böen vorauseilten, regnete fünfhundert Meter weiter südlich ab.

»Paddel weiter, so stark du kannst. Das bringt was. Guck dir die Baumsilhouette am Ufer an. Sie zieht zentimeterweise vorüber. Wir schaffen es.«

Sie brauchte mich nicht anzuspornen. Jeder von uns gab aus Angst sein Bestes. Kein überflüssiges Wort wurde mehr gesprochen. Wir fixierten die Bäume, die jetzt in nur noch einhundert Meter Entfernung standen, und sahen trotz des geringen Sternenlichts, wie wir tatsächlich gegen den Strom Meter um Meter an ihnen vorbei flußaufwärts krochen.

»Hast du's schon bemerkt? Die Brecher sind weg.«

Christina wagte kaum, das laut auszusprechen. Aus Angst, es könne wieder losgehen. Ich nahm es freudig zur Kenntnis. Bei meinem Paddelstakkato war es mir tatsächlich entgangen. Aber diese tolle Nachricht gab mir unendlich viele neue Kräfte.

Und dann war der Moment gekommen, wo wir sicher waren, wirklich im Fluß zu sein. Es war plötzlich wellenlos und still, die Bäume waren zum Greifen nahe. Von Schlick keine Spur. Das Wasser schmeckte süß.

»Die Flut geht zu Ende«, warnte ich Christina, die immer noch weiter den Strom hinauf wollte, weg vom Getöse der Brecher an der Küste.

»Wir müssen festmachen!«

Ich hatte panische Angst davor, durch irgendeine Unvorsichtigkeit um vielleicht eine einzige Minute oder einen einzigen Meter die Chance des Festmachens zu verpassen und wieder abzutreiben. Der zweite Anker, den wir noch besaßen, konnte uns hier nicht helfen. Er war zu schwach für die starke Strömung.

Jeden Moment mußte das Wasser kippen.

»Hör auf, weiter stromauf zu steuern. Fahr aufs Ufer zu. Wir müssen das Boot festmachen. Wir sind hier sicher genug. Das Wasser kippt.«

Es ging mir alles zu langsam. Schon seit einigen Viertelstunden hatte ich die Flossen angeschnallt. Ich wollte damit eine Chance mehr haben, wenn ich schwimmen mußte, um das Seil ans Ufer zu ziehen. Alles war dunkel und unheimlich. Die Bäume waren zum Greifen nahe. Um uns herum ragten Reste gestürzter Bäume aus dem Wasser. Der Ozean war völlig verstummt, der Fluß ruhig und glatt. Nur kleine Plätscherwellen sorgten für Geräusche. Und mein Paddel.

Dann ließ ich mich vorsichtig ins Wasser gleiten. Ich hatte das Sechzig-Meter-Seil um den Leib gebunden und ein Messer dabei. So glatt, wie ich zum Ufer durchzukommen gedachte, lief es nicht. Unter der Wasseroberfläche versperrte mir diffuses Geäst den Weg. Das Seil verhedderte sich mehrfach. Ich brauchte Geduld. Bei einem dicken, senkrecht aus dem Wasser ragenden Stamm sicherte ich das Boot zum erstenmal mit einem Palstek. Damit waren wir gegen jede Abdrift gesichert.

Eine Welle von verschiedenen Gefühlen überwältigte mich: das Glück, gerettet zu sein, die Aufregung, wo wir wohl gelandet waren und wie es weitergehen würde, und das eigenartige ängstliche Kribbeln, das mich immer überfiel, wenn ich nachts in unbekannten, dunklen Wassern schwamm.

Aber da war noch ein Kribbeln. Zuerst hatte ich es gar nicht wahrgenommen, weil der Palstek mein wichtigstes Ziel war.

Nun, als er uns Sicherheit garantierte, merkte ich es um so heftiger. Vorher hatte ich es mit ein paar Handbewegungen beiseite gewischt, jetzt wurde es zur Qual: Myriaden von Mücken! Sie legten sich wie ein Toupet auf meine Glatze. Jeder Handklatscher ließ Hunderte von ihnen sterben und dafür Tausende nachfolgen. Sie standen wolkenweise Schlange. Man atmete sie ein, sie waren überall.

So gut es ging, tauchte ich die Reststrecke, um sie auszutricksen. Natürlich hatten sie das gewußt. Überall, wo ich auftauchte, waren sie längst zur Stelle wie der Igel und der Hase und saugten schon, bevor sie noch gelandet waren. Ich schwör's. Offensichtlich hatten sie lange keinen Besuch gehabt, den sie anzapfen konnten. Sie waren dermaßen aggressiv, daß ich für den zweiten Knoten tauchen mußte. Nur die Hände ragten aus dem Wasser. Sie fühlten sich sofort an, als hätte ich Handschuhe angezogen, Handschuhe aus lebenden Mücken. Aber schließlich war es geschafft. Hier holte uns keine Ebbe mehr fort. Christina hatte zusätzlich den zweiten Anker geworfen.

Als ich mich durch das Unterwassergeäst zurückgetastet hatte, schien mir das Floß plötzlich viel weiter vom Ufer entfernt zu liegen. Sofort wußte ich: Das ist keine Täuschung. Der Sog der Ebbe hatte eingesetzt. Das anfangs lockere Seil war voll ausgelaufen und stramm. In buchstäblich letzter Sekunde hatten wir es geschafft.

Verraten und verkauft

Vom Ozean zurück in den Dschungel.

Christina und mir war es gelungen, die Goldbosse von Boa Vista zu täuschen. Niemand war in der Stadt mißtrauisch geworden. Das lag offenbar daran, daß die Bosse in ihren Büros hockten und nicht spazierengingen. Und die vielen Goldsucher, die zu jener Zeit in Boa Vista herumstreunten, kannten uns nicht.

Sie waren heute hier und morgen woanders. Sie interessierte nicht, ob wir Touristen oder Journalisten waren.

Ein Pilot hatte uns mitgenommen ins Yanomami-Gebiet und an der Piste Chico Mineiro abgesetzt. Von hier wollten wir erneut ins Gold, erneut Bilddokumente beschaffen, die den Vormarsch der Goldsucher belegen sollten. Aber wir hatten die Rechnung ohne die Mafia gemacht. Zwar war uns dieser Einstieg gelungen, aber niemand hatte uns über Funk bei den Pistenverantwortlichen angemeldet. Die Folge: Wir waren ihnen von vornherein suspekt. Doch niemand ließ uns das fühlen. Die Männer, die uns begegneten, waren neugierig und freundlich. Es konnte ja auch sein, daß die Meldung der Bosse noch verspätet hereinkäme. Wir grüßten sie alle vom Boß der Goldgräbergewerkschaft Altino Machado. Das hatte dort, wo wir früher wirklich mit seinem Einverständnis gewesen waren, immer Eindruck geschunden. Hier war die Reaktion eher verhalten.

Wir versuchten in ersten Gesprächen, jemanden zu finden, der uns von hier mitnähme in den Wald. Wir seien Malariahelfer, ließen wir sie wissen, zeigten gefälschte Ausweise vor. Darin waren wir erprobt.

Und dann kam es zu jener verhängnisvollen Begegnung mit *Come gente,* »Ißt Menschen«, so sein Spitzname. Es war aber eher eine zutreffende Bezeichnung als ein Pseudonym. Come gente, der »Menschenfresser« war uns widerlich vom ersten Moment an.

Daß dieser Mann uns unsympathisch erschien, war nicht nur unser subjektives Empfinden. Ich glaube, es war objektiv. Es war die Folge seiner Reaktion auf uns.

»Wer sind diese Gringos?« waren seine Begrüßungsworte. Er fragte nicht uns, sondern die Brasilianer. Aber er zeigte auf uns. Aus seinen Augen sprühten Funken, und seine rechte Hand machte unzweifelhaft deutlich, was er als seine vordringlichste Aufgabe betrachtete: »Euch gehört die Kehle durchgeschnitten!« Angewidert spie er auf die Erde.

Sein Urteil stand fest, bevor die Jungs in den Gruben auch nur irgend etwas sagen konnten. Ohne die Augen von uns zu lassen, zeterte er weiter. Ich rechnete jeden Moment damit, daß er seine Flinte hochriß und abdrückte. Der Kerl war der personifizierte Haß und ein Choleriker ersten Grades.

Natürlich kam auch mein Blut sofort in Wallung. Augenblicklich hatte ich mich vergewissert, daß mein Revolver griffbereit in der rechten Hosentasche steckte. Er wurde nur vom Hemd über der Hose verdeckt.

»Wir sind Freunde Altino Machados«, rief ich ihm zum dritten Male zu. Auch die Goldsucher hatten ihm das längst gesagt, aber Come gente interessierte das nicht.

»Altino Machado?« ereiferte er sich schließlich und schien kurz vor der Explosion. Ich lehnte mich vorsichtshalber an einen dicken Baumstamm, um sofort dahinterzuspringen, wenn die Situation sich zuspitzte.

»Geht mir weg mit diesem Oberverräter! Der interessiert mich überhaupt nicht. Der gehört genauso getötet wie ihr!«

Christina dachte wohl, er verwechselte die Personen. Sie nahm an, es gäbe zwei Altinos. Deshalb erklärte sie: »Meinen wir denselben Mann? Wir reden von José Altino Machado, dem Gewerkschaftsboß.«

»Ja. Wir reden von genau dem. Von dem angeblichen Gewerkschaftschef, der nach dem Überfall auf Haximu nichts Eiligeres zu tun hatte, als sich von uns zu distanzieren. Er vertrete keine Mörder, hat er gesagt, als er sein Amt niederlegte. Damit hat er doch wohl klar ausgedrückt: ›Goldsucher sind Mörder‹. Geht mir also weg mit Altino.«

Vergeblich versuchte Christina, ihm die Idee unseres Filmprojekts klarzumachen. Come gente hörte nicht zu. Wie ein Schwerthieb zerteilte sein rechter Arm die Luft, fast wie ein Peitschenschlag.

»Aus und vorbei. Haltet die Schnauze. Ich sage euch nur eins: Verschwindet von hier, oder ihr seid tote Leute.«

Erregt stapfte er davon.

Bevor er außer Hörweite war, drehte er sich noch einmal um. Seine Worte galten den Goldsuchern.

»Kommt nicht auf die Idee, ihnen zu helfen. Die gehen zurück zur Chico Mineiro und verduften mit dem ersten Flugzeug. Damit basta!« Als er außer Sicht war, herrschte zunächst mal Ruhe. Die Motoren tuckerten im Leerlauf.

»Hat der hier was zu sagen?« fragten wir die Goldsucher. »Woher kommt der? Wen vertritt er?«

Die Antworten klangen verhalten. Sie hatten Angst vor dem »Menschenfresser«, zumindest wollten sie sich nicht wegen irgendwelcher Gringos Probleme aufhalsen. Wir waren hilflos. Was würde nun mit dem Film? Sollte man, wenn möglich, »auf die Schnelle« etwas abdrehen und dann umkehren? Wann käme der Choleriker zurück? Blieb er vielleicht mehrere Tage fort, so daß uns diese Zeit noch für einen Dreh bliebe?

Nein, das schien hoffnungslos. »Menschenfresser« tauchte hier jeden zweiten Tag auf und nicht nur er. Auch andere Goldsucher passierten das Lager. Selten einer allein, meist mehrere, einmal sogar zwanzig in einer Gruppe. Und niemand vermochte zu sagen, wer zu wem hielt. Ein zweiter wie dieser Come gente war jedoch nicht unter ihnen. Einige waren überrascht, wenn sie uns sahen. Sie waren irritiert, sie waren verschlossen – aber sie waren nie dermaßen aggressiv.

»Macht euch nichts draus. Der beruhigt sich schon wieder«, tröstete uns jemand. Aber uns begleiten in ein entferntes *garimpo,* wo der »Menschenfresser« keinen Einfluß mehr besaß, das wollte niemand. Da gaben sich alle als vollbeschäftigt aus, die die Gruben nicht eher verlassen durften, bis alle die Arbeit gemeinsam beendeten. Wer früher aufhörte, verlor seinen gesamten Anteil.

»Nur wenn du krank bist, wirklich krank und dann fehlst, läuft deine Beteiligung weiter«, erklärten sie uns die ungeschriebenen Gesetze der Goldgräberei. Auf jeden Fall sollten wir den

Mann nicht unterschätzen, der habe keine Skrupel. Aber das spürten wir auch ohne Warnung.

»Die Art und Weise, wie er über das Massaker von Haximu geredet hat, gibt mir das Gefühl, daß er zu den Tätern gehört«, machte sich Christina Luft. »Am liebsten hätte ich von ihm heimlich ein Foto gemacht.«

»Das hätte uns noch gefehlt. Ich glaube, dann lägen wir hier jetzt als Leichen.«

Die Männer machten sich wieder an die Arbeit. Wir trollten uns rauf zu den Hängematten und schmiedeten krampfhaft Pläne.

Das Bequemste und Sicherste war, die Warnung ernst zu nehmen und nachzugeben. Das bedeutete gleichzeitig, daß die gesamte Reise ab Hamburg wegen dieses Psychopathen für die Katz gewesen wäre.

Eine weitere Möglichkeit war, es auf den Zusammenprall ankommen zu lassen. Aber da machten wir uns nichts vor – wir würden den kürzeren ziehen. Kein einziger Goldsucher würde zu uns halten.

Oder tatsächlich jetzt schon mal filmen, was sich filmen ließ? Auf gut Glück. Doch auch das verwarfen wir. Es würde Stümperwerk werden. Denn die normale Tagesroutine im *garimpo* hatten wir längst zur Genüge anderweitig gefilmt. Ein Schnelldreh machte nur Sinn, wenn etwas Außergewöhnliches passierte. Und da war nichts in Aussicht. Für Besonderes braucht man vor allem Geduld und dann, wenn es passiert, eine rasche Reaktion. Denkbar wäre allenfalls eine zweite Auseinandersetzung mit dem Kannibalen. Aber nun dreh so was mal ohne zu zittern!

Wir mußten einen anderen Ausweg finden. Das Optimale wäre, im Handumdrehen in ein völlig anderes Gebiet zu verschwinden. Und zwar im Eilmarsch weit weg. Das konnten wir wegen der fehlenden Ortskenntnis und des schweren Gepäcks nicht allein. Wir waren auf Hilfe angewiesen. »Ideal wären drei Leute«, einigten wir uns.

Um Come gente nicht zu reizen und um ihn zu täuschen, packten wir alles zusammen. Wir bildeten zwei Haufen. Einer war unser Marschgepäck. Der zweite enthielt das, was wir notfalls zurücklassen wollten. Wichtig war jetzt leichtestes Schnellmarschgepäck. Notfalls waren wir innerhalb von fünf Minuten startklar.

Unsere Hoffnung waren die durchziehenden Goldsucher. Täglich hatte es zwei bis vier Neuankömmlinge aus Richtung Piste gegeben. Aber die schieden wahrscheinlich aus. Die hatten noch ihre eigenen Probleme mit der Standortsuche. Außer vielleicht solchen, die vom Heimaturlaub zurückkehrten und sich hier bereits auskannten. Und dann waren da alle die, die ständig von irgendwo nach irgendwo unser Lager kreuzten.

Die sprachen wir vor allem an. Wie viele sich mit »zuviel Arbeit« entschuldigten, weiß ich nicht mehr. Doch schließlich war uns das Glück hold. Es erschien in Form eines Strahlemannes, mit Liedchen auf den Lippen, Anfang Zwanzig, kräftig und auch dann noch bereit uns zu helfen, als die anderen ihm von Come gente erzählten. Das war unser neuer Mann. Mensch, hatten wir ein Glück.

Morgen früh stünde er hier auf der Matte, mit drei Freunden. Er kenne ein gutes *garimpo,* ein Stück jenseits von Chico Mineiro. Dahin würde er uns bringen. Da gäbe es sogar friedliche Indianer und es läge direkt am Rio Parima.

Wir atmeten auf. Richtung Piste! Das war insofern gut, als wir dem »Menschenfresser« sagen konnten, wir seien auf dem Heimweg. Falls wir ihm begegneten.

»Die Indianer«, informierte uns Zero, wie er sich nannte, »leben in bester Nachbarschaft mit den Goldsuchern. Sie besuchen sich gegenseitig und verkaufen nicht nur Bananen, sondern sogar ihre Frauen.«

Den letzten Satz sprach er augenzwinkernd mehr zu mir.

»Die Männer des Dorfes von Macuxi, so heißt der Häuptling,

hat sich sogar mal fürs Fernsehen zusammen mit achtzig Goldsuchern auf der Piste Chico Mineiro getroffen, um die gegenseitige Freundschaft zu demonstrieren. Das ist um die ganze Welt gegangen.«

Wir schwelgten in neuen Träumen. Indianer, Goldsucher, Urwald, Maschinenwäscher, Pfannenwäscher, Floß-Waschanlagen ... Da fehlten uns eigentlich nur noch Indianer, die nicht auf seiten der Goldsucher standen. Solche, die sich ihre Unabhängigkeit bewahrt hatten. Und die würden wir über Davi Kopenawa, den bedeutendsten Repräsentanten dieser Indianer, allemal kriegen. Das könnte, alles in allem, ein interessanter Film werden. Christina skizzierte ein neues Film-Exposé in ihrem Hirn und verbesserte es alle fünf Minuten. Unsere Niedergeschlagenheit wich einer Euphorie.

Lange konnten wir an diesem Abend nicht einschlafen. Vielleicht war Zero sogar unser neuer Hauptdarsteller ...

Fünfzig Dollar hatten wir jedem seiner, unserer, Begleiter geboten. Das waren fünf Gramm Gold. Das war weitaus mehr, als sie unter glücklichsten Umständen hier in einer Woche erbaggern konnten. Wer für uns arbeitete, sollte auch korrekt entlohnt werden. Am üblichen Ausbeutungssystem wollten wir uns nicht beteiligen.

Um nicht den Verdacht aufkommen zu lassen, wir schleppten große Geldreichtümer mit uns herum, hatten wir den Geldbesitz erklärt mit: »Das ist eigentlich unser Geld für den Rückflug.« Denn das hatte der Pilot uns noch besonders eingeschärft: »Zeigt niemals, daß ihr Geld habt.«

Zero äußerte sich bei unserem Angebot überraschend besorgt.

»Aber das könnt ihr doch nicht machen. Wie wollt ihr dann zurückkommen?« Ihm genüge der Reis.

Auf die Frage der Rückkehr waren wir vorbereitet.

»Wir zahlen dann eben den Rückflug nach unserer Ankunft in Boa Vista. Altino Machado kann das garantieren. Ihr erhaltet euren Lohn cash.«

Zero durften wir nicht verlieren. Keinesfalls durfte das an lumpigen fünfzig Dollar scheitern.

Altino erwähnten wir gern und oft. Er sollte unser großer Protektor sein, uns wenigstens bei einigen Männern zu mehr Ansehen verhelfen.

Zero zerbrach sich unseren Kopf.

»In Ordnung«, meinte er. »Dann gebt ihr mir fünfzig Dollar. Aber den Helfern braucht man nur jedem zehn zu geben. Sie können nicht die ganze Strecke mitkommen. Sie helfen uns nur bis zur Piste. Dort finden wir entweder andere Leute, oder wir legen ein Depot an, von wo wir die Sachen später nachholen.«

Genauso hatten wir uns Fernando gewünscht: mitdenkend, zupackend, unkompliziert. Statt seiner hatten wir nun Zero. Er verkörperte unseren Idealbegleiter.

Er entsprach diesem Ideal um so mehr, als er anderntags früh und pünktlich um acht Uhr mit drei Kameraden auf der (Hänge-) Matte stand.

Jeder von uns schnappte sich das ihm zugedachte Gepäckbündel, und ohne viel Worte ging es zurück zur Piste. Die Goldsucher an den Maschinen winkten nur kurz mit den Armen, die beiden Köchinnen beschränkten sich auf »*Boa viagem*«, ohne sich vom Kaffeekochen abzuwenden. Wir werteten diese Zurückhaltung als Zeichen des Mitgefühls, des Verständnisses für unsere Situation und der Scham für den »Menschenfresser«, der uns in diese Lage gezwungen hatte. Heute glaube ich eher, sie haben gewußt, was in Kürze ablaufen würde.

Die drei Männer, die Zero da mitgebracht hatte, waren nicht gerade unsere Typen. Sie wirkten unzivilisierter, heruntergekommener und waren wortkarg. Ihnen allein, ohne Zero, hätten wir nicht vertraut.

Aber in seiner Begleitung, unter seiner Regie, sollte uns das nicht stören. Sie gingen voran, Zero als letzter und wir als allerletzte, als Schlußleuchten.

Unser Gepäck wog etwa fünfzehn Kilo. Das mag nicht viel erscheinen. Aber es ist die Dauer, die eine Last zum Problem macht. Der holprige Weg tat ein übriges. Wir hatten schwer zu schleppen.

Da ereignete es sich, daß wir ein Stampfen und Stöhnen wahrnahmen und den Ruf *»Atenção!«*. Als wir uns umblickten, stürmten vier Goldsucher des Weges. Direkt auf uns zu. Zwei vorn nebeneinander, zwei hinten. Auf ihren Schultern ruhten Baumstämme von einer Stärke, die mein Gepäck bei weitem an Gewicht übertrafen. Und an diesen Balken hing ein riesiger Dieselmotor von schätzungsweise vier bis fünf Zentnern.

Die Männer trugen Fußballschuhe mit Stollen an den Sohlen. Dadurch fanden sie auf den rutschigen Wegen gut Halt. Wir preßten uns an die Seite, und sie rasten im Eiltrab vorbei. Für uns hatten sie weder Blick noch Gruß. Aber nicht aus Feindschaft, sondern aus Anstrengung. Die Last schien ihnen fast die Schlüsselbeine zu brechen. Nur ein einziger hatte seine Schulter mit einem Handtuch gepolstert. Man sah ihnen die gewaltige Anstrengung deutlich an. Die Adern am Kopf waren geschwollen, sie schwitzten, und die Beinmuskeln traten hervor wie bei Bodybuildern. Sie hechelten nach Luft. Ihre Schuhe hinterließen tiefe Eindrücke im Schlamm.

»Meine Fresse«, entfuhr es mir, »ich bräche nach hundert Metern zusammen.«

Zero war auch an die Seite getreten. Meine Bemerkung konnte ihm höchstens ein schlappes Lächeln hervorlocken.

»Das ist unser Alltag. Wichtig ist, daß man während der ersten Kilometer keine Pausen einlegt. Sobald man absetzt, läßt die Kondition schlagartig nach. Und jede Pause bewirkt, daß die nächste noch schneller kommt. Die laufen jetzt mindestens eine Stunde im Trab. Ihr eigentliches Ziel liegt aber sechs Stunden von hier entfernt.«

»Okay, Opa«, dachte ich für mich. »Die Jungs sind jung, akklimatisiert und trainiert. Mit zwanzig hätte ich das vielleicht auch lockerer weggesteckt.«

Selbst Christina, die Ex-Leistungssportlerin, hatte echte Konditionsprobleme. Den ersten der Männer unserer Gruppe sahen wir ohnehin nicht mehr. Wie eine Lokomotive war er davongestapft. Wir schritten weiter. Bloß keine unnötigen Pausen. Schon bei dem Gedanken an diese Hochleistungsschlepper kriegte ich weiche Knie.

»Rüdiger, ich schwitze wie in der Sauna und fühle mich total maddelig«, rief Christina mir da zu.

Ich wartete, bis sie aufgeholt hatte. Sie zitterte am ganzen Körper, war blaß, ihr Gesicht eingefallen. Das leichte Gepäck war zu einer schweren Bürde geworden.

»Ich glaube, ich habe Malaria.«

Entkräftet suchte sie Halt an einem Baumstamm. Zero hatte das noch irgendwie mitbekommen. Er kam zurück, blickte sie an und meinte auch sofort. »Die hat Malaria. Sie ist ja ganz gelb.«

Die anderen drei Männer waren indes vollends unseren Blikken entschwunden.

»Macht euch keine Sorgen. An der Piste warten sie.«

Grund zu Mißtrauen gab es nicht. Zero war gewissermaßen unser Pfand. Außerdem hatten die Männer nichts unbedingt Wertvolles. Sie trugen die Geschenke für die Indianer, den Proviant und die Reserve-Kamera-Ausrüstung.

»Komm, gib mir dein Gepäck«, schlug Zero vor, und ehe Christina etwas erwidern konnte, hatte er es sich schon aufgeladen. Es schien ihm nichts auszumachen. Er verfügte über eine beneidenswerte Kondition.

Christina riß sich zusammen und stapfte hinterher. Mehr torkelnd als stapfend.

»Geh so langsam, wie du willst«, schlug ich vor. »Ich halte mich hinter Zero. Sobald wir die Piste erreicht haben, schicke ich dir zwei Leute, die dich den Rest der Strecke in einer Hängematte tragen.«

Ich atmete erleichtert auf, als wir das schmuddelige Camp in unmittelbarer Nähe der Piste erreichten und ich die Männer, unser Gepäck und den Rauch des Feuers erblickte. In einer alten Speiseöl-Dose blubberte ein Kaffee.

Wir waren startklar und wollten los. Und in genau diesem Augenblick geschah das Unglück.

Wie aus heiterem Himmel kam Come gente durch unser Lager gestiefelt. Come gente, der »Menschenfresser«. Ich dachte, mich trifft der Schlag. Wäre er nur zehn Minuten später erschienen, wären wir fort gewesen. Nein – er mußte genau jetzt aufkreuzen. Ich wußte, jetzt würde der entscheidende Moment für das Gelingen oder den Fehlschlag unserer ganzen Reise kommen.

Er blieb stehen, stützte seine schwere Kiepe gegen einen Baumstamm, sah sprachlos von einem zum andern und fragte dann Zero: »Was geht hier vor?«

Zero blieb locker. Bestimmt wußte er von seinem Verbot für jedermann, uns nicht helfen zu dürfen. Er lächelte, fummelte weiter am Gepäck, als gäbe es an unserem Marsch nichts zu deuten.

Ich überlegte krampfhaft, ob es sinnvoll wäre zu sagen, wir wären nur im Begriff, die zweihundert Meter bis zur Piste raufzugehen. Aber das würde Come gente uns niemals abnehmen. Nachmittags flogen keine Maschinen, und wenn keine flogen, konnte man schlecht so tun, als wolle man dennoch an der Piste warten.

Die Chance, daß man bei einem überraschenden Erkundungsflug der Polícia Federal gesehen würde, war zu groß. Man blieb im Versteck und zeigte sich erst, wenn man die Maschine deutlich als die eigene erkannt hatte. Deshalb kreisten die Flugzeuge normalerweise bis zu dreimal dicht über der Piste. Fast sahen Goldsucher und Pilot sich Auge in Auge. Man gab ihm das Geheimzeichen der Piste, und er kam runter. Landung und Start dauerten höchstens fünf Minuten.

Von meiner Antwort wurde ich entbunden, als Zero sagte: »Ich helfe ihnen tragen. Ich bringe sie raus aus dieser Gegend.«

Come gente nahm seinen Weg wieder auf. Er war noch keine drei Schritte gegangen, da sagte er: »Ihr kennt meinen Standpunkt. Ich warne euch zum letztenmal. Haltet euch an die Gesetze dieses Waldes. Hier ist sich jeder selbst der Nächste. Wer hier in irgendeiner Weise stört, wird getötet. Und ihr seid Störer. Noch nie hat ein Journalist etwas Gutes über Goldsucher berichtet.«

Der Form halber rückte er sowohl seine Kiepe als auch den Revolver am Gürtel zurecht. Beinahe spiegelbildlich tat Zero das gleiche: Gott sei Dank nur reines Imponiergehabe, Abstecken der Grenzen.

Ich starrte Come gente immer wieder hinterher, um herauszufinden, was mich noch an ihm irritiert hatte. Es war doch nicht nur sein Gesicht, das mir unsympathisch war. Es war auch nicht sein Spruch »Goldrausch zu Blutrausch«, zu dem es nur einer winzigen Fingerbewegung bedurfte. Es war irgend etwas anderes.

Und dann sah ich es: Es waren seine beiden »Hundemarken«, die er um den Hals trug und die manchmal in seinem offenen Hemd verschwanden. Jetzt pendelten sie gerade heraus. Es waren zwei Aluminiumplaketten, auf denen seine Personalien und die Blutgruppe eingestanzt waren. Damit wollte er sich offenbar einen militärischen Touch geben und den eiskalten Dschungelkämpfer raushängen lassen.

Come gente durchquerte den Bach und ging in die Richtung, aus der wir gekommen waren.

Wir drei sahen uns an.

»Was schlägst du vor, Zero?« fragte ihn Christina. Sie haßte Come gente besonders, weil der sie völlig ignorierte und sich mit ihr auf gar keine Diskussion eingelassen hatte.

Zero zuckte die Schultern.

»Vielleicht sollte man ihm Geld anbieten«, schlug er vor.

Mir schien das völlig absurd.

»Glaubst du, daß ein Fanatiker wie er Geld annimmt? Dann wären ja alle seine Thesen nur geheuchelt. Jemand wie dieser Fremdenhasser wird niemals Geld annehmen.«

»Was wollt ihr sonst machen? Vergeßt nicht, ihr seid in Brasilien, und da läuft alles über Korruption. Warum sollte Come gente eine Ausnahme bilden?«

Nach wie vor glaubten wir nicht daran. Dennoch war uns klar, daß Zeros Vorschlag im Moment die einzige Hoffnung war. Und erst, wenn Come gente abgelehnt hatte, war seine Unbestechlichkeit erwiesen.

»An welche Summe denkst du denn?« fragte ich zögerlich. Unmöglich durften wir zugeben, tausend Dollar am Leib zu haben. Das wären hundert Gramm Gold – für jeden Goldsucher ein Grund zu sofortigem Mord. Für hundert Gramm müßte er in diesem Gebiet zwei bis vier Monate schuften.

»Hundert Dollar müßten reichen.«

Ich stellte mich hilflos.

»Wie wollen wir dann dich bezahlen?«

»Das ist erst mal zweitrangig«, tröstete er uns. »Kommt Zeit, kommt Rat.«

Immer mehr wuchs meine Sympathie für Zero. Wenn er so weiter machte, wenn durch ihn unser Film gelänge – wir würden uns nicht lumpen lassen.

»Willst du hinter Come gente herlaufen? Ich kann ihm das unmöglich anbieten.«

»Von mir aus.« Zero setzte seinen Packen wieder ab und joggte hinter Come gente her.

Es dauerte zehn Minuten, da war er zurück. Er bückte sich im Bach, wusch mit einer Handbewegung seinen Schweiß fort und mit einer zweiten trank er einen Schluck Wasser. Dann kam er langsam auf uns zu. Seinem Gesicht war allerdings nichts anzumerken.

»Gut oder schlecht?« Ich war gespannt. Jetzt kam der Satz, der über Erfolg oder Mißerfolg unserer Reise entscheiden würde. Und da sollte es wirklich nicht an hundert Dollar scheitern.

»Ja und nein«, war seine vielsagend nichtssagende Antwort.

»Mach's nicht so dramatisch«, drängelte Christina, während ich längst die positive Wende herausspürte. Wäre Come gente strikt dagegen gewesen, hätte Zeros Antwort »Nein« gelautet.

»Er ist einverstanden. Aber er verlangt hundertfünfzig Dollar.«

Das war ein Ding! Der Ober-Goldsucher, Besserwisser von Gottes Gnaden, der selbsternannte Scharfrichter und Unfehlbare war gar nicht gegen Journalisten, wenn er nur dabei absahnte. Zero hatte recht gehabt. Wir waren in Brasilien.

Trotzdem taten wir uns schwer. Hundertfünfzig war das Äußerste, das wir Freunden gegenüber zugeben durften. Jeder weitere Betrag müßte auf Kreditbasis ausgehandelt werden, zahlbar nach Rückkehr in Boa Vista.

Daß wir über diesen Betrag verfügten, wußte Zero. Zweihundert, das hatten wir gesagt, besäßen wir für den Rückflug. Fünfzig hatten seine Träger-Kumpels erhalten. Blieben noch hundertfünfzig.

Wir waren erleichtert. Come gente hätte ja auch pokern und tausend verlangt haben können.

Wir gaben Zero die hundertfünfzig Piepen, und er joggte zum zweitenmal los. Diesmal dauerte es länger, bevor er zurückkam. Und diesmal signalisierte er schon von weitem mit einem Lächeln und hochgereckten Daumen: »Alles in Ordnung. Come gente ist einverstanden. Wir dürfen uns frei bewegen.«

Ich bedankte mich bei Zero mit einem kräftigen Händedruck, Christina gab ihm einen malariaerhitzten Wangenkuß.

»So sind die Leute im Goldgebiet«, lachte er, schnappte das Gepäck und stiefelte los.

»Laßt uns mal stramm durchgehen, damit wir von hier fort kommen. Weiß der Teufel – womöglich überlegt er sich das noch mal.«

Nichts war uns lieber. Zero schritt voran. Mit seinen kräftigen Beinen griff er gewaltig aus. Christina, als im Moment Schwächste, ging in der Mitte, ich hinten als Schlußlicht.

Es ging hoch zur Piste. Nur zweihundert Meter.

»Hey, nicht so schnell, Zero. Christina schafft das Tempo nicht.« Er blieb stehen, ließ uns aufholen.

»Versuch mal ein bißchen zuzulegen. Wenigstens so lange, bis wir aus Come gentes Gefahrenzone raus sind«, bat ich sie.

»Ich schaff's nicht. Meine Beine sind wie Gummi. Ich zittere schon wieder.«

Als wir auf die Piste hinaustraten, stand Zero dort und wartete auf uns. Ich machte ihm erneut Christinas Situation klar.

»Dein Tempo halte ja ich kaum durch. Geh langsamer.«

»Wir können's ja so machen«, schlug er vor. »Ich behalte mein Tempo bei. Irgendwo setze ich das Gepäck ab und komme zurück und nehme Christinas. Und du gehst auch deinen normalen Trott. Verfehlen kann man den Weg nicht. Es gibt nur den.«

Damit teilte er das Dickicht am Kopfende der Piste Chico Mineiro wie einen Vorhang beiseite und tauchte in das Dunkel des Waldes.

Wir folgten. Verglichen mit der Helligkeit auf der Piste war es hier beklemmend dunkelgrün. Der Pfad war fünfzig bis hundert Zentimeter breit und ganz besonders schlammig. Jeder Meter und jede Minute ist mir im Gedächtnis geblieben, und auch bei Christina sind die folgenden zwei Stunden dauerhaft in die Hirnwindungen eingraviert.

Nach nur hundert Metern in dem Schlammbrei war Zero unseren Blicken entschwunden. Ihm schien der Sog des Lehms keine Schwierigkeiten zu bereiten.

Der Weg war voller Menschenspuren. Vor allem sah man die Abdrücke der Fußballschuhe der Goldsucher. Daneben gab es vereinzelt Fährten von Barfußgängern und nun unsere Turnschuh-Eindrücke.

Christina litt sichtlich unter der Malaria. Ich riet ihr, einfach nur so schnell zu gehen, wie sie könne.

»Notfalls tragen wir dich«, tröstete ich sie. »Jetzt, wo wir uns frei bewegen können, kommt es auf Stunden nicht mehr an. Ich ziehe schneller durch, um Zero einzuholen.«

Gesagt. Getan.

Ich versuchte, an den Wegkanten zu gehen. Manchmal war der Lehm dort flacher, man konnte besser ausschreiten. Immer wieder mußte ich mich an den seitlichen Bäumen abstützen.

Wie schnell ich auch ging – von Zero war nichts zu sehen. Ich kreuzte einen Bach, ich folgte einem zweiten Gewässer mal durchs Wasser, mal am Ufer. Zero hatte recht. Der Weg war deutlich. Es gab keinen anderen. Ich konnte Zero nicht verfehlen.

Was es jedoch manchmal gab, waren idyllische und helle Rastplätze. Wäre ich Zero gewesen, hätte ich die Etappen viel kürzer gewählt, hätte ich hier mein Gepäck abgestellt, um dann Christina zu holen. Sicher wollte er aber durchziehen bis ins Ziel-Camp, das Gepäck in Sicherheit lassen und dann zurückkommen.

Nach dreißig Minuten wurde mir das zu blöd. Wenn ich ebenfalls wie ein Irrer bis in jenes ferne Camp jagte, schaffte ich es womöglich nicht mehr zurück zu Christina und abermals hin ins Camp. In solch unbekannter Gegend fand ich's besser, dichter zusammenzubleiben. Vor allem schien mir Christina gefährdet, weil sie allein war.

Mir wurde das nicht nur zu blöd. Mir wurde mulmig zumute. Irgendwas stimmte hier nicht. So wie ich Zero eingeschätzt hatte, wäre er längst zurückgekehrt. Hatte ich mich etwa in ihm getäuscht? Oder hatte ich mich verlaufen? Aber das war ja nicht möglich. Es gab doch nur diesen Weg.

Ich versteckte meinen wasserdichten Kanister-Rucksack unter Laub und hastete zurück. Es war sechzehn Uhr, um achtzehn Uhr würde es dunkel. Die Befürchtungen ließen jede Müdigkeit verklingen. Ich raste in meinen eigenen Spuren zurück.

Wo war denn bloß Christina? Auch wenn sie nur langsam gegangen war, mußte sie mir doch längst begegnet sein. »Scheiße, verdammte«, fluchte ich.

Der Schweiß floß in Bächen. Er störte mich nicht. Ich war so dreckig, daß es egal war. Und überall gab es Bachwasser für eine Blitzdusche.

Ich rief nach Christina. Keine Antwort. Bald müßte ich wieder an der Piste sein. Zwanzig Minuten war ich nun schon auf dem Rückweg.

Und dann saß sie da.

»Hast du mich nicht rufen gehört?« fragte ich sie. Ich war ein bißchen sauer, denn ich hatte mir Sorgen gemacht, mich halbtot gehetzt, und sie saß hier und ruhte sich aus.

»Was ist los? Kannst du nicht mehr?« wollte ich wissen.

»Ich dachte, ihr kämt beide nicht mehr zurück. Da wollte ich lieber zur hellen Piste umkehren. Hier wurde es mir zu unheimlich.«

»Komm, ich stütze dich und trage dein Gepäck«, schlug ich vor und erzählte ihr, daß ich Zero nicht mehr gesehen hatte.

Sie schaute mich an und meinte: »Das habe ich gewußt. Schau mal dort hinter den Baum.«

Ich dachte, mich streift ein Propeller. Da stand, mit zwei grünen Zweigen hastig und schlampig kaschiert, Zeros Rucksack! Aber ohne unser Gepäckteil. Nur seine Kiepe mit der Hängematte und einem Topf. Einen Reim konnte ich mir aus der Situation nicht machen. Nur mein komisches Gefühl nahm zu.

»Wir sind auf dem falschen Weg«, klärte mich Christina auf.

»Wieso das? Es gibt doch nur diesen einen.«

»Eben nicht. Ich war auch schon zwei Kilometer weiter, bevor ich umkehrte. Und da vorne, hundert Meter von hier, gabelt sich der Weg. Auf dem Hinweg haben wir die Gabelung nicht bemerkt, weil sie im spitzen Winkel nach rechts rückwärts führte und der Weg an der Stelle sehr schmal war. Außerdem haben wir immer nach vorn geschaut. Aber auf dem Rückweg haben wir beide dann die falsche Gabelung gewählt.«

Ich glaubte das nicht. Aber es stimmte. Die Gabelung hatte ich eben passiert. Ich hatte nur kurz gezögert und mich dann für diesen Weg entschieden. Er war der breitere von beiden.

»Woher willst du wissen, daß dies der falsche ist?«

»Geh mal hundert Meter weiter. Dann merkst du es.«

Ich tat es. Und tatsächlich. Dort war eine eindeutige Stelle, die wir auf dem Hinweg garantiert nicht passiert hatten. Über einem Bach verlief ein Steg aus drei Baumstämmen.

An genau dieser Stelle hatte auch Christina den Irrtum bemerkt. Und als sie zurückging zur Gabelung, hatte sie die Kiepe Zeros gesehen. Sie hatte ein ganz auffälliges Erkennungszeichen. Der Tragegurt war nicht aus Liane gemacht, sondern ein orangefarbener Streifen Plastik. Und nur durch ihn war ihr – und nun mir – das Versteck überhaupt aufgefallen.

»Er hat unser Gepäck abgebunden und ist über alle Berge. Es sieht so aus, als führe dieser Weg direkt und ohne Umweg über die Piste zurück ins Camp. Rüdiger, wir sind beklaut worden. Das heißt: Meine Kamera ist weg. Und natürlich wird er inzwischen das gesamte Depot ausgeräumt haben.«

Ganz langsam wurde ich schlauer.

»Und weißt du noch was? Der hat dem Come gente gar nichts von dem Geld gegeben. Das hat er auch noch kassiert.«

Wut und Ohnmacht paarten sich. Wir waren der Willkür völlig ausgeliefert. Um so mehr, als Christina nicht hundertprozentig einsatzfähig war.

»Wagst du es, hier sitzenzubleiben?« fragte ich sie. »Ich laufe zurück zu meinem Kanister. Jetzt fehlte nur noch, daß wir beobachtet worden sind und der auch futsch ist.«

Christina ließ mich laufen. Wir mußten retten, was zu retten war.

Ich raste ohne Rücksicht auf alles und erreichte das Versteck in Rekordzeit. Der Rucksack war weg! Plötzlich kriegte ich weiche

Knie. Irgendwo waren also Goldsucher versteckt. Sie hatten uns voll unter Kontrolle. Alle Schritte hatten sie beobachtet. Also wurde auch Christina beobachtet.

Zum erstenmal nahm ich meinen Revolver in die Hand. Was war, wenn sie inzwischen Christina auch unser allerletztes Bündel mit Gewalt abgenommen hätten? Kehrtwendung und zurück. Zum Jammern war später noch genug Zeit. »Ich Oberarschloch«, zeterte ich mit mir. »Fall bloß nicht noch hin und brich dir die Knochen.« Gerade war ich zwei Meter eine Böschung runtergerutscht, weil ich mich mit der Revolver-Hand nicht hatte festhalten können. Um Haaresbreite hätte ich ihn fallen lassen müssen. Dann hätte er nun einen Lehmmantel, wie unsere Füße.

Christina saß dort, wie ich sie verlassen hatte. Beiderseitiges Aufatmen. Stilles Umarmen.

»Es war eine Horrorzeit«, gestand sie. »Ich dachte, das sei das Ende.«

Die Ruhe, die Dunkelheit und das Gefühl, trotzdem umringt zu sein, rüttelten an den Nerven. Es tat gut, sich wiederzuhaben.

Mit welcher Frau konnte man solche irren Dinger abziehen? Viele kenne ich nicht von dieser Kategorie.

Jetzt erst fiel mir auf, daß sie ebenfalls ohne Gepäck war.

»Wo ist denn deins?«

Erstmals überflog seit heute mittag ein Lächeln ihr Gesicht.

»Das habe ich da vorne versteckt.«

Ich holte den bescheidenen Rest unserer Habe, wir gingen zurück an die Gabelung und dann schnurstracks zur Piste.

Das Licht und die offene Fläche der Landebahn ließen uns laut aufatmen. Wir fühlten uns irgendwie gerettet. An unser Leben wollten sie ganz bestimmt nicht. Das stand für uns fest, weil sie es dann sicher längst aus dem Hinterhalt oder Auge in Auge erfolgreich versucht hätten.

Christina setzte sich erschöpft auf eine der drei kleinen Gras-

Inseln am Kopfende der Piste. Dort, wo wir vorhin in den Wald eingebogen waren.

»Ich traue mich kaum runter zum Depot«, sagte ich. Denn mir war klar, daß ich da allein hin mußte. Christina hatte sich im Gras ausgestreckt. Sie war fiebrig heiß und schlapp.

»Bring mir Wasser mit. Ich muß die nächsten Tabletten nehmen«, bat sie.

Ich ging los, den Revolver schußbereit.

Aber es blieb mucksmäuschenstill. Nicht mal die Vögel oder Frösche gaben Laut. Wahrscheinlich hatten sie auch Angst, oder sie steckten mit den Goldsuchern unter einer Decke. Oder mit uns. Dann sollte uns ihr Schweigen warnen.

Das Depot war leer. Ratzekahl. Selbst mein Strohhut, den ich im Abmarsch einfach in ein Gebüsch gesegelt hatte – alles, alles war weg. Kein einziges Reiskorn war übriggeblieben.

»Das war nicht Zero allein. Ich vermute, daß Come gente und die Träger von heute morgen alle mitgemacht haben. Das Ding war sauber eingefädelt.«

Christina sah das auch so. Trotz ihrer halbgeschlossenen Augen.

»Da bleibt uns nur noch der Rückflug.«

Gut, daß wir wenigstens diese Hoffnung im Moment noch hatten und nicht ahnten, daß uns selbst das nicht mehr vergönnt sein sollte.

Allein im Wald

Dreimal kreiste die kleine orange-weiße Cessna dicht über uns. Wir konnten deutlich den Piloten erkennen. Er blickte zu uns herunter.

Ich winkte mit dem Hemd. Er sollte landen. Wir wollten hier weg. Selbst Christina, die matt in der Hängematte neben der Piste lag, wurde lebendig und betätigte sich an dieser gymnastischen Übung. Die Hoffnung, in eineinhalb Stunden in Boa Vista in Sicherheit zu sein, verlieh uns ungeahnte Kräfte, schien uns zu schön, um wahr zu sein.

Nach dem dritten Überflug entfernte sich der Motorenlärm. Der Pilot war nicht gelandet. Er war einfach weitergeflogen.

»Ich begreife das nicht. Er hat doch ganz einwandfrei Ausschau gehalten nach rückkehrwilligen Männern. Und er hat uns gesehen, genau wie wir ihn gesehen haben.«

Ich fluchte.

Christina war noch verzweifelter. Für sie bedeutete Boa Vista das Ende ihrer Malaria. Zwar hatte sie ihre Lariam-Tabletten. Aber sie litt noch deutlich an den Nachwirkungen. Sie fühlte sich hundeelend und schlapp. Weitere Malariatabletten besaßen wir nicht. Die Mengen von Cloroquina und Primaquina, genug für fünfzig (!) Behandlungen, Geschenke für die Goldsucher, befanden sich im geraubten Gepäck.

»Es nutzt nichts, den Tabletten hinterherzutrauern. Sie waren ja sowieso als Geschenk für Goldsucher und Yanomami gedacht. Nun haben sie sie.«

Christina wagte tatsächlich ein erstes Witzchen, für mich ein Anzeichen der Besserung, auch wenn sie da so matt in der Hängematte pendelte.

»Es ist nun die vierte Maschine in drei Tagen. Irgendwas stimmt da nicht.«

Im Hinterkopf ahnten wir den Grund. Irgendwann sprachen wir ihn laut aus.

»Ist doch klar – wir kennen das Geheimzeichen der Piste nicht.«

Weil wir mit unserem Piloten ein festes Rückkehr-Date vereinbart hatten, hatten wir ihn nicht nach diesem Zeichen gefragt. Wir wollten kein unnötiges Mißtrauen erregen. Schließlich waren und blieben wir für sie Gringos, und die Zeichen galten als oberstes Goldsucher-Geheimnis.

Weitere Maschinen kamen nicht. Auch Goldsucher mieden unseren Aufenthaltsort. Nicht einmal Tiere waren zu sehen. Chico Mineiro lag da wie ausgestorben, als gehöre jeglicher Goldspuk der Vergangenheit an, als herrsche Frieden, als befänden wir uns auf einem anderen Planeten nur mit Pflanzen. Alle schienen sich gegen uns verbündet zu haben.

»Bestimmt haben sich die Piloten abgesprochen und meiden uns, weil sie uns für Schnüffler halten.« Zum x-ten Male sagten wir das inzwischen.

»Aber dann wird es doch auch unserem Piloten zu Ohren gekommen sein. Und Altino Machado inzwischen ganz bestimmt auch. Dann könnten sie die Verwechslung klären und uns rausholen.«

Die Piloten und Altino dachten darüber wohl anders, denn Tatsache blieb, daß niemand kam.

»Was hältst du davon, wenn wir zurück*marschieren*?«

Im Hinblick auf Christinas Kondition wagte ich den Vorschlag kaum auszusprechen. Sie würde alles allein gehen müssen. Ich würde sie niemals die ganze Strecke tragen können. Allenfalls kilometerweise.

»Ich bin dafür«, erwiderte sie zu meiner Überraschung. »Hier fühle ich mich irgendwie umzingelt und beobachtet. Die künstliche Ruhe ist mir unheimlich. Je eher, desto besser.«

Unser Vorteil lag im wenigen Gepäck. Unser Nachteil in den fehlenden Lebensmitteln. Sechs Tage lagen wir auf Chico Mineiro und hatten nichts gegessen außer Cajú-Früchten, die ein riesiger Baum unweit der Piste täglich abwarf. Alle paar Stunden konnte man hin und neues Fallobst aufsammeln. Die pflaumengroßen gelben und süßsauren Früchte belebten uns spürbar, und mit Wasser zu Saft zerdrückt, wirkten sie bei Christina wie Balsam auf ihren spröden, fiebrigen Lippen.

»Morgen früh warten wir noch ab. Wenn um halb neun keine Maschine da war, brechen wir auf. Punkt halb neun.«

Gesagt, getan. Schon längst vorher war unser Bündel geschnürt. Ob eine Maschine kam oder nicht. In beiden Fällen mußten wir reisefertig sein.

Um acht Uhr einunddreißig verließen wir die Piste Chico Mineiro. An ihrem talwärts gelegenen Ende folgten wir links einem Weg. Wir wußten nur sehr grob, wo sich diese Piste befand. Wir wußten nur, sie lag unweit des Rio Parima.

Um zum Rio Parima zu gelangen, hielten wir uns an die Faustregel: »Immer bergab und den Bächen folgen.« Und so einen Bach gab es schon nach wenigen Minuten.

Sein Wasser war sauber und flach, das Sandbett fest und begehbar. Gleichzeitig konnte man sich ständig erfrischen.

Es gab sogar winzige Fischlein. Nicht größer als Stichlinge, aber immerhin. Notfalls würden wir sie schon herausfischen, denn Angelhaken, auch Winzlinge, besaßen wir noch im Überlebensgürtel. Zu unserem sonstigen Besitz zählten der Revolver, ein Haumesser, eine Taschenlampe, ein Feuerzeug, Schmerztabletten und Captagon, ein Psychotonikum. Und natürlich der Aluminiumrucksack und das Schlafset, bestehend aus Regendach, Hängematten und leichtem Schlafsack.

Viel war das nicht, aber für einen Notfall geradezu luxuriös.

Und wir waren guter Dinge, denn es ging weiter.

»Wir müssen uns immer wieder einreden, daß jeder Schritt ein Schritt nach Hause ist.« Ich Klugschnacker.

Die Angst verlieh uns neue Kräfte. Auch der hügelige Weg vermochte uns nicht zu bremsen.

Einen Tag waren wir unterwegs. Da hörten wir es hämmern. Wir verbargen uns hinter einem Baum und ermittelten die Ursache. Bis wir sie erspäht hatten. Es war wirklich nur eine einzelne Person. Um ihn nicht mit unserem Erscheinen zu erschrecken, pflegten wir das alte Zeremoniell: Stehen bleiben, Klatschen, Rufen: »Hallo!«

Das Hämmern verstummte. Wir riefen erneut »*Bom dia*« und näherten uns.

»Hey, Gringos«, antwortete er, als habe er uns erwartet. Und keineswegs abfällig oder unfreundlich. Eher witzig amüsiert. Und als der Alte auf uns zukam, ohne Waffen, sogar ohne Zähne, wie uns sein Lächeln offenbarte, und mit offenen Händen, da fühlten wir uns sofort geborgen.

Der Mann hatte Ausstrahlung. Ein wenig erinnerte er an Nelson Mandela. Er hatte dessen afrikanisches Aussehen, die grauen Kräuselhaare und die weisen, freundlichen Augen. Allerdings wirkte er zerbrechlicher und älter als der südafrikanische Staatsmann. Er war mager, sein T-Shirt war zerschlissen, die Turnhose flatterte um seinen Unterleib. Sie wirkte, als sei sie von seinem großen Bruder und er müsse sie auftragen.

Das ältere Aussehen war zum Teil die Folge fehlender Zähne. Seine Mundpartie war eingefallen und faltig.

Aber all das glich Hosano, wie er sich vorstellte, durch seine freundliche Art aus. Sein Charme, seine Wendigkeit ließen ihn jung und drahtig wirken. Auf den ersten Blick sah man, daß er nichts besaß außer dem Hammer, den wir von weitem gehört hatten, und einen Rest vom *terçado*, einem Haumesser-Stummel. Dazu einen verbeulten Topf, ein Stück Plastikdach und die Hängematte.

Mit dem Haumesser schlug er uns ein Stück Waldboden sauber, befreite es von jungen Baumtrieben.

»Hier könnt ihr eure Hängematte spannen. Ich mache derweil einen Kaffee.«

Er besaß doch nicht nur den Hammer, sondern tatsächlich sogar Kaffee. Und den wollte der arme Teufel nun mit uns teilen! Ich war mir sicher, daß ich an seiner Stelle das nicht getan hätte. Ich hätte die spärlichen Bohnen gut versteckt und selbst genossen.

Es waren tatsächlich nicht viele Bohnen. Weniger als eine Ölsardinendose voll. Und so wurde es einer der dünnsten Kaffees meiner sechzigjährigen Laufbahn. Aber hier zählte nicht die Konsistenz. Hier zählte einzig die Geste.

Hosano kannte uns natürlich schon vom Hörensagen. Er wußte von dem Überfall auf unser Gepäck, aber er wußte nicht, daß wir noch immer im Wald waren. Wahrscheinlich war das das einzig Neue, das wir ihm bieten konnten. Sonst machte ihm im Wald niemand etwas vor. Hosano war ein Teil des Waldes, er war ein Regenwald-Urgestein.

Zum Goldsuchen war Hosano längst zu alt. Er fristete sein Dasein mit Hilfsarbeiten. Er deckte den Goldsuchern die Hütten nach Siedlerart mit Palmblättern, reparierte Motoren und transportierte leichtere Lasten. Dafür erhielt er Bohnen und Reis, manchmal einen Krümel Gold, aber reich war er nie. Mit Fisch und Wild konnte er seinen Reis zu gehaltvolleren Mahlzeiten aufpäppeln. Hosano war ein sehr guter Jäger.

»Wenn die anderen sagen, es gibt hier kein Wild mehr, wird es für mich erst interessant. Dann kann ich mein ganzes Wissen aktivieren und ihnen das Gegenteil beweisen.«

Diesen Triumph brauchte er als Ausgleich für die geschwundenen Kräfte. Sein Erfolg machte ihn stark. Und seine Gegenwart machte auch uns stark.

Es hatte hier noch fünf ganz einfache Hütten gegeben. Aber jetzt waren sie eingerissen und niedergebrannt.

»Was war denn hier los?« erkundigte sich Christina und zeigte auf die schwarzen Holzkohle-Pfähle und das wirre Durcheinander.

»Das war die Polícia Federal. Sie hat alles zusammengeschlagen und angesteckt. Sämtliche Töpfe haben sie durchlöchert und unbrauchbar gemacht. Sie waren wütend, weil sie niemanden angetroffen haben und dadurch nicht zu ihrem Gold gekommen sind. Das ist aber schon vier Monate her.«

Nach der Zerstörung des Dörfchens hatten sich die Goldsucher tiefer in den Wald zurückgezogen. Hosano hatte geholfen, ihnen neue Hütten zu bauen. Er selbst hatte es aber vorgezogen, am Fluß zu bleiben.

»Ich will zurück in die Stadt. Ich leide unter Flußblindheit.

Die muß ich mir am Orinoco aufgefangen haben. Es wird immer schlimmer. Wenn ich nichts dagegen tue, kann ich irgendwann gar nichts mehr sehen. Schon jetzt mache ich vieles nur aus Erfahrung und nach Gefühl.«

»Wir müssen auch zurück«, griffen wir das Thema auf. »Stimmt es, daß du ein Boot bauen und damit zurückkehren willst?«

Hosano schmunzelte.

»Boot ist übertrieben. Ich wollte mir ein Floß bauen. Da unten liegt es.«

Es war ein solides Gebälk. Sechs Baumstämme von vier Metern Länge und so dick, daß man sie gerade noch umfassen konnte. Die zwei dicksten Stämme lagen außen. Er hatte an deren Enden eine tiefe Kerbe ins Holz geschlagen. Dann hatte er zwei schlankere, aber stabile Querstämme in den gegenüberliegenden Kerben verkeilt und alle Baumstämme mit starken Lianen an den Querhölzern aufgehängt und festgezurrt. Weil die Kerben tief waren und die zwei Querlöcher sie exakt ausfüllten, konnte sich das Fahrzeug auch nicht diagonal zu einer Raute verschieben. Es war eine solide Zimmermannsarbeit.

Wir hüpften natürlich gleich auf das Floß, um die Tragfähigkeit zu testen. Es ließ sich kaum erschüttern. Wir machten Freudensprünge, daß das Wasser spritzte und sahen uns schon in rasanter Fahrt den Strom bis ganz nach Boa Vista hinuntertreiben.

Der Gedanke, zu dritt die Heimreise anzutreten, löste auch in Hosano Freude und neue Aktivität aus. Im Handumdrehen versah er das schwimmende Etwas innerhalb eines Tages noch mit einem Dach aus Palmwedeln gegen die Sonne, einem Podest für die Ausrüstung gegen das Wasser von unten und mit Sitzklötzen für die beiden Steuerleute sowie zwei abgeflachten Balken als Ruder. Christina ergänzte die Einrichtung mit einer Galionsfigur aus Urwaldpflanzen. Dann ging es los.

So glatt, wie wir es uns erträumt hatten, verlief die Fahrt nicht. Aussteigen, das Floß auseinanderbauen, die Stämme allein durch wilde Passagen talwärts stürzen lassen, sie einfangen und erneut zusammenbauen – viele Tage ging das so.

»Bestimmt wären wir zu Fuß schon weiter«, stöhnte Christina. Aber dann hätten wir sie meist tragen müssen. Die Malaria hatte sie zur Passivität verdammt.

Wieder mußte das Floß zerlegt werden. »Das lohnt nicht mehr. Von hier ist es nicht weit bis zu Dona Helena«, entschied Hosano. »Die kurze Strecke können wir Christina tragen.«

Dona Helena. Oft schon hatten wir von dieser Frau gehört. Sie betrieb mitten im Wald ein »Hotel« mit Restaurant. Ihre Kunden waren ausschließlich Goldsucher. Sie war der erste Siedlerposten am Rio Uraricoera. Wir luden Christina in eine Hängematte und trugen sie am Balken auf unseren Schultern bis zum »Fünf-Sterne-Restaurant« der Wunderfrau.

Bananenbäume im Überfluß, Hühnergegacker aus zweihundert Kehlen, Musik aus dem Transistor, Hundegebell und – Dona Helena – das war der erste geballte Eindruck von diesem Vorposten aus unserer Welt.

Wir hatten uns Dona Helena oft in Gedanken ausgemalt. Zustandegekommen war immer eine wohlbeleibte, kräftige fünfzigjährige Frau, wohl freundlich, aber auch resolut, der Typ einer guten Köchin.

Um so erstaunter waren wir, als sie sich als ausgesprochen attraktive junge Frau entpuppte. Schlank, hochgewachsen, ein wenig afrikanisches Blut in den Adern. Achtundzwanzig Jahre jung, behende, mit Minirock und von strahlender Herzlichkeit – so kam sie uns entgegen. Ihren Revolver ruckte sie kurz am Gürtel zur Seite, nach dort, wo er hingehörte, und hieß uns willkommen. Als sie Christinas Zustand erkannte, richtete sie ihr sofort einen schattig-luftigen Platz in einem der fünf »Gästehäuser« ein, die um den geräumigen Platz herum errichtet waren. Ob auf diesem Platz oder in den Häusern – überall wimmelte es von geschäftigen Hühnern. Händeweise streute sie Mais unter das Federvieh und zeigte uns stolz ihre dreißig Kartons, in denen jeweils eine Henne zehn neue Hühner erbrütete.

Außer den Hunden liefen ständig auch drei Mutum zwischen ihren Beinen herum. Bis sie schließlich ins Restaurant ging und die Tiere zurückscheuchte. Sie schloß die halbhohe Tür und schickte sich an, unter Ausschluß der Öffentlichkeit unser Essen zu bereiten.

Zwanzig Minuten später war es fertig. Wir waren völlig überwältigt. Suppe, Reis, Bohnen, Fleisch, Huhn, Spiegeleier, Brot, Pudding, Kuchen, Kaffee und Saft – das war nicht mehr zu überbieten. Das war perfekt.

»Normalerweise kostet das eineinhalb Gramm«, lächelte sie, »aber für euch ist das umsonst.«

Womit wir das verdient hatten, wurde uns nie klar. Wahrscheinlich war es Christinas jämmerlicher Zustand. Und ausgerechnet sie konnte die Leckereien am wenigsten genießen. Für sie hatte Dona Helena Papaya-Mus bereitet. Genau das Richtige in diesem Falle.

Das Erstaunliche war, daß diese Frau hier ohne Freund oder Mann wohnte. Nur gegen Abend kam ein alter Diamantenschürfer und täuschte einen gewissen Schutz vor. Er aß und schlief dort, und morgens verschwand er wieder im Wald.

»Ich weiß mir selbst zu helfen«, lächelte sie überlegen. »Und weil ich für alle Goldsucher hier das wichtigste Nachschublager bin, stehe ich eigentlich unter dem Schutz aller. Jedenfalls hatte ich hier noch nie Probleme.«

Und freizügig zeigte sie uns nicht nur ihre mit sechs Schuß geladene Pumpflinte hinter der Tür des Schlafzimmers, sondern auch die zehn Diamanten und ein Kilo Gold in einem Versteck. Allein dieser Schatz war nach unserem Empfinden die reinste Aufforderung zum Mord für Typen wie unser Come gente.

»Das zeige ich sonst niemandem. Es wird auch höchste Zeit,

daß ich das wieder nach Boa Vista in Sicherheit bringe. In zwei Tagen will ich runterfahren. Wenn ihr wollt, nehme ich euch mit.« Die Zivilisation hatte uns wieder.

Erneut ausgeraubt

Zurück in Boa Vista, waren wir nur von einem einzigen Gedanken beseelt: Wir wollten schnellstmöglich zurück in den Wald. Hatten wir an der Piste Chico Mineiro kein Glück gehabt, hätten wir es vielleicht woanders. Mit Hilfe eines deutsch sprechenden Belgiers hatten wir tatsächlich einen anderen Piloten gefunden, der uns hineinbringen wollte. Zwar zu völlig überhöhtem Preis, aber am Geld sollte es nicht scheitern. Wichtig war, hineinzukommen.

Die staatliche und viele der privaten Pisten der Großgrundbesitzer wurden zu dem Zeitpunkt von der Polícia Federal überwacht und Flugzeuge beschlagnahmt, sobald sie in dem Verdacht standen, ins Yanomami-Land zu fliegen.

Eines Morgens früh, noch in der Dunkelheit, wurden wir an einer Straßenkreuzung in der Nähe unseres Hotels auf ein Auto geladen und aus der Stadt gebracht. Niemand war zu der Zeit auf der Straße. Keine Zeugen. Wir würden achtzig Kilometer weit aufs Land fahren, und dort, auf einer einsamen Landstraße, sollte die Maschine landen.

Wir hatten den Männern erzählt, einen Film über das harte Los der Goldsucher drehen zu wollen. Unser »Hauptdarsteller« war ein einfacher junger Mann. Wir hatten ihn auf der Straße kennen gelernt. Er wollte tatsächlich in die Goldgruben, war achtzehn Jahre jung, hieß Salsicha, zu deutsch »Wurst«. Der Film sollte seinen chancenlosen Überlebenskampf in den Elendsvierteln zeigen und seine Hoffnung, mit der Arbeit im Gold seinem Leben eine positive Wende zu geben. Und dort sollte er erfahren, daß der Überlebenskampf im Wald ähnlich

hart wäre. Es sollte ein Film nach dem Herzen der Mafiabosse werden, die gerne verlautbarten, daß sie Arbeitslosen gesicherte Arbeitsplätze anzubieten hätten. In Wirklichkeit war das unser Vorwand. Einmal vor Ort im Wald hofften wir, nebenher die Begegnungen mit den Indianern dokumentieren zu können.

Der Fahrer hieß Antônio. Er sprach kein Wort. Nicht einmal *bom dia*. Er bedeutete uns bei laufendem Motor mit hektischen Gesten, unser Gepäck ruckzuck auf die Ladefläche des kleinen *Fiorino*-Pickups zu werfen. Dann ging es ab. Hinaus aus der Stadt. Ich stand auf der Ladefläche. Christina und Salsicha nahmen vorne Platz.

»Guck mal, da steht ein Auto mit drei Männern«, sagte Salsicha in diesem Moment zu Antônio. Antônio war aber schon vorbeigerast und sagte: »Hab ich nicht gesehen.« Und dann, nachdenklicher und um sich blickend: »Komisch, hier wollte doch Alexandre warten.«

Ich konnte wegen des Staubes nichts von dem Auto sehen.

Nach etwa fünfzehn Kilometern plötzlich eine Bremsung. Neben uns Alexandre auf seiner Honda. Auf dem Sozius ein weißgekleideter korpulenter Japaner. Als der uns sah, waren seine ersten Worte. »Das sind ja Gringos! Das hast du mir nicht gesagt.«

Alexandre: »Die sind okay. Mach dir keine Sorgen, Japão.«

»Wenn ich gewußt hätte, daß es Gringos sind, hätte ich sie nicht mitgenommen.« Japão blieb unversöhnlich.

Alexandre zu uns: »Abladen! Ihr fliegt mit Japão. Die Maschine kommt jeden Moment.«

Japão lief auf die andere Straßenseite. Alle waren ungewöhnlich aufgeregt. Sowohl Alexandre als auch Japão hatten ein Telefon in der Hand. Japão erklomm den Hügel gegenüber, warf sich in Deckung und sprach telefonisch mit seinem Piloten Branquinho.

Wir verstanden die Aufregung nicht ganz. Denn bisher war

uns noch kein Auto begegnet. Es war alles einsam und verlassen. Was sollte also der Wirbel?

»Falls Polizei kommt, sagt, ihr wollt nach Paredão«, raunte uns Alexandre zu und wahrte beharrlich seinen Augen-Erde-Kontakt. Auch er war auffallend aufgeregt.

Antônio hatte gewendet und sauste zurück nach Boa Vista. Mit der Lichthupe gab er zwei lange Lichtsignale. Für wen, weiß der Hund. Vielleicht war er versehentlich an den Schalter gekommen. Irgendwie, wegen des Durcheinanders und der Aufgeregtheit der beiden Bosse, erinnerte mich die Situation an Filmszenen, in denen Drogenhändler ihre Ware verladen.

»Stellt euer Gepäck weiter zurück an den Hang«, befahl Alexandre. »Sonst weht das Flugzeug alles beiseite.«

Aus der Ferne schwebte unsere Maschine heran. Salsicha hatte sie zuerst gesehen.

Und dann ging alles drüber und drunter. Da brauste der kleine Fiorino heran. Aus beiden Fenstern des Führerhauses wurde wie wild in die Luft geschossen. Ich hielt das für ein Signal für das Flugzeug.

Als ich aber in eben dieser Sekunde den Japaner mit unglaublicher Behendigkeit seine zwei Zentner Lebendgewicht über eine Wiese auf den Wald zustürzen sah und Alexandre Baiano seiner Honda die Sporen gab, war mir klar, daß der rote Fiorino nicht zu unserem Team gehörte. Das Flugzeug machte vor Schreck fast einen Looping und drehte sofort ab.

Die drei Insassen, einer trug die Schirmmütze der Polícia Federal, sausten weiter, hinter Alexandre her. Dann vollführten sie eine filmreife Schleuder-Wende und kamen zurück.

»Polícia, Hände hoch!«

Zwei der Männer waren hinausgesprungen. Der dritte blieb am Steuer und schoß weiter in die Luft. Den Befehl hätten sie sich ersparen können. Wir hatten uns alle drei sofort auf die Erde geworfen, damit es keine Mißverständnisse gäbe, alle vier Gliedmaßen weit von uns gestreckt.

Die Schüsse hörten auf, das wilde Geschrei nahm zu. Wir wurden nach Waffen abgetastet. Aber wir waren unbewaffnet. Unsere Revolver waren noch im Gepäck. Wir hatten sie hier noch nicht gebraucht, weil wir uns unter Alexandres Fürsorge zu befinden glaubten. Gaunerehre. Mein Minirevolver steckte unentdeckt hinter der Gürtelschnalle. Gegen die drei aufgeregten schußbereiten Gestalten hätte ich damit nur eine Verschlechterung unserer Lage erreicht, nie etwas gegen sie ausrichten können.

»Aufstehen! Aufladen! Und zwar dalli!«

Da durften wir dann tatsächlich unsere detailliert zusammengestellte Ausrüstung, in der jede Nähnadel ihre Berechtigung hatte, diesen Schreihälsen übereignen.

»Geld her!« war der nächste Befehl.

Antrainiert reagiere ich bei solchen Verlangen immer damit, sofort etwas rauszurücken. Ich gab ihnen meine fünfzig Reais, die ich bei mir hatte, etwa fünfzig Dollar.

»Mehr. Das Geld für den Flug!«

Bei diesem Satz war mir klar, daß sie bestens über uns informiert waren. Im Gegensatz zu uns wußten sie alles: Startort, Startzeit und wieviel Geld.

Einer tastete meine Taschen ab. Ich hatte tatsächlich nichts mehr. Die zweite Rate, tausend Reais, trug Christina in einer Geheimtasche am Körper.

Sie wurde ebenfalls visitiert, das Geld aber nicht entdeckt. Die Männer wurden zornig. Einer schoß in die Erde.

»Rückt die tausend Reais raus. Wir wissen, daß ihr sie bei euch habt.«

Um ihren Zorn nicht überzustrapazieren, fiel mir ein gutes Argument ein: »Wenn ihr das Fluggeld meint, das haben wir doch gerade Alexandre gegeben, als das Flugzeug kam.«

Das war glaubwürdig. Das war normal. Die drei Pseudopolizisten sahen sich an und tuschelten. Und Christina bot an, erneut ihre Taschen durchsuchen zu lassen. Ich ebenfalls. Sie schienen das zu glauben.

Einer checkte noch einmal äußerlich unser Gepäck und entschied: »Aluminiumkoffer ausschütten. Der bleibt hier.« Er war ihnen ein zu auffälliges Diebesgut, zu leicht zu identifizieren.

Ich kam der Aufforderung nach und schüttete alles auf die Ladefläche. Da entdeckten sie auch meinen 38er-Revolver. Einer der Männer steckte ihn sich freudestrahlend in den Hosenbund. Alle sprangen ins kleine Führerhäuschen. Diese Sekunde nutzte Christina und warf eine ihrer beiden TV-Kameras mit der Geschwindigkeit eines Magiers unters Auto.

Als sie davonrasten, blieben uns diese Kamera und der Alukoffer in der Staubwolke erhalten.

Salsicha hatte es sich während der ganzen Zeit bequem gemacht. Er lag immer noch gottergeben auf dem Bauch.

Christina war außer sich. Wie eine Furie geiferte sie ihn an: »Bravo, Würstchen! Das habt ihr ja fein eingefädelt. Gratuliere. Gut getimt, alles bestens. Wieviel kriegst du Drecksack dafür?«

Salsicha gab sich völlig überrascht, aber gelassen. Er klopfte sich den Staub aus der Hose und tat so, als sei das für ihn etwas ganz Alltägliches. Das brachte Christina noch mehr in Rage.

»Du willst doch nicht bestreiten, daß das ein Komplott war! Das war hundert Prozent gut organisiert. Und du gehörst dazu. Keinen Piep hast du von dir gegeben, dein Morgennickerchen hast du gemacht, und sie haben dich gar nicht durchsucht. Du weißt genau, daß du deine Sachen nachher wiederkriegst. Jetzt weiß ich endlich, warum sie dich ›Würstchen‹ nennen. Das ist ja noch geradezu ein Kompliment. Laß dich umtaufen in ›Nada‹, in ›Nichts‹ – das paßt viel besser zu dir. Würstchen ist ja geradezu ein Kompliment.«

Voller Verachtung wandte sie sich ab. Fast mit Tränen der Wut in den Augen staubte sie die wasserdichte Hülle ihrer Kamera ab.

»Siebentausend Mark gerettet«, rechnete sie. Aber ein Lächeln brachte das trotzdem nicht zustande. Ich konnte mich über solche Zwischenfälle zwar nicht mehr so erregen wie sie – aber Faktum war, die Reise war beendet.

Während wir in der zunehmenden Hitze Richtung Boa Vista zurückgingen, machten wir Bilanz. Nur vier Leute blieben übrig, die von diesem Start gewußt hatten: der Japaner, sein Pilot Branquinho, der Fahrer und Alexandre selbst.

Salsicha, nun bei vollem Morgenlicht betrachtet, schied aus. Er war ein zu unbedeutendes Rädchen in diesem Getriebe und er hatte – und das schien uns entscheidend – auf den roten Fiorino hingewiesen, als er ihn an der Kreuzung erblickte. Das hätte er nicht getan, wenn er von allem gewußt hätte.

Den Fahrer konnten wir nicht ganz ausklammern. Womöglich hatte er das Reiseziel tatsächlich erst bei der Abfahrt vor Walters Haus erfahren. Vielleicht hatte er es auch schon gestern abend gewußt. Dann hatte er reichlich Zeit gehabt, alles zu arrangieren. Gegen ihn sprach ferner, daß er den roten Wagen nicht gesehen haben wollte, obwohl er gerade an jener Kreuzung Alexandre erwartet hatte. Das war ungewöhnlich. Denn normalerweise entgeht solchen Ganoven keine Mücke. Und da waren seine ominösen Lichtsignale. Jetzt stand für mich fest, daß er sie absichtlich gegeben hatte.

Japão schied für uns aus. Er hatte den Flug fest geplant. Die Maschine war im Anflug gewesen. Den Aufwand hätte er sich sparen und uns auch ohne Flugzeug das Geld abnehmen können. Für seine Unschuld sprach auch seine Erregung, als er uns Gringos gewahrte und Alexandre diesbezüglich Vorwürfe machte.

»Er hatte das gar nicht nötig«, war auch Christinas Ansicht, »er hätte das Geld und alles ja sowieso bekommen. Das Geld beim Start freiwillig, die Ausrüstung an der Piste mit Gewalt.«

Demzufolge schied auch der Pilot Branquinho aus.

Hauptverdächtiger blieb letztlich Alexandre. Er wußte von allen am besten Bescheid. Und plötzlich hatten wir auch sein Motiv.

Wir wußten, daß er in großer Geldnot war. Das hatte uns der Vermittler verraten.

»Wären wir mit Japão geflogen, wäre die gesamte zweite Rate an den Japaner gegangen. Sie entspricht dem üblichen Flugpreis. So aber konnte Alexandre sich alles allein sichern. Kurz vorm Start, solange wir das Geld noch bei uns am Körper hatten, war es sein Geld. Er mußte nur alles genau timen.« Christina, die Mathematiklehrerin.

Nach neunzig Minuten kam ein fremdes Auto. Es stoppte und brachte uns zurück nach Boa Vista. Wir schnaubten zu Walter, der uns den Flug vermittelt hatte. Und nur zehn Minuten später kamen er, Alexandre und Salsicha!

»Das war eine abgekartete Sache«, fingen wir an. »Einer von euch hat uns verpfiffen.«

Alexandre schaute zu Boden, wie immer, als hoffte er, die Täter dort zu finden.

Er gab zu: »Ja, das stimmt. Ich habe die undichte Stelle noch nicht gefunden. Ich habe versucht, Japão telefonisch zu erreichen. Aber er nimmt nicht ab. Er hält sich noch versteckt.«

Wir nannten ihm unsere Verdächtigen, tadelten seine schlechte Organisation, die mangelnde Absicherung der Straße. Er nickte bestätigend und gab sich richtig verantwortungsbewußt, als er sagte: »Ich fahre jetzt alle Waschanlagen ab. Die Täter lassen bestimmt ihren Wagen vom Staub der Landstraße befreien.«

Und im Wegfahren noch: »Macht euch keine Sorgen. Mindestens kann ich ein neues Flugzeug besorgen.«

»Arschloch«, dachte ich.

Kurz und gut. Alexandre Baino tauchte nie wieder auf. Wir trafen in der Stadt aber auf Antônio, der wortreich das Ausbleiben seines Fahrerlohnes beklagte.

»Habt ihr Alexandre wirklich das Geld vor dem Abflug gegeben? Er hat bisher immer korrekt gezahlt.«

Das wußte er vom »Würstchen«, denn auch ihm gegenüber

hatten wir das so behauptet. Vielleicht gerieten sie sich ja deswegen ernsthaft in die Haare. Bliebe jemand Alexandre etwas schuldig, er würde nicht zögern, Gewalt anzuwenden. Lange war er Leibwächter für den größten aller *empresários*, den *fazendeiro* gleichen Namens gewesen: Alexandre. Mit einer von dessen Maschinen waren wir auch schon mal geflogen. Seine Firma URUAMI lag ungetarnt und unübersehbar zwanzig Kilometer vor den Toren Boa Vistas. Er hatte sechs Maschinen in zwei großen Hallen, verfügte über zwei Pisten, über viele tausend Rinder, eine schöne Villa mit (leerem) Swimmingpool und über eine Funkanlage, um die ihn mancher deutsche Radiosender beneidet hätte. Völlig ungeniert flog er sogar persönlich bis zu drei Einsätze täglich ins Yanomami-Land. Direkt von seiner Farm aus, über die angrenzende Bundesstraße BR 174 hinweg, nach Westen. Ohne Umwege. Alexandre verfügte über beste Kontakte nach überall. Als uns klar wurde, daß wir mit unserem Alexandre Baiano nicht mehr weiterkamen, wurden wir bei Walter vorstellig. Diesmal heftig und eindeutig: »Geld zurück oder Polizei.«

Wir ließen auch keine Zweifel offen, was wir von Walter selbst hielten.

»Du hast uns einen schlechten Mann vermittelt. Wir verlangen auch deine Courtage zurück. Du besitzt nur Arroganz und null Ehrgefühl.«

Da hatten wir ja was gesagt! Walter bebte am ganzen Körper. Er schrie nach seiner attraktiven Frau, die bisher immer nur sein Echo gespielt hatte, und dann ging es ab: »Was glaubt ihr eigentlich, wer ihr seid? Ihr haltet euch wohl für überschlau? Ihr denkt wohl, wir wären blöd? Denkt ihr wirklich, wir wüßten nicht, wer ihr seid? Journalisten seid ihr, und seit Jahren arbeitet ihr hier gegen uns. Jedes Kind kennt euch inzwischen.«

Unter anderen Umständen hätten wir das als Kompliment auffassen können. Doch diesmal bedeutete es Haß pur. Und in dieser Sekunde war uns klar, daß wir in Boa Vista verloren hatten.

»Dann wenden wir uns an die Polizei«, war unser letzter Satz.

Und geradezu hysterisch kreischte Walters hübsches Echo hinterher: »Das könnt ihr gerne machen. Walter kann sogar mitkommen. Er arbeitet nämlich für die Polizei. Jeden Monat kriegt er dafür dreitausendfünfhundert Reais. Ihr werdet euch noch wundern. Mit Leuten wie euch sollte man kurzen Prozeß machen.«

Dafür, daß das ihr erster eigener Satz war, den sie zustande gebracht hatte, war er doch recht beachtlich. Christina zischte zurück: »Oh, du kannst ja sogar selbst sprechen.«

Ich drehte mich nicht mehr um. Ich wollte zur Polizei.

Nun kannte ich die für Ausländer zuständige Dienststelle der Polícia Federal nur zu gut. Schon mehrfach waren wir bei früheren Aufenthalten in diesem Flachbau unweit des Zentrums »zu Gast« gewesen. Alles mögliche hatte man uns andichten wollen: unbefugtes Betreten indianischer Schutzzonen, unbefugtes Betreten militärischer Sperrgebiete, illegale Tätigkeit als Journalist, illegale Tätigkeit als Mediziner. Sogar Drogenhandel argwöhnte man, als man die vielen Stempel im Paß sah und nicht glauben wollte, weshalb ich so oft in Brasilien war.

Frieden für die Yanomami

Durch die zwei Ausraubungen waren wir in Boa Vista jetzt stadtbekannt. Die Kunde davon machte seine Runde. Schneller als der Schall. Eine Publicity, die uns nicht half, sondern nur nachteilig war. Spätestens unser Streit mit Walter und Konsorten hatte das Faß randvoll gefüllt. Es bedurfte nur noch eines einzigen Tropfens, um es überlaufen zu lassen. Selbst der angebliche deutsche Ehrenkonsul und evangelisch-lutherische Pfarrer Ralf Weißenstein täuschte und verriet uns in erbärmlicher Weise. Ein dritter Versuch, in den Wald zu gelangen, wäre zu diesem Zeitpunkt einem Doppelselbstmord gleichgekommen. Wir begaben uns zurück nach Manaus. Gegen das bedrückende Boa Vista wirkte diese Stadt weltoffen. Wir atmeten auf, als wir im Trubel des Menschengewirrs untertauchen konnten.

Wir suchten einen alten Bekannten auf: Padre Flávio, einen Salesianer. Der katholische Salesianer-Orden arbeitet unter anderem im Yanomamigebiet und betreibt dort zwei Missionsstationen. Zwar wollen auch die Salesianer aus Indianern Christen machen, aber verglichen mit der fast radikalen US-Sekte *New Tribes Mission* waren sie geradezu human.

»Natürlich können Sie helfen«, sagte Padre Flávio im Büro der Inspetoria Salesiana in Manaus. Wir hatten ihn gefragt, ob er nicht ein finanziell überschaubares und für uns zwei Normalbürger durchführbares Projekt wisse.

»Häuptling Tomzinho von Ixima (sprich: Ischiima) am oberen Rio Marauiá wünscht sich unbedingt eine Krankenstation und eine Schule. Sie würden ein paar zehntausend Dollar kosten. Entspräche das Ihren Möglichkeiten?«

Spontan sprangen Christina und ich vom Stuhl hoch und sagten auf der Stelle zu.

»Ja. Das ist genau das, was wir am liebsten machen würden. Weil es ohne staatliche Subventionen machbar wäre.«

»Das Teuerste ist der Transport der Baustoffe zum Bauplatz mitten im Wald. Aber viele Dinge finden Sie auch vor Ort: Sand, Steine, Holz. Und genügend Helfer. Die Indianer wollen unbedingt selbst mit Hand anlegen.«

Um meine neuen Freunde im Wald kennenzulernen, nahm ich Flávios Angebot an und begab mich nach Ixima. Ich wollte mich davon überzeugen, ob die Indianer die Station wirklich wollten, wie die Transportwege seien, ob es in der Nähe zuverlässige und baukundige Brasilianer gebe und wie hoch die Kosten seien.

Die *maloca* der Leute von Ixima, Ixima-teri, liegt direkt am Rio Marauiá. Nur ein Bananenfeld trennt die Einwohner vom Wasser. Das hundertfünfzig Meter große Runddorf besteht aus etwa zwanzig »Häusern« und beherbergt hundertfünfundzwanzig Menschen. Dazu kommen Besucher aus Dörfern, die weiter im Inneren liegen. Ixima ist also eine kleine Gemeinde.

Häuptling Tomzinho begrüßte mich wie einen alten Freund. Die Mission hatte ihm schon per Buschtelefon mitgeteilt, daß ich käme, um seine Ideen zu verwirklichen.

»Warum willst du eine Schule und eine medizinische Hilfsstation?« wollte ich natürlich wissen.

»Das ist ganz einfach. Wir wollen Portugiesisch lernen, damit wir mehr Rechte in Brasilien haben. Du weißt ja: Solange wir die Sprache nicht sprechen, gelten wir nach dem Gesetz als Unmündige. Außerdem wollen wir unsere Beschwerden oder Wünsche selbst vortragen. Dolmetscher übersetzen oft falsch. Und die Krankenstation wollen wir, weil wir einfach nicht fertig werden mit den ›weißen‹ Krankheiten.«

Tomzinhos Rede war kurz und schlüssig, die Argumente überzeugend. Damit stand fest, daß wir das Haus bauen würden.

War die Entschlossenheit der Leute von Ixima allein schon überzeugend, so sollte sich noch ein absoluter Höhepunkt ereignen, als völlig unerwartet Ana Ballester vor mir auftauchte. Weder hatte ich vorher von ihr gehört, noch hatte ich sie sofort entdeckt. Sie sah aus wie eine Yanomami-Frau: milchkaffeebraune Haut, dunkle Augen, schwarzes, kräftiges und kurzes Haar – alles genau wie die Yanomami.

Als sie aus der Menschenmenge heraustrat, fiel sie mir allerdings auf. Sie war größer als die Dorffrauen, und sie war schlanker.

Später stellte ich fest, daß sie noch mehr mit den Indianern verband. Nicht nur, daß sie rauchte wie sie. Nein, sie fluchte auch wie sie, hatte Läuse wie sie und sie war besitzlos wie sie. Sie beherrschte ihre Sprache perfekt, liebte sie und wurde wiedergeliebt. Der Häuptling ließ mich gleich wissen, daß er sie am liebsten heiraten würde. Zumindest aber sein Sohn müsse sie später einmal ehelichen.

Der einzige Unterschied zu den Indianern war ihr Augenbrauenstift. Er war ihr einziges Kosmetikum. Ana liebte es, sich unter den Augen einen verrucht-verrußten Strich zu zeichnen. Er war ihr Markenzeichen. Nur allerbesten Freunden lieh sie den Stift für kurze Augenblicke.

Wenn man in entfernteren Dörfern Indianer fragte, ob sie Ana kannten, dann kam als Antwort immer ein Lächeln, ein selbstverständliches »Ja« und eine Bewegung mit dem Zeigefinger: ein Wischer unter den Augen. Das hieß: »Die mit dem schwarzen Stift.«

Vor vier Jahren war sie den Yanomami zufällig zum ersten Male begegnet. Als sie vor ihnen stand, hatte sie das Gefühl, in einen Spiegel zu schauen und sich selbst zu sehen.

Ana gab ihr bürgerliches Leben auf der Stelle auf und wohnt seitdem in Ixima.

Die Salesianer nahmen sie unter sich auf, obwohl Ana keine Kirchenfrau war. Ihr Engagement, ihr Sprachtalent, ihre Beständigkeit und ihre Anspruchslosigkeit waren wohl ausschlaggebend.

Die Indianer liebten Ana auch deshalb, weil sie nie von der Welt der Weißen mit dem Hintergedanken sprach, die Yanomami von ihrer eigenen Kultur zu entfremden. Im Gegenteil. Ana machte den Indianern vielmehr klar, daß ihre Lebensweise einen ebensolchen Wert besaß wie die der Weißen. Daß ihre Sprache so bedeutend war, erhalten zu werden, daß ihre Handarbeiten einen respektablen Handelswert besäßen und ihre Religion genauso beachtlich sei wie andere.

Als mir das alles bewußt wurde, liebte ich Ana genauso wie die Yanomami. Liebe auf den zweiten Blick.

Um bei den Indianern ein solches Bewußtsein zu stärken, hatte Ana in Ixima eine Schule eröffnet. Tomzinho hatte ihr ein »Haus« im großen Dorfrund abgetreten. Es war etwa dreißig Quadratmeter groß. Zur Hälfte wurde es ihr Wohnbereich, die andere Hälfte war die Schule. Die Zwischenwand bestand aus einfachen trockenen Palmblättern.

Es war eine Schule wie im Bilderbuch. Drei Bänke und drei Tische aus je zwei halbierten Palmstämmen. Rundherum an den Wänden etwa fünfzig bunte Zeichnungen. Es waren Motive der Umgebung mit den dazugehörigen portugiesischen und Yanomami-Vokabeln. Zum Beispiel ein Pfeil und die Wörter *flecha* und *xereka.* Oder ein Jaguar, und darunter *onça* und *ira.*

»Die größte Kunst ist, ihnen das Rechnen zu vermitteln«, erklärte sie bei der Führung und zeigte auf die selbstgezeichnete Tafel mit den plakativen Zahlen von eins bis zweihundert.

Ana hatte fünf Klassen mit jeweils maximal acht Kindern.

»Kleine Klassen sind wichtig«, erklärte sie. »Jeder Schüler muß sich ständig betreut fühlen.«

Das Papier und die Plastikmappen sowie Buntstifte und Radiergummi stellte die Mission zur Verfügung.

»Aber die bleiben in der Schule. Sonst bemalen die Kinder jedes Heft innerhalb weniger Stunden.«

Nach nur einer Stunde ist die Schule aus. Dann gibt es einen Becher Kakaotrunk, und die nächste Gruppe stürmt heran.

»Schule halten sie nur eine Stunde aus. Aber wehe, ich gehe mit ihnen angeln! Dann sind sie nach zwölf Stunden immer noch putzmunter.«

In den kurzen Pausen zog sich Ana eine selbstgedrehte Zigarette rein und atmete einmal kurz durch.

»Du hast ja gesehen, wie schnell die Kinder durch die wechselnden Ereignisse im Dorf abgelenkt sind. Deshalb freue ich mich riesig auf den neuen Schulraum in der Begegnungsstätte. Dort können wir konzentrierter arbeiten.«

Als Lehrbuch dient Ana eine Fibel des Franzosen Henri Ramirez. Sie wurde von den Salesianern gedruckt und ist sehr gut zu verstehen.

Parallel zum Unterricht und rund um die Uhr kamen die Kranken zu Ana. Ihre Erste-Hilfe-Station bestand aus zwei schäbigen Kartons mit Medikamenten, einer Taschenlampe und einer Kerze.

Hatte jemand Malaria, dann nahm sie ihm für die Analyse Blut ab. Aber ehe das Resultat nach Wochen vorlag, mußte sie längst nach Gefühl behandeln.

»Man lernt die Malaria falcíparum von der vivax anhand der Symptome zu unterscheiden. Eine andere Möglichkeit habe ich nicht. Aber wenn ich später ein Mikroskop habe, ein Funkgerät und einen kleinen Außenborder für mein Holzkanu, dann kann ich eine effektive Station aufbauen.«

Eine Freundin Anas schreibt gerade eine medizinische Fibel, um Indianern die Entstehung von Krankheiten auf einfache Weise zu erklären.

»Die Yanomami wissen, daß böse Geister durch offene Wunden in den Körper eindringen können, um ihn zu töten. In dem Buch zeigen wir jetzt mit vielen kleinen Zeichnungen, wie die bösen Geister, nämlich die Bakterien, das machen. Wie sie sich im Schmutz verfangen und darauf warten, daß die Blutung aufhört, gegen die sie nicht anschwimmen können. Dann hoffen sie auf eine Hand, die sie in die Wunde einreibt, um jetzt im Körper ihr tödliches Werk zu beginnen. Und die Zeichnungen zeigen auch, wie die bösen Geister Sauberkeit hassen, weil Sauberkeit ihnen ihre Verstecke zerstört. Die Bakterien werden natürlich übergroß mit grimmigen Gesichtern gezeichnet und mit scharfen gefährlichen Messern.«

Die Idee gefiel uns spontan so gut, daß wir uns sogleich entschlossen, diese Fibel zu verlegen. Sie soll indianische und »weiße« Medizin zu einer hilfreichen Symbiose verbinden.

Ana praktiziert diese Einstellung schon seit eh und je.

»Die Patienten vertrauen sowohl den Medizinmännern als auch meiner Medizin«, erklärte sie uns. »Und immer wenn wir zusammengearbeitet haben, hatten wir die besten Erfolge.«

Ich sollte schon bald Gelegenheit haben, das Zusammenspiel zu beobachten, wenngleich es völlig anders ablief, als ich erwartet hatte.

Eine Frau war schwer krank. Hohes Fieber, starke Bauchschmerzen, harte Verdickungen im Darmbereich. Anas Vermutung: Würmer. Auch die Medizinmänner waren überzeugt, daß böse Geister von der Patientin Besitz ergriffen hatten, und sie beschlossen einzugreifen.

Mit Hilfe ihrer Rauschdroge Epená versetzten sie sich in die nötige Stimmung und begannen mit der Krankheitsaustreibung. Unter schauerlichem Gebrüll, bei dem selbst der unerschrokkenste böse Geist in Panik fliehen mußte, reinigten sie mit beschwörenden Armbewegungen das Umfeld des Patienten. Dann massierten sie etwaige im Körper noch verbliebene Geister mit den Händen vom Körper bis zum Ende der Gliedmaßen, ergriffen die Geister dort und warfen sie unter Getöse zurück in den Wald.

Die Schamanen wirken in diesen Momenten unberechenbar. Man denkt, sie seien geistig entrückt und nicht mehr reaktions- und zurechnungsfähig. Ähnlich wie bei uns ein Betrunkener. Aber die Männer waren sehr wohl bei Verstand, und es wäre ihnen keinesfalls entgangen, wenn man womöglich ein Foto geschossen hätte, ohne ihre vorherige Zustimmung eingeholt zu haben.

Ana, die das alles zur Genüge kannte und in bestem Einvernehmen mit den Schamanen arbeitete, wartete geduldig neben der Patientin, bis die Zeremonie beendet war. Die Männer gaben ihr ein Zeichen, und dann begann ihr Part an der Heilung. Verglichen mit dem vorangegangenen Spektakel war er leicht und unspektakulär. Sie löste zwei Vermox-Tabletten in Wasser auf, hob den Kopf der Frau und flößte ihr das Getränk ein. Dann tupfte sie ihr den Schweiß vom Gesicht und legte ihr einen kühlenden Umschlag auf die Stirn, um das Fieber zu senken.

Einige Stunden später zeigte sich die Wirkung. Die Frau signalisierte, daß sie dringend zur Toilette in den Wald müsse. Man trug sie hinaus, und sie schaffte es, sich erstmals nach drei Tagen wieder zu entleeren. Große Erleichterung, nicht nur bei der Frau, sondern auch bei Ana.

Was die Patientin ausgeschieden hatte, waren zwei dicke Knäuel weißer Würmer, die sich putzmunter sofort im Humus verkrochen. Die Frau atmete hörbar auf und ließ sich ins Dorf zurücktragen.

Am nächsten Tag wollte Ana ihr die nächste Ration der Tabletten geben. Aber die Frau weigerte sich strikt. Ana erklärte ihr, daß es wichtig sei, damit restlos alle Würmer aus dem Körper vertrieben würden.

Doch die Frau ließ sich nicht beeindrucken und nannte Ana ihr Argument: »Daß ich die Würmer verloren habe, lag nicht an deinen Tabletten. Das war die Kunst der Medizinmänner. Hätten deine Tabletten geholfen, wären die Würmer tot gewesen. Aber sie lebten. Und das lag an der Massage durch die Schamanen.«

Natürlich hatte Ana Mittel und Wege gefunden, der Frau trotzdem die Pillen zu verabreichen.

»Aber daran seht ihr, wie wichtig es ist, daß wir immer zweigleisig arbeiten. Auch später in der Krankenstation. Sonst hat sie gar keine Zukunft.«

Ana Ballester war unser Glücksgriff. Ohne Lohn, nur für Kost und Taschengeld, arbeitet sie seit vielen Jahren in Ixima und fühlt sich wohl.

»Vermißt du nicht manchmal einen Freund?« horchte ich sie aus. Interessiert einen ja schließlich.

»Nein. Nicht unbedingt. Mit Männern habe ich einige schmerzliche Erfahrungen gemacht. Ich komme gut allein zurecht.«

Es waren nicht nur Freundschaften, die irgendwie in die Brüche gegangen waren. Schon der erste Mann in ihrem Leben war ein Flop. Und das war ihr Vater in Frankreich. Er war gewalttätig und prügelte Ana grün und blau. Ana war das schwarze Schaf der Familie. Ihre beiden Geschwister sollten die großen Vorbilder sein.

Mit siebzehn hatte sie die Nase voll und lief von Zuhause fort.

Sie emigrierte nach Kanada und schlug sich zunächst als Serviererin durchs Leben. Später leitete sie eine Künstlergalerie, wo angehende Maler und andere Künstler ihre ersten Auftritte meisterten. Anläßlich eines Besuchs in Brasilien lernte sie ihren Landsmann Henri Ramirez kennen, jenen Yanomami-Sprachforscher und Fibelautoren. Er brachte sie Gott sei Dank mit den Yanomami in Kontakt. Denn wir sind fest davon überzeugt, daß sie die richtige Frau für unser Projekt ist.

Als wir wieder in Deutschland waren, begannen wir mit der Beschaffung des Geldes. Hunderttausend Mark etwa brauchten wir. Fünfunddreißigtausend Mark hatten Christina und ich aus eigenen Mitteln zur Verfügung. Honorare von Vorträgen. Die fehlende Summe ließ aber auch nicht lange auf sich warten. Wir hatten einen Informationszettel entworfen und vor allem diejenigen unserer Bekannten angeschrieben, die immer gesagt hatten, sie würden helfen, wenn wir ein konkretes Projekt hätten. Das hatten wir nun ja. Und innerhalb von nur vier Monaten hatten wir auch die Restsumme beieinander. Auf gute Freunde ist eben Verlaß. Es geht also auch ohne Subventionen von Vater Staat, wenn man sich nach seinen Möglichkeiten streckt und nicht gleich goldene Paläste bauen will.

Als unsere Pläne bekannt wurden, war die meistgehörte spontane Frage: »Habt ihr keine Hemmungen, die Station zu bauen? Das ist doch ein radikaler und unverantwortlicher Eingriff in die traditionelle Lebensweise der Indianer? Ich dachte immer, ihr wollt die Indianer erhalten.«

Natürlich wollen wir das. Warum sonst hätten wir uns all die Jahre mit so viel persönlichem Aufwand und Risiko für sie eingesetzt? Wir haben das Thema ausführlich mit unseren Freunden und Beratern – sowohl in Deutschland als auch vor Ort – durchgesprochen. Eine bessere oder gar eine Ideallösung konnte uns niemand anbieten. Die Station ist allenfalls das kleinste Übel. Ausschlaggebend war schließlich Häuptling Davi Kopenawas Erklärung. Er sagte: »Wir können nicht so weiterleben wie bisher. Wenn wir es tun, werden wir ausgerottet. Deshalb müssen wir diese Chance, daß noch viele von uns leben, nutzen und uns bestmöglich auf die Zukunft vorbereiten. Wir wollen eine Schule, um Portugiesisch zu lernen. Nur dann sind wir den Brasilianern besser gewachsen. Solange wir es nicht sprechen, sind wir auf Dolmetscher angewiesen und haben den Status von Unmündigen. Gleichzeitig soll uns die Schreibkunst helfen, auch unsere Sprache und Kultur für alle Zeiten festzulegen, zu pflegen, zu erhalten und sie den Weißen zugänglich zu machen. Vielleicht ist es uns Yanomami vergönnt, in der letzten Phase der Existenz freier Indianervölker Amerikas zum beiderseitigen Nutzen in Harmonie und gegenseitiger Achtung miteinander zu leben.«

Uns hat Davis Argumentation überzeugt. Auch Häuptling Tomzinhos Erkenntnis, nur mit Hilfe der »weißen« Medizin die »weißen« Krankheiten bei den Yanomami zum Stillstand bringen zu können, ist ein unanfechtbares Argument. Denn wenn wir Weißen schon die Verursacher dieser Leiden und Tode sind, haben wir auch die Verpflichtung, sie zu bekämpfen. Das bedarf handfesten Einsatzes. Wer das nicht einsehen will, macht sich in meinen Augen zum Mittäter.

Langfristig kann der Yanomami seine traditionelle Lebensweise nur erhalten durch gemäßigte Anpassung an seine Bedroher und durch Wissenserweiterung unter gleichzeitiger Wahrung und Stabilisierung der eigenen Werte. So paradox das klingen mag. Koexistenz bei gegenseitiger Achtung.

Anhang

Nachwort

Das Unglaubliche ist geschehen. Die Yanomami haben Ende der 1990er Jahre einen akzeptablen Frieden erhalten!

Fürchteten wir zwei Jahrzehnte lang oft, daß wir den Untergang der Indianer allenfalls bremsen, nicht aber verhindern könnten, geschah das Wunder. Verstärkter internationaler Protest und die Intervention der Weltbank bewirkten, daß Brasilien nachgeben mußte. Plötzlich war möglich, was jahrzehntelang von den Politikern immer vehement abgeleht worden war: Den Goldsuchern wurde der Nachschub abgeriegelt, der Spuk war vorbei. Heute geht es den Yanomami besser als den meisten Goldsuchern in den Elendsvierteln der Städte.

Natürlich kann die Situation von heute auf morgen wieder kippen. Ein neuer Staatspräsident, ein neuer Gouverneur – und alles könnte von vorn beginnen. Wer wagt es schon, Politikern zu trauen? Sie und ihre *pistoleiros* stehen in ständiger Alarmbereitschaft, das Gewehr bei Fuß. Sie warten auf den nachlassenden Widerstand der Indianer-Lobby. Aber die ist groß. Immer mehr Nichtregierungsorganisationen haben sich der Indianer angenommen und wachen eifersüchtig über die Einhaltung der Vereinbarungen. Sie werden Alarm schlagen, sobald es einen Grund dazu gibt. Daß zur Zeit der Sozialist Lula Präsident geworden ist, läßt uns für den Fortbestand des Friedens hoffen.

Wir haben den Frieden genutzt. 1997 bauten Christina Haverkamp und ich von Spendengeldern des »Yanomami-Freundeskreises«* die von den Indianern gewünschte Schule und Krankenstation in Ixima. Dank der Französin Ana Ballester, die das Haus zusammen mit den Einwohnern von Ixima führt, ist die Station sofort zu einem lebendigen Begegnungszentrum geworden.

* c/o Christina Haverkamp, christinahaverkamp@web.de

2002 errichtete Christina Haverkamp an der Landepiste von Paapiu mit Hilfe vieler Indianer und wider alle Intrigen der Indianerbehörde FUNAI in Boa Vista eine zweite, besonders große Station. Christinas Meisterwerk.

Auch meine Frau Annette und ich blieben nicht untätig. Im März 2002 übergaben wir eine weitere Hilfsstation, diesmal aber an das Volk der Waiapí-Indianer im Bundesstaat Amapá. Sie wurde bereits mit den Geldern meiner eigenen Menschenrechtsorganisation TARGET errichtet, die ich im August 2000 mit Annette und fünf Freunden ins Leben gerufen habe. Ich brauchte Unabhängigkeit. Finanziell und in den Entscheidungen. Denn nach dem Frieden für die Yanomami habe ich mir eine völlig neue Herausforderung gesucht: den Kampf gegen die weibliche Genitalverstümmelung. Worum es dabei geht, möchte ich im folgenden erklären mit einem Kapitel aus meinem und Annettes Buch »Karawane der Hoffnung«:

Das Verbrechen

Ruth, 7 Jahre, Christin. Sie sitzt auf dem Schoß einer Tante. Die grätscht ihre Beine, hält sie wie im Schraubstock. Eine andere hält die Arme. Ruth schreit. Keine Chance. Die Rasierklinge nimmt ihr die Klitoris. Ohne Betäubung. Kurzer Prozeß. Blut. Zitronensaft zur Desinfektion. Ein Lappen zur Blutstillung. Anschließend eine Feier. Immerhin. Der Raub der Klitoris ist die mildeste Form der Verstümmelung.

Fatima muß die härteste Form ertragen. Sie ist acht Jahre, Muslimin, lebt in der Danakil-Wüste, Äthiopien. Sie wird pharaonisch verstümmelt. Wie ihre Spielkameradinnen. Laila zum Beispiel. Sie hat seitdem nie wieder gesprochen. Stumm seit elf Wochen.

Ein Drittel der Mädchen wird nie wieder sprechen. Tod durch Verbluten, schätzt die UNO.

Vier Erwachsene haben Mühe, die um ihr Leben strampelnde Fatima zu halten. Die Rasierklinge raubt die Klitoris, die Schamlippen, alles, unbarmherzig. Auch die Seele. Auch das Vertrauen zu den Erwachsenen. Das Vertrauen in das Leben. Die Schreie werden von deren Händen erstickt. Fatima ist ohnmächtig. Die Scheide wird verschlossen. Mit Akaziendornen. Wie ein Reißverschluß. Gnadenlos. Die Schenkel werden umwickelt. Wie eine Kohlroulade.

Nach vier Wochen sind die Wundränder zusammengewachsen. Was Fatima bleibt, ist eine Öffnung, klein wie ein Reiskorn. Ab jetzt dauert das Urinieren eine halbe Stunde. Die Regelblutung zwei Wochen. Wenn sie Kinder haben will, wird sie aufgeschnitten. Bei der Geburt noch einmal das Messer. Dann die erneute Verschließung. Folter lebenslänglich.

Ein Appell an meine Leserinnen und Leser

TARGET
(ZIEL)
RUEDIGER NEHBERG
Direct actions for human rights
Gezielte Aktionen für Menschenrechte

Es gibt neue Projekte. Bei den Waiapí-Indianern und gegen die weibliche Genitalverstümmelung. Besonders das letzte Thema ist für mich zur letzten großen Herausforderung geworden. Zusammen mit meiner Frau Annette sowie fünf Freunden habe ich deshalb meine eigene Menschenrechtsorganisation TARGET (Ziel) gegründet. Sie macht mich unabhängig und aktionsschnell. Finanziell und in Entscheidungen. Denn ich bin Jahrgang 1935, und da bleibt keine Zeit mehr für lange akademische Diskussionen.

TARGET's besondere Strategie: Beendigung des Brauches

der weiblichen Genitalverstümmelung *mit der Hilfe des Islam.* Zwar verstümmeln auch Christen (»Es steht in der Bibel!«) und Andersgläubige, aber in den betroffenen Gebieten ist der Islam der dominierende Glaube. Und dort ist die meist gehörte unrichtige Begründung: »Es steht im Koran.«

Am 23. November 2006 ist uns das Historische gelungen. Die höchsten Gelehrten des Islam haben auf einer von uns in der Azhar zu Kairo durchgeführten internationalen Gelehrten-Konferenz den Brauch zu einem »Verbrechen (erklärt), das gegen höchste Werte des Islam verstößt.« Ägyptens Großmufti hatte für die Konferenz sogar die Schirmherrschaft übernommen.

Leider hat sich der Beschluss nicht, wie erhofft, wie ein Buschfeuer um die Erde verbreitet. Die Scham, über den Unterleib der Frau zu sprechen, ist stärker geblieben als der Verstand. Deshalb haben wir den nächsten Schritt getan. Wir haben die Konferenz im so genannten GOLDENEN BUCH dokumentiert. Es ist gedacht als kostenlose Predigtvorlage für die Imame in den Millionen von Moscheen, damit sie alle mit einer Stimme sprechen können. Großmufti Prof. Dr. Ali Gom'a hat das Buch sogar mit einem Vorwort geehrt.

Parallele Verbreitungsmaßnahmen sind das Internet und unsere Homepage www.target-nehberg.de. Die absolute Vision jedoch ist die Verkündung der erlösenden Botschaft in Mekka, gemeinsam mit den verantwortlichen Geistlichen und dem König. Eine solche Verkündung wäre nach unserer Einschätzung nicht nur eine Chance für eine bessere Zukunft der potentiellen Opfer in Unversehrtheit und Würde, sondern auch eine Möglichkeit, der Welt die *positiven* Werte des Islam zu demonstrieren – ein »islamischer Frühling« der ganz besonderen Art.

Utopisch? Unmöglich? Dann liegen wir goldrichtig! Denn wir vertrauen Albert Einsteins Erkenntnis: »Wenn eine Idee nicht von Anfang an absurd klingt, dann gibt es keine Hoffnung für sie.«

Wer unseren Kampf unterstützen möchte, ist herzlich eingeladen, das als Förderer zu tun. Schauen Sie gern auf unsere Homepage, oder kommen Sie zu meinen Vorträgen. Dort erfahren Sie, welche unglaubliche Kooperation wir bereits in der islamischen Welt erfahren haben, was mit den Spendengeldern geschieht, auf welche unglaublichen Erfolge wir verweisen können.

Herzlich bedanken sich

Rüdiger und Annette Nehberg

Verzeichnis der Begriffe in Portugiesisch und Yanomami

agulha	Stopfnadel
Alemão	Deutscher
amigo	Freund
atenção	Achtung
barraca	Hütte
barranco	Goldgrube
bateia	Goldpfanne, Schüssel
boa tarde	Guten Tag
boa viagem	Gute Reise
bolacha	Cracker
bolo	selbstgebackene Kuchenfladen
bom	gut
bom dia	Guten Morgen
cafezinho	eine Art Espresso
CCPY	Comissão para Criação do Parque Yanomami, Kommission zur Gründung eines Yanomami-Reservats, eine brasilianische Nichtregierungsorganisation
commerciante	Händler
cuia	Kürbisschale
dono da garimpo	Eigentümer eines Goldabbaugebiets
embora	vorwärts, hau ab
empresário	Boß
epená	ein Rauschmittel
espingarda	Flinte
farinha de mandioca	Maniokgrieß
favela	Elendsviertel, Slum
fazenda	Plantage
fazendeiro	Farmer, Plantagenbesitzer

flecha	Pfeil
FUNAI	Fundação Naçional do Indio, staatliche brasilianische Indianerbehörde
garimpeiro	Goldsucher
garimpo	Goldabbaugebiet
gerente	Geschäftsführer
ingá	erbsenschotenartige Früchte
ira	Jaguar
ma	nein
maloca	Indianerdorf
mato cerrado	geschlossener, pfadloser Wald
miçanga	Perle
mineiro	Bergmann
mingau	Bananenbrei
onça	Jaguar
paca	Nagetier
pekari	männliches Wildschwein
pepita	Goldstück
piassaba	Palmfaser
pista	Piste
pistoleiro	Berufskiller
porés	böse Geister
reaho	Totenmahl
rede	Hängematte
remanchim	Kiepe
sócio, sozinha	Kollege, Gefährte
tambaqui	Fischsorte
tapirí	Blätterhütte für kurzfristige Unterkunft
terçado	Haumesser, Machete
terra virgem	jungfräuliches Neuland
totihiwe	Freund sein
tucunaré	Fischsorte
tushaua	Häuptling
xereka	Pfeil

Literatur zum Thema Yanomami

Biocca, Ettore: Yanoama. Ein weißes Mädchen in der Urwaldhölle. Frankfurt a. M.: Ullstein 1972.

Becher, Hans: Poré/Perimbó. Einwirkungen der lunaren Mythologie auf den Lebensstil von drei Yanonámi-Stämmen: Surára, Pakidái und Ironasitéri. Hannover: Münstermann 1974.

Becher, Hans: Die Surára und Pakidái. Zwei Yanonámi-Stämme in Nordwestbrasilien. Hamburg: Cravn 1960.

Becher, Hans: Yanonámi. Neue wissenschaftliche Erkenntnisse über die älteste Bevölkerungsgruppe Amazoniens. Göttingen: Vandenhoeck & Ruprecht 1962.

Chagnon, Napoleon A.: Studying the Yanomamö. New York: Holt, Rinehart & Winston 1974.

Chagnon, Napoleon A.: Die Yanomamö. Leben und Sterben der Indianer am Orinoco. Berlin: Byblos 1994.

Cocco, P. Luis: Iyëwei-teri. Quince años entre los yanomamos. Caracas: Escuela Tecnica Popular Don Bosco 1972.

Gesellschaft für bedrohte Völker: Der Völkermord geht weiter. Reinbek: Rowohlt 1982.

Good, Kenneth: Yarima. Bergisch Gladbach: Lübbe 1993.

Hanbury-Tenison, Robin: Ureinwohner des Amazonas-Regenwaldes: die Yanomami. Amsterdam: Time-Life 1982.

Lizot, Jacques: Im Kreis der Feuer. Aus dem Leben der Yanomami-Indianer. Frankfurt a. M.: Syndikat 1982.

Pogrom. Zeitschrift der Gesellschaft für bedrohte Völker. Ausgabe April 1983.

Polykrates, Gottfried: Beiträge zur Religionsfrage der Yanonámi-Indianer. Kopenhagen: National Museum of Denmark 1974.

Polykrates, Gottfried: Wawanaueteri und Pukimapueteri. Zwei Yanomami-Stämme Nordwestbrasiliens. Kopenhagen: National Museum of Denmark 1969.

Smole, William Joseph: The Yanoama Indians. A cultural geography. Austin: University of Texas Press 1976.

Tierney, Patrick: Verrat am Paradies. Journalisten und Wissenschaftler zerstören das Leben am Amazonas. München: Piper 2002.

Trupp, Fritz: Die letzten Indianer. Kulturen Südamerikas. Wörgl: Perlinger 1981.
Zerries, Otto: Waika. Die kulturgeschichtliche Stellung der Waika-Indianer des oberen Orinoco im Rahmen der Völkerkunde Südamerikas. München: Renner 1964.
Zerries, Otto: Mahekodotedi. Monographie eines Dorfes der Waika-Indianer (Yanoama) am oberen Orinoco (Venezuela). München: Renner 1974.

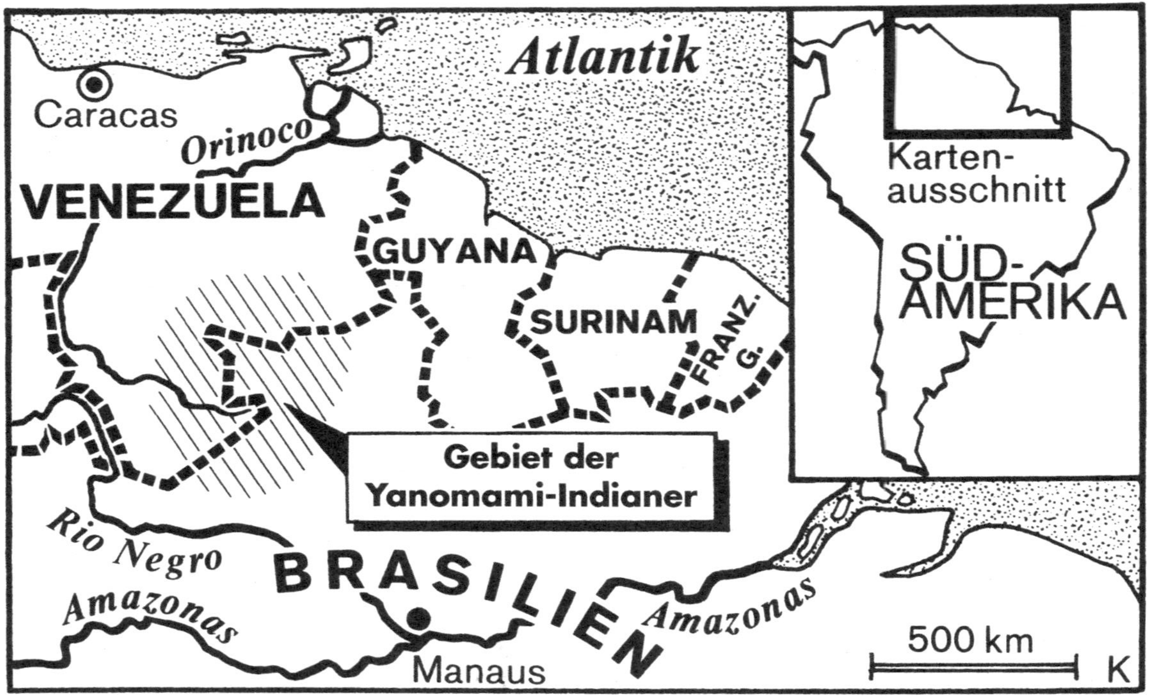
Atlantik
Caracas
Orinoco
VENEZUELA
GUYANA
SURINAM
FRANZ. G.
Gebiet der Yanomami-Indianer
Rio Negro
Amazonas
BRASILIEN
Manaus
Amazonas
Karten-ausschnitt
SÜD-AMERIKA
500 km
K

TARGET
Wunsch an meine Leserinnen und Leser

Durch dieses Buch haben wir uns ein wenig kennen gelernt. Jetzt möchte ich Ihnen erzählen, was mich zurzeit am meisten bewegt. Es ist der Kampf gegen das Verbrechen der Weiblichen Genitalverstümmelung. Zusammen mit Annette, meiner Frau. Und mit einer besonderen Strategie: nämlich dem Islam als Partner, dem Koran als »Waffe«, eigenem Verein und ungeahntem Erfolg! Eigener Verein deshalb, weil konventionelle Organisationen dieser Strategie keine Chance eingeräumt hatten.

Wir haben allen das Gegenteil bewiesen. Auf einer von uns organisierten Gelehrten-Konferenz allerhöchster islamischer Geistlicher in der Azhar zu Kairo, und unter der Schirmherrschaft des Großmuftis von Ägypten, Seiner Eminenz Prof. Dr. Ali Gom'a, wurde der Brauch am 23. November 2006 zu einem schweren Verbrechen erklärt, das gegen höchste Werte des Islam verstößt. Jetzt kommt es einer Sünde gleich, Mädchen genital zu verstümmeln.

Mit dieser Fatwa (theologisches Rechtsgutachten) wurde die Grundlage geschaffen, das Verbrechen auch juristisch zu ahnden, zu bestrafen, zu ächten. Ein Verbrechen, das wir für den größten Bürgerkrieg aller Zeiten halten. Er währt bereits fünftausend Jahre und fordert täglich achttausend neue Opfer. Alle elf Sekunden eins. Nie gab es ein vergleichbares Verbrechen.

Die Fatwa von Kairo wollen wir nun in alle Moscheen der Welt tragen – unser erklärtes Ziel für die unmittelbare Zukunft.

Und neben dieser großen Aufgabe betreiben wir noch ein vergleichsweise kleines Projekt. Es ist unsere Fahrende Krankenstation im Gebiet des Nomadenvolkes der Afar in Äthiopien. Ziel des Hospitals ist vor allem die Betreuung der Mädchen und Frauen. Die Afar waren die Ersten, die den Brauch der Verstümmelung auf TARGETs Initiative hin per Stammesbeschluss zur Sünde erklärt und jetzt eine hohe Strafe festgelegt haben.

Internationale Gelehrtenkonferenz gegen Weibliche Genitalverstümmelung, November 2006, Al-Azhar, Kairo. Von links: Prof. Dr. Ali Gom'a (Großmufti Ägypten), Prof. Tantawi (Großsheikh der Azhar), Prof. Zakzouk (Religionsminister), Moushira Khattab (Sonderbotschafterin von Frau Mubarak), Rüdiger Nehberg (Großbäcker Hamburg)

Möchten Sie uns bei allen diesen Aufgaben unterstützen? Dann schauen Sie gern auf unsere Homepage www.target-human-rights.com. Dort finden Sie das jeweils Aktuelle und die Möglichkeit, sich in diesen Kampf mit einzubringen, wenn Sie bei uns Förderer werden. Den Jahresbeitrag legen Sie selbst fest. Ab 15 Euro.

Wir würden uns glücklich schätzen, Sie als Verbündeten gewinnen zu können.

Herzlichen Dank!

Rüdiger und *Annette Nehberg*

Spendenkonten TARGET e.V. Ruediger Nehberg:

Deutschland / International
Geldinstitut: Sparkasse Holstein
BIC / SWIFT: NOLADE21HOL
IBAN: DE16 2135 2240 0000 0505 00

Schweiz
Geldinstitut: PostFinance
BIC / SWIFT: POFICHBEXXX
IBAN: CH29 0900 0000 4062 2117 1

TARGET e.V. Ruediger Nehberg
Neuer Pferdemarkt 17 / 20359 Hamburg
Mail: info@target-nehberg.de
Tel.: +49 (0) 40 22 86 33 20
www.facebook.com/TargetRuedigerNehberg
www.instagram.com/target.ev

TARGET
(ZIEL)
RUEDIGER NEHBERG
Direct actions for human rights
Gezielte Aktionen für Menschenrechte